Mićić · Der ZukunftsManager

Der ZukunftsManager

Wie Sie MarktChancen vor Ihren Mitbewerbern erkennen

Pero Mićić

Haufe Verlagsgruppe
Freiburg · Berlin · München

Die Deutsche Bibliothek – CIP-Einheitsaufnahme

Mićić, Pero:
Der ZukunftsManager : wie Sie MarktChancen vor Ihren Mitbewerbern erkennen und nutzen / Pero Mićić. – Freiburg (Breisgau) ; Berlin ; München : Haufe, 2000
ISBN 3-448-04190-4

ISBN 3-448-04190-4 Bestell-Nr. 00100-0001

Postanschrift: Postfach 1363, 82142 Planegg
Hausanschrift: Fraunhoferstraße 5, 82152 Planegg
Tel. (0 89) 8 95 17-0, Telefax (0 89) 8 95 17-2 50
Internet: http://haufe.de
Lektorat: Martin Buttenmüller, Jasmin Jallad

Umschlaggestaltung: Atelier Höpfner-Thoma, München
Satz/Layout: Satzstudio „Süd-West“ GmbH, 82166 Gräfelfing
Zeichnungen: Hartmut Gunkler, Plettenberg
Druck: J.P. Himmer GmbH, 86167 Augsburg

Vorwort

Januar 1998: Pero Mićić moderierte für unser Team des *„Seiwert-Instituts für Time-Management, Life-Leadership & Erfolgs-Strategie“*, Geschäftsfreunde, Kollegen und wichtige Kunden einen StrategieRadar-Workshop. Nach drei Tagen intensiver Workshoparbeit hatte er uns erfolgreich geholfen, die Weichen für unser *ZukunftsManagement* zu stellen. Positiv angetan von seiner zukunftskompetenten Vorgehensweise empfahl ich Pero Mićić, seine Strategien zu einem Buch zusammenzustellen. Zwar ist schon viel geschrieben worden – sowohl über Trends als auch über Strategien und Visionen. Was meines Erachtens bisher fehlte, war eine praktikable Verbindung zwischen diesen Schlüsselfaktoren für den unternehmerischen Erfolg.

Pero Mićić verbindet in seinem Buch Zukunftsforschung und Unternehmensstrategie zu einer „sinn-ergetischen“ Einheit. Seine Arbeitsmethodik entspricht dem Thema: Sie ist futuristisch und effektiv zugleich. Mit Hilfe der Story vom Unternehmer Lichtenberg und seinem Berater Michels illustriert er auf unterhaltsame Weise die Phasen und Inhalte eines Entwicklungsprozesses im Bereich *ZukunftsManagement.* In diese Rahmenhandlung eingebettet finden Sie eine äußerst fundierte und zugleich sehr praktisch geschriebene Anleitung für Ihre unternehmerische und persönliche Zukunftsarbeit.

Ich wünsche Ihnen, dass Pero Mićićs Buch Ihnen den Weg zum *Zukunfts-Manager* ebnet und Ihnen zeigt, dass Zukunftsarbeit noch erfolgreicher wird, wenn Sie sie mit dem nötigen Quentchen Humor und Abstand vom trockenen Tagesgeschäft erledigen. Besonders empfehlen möchte ich Ihnen den vierten Schritt zur *StrategieVision.* Wenn Sie sich als Lebensunternehmer begreifen, wird Ihnen dieses Buch ein wertvoller Begleiter auf dem Weg in Ihre erfüllte Zukunft sein.

Gestalten Sie Ihre Zukunft heute, denn das ist die Zeit,
in der Sie morgen zufrieden arbeiten und leben wollen!

Prof. Dr. *Lothar J. Seiwert* Heidelberg, November 1999

Autor der Bestseller „Mehr Zeit für das Wesentliche“ und
„Wenn Du es eilig hast, gehe langsam“ (*www.seiwert.de*)

Inhalt

Für den eiligen Leser
Sie können die Kerninhalte dieses Buches erfassen, wenn Sie zunächst die Zusammenfassung in Kernthesen auf den Seiten 16/17, dann das Inhaltsverzeichnis und schließlich die grau unterlegten Abschnitte der Erzählung über das Projekt Lichtenberg ab Seite 9 lesen.

1 Zu diesem Buch

Szene 1; Das Treffen

21. Dezember: „Schon wieder ein Fotostop!“ So langsam wurde es ihm zuviel Natur. Nein, dafür war er nicht in die USA geflogen. Fast wurde er auf dem Highway 163 von einem Bus voller Japaner angefahren. Zumindest sahen sie wie Japaner aus. „Ja, die machen das anders“, dachte er, „die steigen erst gar nicht aus, sondern fotografieren die Fäustlinge des Monument Valley direkt durch die Scheibe.“ Ellen Lichtenberg nahm Ihren Mann bei der Hand und zog ihn weg aus der Reisegruppe. Die Lichtenbergs genossen es, nach zwanzig arbeitsreichen Jahren wieder hier zu sein. Seit sich Simon Lichtenberg aus dem Tagesgeschäft zurückgezogen hatte, blühte er geistig und körperlich wieder richtig auf. Das behauptete zumindest seine Frau. Er selbst spürte, dass er seinen Ideen und Gedanken wieder freien Lauf lassen konnte. Kein hektisches Tagesgeschäft, keine mehr oder minder wichtigen Detailprobleme. Lichtenberg hatte sich vorgenommen, viel zu reisen, über das Unternehmertum und das Management nachzudenken und – vielleicht – ein Buch zu schreiben.
Simon Lichtenberg ist das, was manche einen arrivierten Unternehmer nennen würden. In dreißig Jahren Arbeit haben seine Frau und er ein kleines aber in seinem speziellen Geschäftsfeld führendes und sehr rentables Unternehmen aufgebaut. Sein Unternehmen errichtet und versorgt Lebenswelten für die höchsten Ansprüche. Man könnte es auch Einfamilienhäuser nennen, jedoch wird diese Bezeichnung den Werken der Lichtenberg-Mannschaft nur unvollständig gerecht. Die operative Führung hat Lichtenberg einer Geschäftsführerin übertragen. Er selbst fungiert als Berater in Fragen der Unternehmensstrategie.
Mit einem Bus der Navajo fuhren die Lichtenbergs ins Herz des Monument Valley. „In diesem Bus bekommt man eine Ahnung davon, wie man sich bei einem Erdbeben fühlt“, dachte Simon Lichtenberg. Die Hinweistafel „use at your own risk“ bekam jetzt nachträglich ihre Bedeutung. Während Ellen Lichtenberg schweißtupfend die Spitzen des „drei Schwestern“ genannten Steinmonumentes bestaunte, musterte ihr Mann die anderen Teilnehmer der Reisegruppe. So ganz gehörten sie hier eigentlich nicht hin, in diesen bunt durcheinander gewürfelten Haufen deutscher und österreichischer Touristen. Lichtenberg ertappte sich bei der Frage, ob es überhaupt jemanden in der Gruppe gäbe, mit dem er näher bekannt werden wollte. Nur ein Paar, das im Bus zwei Reihen vor den Lichtenbergs gesessen hatte, würde ihn interessieren.

Zwei Stunden später saßen die Lichtenbergs genau mit diesem Paar in der schon gut betagten einmotorigen Rundflugmaschine. Das Verkaufsfoto für den Rundflug, das die niederländische Reiseführerin Corinne vorher im Bus hatte rund gehen lassen, zeigte einen modernen, zweistrahligen Kleinjet. Dieser hatte Ellen Lichtenberg ihre auf einmotorige Propeller-Maschinen konzentrierte Flugangst vergessen lassen. Doch der Kleinjet war offensichtlich gerade im Moment nicht verfügbar und der Flug schon bezahlt. Die sechs Passagiere konnten es gar nicht vermeiden, sich in dieser Kiste näherzukommen. Geteiltes Schicksal verbindet. Die faszinierenden Eindrücke des Fluges über das Monument Valley und den Lake Powell nach Page überlagerten die Bedenken, obschon das ehrfürchtige Staunen immer noch mit der Angst um die Vorherrschaft im Bewusstsein kämpfte.
Die beiden Mitfliegenden hießen Peter Michels und Clara Schrader. Beim Frühstück am nächsten Morgen setzte man sich gezielt zueinander. Peter Michels stellte sich als Managementberater vor, seine Frau Clara Schrader arbeitete mit ihm zusammen. „Sagen Sie Herr Michels," begann Ellen Lichtenberg den morgendlichen Smalltalk „wen oder was beraten Sie denn?" „Wir unterstützen Unternehmer bei der Früherkennung von ZukunftsChancen", antwortete Michels, ohne von seinem Obstteller aufzuschauen. „Entschuldigen Sie, aber das klingt ziemlich abstrakt", merkte Simon Lichtenberg an, „was machen Sie denn da genau?" Michels hatte diese Frage erwartet. Er dachte an die Weisheit, dass man mit einem Brunnenfrosch nicht über das Meer sprechen kann. „Jedes Unternehmen ist daraus entstanden, dass irgend jemand eine Chance oder eine Bedrohung früher als andere erkannt hat. Im Verlauf des Unternehmenslebens entsteht jeder Misserfolg aus spät erkannten Risiken und Bedrohungen und jeder Erfolg aus früh erkannten Chancen." Die Lichtenbergs sahen einander an. „Ja, wenn Sie das so sagen, da ist etwas dran", kommentierte Unternehmer Lichtenberg. Der Kellner unterbrach die Unterhaltung mit seiner reichlich verspäteten Frage nach dem bevorzugten Frühstücksgetränk.
Als lebenslanger Unternehmer hatte Lichtenberg natürlich so seine Erfahrungen mit den Damen und Herren Unternehmensberatern gemacht. Doch wollte er den beiden sympathischen neuen Freunden noch eine Chance geben, seiner nicht gerade gemütlichen Schublade „Unternehmensberater" zu entkommen. „Ich kann mich erinnern, Mitte der siebziger Jahre einige Artikel über Frühwarnsysteme und so'n Zeugs gelesen zu haben", lässt Lichtenberg seine betriebswirtschaftliche Bildung erkennen. „Haben Sie damit etwas zu tun?". Michels hatte dieses Ver-

ständnis seines Fachgebietes gar nicht erwartet und zeigte sich sichtlich beeindruckt: „Ja, das ist so ungefähr die Richtung, obwohl das damals natürlich ausgesprochene Irrwege waren. Das war alles viel zu sehr an der Stabsarbeit in Großkonzernen orientiert und viel zu mechanistisch."
Während der Fahrt nach Las Vegas setzten sich Lichtenberg und Michels zusammen. Sie hatten sichtlich Gefallen aneinander gefunden. Für Michels gehörte Lichtenberg genau zu der Art von Mensch, mit der er es am liebsten zu tun hat. Für ihn umgab Lichtenberg wirklich dieser Nimbus des dynamischen Unternehmers, einer Spezies, ohne die nach seiner Überzeugung keine Werte, kein Wohlstand und keine neuen Arbeitsplätze möglich sind.
„Wer braucht denn Ihr Wissen", fragte Lichtenberg bewusst provozierend. Michels lächelte: „Stellen Sie sich vor, Sie würden beim Autofahren nur in den Rückspiegel sehen. So genau Sie den zurückgelegten Weg auch analysieren, die kommenden Kurven werden Sie mit diesem „Management by Rückspiegel" nie erkennen. Zwei amerikanische Professoren haben es auf den Punkt gebracht: *Kein* Unternehmen kann heute wirklich eine Spitzenstellung erreichen oder halten, ohne eine klare Vorstellung von den Chancen und Herausforderungen der Zukunft zu haben[1]. Jeder Unternehmer muss sich systematisch mit der Zukunft seines Unternehmens beschäftigen. Wer nicht an die Zukunft denken will, der wird auch keine haben. Es gibt natürlich Unternehmer, die das ohne weiteres selbst können und quasi Naturtalente sind, und es gibt solche, die das zwar könnten, sich aber lieber professionelle Hilfe einkaufen. Genau für die arbeiten wir. Es sind aufgeschlossene, zukunftsorientierte und erfolgreiche Unternehmerinnen und Unternehmer."
Das leuchtet Lichtenberg ein, „wir machen das alles schon. In jedem unserer Unternehmen setzen wir uns jährlich mit der Führungsmannschaft zusammen, um die Strategie zu planen." „Und wie sieht das Ergebnis aus?", wollte Michels wissen. „Ein ganz konkreter Finanzplan mit Planbilanz, Plan-Erfolgsrechnung und Leitstrategien für die nächsten drei Jahre". Michels wollte es genauer: „Haben Sie dann auch Antworten auf die fünf Kernfragen des ZukunftsManagements?". Michels begann die Finger seiner linken Hand abzuzählen:

1. „Welche Entwicklungen kommen in den nächsten fünf Jahren auf Ihr Unternehmen zu?
2. Welche Chancen bringen diese Veränderungen für Ihr Unternehmen?

3. Welche Bedrohungen bringen diesen Veränderungen für Ihr Unternehmen?
4. Wie kann und soll Ihr Unternehmen in fünf oder zehn Jahren aussehen?
5. Was müssen Sie jetzt und in der Zukunft dafür tun?“

Lichtenberg sah nachdenklich aus dem Fenster, „nun, im Prinzip schon, obwohl wir uns die Fragen in dieser Form natürlich nie bewusst gestellt haben. Wenn ich es genau überlege, ergeben sich die Antworten für uns nebenbei, quasi als Abfallprodukt“. „Abfallprodukt“, wiederholte Michels langsam. „Können Sie sich vorstellen, welchen Wissensschub, welche Energiespritze Sie im Unternehmen erzielen, wenn Sie sich regelmäßig und systematisch die richtigen Antworten holen und sie nicht als ‘Abfallprodukt’ anfallen lassen?. „Lieber Herr Michels“, begann Lichtenberg überlegen zu dozieren, „wenn Sie im Tagesgeschäft stecken, haben Sie einfach nicht den Kopf frei, um sich mit solchen Sachen zu beschäftigen.“ Michels begegnete diesem Einwand: „Genau das ist das Problem. Sie erinnern sich, dass wir es in der Regel nur mit einigermaßen erfolgreichen Unternehmern zu tun haben. Leider finden meist nur erfolgreiche Unternehmer Zeit, Geld und Geist, um ihre zukünftigen Erfolge vorzudenken. Das ist ein interessantes Phänomen. Wer kauft, glauben Sie, die meisten Bücher über Kreativität? Es sind diejenigen, die ohnehin schon sehr kreativ sind. Das gleiche Phänomen finden Sie bei erfolgreichen Verkäufern, wie eben auch bei erfolgreichen Unternehmern.“
Lichtenberg ließ sich nicht beirren: „Wissen Sie, angesichts der vielen Probleme, mit denen wir in der Gegenwart zu kämpfen haben, fällt es natürlich schwer, weit vorauszublicken. Der Wettbewerbsdruck steigt in allen Märkten, die strukturellen Veränderungsprozesse werden immer schneller und gravierender, die Wirksamkeit unseres Marketings nimmt immer weiter ab und die Umsatzrenditen sinken. Das sind die Dinge, für die wir Lösungen suchen!“ Michels konterte: „Das sind nicht die Probleme, sondern die Wirkungen. Die Ursache dafür liegt in der größeren Vergleichbarkeit der Unternehmen. Alle Probleme, die Sie da eben genannt haben, sind doch nur deshalb so brennend, weil Sie deren Entstehung in der Vergangenheit nicht früh genug erkannt haben. Auf der anderen Seite fehlen Ihnen heute die Chancen, weil Sie in der Vergangenheit nicht für einen vollen Chancen-Topf gesorgt haben. Sie können entweder hektisch von einem tagesgeschäftlichen Brandherd zum anderen laufen oder eben durch ZukunftsManagement strategisch intelligent agieren.“

Das Hinweisschild am Rande des Highway zeigte noch 20 Meilen bis Las Vegas. „Das sind ja nun wirklich einfache und einleuchtende Prinzipien", bestätigte Lichtenberg nachdenklich. „Im Nachhinein ist man natürlich immer schlauer. Ich gehe davon aus, dass Sie dafür auch echte Lösungen haben und nicht nur darüber predigen. Das Ganze interessiert mich. Wo sitzen Sie eigentlich in Deutschland?" „Kennen Sie den Rheingau?", fragte Michels vorab. Natürlich kannte Lichtenberg den Rheingau. Er war mehr als ein Mal dort gewesen, im kleinen feinen Weinanbaugebiet am Rheinknick. „Dort wohnen wir", ergänzte Michels. „Und wo haben Sie sich niedergelassen?" „Hai, in Stuegad", schwäbelte Lichtenberg künstlich. Sie wohnten etwas mehr als 200 Kilometer voneinander entfernt. Abends an der Hotelbar schenkte Michels Lichtenberg sein neuestes Buch, den „ZukunftsManager". Lichtenberg begann noch am gleichen Abend darin zu lesen. (Weiter auf Seite 21)

1.1 Worum geht es?

Fragen Sie erfolgreiche Unternehmer nach den Grundlagen ihres Erfolges und Sie werden immer wieder die Formulierung hören „damals erkannten wir schon früh, dass …". Das zeigt, dass die früh erkannte Chance die Grundlage jedes Unternehmenserfolges ist. Wer auch in Zukunft erfolgreich sein will, muss sein Unternehmen immer wieder neu gründen, indem er die Chancen im Wandel vor seinen Mitbewerbern erkennt!

Stellen Sie sich vor, Sie würden beim Autofahren nur in den Rückspiegel sehen und Ihren Wagen nur aufgrund dieser Informationen steuern. So genau Sie den zurückgelegten Weg auch analysieren, die kommenden Kurven werden Sie mit diesem „Management by Rückspiegel" nie erkennen. Wenn Sie Ihr Unternehmen so führen, wie ein kurzsichtiger und scheuklappenbewaffneter Kapitän sein Schiff, werden Sie immer häufiger über den starken Verkehr auf Ihrem Kurs staunen, immer häufiger „das war knapp" sagen und mit großer Wahrscheinlichkeit bald untergehen.

Ein vorausschauendes Denken und Handeln wird immer notwendiger und gewinnbringender, weil man Ihr Geschäft in fünf Jahren wahrscheinlich zu einem sehr großen Teil mit Produkten und Dienstleistungen betreibt, die Sie heute noch gar nicht kennen. Welche riesigen Vorteile werden diejenigen Unternehmen erzielen, die bereits heute diese Chancen erkennen und die Grundsteine dafür legen?! Die Fähigkeit, Veränderungen und Entwicklungen zu antizipieren und die daraus folgenden Chancen und Bedrohungen früher als der Mitbewerber zu erkennen, wird im 21. Jahrhundert zu

den wichtigsten unternehmerischen Erfolgsfaktoren gehören. Man muss den Brunnen zu graben beginnen, bevor der Durst kommt.
Im Verlauf der über 500jährigen Genese betriebswirtschaftlicher Steuerungsinstrumente wurden zahlreiche Ansätze entwickelt, so genannte Diskontinuitäten bzw. Trendbrüche frühzeitig zu erkennen. Es ist jedoch bis heute sehr schwierig geblieben, Veränderungen in einer Phase zu erkennen, in der sie noch keine substantiellen Auswirkungen auf Ihr Unternehmen haben.
Es liegt uns nichts daran, den zahllosen Strategie-Konzepten ein weiteres hinzuzufügen. Ganz gleich, welches Strategie-Konzept Sie haben, ganz gleich, ob Sie überhaupt ein explizites Strategie-Konzept haben, der Vorausblick ist ein Grundbestandteil *jeder* Unternehmensstrategie.

1.2 Was ist das Neue an diesem Buch?

Aus der Praxis für die Praxis

Die „Früherkennung" ist bereits seit 1967 Gegenstand der Managementlehre. Vor allem in den siebziger Jahren erschienen zahlreiche Bücher und Artikel, die überwiegend nach dem gleichen Muster aufgebaut waren. Nach einer allgemeinen Beschwörung des Wandels und der turbulenten Zeiten forderte man die Einrichtung von Früherkennungssystemen und zeigte dann „wissenschaftlich fundierte" Wege auf. Die meist von Hochschullehrern unter Begriffen wie „Frühwarnsystem", „Früherkennungssystem", „Frühaufklärungssystem" oder „Problementdeckungssystem", konzipierten Ansätze konnten und können jedoch bis heute nur äußerst selten auf praktische Anwendungen bei den Unternehmen verweisen. Diese Systeme waren nicht für Unternehmer, sondern für Management-Fachleute entwickelt.
Die alten und immer wieder aufgewärmten Konzepte zur Früherkennung zukünftiger Bedrohungen und Chancen bestechen häufig durch ihre Praxisferne, die den Einsatz im Unternehmen erfolgreich verhindern. Nicht selten wurden Konzepte veröffentlicht, für deren erste Umsetzung mit Hilfe der Veröffentlichung noch die Versuchsunternehmen gesucht wurden.

Nur wer lacht, kann Chancen sehen

Dieses Buch ist genau andersherum entstanden.
Wir berichten in diesem Buch aus der Praxis, wie die Funktion der strategischen Früherkennung auf eine praktikable und interessante Art im Führungsteam erfüllt werden kann und vor allem, in welcher Form diese unternehmerische Kernaufgabe von vielen Unter-

nehmen verschiedenster Größen und Branchen tatsächlich erfolgreich gemeistert wird.
Die aktuellen Diskussionen der Managementlehre ranken sich um die Phänomene Qualität, Kundenorientierung und Zeit. Viele der dabei angewandten Methoden sind schon Jahrzehnte alt, so etwa das Quality-Function-Deployment. Dies werten wir als weiteren Hinweis darauf, dass die klassischen operativen Ansätze, Methoden und Techniken zwar Heerscharen von internen und externen Fachleuten beschäftigen, aber im Kern nicht wirklich zum Nutzen des Unternehmens weiterentwickelt werden. Die Theorie ist der Praxis um Jahrzehnte voraus und auf seltsame Weise läuft sie gleichzeitig um mindestens so viele Jahre hinterher. Wir berichten hier überwiegend aus unserer täglichen Praxis für Ihre tägliche Praxis, um diese ineffektiven Kommunikationslücken erst gar nicht entstehen zu lassen.

Gebrauchsanweisung für Zukunftsforscher

Wissen Sie, wie Sie das Wissen der Zukunftsforscher für Ihre Arbeit einsetzen können? Es gibt zwar die vielen Zukunftsforscher und andere Experten, die sich über die Zukunft Gedanken machen und diese Gedanken auch publizieren. Das Problem der Unternehmer ist aber die Übertragung dieses Wissens in praktische und erfolgreiche Unternehmensführung.
Sie beschäftigen sich natürlich täglich auf die eine oder andere Weise mit der Zukunft. Dieses Buch gibt Ihnen einfache und praktikable Methoden für Ihre Zukunftsarbeit. Dieses Buch hilft Ihnen, sich selbst und Ihre Mitarbeiter ab und zu in den Ausguck Ihres Unternehmens zu schicken und sich auf den Weiten der Chancenmeere umzusehen. Es ist eine Gebrauchsanweisung für Zukunftsforscher und hilft Ihnen dadurch, tückische Eisberge gelassen zu umfahren und es hilft Ihnen, die für Sie schönsten Häfen anzufahren.

Angeln statt Fische

Wir möchten den vielen Trendbüchern kein weiteres hinzufügen. Wir möchten Ihnen keine „Chancen von der Stange" bieten. Wir möchten Ihnen – bildlich gesprochen – keine Fische, sondern erprobte Bauteile für Ihre ganz persönliche Angel an die Hand geben. Wir möchten Sie dabei unterstützen, das intern und extern vorhandene Zukunftswissen für Ihr Unternehmen so nutzbar zu machen, dass Sie auf eine angenehme Art und Weise zu neuen Chancen, neuen Visionen, neuen Perspektiven, neuen Erträgen und damit zu neuen Erfolgen kommen.
Vielleicht haben Sie dieses Buch in der Erwartung gekauft, es würde Ihnen

eine Reihe fertiger ZukunftsChancen für Ihr Unternehmen präsentieren. Wir wollen dieses Buch in einem sokratischen Sinne verstanden wissen. Sokrates spielte durch gezieltes Fragen die Rolle des Geburtshelfers für Ideen anderer. Selbst erkannte Chancen sind aus mehreren Gründen um ein Vielfaches wertvoller als Chancen von der Stange:

- Die selbst entdeckte Chance hat die wichtigste Voraussetzung schon erfüllt, nämlich die Begeisterung und den eigenen Glauben an den Erfolg. Echte Überzeugung und echtes Verständnis muss von innen her kommen.
- Chancen, die Sie selbst erkennen, sind mit höherer Wahrscheinlichkeit auf irgendeine Art im Markt einzigartig. Chancen von der Stange hingegen sind vielen in gleicher Weise bekannt. Was jeder weiß und jeder kann ist wenig wert.
- Selbst von Ihnen erkannte Chancen passen meist besser zu Ihrem Unternehmen als von anderen erkannte Chancen.
- Wer sich das Instrumentarium des ZukunftsManagements selbst aneignet, ist von fremden Souffleuren unabhängig und damit freier und zukunftskompetenter.

1.3 Zusammenfassung in Kernthesen

■ Es gibt eine Verständnislücke zwischen dem Zukunftsforscher und dem Unternehmer, die mit der in diesem Buch vorgestellten Methodik geschlossen werden kann.

■ Jedes Führungsteam muss regelmäßig und systematisch die fünf Kernfragen des ZukunftsManagements beantworten:

1. Welche Veränderungen des wirtschaftlichen, technologischen, politischen und sozio-kulturellen Umfeldes kommen in den nächsten Jahren auf unserer Unternehmen zu?
2. Welche Chancen stecken für uns in diesen Veränderungen?
3. Welche Bedrohungen bringen diese Veränderungen?
4. Wie kann und soll unser Unternehmen in fünf oder zehn Jahren aussehen?
5. Was müssen wir jetzt konkret dafür tun?

- Führungs-Teams können ZukunftsChancen vor ihren Mitbewerbern erkennen, wenn Sie das strategemische Denken anwenden, also …
  - vor-denken, aus der Zukunft für die Gegenwart lernen,
  - hinein-denken, mit den Augen der Zielpersonen sehen und
  - quer-denken, über den Tellerrand hinaussehen.

- Ohne ZukunftsChance gibt es keine Vision, ohne Vision gibt es keine Strategie, ohne Strategie keine Strukturen und ohne Strukturen keine Erfolge.

- Jedes Unternehmen kann einen individuellen StrategieRadar entwickel und ihn als mächtiges Erfolgswerkzeug einsetzen.

- Systematisches ZukunftsManagement ist einfach, macht Spaß und ist zugleich einer der wichtigsten Beiträge zur Existenzsicherung des Unternehmens.

1.4 An wen wendet sich dieses Buch?

Dieses Buch haben wir vor allem für Unternehmer, Führungskräfte und die so genannten Lebensunternehmer[2] geschrieben. Wenn Sie zudem aufgeschlossen und zukunftsorientiert sind, gehören Sie genau zur Zielgruppe dieses Buches. Auch sollten Sie zu der großen Mehrheit der ganzheitlich interessierten Unternehmer gehören, denn dies ist kein Buch für den im Tagesgeschäft aufgeriebenen „Geld-**jetzt**-egal-wie-Unternehmer.
Qualität und Nutzen eines Managementkonzeptes müssen sich zukünftig noch stärker daran messen lassen, wie es für die Umsetzung in mittelständischen Unternehmen geeignet ist. Es ist eine der wichtigsten Chancen der Großunternehmen, sich in überschaubare kleinere Einheiten zu fragmentieren, weshalb wir hier durch die Konzentration auf die Arbeit in mittleren Unternehmen den Führungs-Teams großer Unternehmen den besten Gefallen tun.
Die praktische Anwendbarkeit ist in diesem Buch der wichtigere Maßstab als die vermeintlich wissenschaftliche Perfektion, mit deren Verfolgung meist nur der Umsetzungsstau vergrößert wird. Wir gehen mit Ihnen den Weg des praktisch Machbaren und nicht den des theoretisch Möglichen und auch nicht den Weg des aus perfektionistischer Sicht Nötigen.

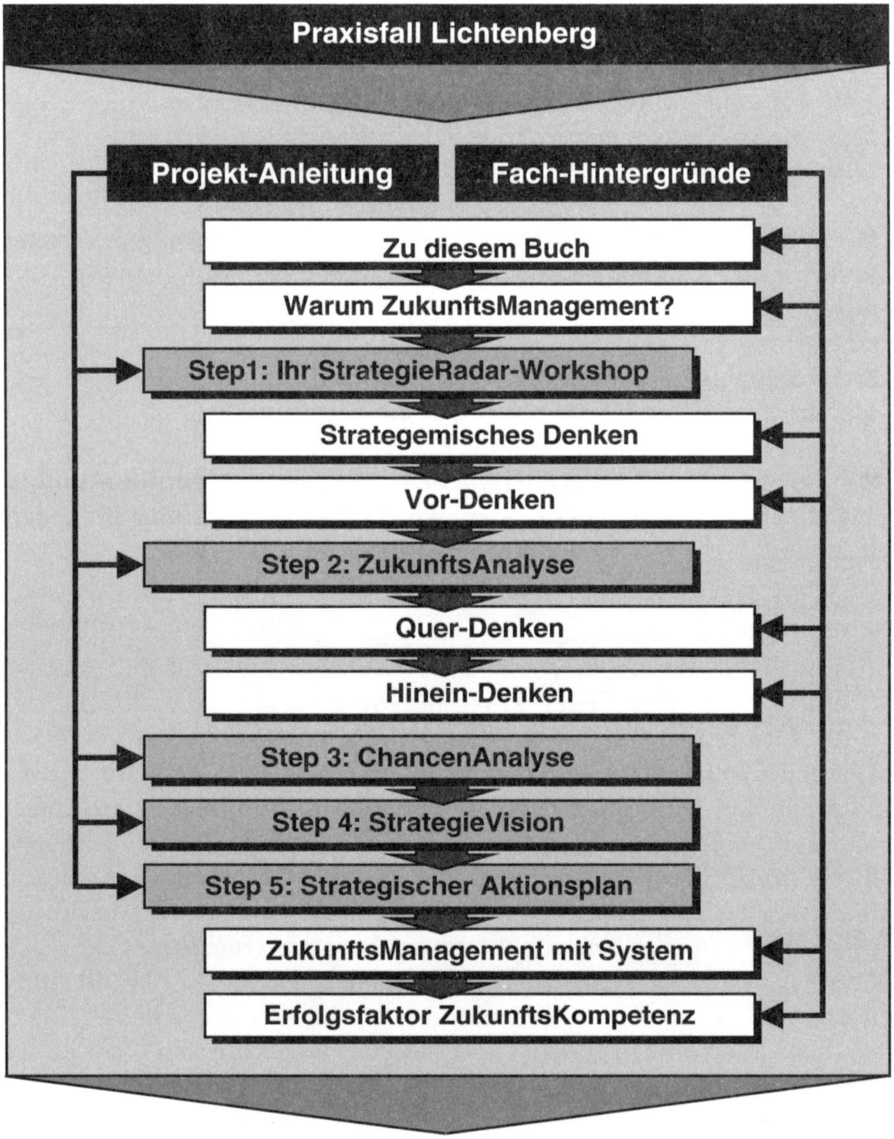

Abbildung 1; Die Struktur dieses Buches

Dieses Buch soll zugleich unterhaltsam, informativ, motivierend, sowie methodisch hilfreich sein. Wir gehen in diesem Buch in die methodische Tiefe, geben Ihnen aber auch die Freiheit und die Möglichkeit, ansehnliche Ergebnisse ohne die letzten Feinheiten der Methodik erzielen zu können.

Das Einzige, was wir an Wissen und Können voraussetzen, ist, dass Sie in den letzten Jahren mit offenen Augen durch die Welt gegangen sind und sich bereits etwas mit Management und Strategie beschäftigt haben.
Sie werden dieses Buch genießen, wenn Sie hin und wieder bereit sind, die Phantasie ihrer Kindheit zu entfalten und bereit sind, auch in der unbestechlichen Welt des Materiellen zu spielen, zu träumen und zu experimentieren. Diese Kultur und dieses Verständnis von „Wissen schaffen" wünschen wir uns von unseren Lesern und damit wünschen wir Ihnen, dieses Buch mit Freude, Vergnügen und Spaß zu lesen und zu nutzen.

1.5 Die drei Stränge dieses Buches

Dieses Buch ist aus drei Strängen geflochten, die in der chronologischen Abfolge von Inhalten und Projektschritten aufeinander abgestimmt sind.

1. Der erste Strang besteht aus einer Erzählung über das Unternehmerpaar Lichtenberg, die ein ZukunftsProjekt durchführen. In dieser Erzählung sind Firmierungen, Namen, Orte und Branche geändert, denn verständlicherweise möchte niemand die wertvollen Früchte seines ZukunftsProjektes veröffentlicht sehen. Nutzen Sie diese Rahmenhandlung zur Orientierung für Ihr eigenes Projekt und als anschauliche Zusammenfassung. Auch wenn die Erzählung nur wenige Seiten umfasst, sind die Inhalte des ersten und zweiten Stranges darin integriert.

2. Die fünf Steps als zweiter Strang in den Kapiteln 3, 6, 9, 10 und 11 sind eine detaillierte Projektanleitung und führen Sie Schritt für Schritt durch ein ZukunftsProjekt nach der Methodik des StrategieRadar-Workshops. Dieses Workshop-Programm systematisiert die zentrale Aufgabe eines jeden Unternehmers, die Früherkennung zukünftiger Bedrohungen und Chancen. Sie können es zu geringen Kosten und mit geringem Zeitaufwand durchführen.

3. Den dritten Strang des Buches bilden die fachlichen Hintergründe und theoretischen Fundierungen der Praxis-Schritte in den Kapiteln 2, 4, 5, 7, 8, 12 und 13.

1.6 Leser-Support im Internet

Ein gutes Buch beantwortet nicht nur viele Fragen, es wirft auch welche auf. Alles Wissen ist vorläufig. Daher haben wir für Sie einen Leser-Support im Internet eingerichtet. Unter ➜**www.Micic.com** finden Sie:

1. Vertiefende Ergänzungskapitel, die in diesem Buch aus Platzgründen nicht aufgenommen werden konnten und auf die in diesem Buch an verschiedenen Stellen verwiesen wird, insbesondere das Ergänzungskapitel 11 zum „Erfolgsfaktor ZukunftsKompetenz".
2. Neue Erkenntnisse, Ergänzungen und Aktualisierungen seit der letzten Ausgabe dieses Buches
3. Wertvolle Checklisten für die Durchführung und Organisation Ihres ZukunftsProjektes
4. Weitere Praxisbeispiele
5. Antworten auf die häufigsten Umsetzungsfragen
6. Viele Links zu hilfreichen Sites, Unternehmen und Organisationen.

Senden Sie eine E-Mail mit Ihrem Namen, Firma und vollständiger Adresse sowie der Versicherung, dieses Buch gekauft oder persönlich als Geschenk erhalten zu haben an **Zukunftsmanager@Micic.com** und Sie erhalten Ihr Kennwort und die Nutzungsanleitung für Ihren persönlichen Leser-Support.

2 Warum ZukunftsManagement?

Szene 2; Die Erinnerung

Stuttgart, 28. März (drei Monate später): „Das wäre alles leichter, wenn wir eine konkrete Definition davon hätten, wohin wir uns eigentlich in den nächsten Jahren entwickeln wollen." Der telefonische Bericht von Claudia Lebien, seiner Geschäftsführerin, klang nicht besonders ermutigend. Mit ihrer Randbemerkung löste sie in Simon Lichtenberg die Erinnerung an Peter Michels aus, den er vor drei Monaten in den USA kennen gelernt hatte. Eine halbe Stunde zuvor war ihm auch noch ein Artikel aus der mitgebrachten Zeitschrift „Futurist" in die Hände gefallen. Dort las er die 'ten reasons to think about the future':

❶ To succeed in your career
❷ To prepare for change
❸ To choose your future
❹ To make better decisions
❺ To help your children and grandchildren
❻ To prevent disasters
❼ To seize opportunities
❽ To understand today's world
❾ To develop self-confidence
❿ To expand your horizons.

Das waren nun wirklich zwingende Gründe. (Weiter auf Seite 29).

2.1 Warum müssen Sie vorausdenken?

Das ZielSzenario des ZukunftsManagements

Wir möchten mit diesem Buch wertvolles Wissen mit Ihnen teilen. Wenn Sie es wirklich optimal nutzen, haben Sie die Chance, viele Aspekte des folgenden idealen ZielSzenarios für Sie und Ihr Unternehmen Realität werden zu lassen.

Ihr Denken

- Sie haben bessere Argumente in Diskussionen über die Unternehmenszukunft
- Sie können sich auf das für die Zukunft Wesentliche konzentrieren

Ihr Wissen

- Sie sind immer up to date mit dem neuesten Zukunftswissen
- Sie verfügen immer über einen gefüllten ChancenTopf

Ihr Unternehmenserfolg

- Viele Ihrer Kunden sind zu „Fans" geworden
- Ihr Ertrag kommt überwiegend aus jungen Produkten
- Sie erzielen hervorragende Betriebsergebnisse
- Sie sind Ihren Konkurrenten immer ein Stück voraus
- Sie haben gute Potenziale für zukünftige Erfolge aufgebaut

Ihr Management

- Ihr Unternehmen hat eine klare Richtung durch eine konkrete Vision
- Die Mitarbeiter haben einen weiten und breiten Chancenhorizont
- Sie verfügen über ein professionelles StrategieRadar-System
- Ihr Unternehmen zeichnet sich durch große strategische Flexibilität aus

Ihr persönliches Image

- Sie werden als innovativer Querdenker geschätzt
- Sie stehen in der Szene für Ihr Geschäft, Sie haben die „geistige Marktführung"
- Sie sind aufgeschlossen und der Zukunft zugewandt

Gute Gründe

Wir befinden uns bekanntlich inmitten eines tiefgreifenden strukturellen Wandels, der sich auch über die nächsten beiden Jahrzehnte fortsetzen wird. Erfolgswillige Führungsteams müssen und sollten sich auf die Suche nach den Märkten von morgen machen und ein systematisches ZukunftsManagement einführen. Zusammenfassend lassen sich die folgenden Nutzenmomente definieren:

Fragen Sie erfolgreiche Unternehmer!

Wenn Sie erfolgreiche Unternehmer nach den Ursachen und Grundlagen ihres Erfolges fragen, werden Sie – neben vielen verschiedenen Rezepten – immer wieder eine Formulierung hören: „Damals erkannten wir schon

Die Chance zu sehen, ist keine Kunst. Die Kunst ist es, eine Chance als erster zu sehen. (Benjamin Franklin)

früh, dass ...". Dieser Satz kommt in unzähligen Festreden, Broschüren, Websites und Selbstdarstellungen vor. Auch wenn die früh erkannte Chance nichts gekostet hat und in einer Sekunden entstanden ist, so ist sie doch genauso wichtig wie alle Strukturen, Systeme und Vermögenswerte, die daraus entstanden sein mögen. Die damaligen Gründungschancen wurden meist intuitiv oder zufällig, selten aber systematisch erkannt. Sobald ein Unternehmen einen höheren Reifegrad erreicht hat und in starker Konkurrenz zu anderen Unternehmen steht, kann und sollte es sich ein zufallsabhängiges Erkennen von ZukunftsChancen nicht mehr leisten. Viele Unternehmen, die einen tiefgreifenden Wandel hinter sich haben, verdanken ihren Erfolg der Fähigkeit, neue Chancen frühzeitig zu erkennen und zu nutzen. Die Antizipation zukünftiger Entwicklungen ist eine der ergiebigsten, wenn nicht die Chancenquelle schlechthin.

Untersuchen Sie gescheiterte Unternehmen

Wenn Sie untersuchen, warum ehemals erfolgreiche Unternehmen niedergegangen sind, werden Sie immer wieder feststellen, dass sie wesentliche Veränderungen Ihrer Märkte gar nicht oder zu spät erkannt und demgemäß gehandelt haben. Neben dem Festhalten am tradierten Strategie-Konzept ist das die Hauptursache für das Scheitern eines Unternehmens.[3] So wie durch bewusste medizinische Früherkennung jeder Mensch und jedes Krankenkassensystem weitaus „gesünder" werden könnte, ist auch für die erfolgreiche Unternehmensführung die Früherkennung eine der zentralen Funktionen. Wir können *vor* dem Schadensfall lernen, nicht erst *durch* den Schadensfall.

ZukunftsKompetenz ist ein Erfolgsfaktor der Zukunft

In Zukunft hängen Unternehmenserfolge immer stärker davon ab, wie zukunftskompetent ein Unternehmen im Vergleich zum Mitbewerber ist, das heißt, wie gut und wie früh die Führung die zukünftigen Veränderungen erkennt, wie gut und schnell sie sie in Chancen verwandeln kann und wie fruchtbar das Unternehmen für die Saat dieser Chancen ist. Wer sein Unternehmen heute zukunftskompetenter macht, der schafft damit zukünftige Erfolgspositionen.

Unter ➔**www.Micic.com** finden Sie ein umfassendes Ergänzungskapitel zum „Erfolgsfaktor ZukunftsKompetenz".

Weitblickende Früherkennung bringt Zeitvorteile

Eine Untersuchung der Unternehmensberatung Arthur D. Little[4] zeigt, dass Unternehmen, die ein weiterblickendes Management haben, die Veränderungen des Umfeldes und vor allem der Kundenbedürfnisse viel früher als ihre Mitbewerber erkennen und darauf reagieren können. Sie haben also einfach mehr Zeit gewonnen. Gleiches gilt etwa für die Früherkennung der günstigsten Bezugsquellen im Weltmarkt, für Standortvorteile oder für die Integration der Logistik als mitentscheidenden Wettbewerbsfaktor der Unternehmensstrategie. Wenn dann eine Rezession einsetzt, haben die weitblickenden Unternehmen ihr Haus längst in Ordnung gebracht. Vernünftigerweise wird man zugeben, dass ein wie auch immer geartetes Früherkennungssystem nicht vollkommen zuverlässig alle zukünftigen Chancen und Bedrohungen anzeigen kann. Wenn Sie sich aber systematisch mit den zukünftigen Veränderungen Ihres Umfeldes und Ihres Unternehmens beschäftigen, können Sie einen wesentlichen Zeitvorsprung erzielen und werden nicht mehr so stark überrascht.

Es kostet viel Zeit, neue Produkte und Dienstleistungen zu entwickeln und einzuführen, neue Wettbewerbsvorteile aufzubauen und Anpassungsprozesse durchzuführen. Wer sich frühzeitig auf die Suche nach ZukunftsChancen macht, kann viel Zeit gewinnen und heute säen, was er in fünf oder zehn Jahren ernten will.

ZukunftsManagement erleichtert Differenzierung

Sie bekommen täglich Informationen über mögliche Zukünfte auf den Tisch. Wenn Sie aber die gleichen Informationen haben, wie Ihre Mitbewerber, die gleichen Studien und Bücher lesen, die gleichen Seminare besuchen und die gleichen Projekte mit den gleichen Umsetzungsmethoden und zum gleichen Zeitpunkt starten, wird sich kaum etwas ändern. Sie werden sich zwar auf einem höheren Niveau, aber dennoch in altbekannter Gesellschaft Ihrer Mitbewerber wiederfinden. Anders zu werden, bedingt aber, anders zu denken und anders zu handeln. Die Betrachtung der Zukunft führt verschiedene Führungsteams zu sehr verschiedenen Vorstellungen und das wiederum mündet in sehr voneinander verschiedenen Strategien. So trägt ein systematisches ZukunftsManagement dazu bei, dass Sie sich deutlicher von Ihren Mitbewerbern abheben können.

Wir müssen über den Kopf der Kunden hinaussehen

Unsere Kunden können uns sehr viel über unsere heutigen Produkte sagen, wenn wir uns in ihre Situation hinein-denken und die Dinge mit ihren Augen sehen. Sie sagen uns, was wir besser machen müssen, was fehlt und was überflüssig ist. Sie können aber nicht und sie wollen uns auch in der Regel nicht sagen, welche Produkte und Dienstleistungen sie in der Zukunft benötigen und kaufen werden. Diese Zukunftsarbeit müssen Sie als Unternehmer selbst leisten, damit Sie heute schon an den Erfolgen von morgen arbeiten können.

Der Erste belegt den Markt generisch

Das erste Produkt oder die erste Marke einer neuen Problemlösung hat die größte Chance, „generischen", also für alle späteren Angebote stellvertretenden Charakter zu gewinnen. Bekannte Beispiele sind Tempo, Tesa, Hilti, Aspirin, Odol, Asbach, Kleenex, Nivea, Hoover oder Holder. Den größten Teil des Marktpotenzials kann der Erste nutzen, der Zweite schafft häufig nur noch weniger als die Hälfte und die Dritten können oft nur existieren, weil sie geringere Entwicklungskosten hatten. Die Wirtschaftsgeschichte ist voller Beispiele, in denen die Zweiten und Dritten die eigentlichen Gewinner waren. Doch genau genommen waren *sie* die Ersten, die den Markt erkannten, auch wenn andere das Produkt erfunden hatten. Die Chance besteht immer im Markt, nicht im Produkt. Das Faxgerät, das Siemens an die Japaner verkaufte, ist nur eines von vielen Beispielen dieser Art.
Natürlich ist me-too eine funktionierende Strategie, doch haben wir dieses Buch für diejenigen geschrieben, die in Ihrem Unternehmen mehr als nur ein Geldversorgungssystem sehen und daher höhere Ansprüche an sich und ihr Unternehmen stellen.

Chance oder Bedrohung? Der Zeitpunkt der Erkenntnis entscheidet!

Sind die Entwicklungen der Zukunft nun Chancen oder Bedrohungen oder beides? Die Chinesen haben bereits vor Jahrtausenden erkannt, dass es letztendlich keinen wirklichen Unterschied zwischen Chance und Bedrohung gibt. Sie haben die Rationalisierungschance genutzt und für beides ein und dasselbe Schriftzeichen verwendet.[5] Beides ist beides zugleich. Veränderungen der Unternehmensumwelt bergen demnach sowohl Chancen als auch Bedrohungen in sich, deren Charakter eindeutig dadurch bestimmt wird, zu welchem Zeitpunkt sie als relevant erkannt werden.

a) Eine nicht erkannte Entwicklung ist immer eine Bedrohung, weil sie früher oder später von einem der denkbaren Mitbewerber erkannt und zu deren Vorteil bewältigt wird. Werden Veränderungen nicht erkannt, gereichen sie immer zu bedrohlichen Risiken.

b) Eine spät erkannte Entwicklung kann Chance oder Bedrohung sein, je nachdem, wann sie von einem der denkbaren Mitbewerber erkannt wird. Werden zukünftige Entwicklungen spät erkannt, wird das Unternehmen zum Spielball von Mitbewerberstrategien. Ob die Veränderung Chance oder Bedrohung ist, hängt letztendlich von der Schwäche oder Stärke der Mitbewerber ab. Das späte Erkennen zukünftiger Entwicklungen ist mit den heute noch üblichen, auf oft veralteten Glaubenssätzen beruhenden Informations- und Managementsystemen eher die Regel als die Ausnahme.

c) Eine früh erkannte Entwicklung kann am ehesten eine echte Chance sein, weil zu diesem Zeitpunkt noch keine oder nur sehr wenige Mitbewerber darum kämpfen. Es wird hier deutlich, dass Investitionen in die Früherkennung zukünftiger Veränderungen die höchsten Renditen bringen, denn damit wird das Unternehmen in die Lage versetzt, jede sich abzeichnende Veränderung zur Chance zu machen und die in der Veränderung liegende Dynamik auf die eigenen Mühlen zu lenken.

Chance oder Bedrohung?

Veränderung	Bedrohung	← ? →	Chance
Nicht erkannt	X		
Spät erkannt		X	
Früh erkannt			X

Der Zeitpunkt der Erkenntnis entscheidet

Abbildung 2; Chance oder Bedrohung?

Die Intensität sämtlicher Problemfelder des Managements (Überkapazitäten, Gemeinkostendruck, Kundenverluste etc.) resultiert hauptsächlich daraus, dass deren Entstehung in der Vergangenheit nicht frühzeitig erkannt wurde. Informationen haben in der Unternehmensführung keinen absoluten, sondern nur einen relativen Wert, der sich vor allem nach dem Zeitpunkt der Information bestimmt. Da jedes menschliche und damit auch unternehmerische Handeln durch Informationen richtet wird, ist frühe Information am rechten Ort unbezahlbar.

Zukunftsorientierung macht flexibler

Zukunft ist immer mehrdeutig und komplex. Wenn wir uns intensiv mit der Zukunft auseinandersetzen, erkennen wir die Bedeutung der Flexibilität. Ein frisch gegründetes Unternehmen ist flexibel, weil die Strukturen noch nicht etabliert und die Systeme noch nicht definiert sind. Das neu gegründete Unternehmen lässt sich mit einem kleinen Motorboot vergleichen. Es kann Geschwindigkeit und Richtung sehr schnell ändern, kann sich also neuen Entwicklungen und Notwendigkeiten sehr schnell anpassen. Nach der Gründung folgt – im günstigen Fall – die Phase des Wachstums und dann die Phase der Reifung. Bleibt die Unternehmensführung handlungsfähig, folgt die Phase des langsamen Ausbaus, der dann sehr bald wieder eine Phase der Reife folgt. Auch wenn Sie die genannten Phasen anders benennen, gemeinsam bleibt diesem Modell, dass mit dem Alter des Unternehmens und so mit dem wachsenden Reifegrad eine eindeutige Tendenz zur abnehmenden Flexibilität besteht. Je größer und älter ein Unternehmen wird, desto eher gleicht es einem großen Luxusliner, der einen Bremsweg von etlichen Meilen hat. Eine Regel aus dem Straßenverkehr heißt: Je länger der Anhalteweg ist, desto weiter muss der Vorausblick gehen. In der Unternehmensführung ist das nicht anders. Das kleine Schnellboot kann es sich selbst bei dichtem Nebel leisten, auf Sicht zu fahren. Der Luxusliner hingegen ist darauf angewiesen, mit seinem Radar möglichst weit vorauszublicken, um frühzeitig nötige und notwendige Kurskorrekturen einleiten zu können. Vorausblick gibt mehr Zeit und erweitert so die Zahl der Handlungsoptionen und erhöht damit die Flexibilität.

Vorausblick verbessert Ihre Entscheidungen

Wenn Sie als Unternehmer auf die Ergebnisse umfassenden Zukunfts-Managements zurückgreifen können, treffen Sie aufgrund der besseren Information zwangsläufig auch bessere Entscheidungen. Es ist ein beruhigendes Gefühl, alles Menschenmögliche dafür getan zu haben, zukunftssicherere Entscheidungen treffen zu können. Im übertragenen Sinne sorgen wir durch die Beschäftigung mit zukünftigen Entwicklungen dafür, dass die Fragezeichen über die zukünftigen Jahre mehr und mehr in Ausrufungszeichen, also in Gewißheiten verwandelt werden.

ZukunftsManagement weckt auf und hält wach

Nach den ersten Pionierzeiten eines Unternehmenlebens drohen die vielen formalen und strukturellen Aspekte in den Mittelpunkt des Denkens zu geraten. Es scheint immer wichtiger zu werden, die Struktur und die Abläufe zu beherrschen. Das eigene Verständnis des Marktes und die Richtigkeit der Annahmen werden seltener in Frage gestellt. Die Aufmerksamkeit richtet sich stärker nach innen. Ein Teil dieser Entwicklung ist wünschenswert, denn in vielen Bereichen wird Erfolg erst dadurch möglich, dass man nicht ständig über die Grundannahmen nachdenkt. Ein Pianist darf nicht mitten im Spiel seine Technik analysieren, denn er wird sich unweigerlich verspielen, weil das bewusste Denken dafür viel zu langsam ist.
Nichtsdestotrotz dürfen wir Unternehmensführung nicht so wie das Autofahren oder das Klavierspielen dauerhaft an unser Unterbewusstsein delegieren. Wer sich regelmäßig mit den immer größer und schneller werdenden Veränderungen der Zukunft auseinandersetzt, wird sein Unternehmen immer wieder in Frage stellen und neu definieren müssen und auf diese Weise immer wieder aufwachen und wach bleiben.

Sage mir das Ziel und ich nenne Dir den Wert deines Standortes

Wo stehen wir eigentlich? Eine lobenswerte Frage, auf die Sie allerdings nur dann eine brauchbare Antwort finden, wenn Sie wissen, wohin die Reise eigentlich gehen soll, welche Straßen neu gebaut werden und welche Umleitungen auf Sie zukommen.

Weniger Stress

Ihr Stress ist um so größer, je weniger Bewältigungskompetenz Sie sich in einer bestimmten Situation zumessen. Wieviel Kompetenz Sie subjektiv empfinden, hängt unter anderem davon ab, wie sicher Sie sich sind, alle relevanten und verfügbaren Informationen verarbeitet zu haben. Wenn Sie gewiss sind, im Rahmen einer ZukunftsAnalyse das Menschenmögliche dafür getan zu haben, die zukünftigen Entwicklungen vorzudenken, wird Ihre emotionale Belastung relativ gering sein, womit Sie wiederum bessere Entscheidungen treffen können.

Vor-Denken ermöglicht salutogenetisches Management

Chancen-Suche macht in gewisser Weise immun gegen Bedrohungen. In der Medizin gibt es eine Reihe von Wissenschaftlern, die eindringlich fordern, die althergebrachte Suche nach den Ursachen von Krankheiten, die sogenannte Pathogenese, in den Hintergrund zu stellen. Statt dessen plädieren sie für einen Paradigmenwechsel, hin zur so genannten Salutogenese, einer Strategie, die nach den Ursachen der Gesunderhaltung fragt. Kern der Salutogenese ist das Aufzeigen von Wegen zu Selbstvertrauen und Eigenverantwortlichkeit, die als Ursachen des Gesundseins ausgemacht wurden. Auch in der Managementpraxis fragen wir viel zu häufig nach den Ursachen für Fehler und Misserfolge. Dabei kommen wir mit Hilfe von Beratungsgesellschaften immer wieder zum gleichen Ergebnis, es gebe zu viele Indianer und immer öfter auch zu viele Häuptlinge. Wenn wir aber nach den Ursachen unternehmerischer Gesundheit forschen, zieht sich neben dem persönlichen Antrieb ein spezielles Phänomen durch alle Strategien; es ist die früh erkannte Chance.

Szene 3; Der zweite Kontakt

28. März: Gerne hätte Lichtenberg weitergelesen, doch die Zeit drängte. Ellen hatte wieder mal einen dieser kraftraubenden Spaziergänge mit einigen ihrer Freunde vereinbart. Um des lieben Friedens willen räumt er das kleine kreative Chaos auf seinem Schreibtisch auf, das immer entstand, wenn er sich etwas erarbeiten wollte. Er hatte Feuer gefangen für die Suche nach seinen Märkten von morgen. Das Thema begann ihn zu faszinieren. Die Visitenkarte von Michels in der Hand griff er zum Telefon. „Hallo Herr Michels, hier ist Lichtenberg. Vielleicht erinnern Sie sich, wir hatten uns im Urlaub kennengelernt.“ Michels konnte sich noch gut an ihn erinnern: „Herr Lichtenberg, was macht die Kunst?“ Lichtenberg kam gleich zur Sache: „Ich möchte Sie zu einem Gespräch hier bei uns einladen. Ich habe gerade in Ihrem Buch geschmökert und würde gern mit Ihnen darüber sprechen, wenn Sie Zeit und Lust haben.“ „Sie, ich halte am 14. April einen Vortrag vor einer Gruppe von Finanzberatern in Ludwigsburg, das können wir doch miteinander verbinden. Am Abend des 15. kann ich bei Ihnen vorbeischauen“, schlug Michels vor. „Wenn Sie möchten, sorge ich dafür, dass Sie eine Einladung für den Vortrag bekommen“. (Weiter auf Seite 32).

Strategy follows chances

„Damals erkannten wir schon früh, dass ...". So leiten erfolgreiche Unternehmer häufig ihren Bericht über Grundlagen und Ursachen ihres Erfolges ein. Die früh erkannte ZukunftsChance ist Grundlage und Voraussetzung jeder Vision, jeder Strategie, jeden Gewinns und jeder Organisationsform. So können wir Chandlers alte Regel „structure follows strategy" erweitern um „strategy follows vision" und „vision follows chances".

Die früh erkannte ZukunftsChance ist das Phänomen, aus dem Erfolge entstehen. Sie lässt Gebäude und Software entstehen, lässt Arbeitsverträge notwendig werden, lässt Maschinen laufen und Organisationssysteme funktionieren. Gedanken sind es, die die Welt beherrschen. Jedes marktführende Produkt, jedes Unternehmen, jedes Gebäude war irgendwann nur ein Gedanke. Auch wenn wir uns 90 oder 98% unserer Zeit mit der Struktur beschäftigen, so haben wir sie nur deshalb, weil wir eine Strategie haben, für deren Umsetzung die Struktur nötig ist. Wozu haben wir aber eine Strategie? Weil wir eine wie auch immer geartete Vorstellung und Vision davon haben, wo die Reise hingehen soll und was wir mit unserem Unternehmen erreichen wollen. Und wenn wir keine echte Vision erarbeitet haben, dann substituieren wir sie mit Träumen von Schönheit, Reichtum und Güte. Es

Abbildung 3; Strategy follows chances

ist modern geworden, über Visionen zu sprechen und sie zu fordern. Wie und woraus aber entstehen Visionen? Es ist die früh erkannte ZukunftsChance! Wir brauchen die ZukunftsChance als Samen, um uns vorstellen zu können, welches exzellente Geschäft einmal daraus werden könnte. Die ZukunftsChance ist dabei wie das Sandkorn, das in die Muschel eindringt und um das herum dann die Perle entstehen kann. Ohne Sandkorn keine Perle und ohne ZukunftsChance keine Vision.

Der Zweck der Chancen-Suche besteht darin, neue Pfade in Ihrem Gehirn anzulegen. So wie jede Autobahn irgendwann einmal als Pfad begann, so begann jeder Erfolg mit einem Denkpfad, einer neuen Struktur in Ihrem neurologischen Netzwerk im Kopf. Die ZukunftsChance zeugt und schafft die Vision und die Vision zeugt und schafft die Strategie und die Strategie zeugt und schafft die Struktur. Bis zur endgültigen Geburt der ZukunftsChance braucht es jeweils eine mehr oder minder lange Schwangerschaft, die sich im Kopf der Entscheider abspielt. Die Hierarchie der Begriffe ist gleichzeitig eine Hierarchie der Materialisierung, denn die Chancen sind nicht sichtbar, häufig sogar nicht einmal wirklich beschreibbar. Erst die Vision ist manchmal schriftlich niedergelegt, aber selten visualisiert. Die Strategie manifestiert sich schon eher in konkreten Prozessen und Systemen, während die Struktur das eigentlich Sichtbare am Unternehmen ist. Die gesamte Wissenschaft und Literatur zu Betriebswirtschaft und Management beschäftigt sich bei weitem zu wenig mit der Entstehung der ZukunftsChance und bei weitem zu viel mit den kleinsten der kleinen Aspekte der Struktur.

Die Idee ist das Absolute, und alles Wirkliche ist nur Realisierung der Idee. (Georg W. F. Hegel)

Wie weit Gedankenexperimente selbst bei komplexen Verhältnissen in die Zukunft reichen können, beweist die Tatsache, dass erst Ende 1994 eine Forschergruppe der Universität Konstanz begonnen hat, Heisenbergs Gedankenexperimente der „Unschärferelation" im Labor praktisch nachzuvollziehen. Entgegen allen Unkenrufen von Zeitgenossen mit finitem Gesichtsfeld zeigt dies einmal mehr, welchen immensen Nutzen die Vorstellungskraft für die Schaffung neuer Wirklichkeiten hat. Es kommt daher auch bei der Chancen-Suche vor allem darauf an, den Impuls für weiteres Arbeiten an neuen Ideen zu geben. Angesichts begrenzter Mittel kann es nicht Sinn und Zweck sein, alles sofort zu Ende zu denken.

ZukunftsChancen können Sie mit dem alten Computerspiel „Pacman" vergleichen, bei dem sich ein kleines aus zwei sich permanent öffnenden und schließenden Halbkugeln bestehendes Männchen durch ein Labyrinth bewegt und dabei Nahrungskugeln frißt. Die Kugeln sind wie die Chancen bzw. wie die zu lösenden Spannungen, an denen Sie Ihr Unternehmen im-

mer wieder aufladen können. ZukunftsChancen sorgen dafür, dass Sie Ihr Unternehmen immer wieder neu gründen und so zu immer neuen Erfolgen führen können.
Warum bringt sich ein Mensch um? Weil er keine Chance mehr sieht, ein nach seinen Vorstellungen akzeptables Leben zu führen. Warum stirbt ein Unternehmen? Weil es keine Chancen mehr hat, ein nach den Vorstellungen des Marktes akzeptables Dasein zu fristen. Nehmen Sie regelmäßig eine Chanceninventur vor. Wenn wir die gleiche Mühe und den gleichen Aufwand für eine Chanceninventur treiben würden wie für die Bilanzinventur, wäre so mancher Unternehmenstod vermeidbar gewesen.

Denken Sie zurück

Szene 4; Der Vortrag

Ludwigsburg, 14. April (drei Wochen später): Alles hatte hervorragend geklappt. Lichtenberg saß in einem Ludwigsburger Hotel inmitten der fast 200 Mitglieder irgendeines Bundesverbandes freier Finanzberater. Das traf sich gut, denn von diesem Geschäft verstand er einiges. Michels beginnt fast pünktlich seinen Vortrag zum Thema „Auf der Suche nach den Märkten von morgen."
Mit grundsätzlichen Überlegungen beginnt Michels seine Zuhörer zu interessieren: „Sie haben es sicher schon beobachtet; Zukunft ist wieder „in". Doch anders als in der Planungseuphorie vergangener Jahrzehnte weicht das Paradigma mathematisch-mechanistischer Prognosen und Planungen einem ehrfürchtigen und vielerorts recht hilflosen Staunen über die neuen Optionen zukünftiger Jahre. Vieles von dem, was man vor gar nicht allzu langer Zeit noch der Science Fiction und vermeintlichen Utopisten zuschrieb, begegnet uns heute in der täglichen Arbeit, so die kleinen Notepads, die sich an unsere Handschrift gewöhnen oder der sekundenschnelle Zugang zu jeder gewünschten Information über weltweite Datennetze. Dass sich US-Amerikaner und Russen freundschaftlich im Weltraum und in Datennetzen begegnen, schien vor wenigen Jahren noch ausgeschlossen zu sein. Die lange gelehrten Marktmodelle und Segmentierungsmethoden können größtenteils als unnötiger Ballast abgeworfen werden, weil sich unsere Kunden unseren wohlüberlegten Zielgruppen-Definitionen mit List entziehen. Unternehmen wie Phillip Morris laden zum „talk with tomorrow" ein; „welcome to tomorrow" dröhnt es allenthalben aus den Boxen und Zukunft ist ein Top-Thema

der Managementliteratur. Es gibt sogar in Deutschland Zukunftsministerien, Zukunftsinitiativen und Zukunftskommissionen, die in vielen anderen Ländern wie in den USA, in Finnland und der Schweiz schon eine Selbstverständlichkeit sind."

Michels erläutert: „Es geht mir in diesem Vortrag nicht darum, Ihnen etwas über „Geschäftsideen" zu erzählen. Ich will Ihnen aufzeigen, dass und wie Sie sich mit der Zukunft Ihrer Unternehmen befassen müssen. Warum haben sich Menschen schon immer bemüht, in die Zukunft zu sehen? Weil Sie nach Chancen gesucht haben. Chancen, um sich auf Schwieriges vorzubereiten und Chancen, um ein erfüllteres Leben zu führen. Damit ist das Streben nach Früherkennung von Chancen und Bedrohungen so alt wie die Menschheit selbst. Aber die Suche nach neuen ZukunftsChancen gestaltet sich aus mehreren Gründen schwierig. Erstens weiß man nicht, was man eigentlich sucht, zweitens weiß man nicht, in welcher Richtung man suchen soll und drittens weiß man nicht, wie man suchen soll."

Michels referiert weiter: „Welche Bedeutung das Nachdenken über die Zukunft Ihrer Unternehmen hat, machen Sie sich am einfachsten deutlich, wenn Sie zunächst zurückdenken. Hier ein kleiner Test für Sie. Schreiben Sie sich diese vier Fragen auf und finden Sie in einer ungestörten Stunde Ihre Antworten darauf." Auf einer Grafik liest Lichtenberg die erste Frage:

❶ „Wie sah Ihr Unternehmen im Jahr 1989 aus, dem Jahr, in dem die Mauer fiel?" Nachdenkliches Schweigen prägte das Auditorium. Simon Lichtenberg stellte erschrocken fest, wie viele Jahre seit diesem erfreulichen Ereignis schon vergangen waren. Damals war er noch voll im Aufbau seines Unternehmens. Die Verhältnisse im Baugeschäft schienen angesichts der seitherigen Veränderungen geradezu paradiesisch. Nach wie vor in nachdenklicher Stille lesen die Teilnehmer eine Reihe von Fragen, die Michels auf einer Übersicht als Denkhilfe anbot:

- ➔ Mit wem haben Sie damals zusammengearbeitet?
- ➔ Welche Leistungen haben Sie damals verkauft?
- ➔ Wie sah damals Ihre Kundschaft aus?
- ➔ Wie stand es damals um Ihr Unternehmen?
- ➔ Wie stand es damals um Ihre Branche?
- ➔ Mit welchen brennenden Problemen kämpften Sie damals?
- ➔ Welche Zukunftsvisionen hatten Sie damals?
- ➔ Wie sah Ihre Arbeitsumgebung damals aus?
- ➔ Wie gestaltete sich damals Ihr Tagesablauf?

Michels fragte weiter:

❷ **„Was hat sich seitdem verändert?“** Jetzt brachten sich einige der Zuhörer ein. Von einem Konzentrationsprozess sondergleichen ist die Rede. Lichtenberg denkt für sich an die schier inflationäre Anzahl mehr oder minder seriöser Mitbewerber. Eigentlich war kein Stein mehr auf dem anderen geblieben. Auch für diese Frage gab es eine Fragenliste:

- Was ist seitdem besser geworden?
- Was ist seitdem schlechter geworden?
- Wo stünden wir heute, wenn wir die seitherigen Veränderungen etwas früher erkannt hätten?

Michels zieht seinen Test durch:

❸ **„Was wird in fünf Jahren anders sein?** Denken Sie daran, dass die Veränderungen der nächsten fünf Jahre mindestens so gravierend sein werden, wie die der letzten zehn.“ Wieder versuchte Simon Lichtenberg diese Frage auf seine Belange zu übersetzen. Zufällig hörte er die geflüsterte Unterhaltung seiner Nachbarn mit. Der eine sprach von Touchscreen-Terminals, die an jeder Ecke aufgestellt werden und dem Kunden vom Investmentfonds über die „Immobilien-Drehscheibe“ bis hin zum Veranstaltungstipp alle Informationen des Finanzberaters bieten wird. „Na prima“, erwiderte ein älterer Finanzberater, „wenn das die Zukunft der Finanzberatung ist! Dann kommt der elektronische Finanzsupermarkt wohl per interaktivem Fernsehen ins Wohnzimmer“. Lichtenberg richtete seine Aufmerksamkeit wieder nach vorne und vernahm, dass im Bankenbereich nur noch 30% der früheren Bankdienste am Schalter verkauft werden. Lichtenberg dachte an sein Geschäftsfeld in der Baubranche. „Dort geht es doch etwas ruhiger zu“, so seine von Selbstberuhigung und Hoffnung geprägte Feststellung.
„So“, unterbrach Michels die Zurufe seines Publikums, denen Lichtenberg gar nicht mehr zugehört hatte. „An dieser Stelle hören wir meistens auf zu denken. Natürlich kennen Sie alle diese Trends, Prognosen und Szenarien. Wir nehmen die Botschaften zur Kenntnis, stellen enttäuscht fest, wie spekulativ das Ganze ist und wenden uns wieder dem ach so wichtigen Tagesgeschäft zu. Damit geben wir aber quasi fünf Minuten vor dem Ziel auf. Begreifen Sie Projektionen über zukünftige Entwicklungen zunächst nur als Kreativitätshilfe bei der Bestimmung Ihrer eigenen ZukunftsAnnahmen. Und dann beantworten Sie für dieses Zukünftige die vierte Frage:

❹ **„Welche Chancen stecken für uns darin?“** Lichtenberg sind seine Gedanken über die zukünftigen Entwicklungen noch gegenwärtig. Ihm wird langsam klar, dass die zukünftige Branchenlandschaft sehr viel differenzierter und bunter sein wird. Instinktiv spürt er aber, dass es die vermeintliche Zukunftssicherheit in seinem Unternehmen auch nicht mehr gibt und eigentlich auch nie gab. Michels wiederholt seine fordernde Frage: „Welche Chancen stecken für Sie in diesen Veränderungen?“ Das war der Knackpunkt. Das war die Schwierigkeit. Allmählich verstand Lichtenberg, worum es bei Michels Arbeit eigentlich ging. „Das Wichtigste an dieser Frage ist, dass Sie jeder einzelne von Ihnen selbst für sich und sein Unternehmen beantworten muss“ relativierte Michels. „Was sind die Chancen wert, wenn ich sie Ihnen hier und heute dutzendfach nenne? Genau genommen sind sie dann nichts wert. Wenn Sie alle die gleichen Chancen erkennen, geraten Sie in die Trendfalle. Denken wir doch mal an das Stichwort 'Senioren'. Es gibt kaum noch ein Unternehmen, das sich nicht Gedanken darüber gemacht hätte, was sie dieser vermeintlich neuen Zielgruppe Gutes tun könnten. Zweifelsohne heben sich damit alle auf ein höheres Niveau, übersehen aber, dass sie in altbekannter Gesellschaft ihrer Mitbewerber bleiben. Nicht umsonst definieren manche das Wort Strategie als 'Management des Vorsprungs'.“
Michels zeigte anhand eines Charts: „Ich will Ihnen deutlich sagen, wo die zukünftigen Chancen *nicht* liegen. All diese Strategien sind Notwendigkeiten, aber niemals Chancen. Jeder kann es sofort nachmachen. Kostensenkung hat natürliche Grenzen und intensivere Werbung nach der Methode 'wir brauchen einen größeren Hammer' bringt allenfalls nur kurzfristige Erfolge. Auch die Standard-Trends sind im Prinzip keine Chancen. Denken Sie nur an unser Senioren-Beispiel. Sobald alles über einen Trend wie die 'jungen Alten' spricht, ist die Chance, damit einen wesentlichen Wettbewerbsvorsprung zu erzielen, schon längst vertan. Und tun wir uns den Gefallen,“ beschwört Michels die Finanzberater, „die Standardrezepte, ob Lean Management, Benchmarking, Reengineering, TQM oder Prozessmanagement und wie sie auch alle heißen mögen bestenfalls als Notwendigkeiten, nie aber als echte ZukunftsChancen zu betrachten. Was machen Sie denn, wenn Sie alle zertifiziert sind? Die Zukunft Ihres Unternehmens wird nicht durch Lean-Konzepte und schlanke Strukturen, straffe Sortimente und Qualitätsmanagements bestimmt. Das ist Engineering der Vergangenheit. Die Wettbewerbsvorteile der Zukunft entstehen nicht durch das Management des Rückstands, sondern des Abstands. Das letztendliche Ziel des ZukunftsManagements besteht in der Bewahrung und Steigerung der Attraktivität Ihres Unternehmens für Ihre Kunden.“

Simon Lichtenberg ertappte sich dabei, schon gar nicht mehr zuzuhören. Michels sprach noch darüber, was eine Chance eigentlich genau ist und welche Arten es davon gibt. Er referierte über die „Landkarte der ZukunftsChancen“ und über die drei Meta-Strategien zur Früherkennung von ZukunftsChancen und so weiter. Doch Lichtenberg schaltete ab. Zu sehr hatten ihn die letzten Tage angestrengt, als dass er sich jetzt noch auf mehr Neues konzentrieren konnte. Schon längst hatte er beschlossen, mit Michels zusammenzuarbeiten.
„Auf dass Ihre Unternehmen zu Perlen werden, vielen Dank!“ Das Ende des Vortrages kam jetzt etwas plötzlich. Lichtenberg hatte sich schon vorsorglich zum Ausgang begeben, um nicht in der Masse zu versinken. Als er die Tür hinter sich schließt, hört er heftigen Beifall. Ein Blick auf die Uhr sagt ihm, dass zu Hause ohnehin schon alles schläft. Er kann also noch ein bisschen mit Michels in der Hotelbar plaudern. Fünfzehn Minuten später haben sich die Wissbegierigen um Michels verflüchtigt. „Gehen wir noch schnell auf ein Bier in die Bar?“, kommt er Lichtenberg zuvor. Die Bar war fast leer, dafür aber kaum verraucht. Michels war – wie immer nach einem Vortrag – etwas aufgedreht. „Na, hat's Ihnen etwas gebracht?“, will er gut gelaunt von Lichtenberg wissen. Der nickt zustimmend und relativiert gleichzeitig, er habe zwischendurch 'zumachen' müssen, weil er sich nicht mehr hatte konzentrieren können. „Ich habe aber noch etwas mit Ihnen vor, lieber Michels“, kündigte er an. „Sie wissen ja, dass ich mittlerweile mehr Zeit habe als früher. Ich habe mich unter anderem deshalb aus der aktiven Arbeit zurückgezogen, weil ich wissen will, ob ich mit weniger Aufwand und mehr Überlegung mehr erreichen kann. Ich habe mich früher nie getraut, das auszuprobieren. So, und jetzt kommen Sie ins Spiel. Ich würde mich gerne regelmäßig mit Ihnen austauschen. Sind Sie daran interessiert?“ Michels nippte an seinem Bier und schaute an die Decke. „Es stellt sich hier die Frage, wie intensiv Sie das Thema angehen wollen. Wollen Sie schnell Ergebnisse erzielen, oder wollen Sie die Zusammenhänge gründlich durchdringen?“ Was Lichtenberg machte, machte er gründlich. Die Antwort war klar. „Gut, dafür gibt es zwei Möglichkeiten“, bot Michels an. „Entweder ich stelle Ihnen ausführliches Informationsmaterial zum Selbststudium zur Verfügung, oder wir schließen einen Beratungsvertrag“. Lichtenberg wollte auf etwas anderes hinaus. „Was halten Sie davon, wenn Sie mir sozusagen eine Lizenz als Berater für mein eigenes Unternehmen geben? Sie bringen mir alles bei und erhalten ein Honorar dafür.“ Schnell waren sie sich einig geworden. Michels sollte mit Lichtenberg das erste ZukunftsProjekt durchführen ihn damit zum Berater für Zukunfts-

Management ausbilden. Sie verabredeten sich für den Abend des nächsten Tages. (Weiter auf Seite 38)

Vom Wesen der ZukunftsChance

Lassen Sie uns ein bisschen mit dem Begriff und dem Wesen der Chance spielen und experimentieren. Das hilft Ihnen, ein besseres Verständnis davon zu gewinnen, was ZukunftsChancen sind und was sie nicht sind. Was unterscheidet die ZukunftsChance von der Alltagschance bzw. der Gegenwartschance? Die Chance ist grundsätzlich eine lohnende Handlungsoption. Es würde sich lohnen, jetzt so zu handeln. Die ZukunftsChance hingegen ist eine Chance, bei der wir aus der Zukunft für die Gegenwart gelernt haben. Die ZukunftsChance ist nur für diejenigen wenigen sichtbar und offensichtlich, die sich ausgemalt haben, was in Zukunft anders sein wird. Sie haben beispielsweise heute und schon immer die Alltagschance, Ihre B-Kunden zu A-Kunden zu machen. Sie haben aber auch die heute noch theoretische ZukunftsChance, die von Ihnen hergestellten Motorräder irgendwann mit Brennstoffzellen auszustatten und sich bereits heute darauf vorzubereiten, und Sie haben die Chance, die von Ihnen bisher verkauften Möbel zu verleasen.

Chancen erwachsen aus Spannungen zwischen einem gewünschten Soll und einem existierenden Ist. Art und Ausprägung des Solls sind dabei ausschließlich subjektive Einschätzungen des Betrachters. Der eine mag eine Chance darin sehen, Ihre Produkte zu verleasen, weil er bei den Kunden Liquiditätsengpässe beobachtet, der andere mag darin eben keine Chance sehen, weil er sich auf diejenigen konzentrieren will, die keine Liquiditätsengpässe haben.

Es gibt heute mehr Chancen als jemals zuvor, sie sind nur immer schwieriger zu erkennen. Unsere Welt hat sich so fragmentiert und fragmentiert sich immer weiter, dass es häufig den Kleinen und den Spezialisten vorbehalten bleibt, die Lücken zu sehen. Nichtsdestotrotz hat auch der vermeintliche Generalist mehr Chancen als früher, denn er kann weitaus mehr kleine Elemente zu neuen Lösungen kombinieren und so die Fragmentierung mindern, wenn er im Gegensatz zum Spezialisten den Überblick über mehrere Gebiete hat.

Ein kluger Mensch schafft mehr Gelegenheiten, als dass er findet. (Francis Bacon).

Die Chancenlücke schließen

Szene 5; Vor dem Besuch

15. April, morgens: Vor dem Gespräch mit Michels wollte Simon Lichtenberg noch den ersten Teil des Buches fertiglesen. Er spricht nicht gerne über Dinge, von denen er nichts versteht. Der nächste Abschnitt des Kapitels „Warum ZukunftsManagement" sprach davon, die Chancenlücke zu schließen. (Weiter auf Seite 55).

Kurz und einfach gesagt hat die Führung Ihres Unternehmens folgende Kernfunktionen:

❶ Aufbau (neue Geschäfte aufbauen)
❷ Betrieb (den Betrieb bestehender Geschäfte optimieren)
❸ Schließung (alte oder erfolglose Geschäfte schließen).

Natürlich verursacht der Betrieb den größten Anteil des Aufwandes an Geld, Zeit und Geist, aber wir dürfen diesen operativen Arbeitsaufwand nicht mit der Führungsfunktion verwechseln. Es gibt nur *eine* Situation, in der der Betrieb für Sie als Unternehmer wirklich den größten Teil Ihrer Zeit frisst und das ist die Situation, wenn Sie sich als Sachbearbeiter zweckentfremden. Der Betrieb erfordert den geringsten Anteil an wirklich unternehmerischer Arbeit. Wenn wir unternehmende und ausführende Funktionen unterscheiden, stellen Sie fest, dass sich der unternehmerische Fokus zu gleichen Teilen auf die drei genannten Kernfunktionen verteilen muss.
Jetzt die gnadenlose Frage: Wieviel Prozent Ihrer Arbeitszeit verbringen Sie mit dem Vor-Denken und dem Aufbau neuer Geschäfte? Bei Unternehmen mit mehr als nur wenigen Mitarbeitern wäre alles unter 30 Prozent nicht akzeptabel. In der täglichen Praxis dürfte der tatsächliche Wert häufig bei zehn Prozent liegen. Das ist eine Chancenlücke, die wie eine unerkannte Wunde ähnlich dem Krebs an der Existenzfähigkeit zehrt. Ökonomie heißt eigentlich Landwirtschaft. Dort muss sich der Landwirt als Ur-Unternehmer über neue Ländereien, neue Pflanzen und neue Aussaaten Gedanken machen. Die Pflege und selbst die Ernte sind größtenteils delegierbare Funktionen, die des unternehmerischen Faktors kaum bedürfen. Erst der Verkauf fordert wieder den Unternehmer. Insofern ist eine Drittelverteilung der unternehmerischen Aufmerksamkeit sogar noch schmeichelhaft für den Betrieb bestehender Geschäfte. Wenn ein Unternehmen, eine Branche oder gar eine ganze Volkswirtschaft niedergeht, dann ist die beschriebene Chancenlücke oft die Ursache dafür.

Wenn sich der selbstständige Luxusliner-Kapitän am liebsten darum kümmert, dass seine Passagiere ein besonders vorzügliches Menü bekommen, wird er sehr bald keine Passagiere mehr haben. Entweder konzentriert er sich selbst darauf, immer wieder faszinierende und lohnende Destinationen zu finden und ihre Erreichung zu ermöglichen, oder er beauftragt einen anderen mit der Führung seines Unternehmens. Den gelegentlichen empörten Einwänden, dass „unsere Leute davon nicht satt werden", müssen wir entschieden widersprechen. Liquiditätsprobleme, also die äußere Ursache von Konkursen, sind nichts anderes als die in Geldeinheiten manifestierte Lükke, die eine nicht getane Zukunftsarbeit in das Portemonnaie reißt.

Lebenslauf von Chancen und Bedrohungen

Ich habe mit der Gegenwart genügend Probleme! Wenn diese Aussage von Ihnen stammen könnte, dann erlauben Sie eine höfliche Frage: Warum haben Sie nicht schon vor fünf oder zehn Jahren frühzeitig erkannt, dass Ihre Kosten aus dem Ruder zu laufen drohen und diese oder jene Produktverbesserung notwendig werden wird? Wer sich heute nicht konsequent die Zeit nimmt, die Zukunft seines Umfeldes vorzudenken, wird niemals aus dieser „Zeitfalle" entkommen.

Wenn das Geld nicht mehr zur Zahlung der Löhne ausreicht, müssen Sie viel Kraft für die Lösung dieses Problems aufwenden. Wenn Sie aber zurück in die Vergangenheit reisen könnten, hätten Sie es sehr viel leichter. Je weiter Sie zurück in die Vergangenheit reisen könnten, desto leichter wäre die Problemlösung. Bereiten Sie sich mal das Vergnügen, Nachrichtensendungen anzusehen, die zehn oder zwanzig Jahre alt sind. Dann wissen Sie, was wir meinen. Nun können wir leider nicht in die Vergangenheit reisen, aber wir können eine Zeitreise dahin simulieren. Wie? Indem wir zum Zeitpunkt der zukünftigen Vergangenheit, also der heutigen Gegenwart, soweit wie nötig in die Zukunft blicken, um uns zu bemühen, kommende Probleme und Bedrohungen zu verhindern, anstatt sie später aufwendig lösen zu müssen.

Bedrohungen und Probleme haben die unangenehme Eigenschaft, im Verlauf ihrer Existenz zu wachsen, also ihre negativen Auswirkungen zu potenzieren. Je früher wir die Bedrohungen erkennen, desto geringer ist der zu ihrer Überwindung notwendige Aufwand. Die Automobilzulieferer, die sich heute einem enormen Druck ihrer Abnehmer gegenübersehen, konnten die dafür verantwortlichen Spannungen bereits zu Beginn der achtziger Jahre erfassen. José Ignacio Lopez hat nicht erst 1991 mit seiner Arbeit begonnen.

Wenn Sie einen Stein in einen Teich werfen, breiten sich Wasserringe aus. Je mehr Zeit vergeht, desto größer ist das Auswirkungsfeld. Jetzt halten wir den Zeitablauf fest, indem wir im Sekundentakt Fotografien der Wasserringe machen. Wenn Sie diese Fotografien übereinander legen, entsteht ein Trichter, den wir den Bedrohungstrichter nennen. Wie groß die Auswirkungsfläche, also der Grad der Bedrohung ist, ergibt sich aus der Existenzdauer der Bedrohung mal der Ausbreitungsgeschwindigkeit. Wenn Sie die Entstehung eines Problems oder einer Bedrohung früh genug erkannt haben, sind die Auswirkungen noch sehr klein und es lässt sich mit weniger Kraftaufwand lösen. Das gilt für Überkapazitäten und wegbrechende Märkte genauso wie für unzufriedene Mitarbeiter. Mit jedem Monat, den sie die Bedrohung später erkennen, wächst der Aufwand zu ihrer Überwindung exponentiell.
Viel wichtiger ist aber der Chancenrichter. Wir haben uns in unserer Arbeit angewöhnt, gar nicht mehr bewusst nach Bedrohungen zu suchen, weil es einfach motivierender ist, nach Chancen Ausschau zu halten. Die Bedrohungen findet man dabei auch, nur kann man so leichter eine Chance darin sehen, die Bedrohung abzuwenden. Der Chancentrichter ist genau das Spiegelbild des Bedrohungstrichters, da Chancen mit ihrer Existenzdauer schrumpfen. Je früher sie erkannt werden, desto größer ist der potenzielle Nutzen für das Unternehmen. Wenn der richtige Zeitpunkt zur Realisierung der Chance noch nicht gekommen ist, gibt es im Grunde genommen auch die Chance nicht. Am Anfang ist der potentielle Gewinn aus einer Chance daher immer groß. Wer sie früh erkennt, für den sind sie unendlich wertvoll. Doch im Verlauf der Zeit schrumpfen die Chancen, weil sie von immer mehr Unternehmern wahrgenommen werden oder weil sie durch neue Chancen an Bedeutung verlieren. An anderer Stelle nennt man die frühe Phase der Chance 'window of opportunity', also das Chancenfenster. Die Chancen, die IBM in den siebziger Jahren als damals unangefochtener Marktführer im EDV-Markt nicht erkannt hatte, haben junge, gerade erst erwachsen gewordene Männer und Frauen zu Millionären und Milliardären gemacht. Akademisch gesagt: Die Auswirkungsfläche einer Bedrohung oder Problems ist als Funktion der Zeit divergent (<), die Potenzialfläche einer Chance ist konvergent (>).[6]
Unternehmen sind in erster Linie Problemlöser. Insofern ist jede Bedrohung und jedes Problem auch die Chance desjenigen, der rechtzeitig und in angemessener Art und Weise eine Lösung zu bieten hat.
Diese Betrachtung ist keineswegs nur philosophisch. Sie müsste Ihrem Controller hervorragend gefallen, denn wir kennen keine andere Grundregel der Unternehmensführung und auch der Lebensführung, die stärker

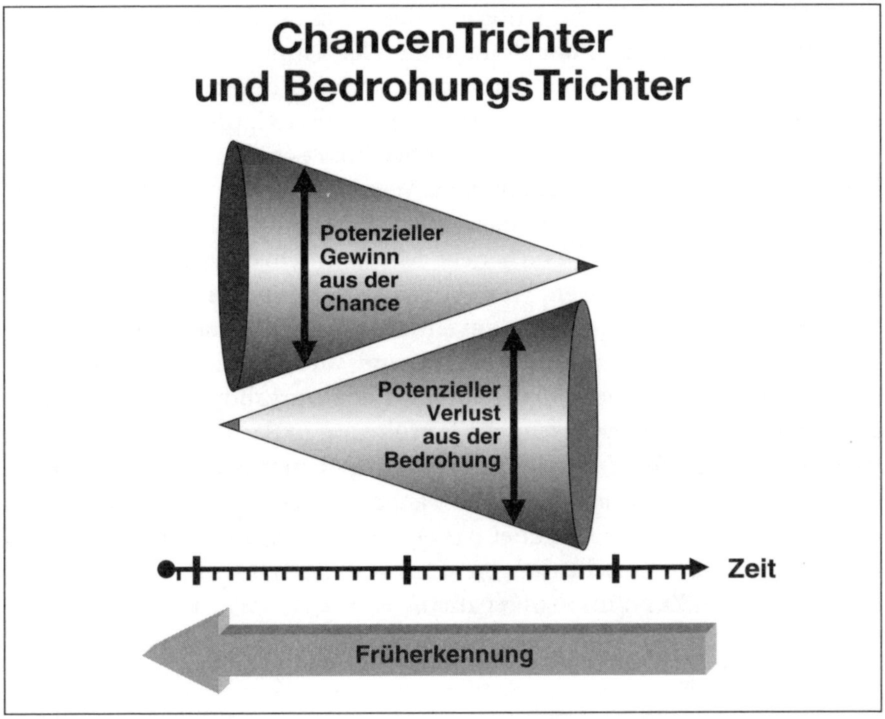

Abbildung 4; Chancentrichter

dazu beiträgt, Lebensqualität zu verbessern, Erträge zu steigern und Kosten zu senken.

Den Chancenhorizont erweitern

Selbstmörder werden zu solchen, weil sie keine Chancen mehr sehen. Sie sehen keine Alternativen und keine Möglichkeiten mehr. Bildlich gesprochen sehen sie in ihrem geistigen ChancenTopf keine bzw. keine geeigneten Chancen, aus ihrer Situation herauszukommen. Der Selbstmörder war entweder nicht in der Lage, aus eigener Denkkraft neue Chancen zu sehen oder er hielt die weitere Suche nach Möglichkeiten und Chancen für zwecklos und gab die Suche auf. Ein wichtiges Ziel des ZukunftsManagements ist die Erweiterung des Chancenhorizontes der Unternehmensführung. Die Praxis zeigt immer wieder, dass nur ein sehr kleiner Teil der schwachen Signale über zukünftige Chancen und Bedrohungen allen Führungskräften und Leistungsträgern im Unternehmen bekannt ist. Und das ist genau der Teil des Zukunftswissens, der für Sie und Ihr Unternehmen am wenigsten wertvoll ist. Was jeder in Ihrem Unternehmen weiß, weiß auch jeder in Ihrer Branche und wenn es in der Branche in aller Munde ist, sind die großen Chancen aus diesem Wissen bereits von anderen belegt. Interessanter ist schon das Zukunftswissen, das nur in einzelnen Köpfen vorhanden ist, denn dort ist die Wahrscheinlichkeit höher, dass es sich um besonderes Zukunftswissen handelt. Aber auch dieses Wissen ist noch nicht das wertvollste, weil es immer noch vielen anderen bekannt ist. Das wertvollste Zukunftswissen ist das selbst erarbeitete. Mit dem selbst erarbeiteten Wissen habe Sie die besten Chancen, Wettbewerbsvorteile zu erzielen.

Wenn Sie Ihr ZukunftsManagement einführen, erweitert sich der Chancenhorizont Ihres Führungsteams grundlegend, auch wenn Sie zunächst gar nichts oder wenig davon spüren. Ein ZukunftsWorkshop ist für neue Mitarbeiter oftmals eine hyperschnelle Einführung in das Geschäft des neuen Arbeitgebers. Ein Team, das die Zukunft seines Unternehmensumfeldes intensiv und systematisch nach den hier angebotenen Methoden untersucht, lernt so viel wie selten zuvor über das eigene Geschäft. Die Unternehmensführung kann ihre Entscheidungen also auf einem größeren gemeinsamen Fundament von Zukunftswissen bauen.

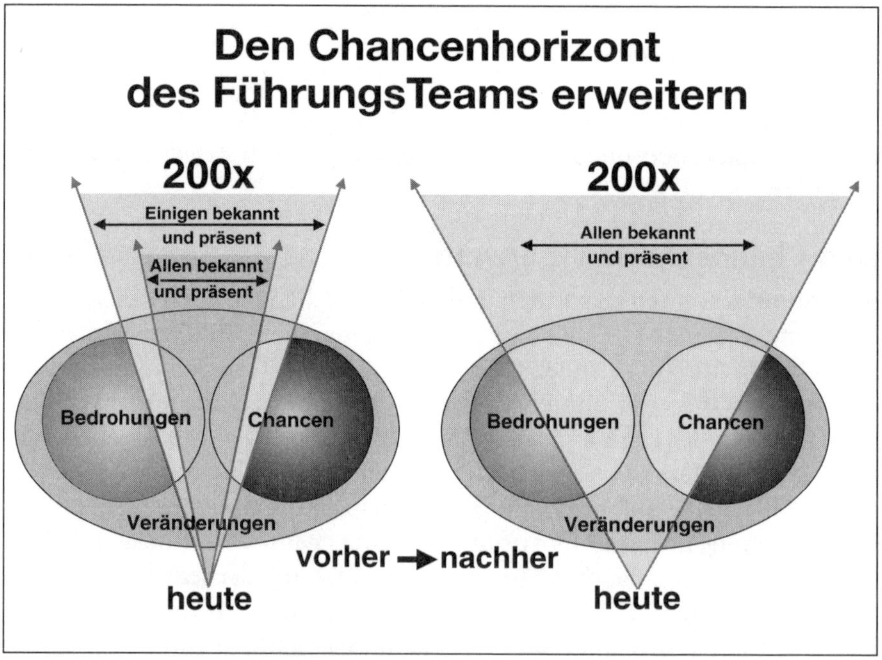

Abbildung 5; Den Chancenhorizont erweitern

Wer muss vorausdenken?

Im Grunde genommen hat jedes Unternehmen ein wie auch immer geartetes ZukunftsManagement, weil es ohne ein solches nicht dauerhaft existieren kann. Es gibt allerdings Unternehmen, die im Besonderen vorausdenken müssen, die gleichzeitig aber auch besonderen Nutzen daraus ziehen können. Es ist ...

... eher das größere Unternehmen als das kleine Unternehmen

Sie erinnern sich an die Unterschiede zwischen Schnellboot und Luxusliner. Besonders große Unternehmen erkennen Chancen und Bedrohungen meist lange nach dem dafür günstigsten Zeitpunkt, auch wenn es später häufig anders aussieht. Das hat mit der wenig unternehmerischen Unternehmenskultur, der geringeren Flexibilität und der komplexeren und damit langsameren Kommunikation zu tun. Besonders große Unternehmen neigen dazu, Veränderungen solange zurückstellen, bis sie ganz offensichtlich sind. Zu diesem Zeitpunkt ist ein guter Teil der Chancen auf Wettbewerbsvorteile schon längst vertan.

... eher das marktführende Unternehmen als das nachziehende Unternehmen

Wer zweiter, dritter oder zehnter auf einem Markt ist, der *kann* die Zukunft seines Geschäftes vor-denken, um auf der Leiter nach oben zu steigen. Der Erste allerdings, der Marktführer, *muss* die Zukunft seines Geschäftes vordenken, allein schon um seine Position halten zu können und als erster immer wieder neue Märkte und Geschäfte zu gründen. Wer einmal wie ein Ballon im zu engen Karton die Grenzen seines Marktpotenzials erreicht hat, muss wissen, wie sich der Karton verändert und wo es Schlupflöcher aus diesem Karton heraus und auch in diesen Karton selber gibt.

... eher das erfolgreiche Unternehmen als das erfolglose Unternehmen

Es mag für Sie paradox klingen, doch unsere Erfahrung ist, dass gerade die erfolgreichen Unternehmen Zeit, Geld, Geist und Motivation haben, über die Zukunft nachzudenken. Die erfolglosen Unternehmen glauben immer, nur über Spitzenleistungen im so vertrauten Tagesgeschäft ließen sich Erfolge erzielen. Zukunft zu schaffen, heißt Risiken einzugehen. Der beste Zeitpunkt, einen Verlust zu riskieren, ist der Zeitpunkt der Stärke. Deshalb ist das erfolgreiche Unternehmen genau in der richtigen Situation, das erfolgreiche Geschäft gemäß Schumpeter selbst „kreativ zu zerstören“, bevor es andere tun. Das Verlustrisiko ist hier auf Geld beschränkt, die Existenz des Unternehmens wird dabei nicht aufs Spiel gesetzt. Zukünftige Veränderungen vor den Mitbewerbern zu erkennen und die daraus entstehenden Chancen frühzeitig zu nutzen, ist langfristig erheblich wichtiger, als die bestehenden Produktionsanlagen und Unternehmensstrukturen auszulasten. Es ist nur leider so schwierig einzusehen. Insofern lässt sich resümieren, dass die Erfolglosen ZukunftsManagement zwar mindestens genauso gut gebrauchen könnten, dass aber die Erfolgreichen es am ehesten tun.

... eher das sich entwickelnde Unternehmen als das stehende Unternehmen

Auf dem Rastplatz brauchen Sie an Ihrem Wagen nur das Standlicht anzuschalten und das auch nur bei Nacht. Wenn Sie jedoch eine Strecke hinter sich bringen wollen, wenn Sie sich also im übertragenen Sinne weiterentwickeln wollen, dann werden Sie zumindest das Abblendlicht einschalten. Weiter entwickeln heißt nicht unbedingt quantitativ wachsen. Wer sich weiterentwickeln will, will seine Kategorie verändern oder verlassen und will ein Stück weit auch die Welt verändern. Je stärker dieser Entwicklungsdrang ist, desto hilfreicher ist es, ab und zu das Fernlicht einzuschalten. Mit Fernlicht können Sie bei Nacht schneller fahren. Der Inhaber des örtlichen Supermarktes wird sich auf die langfristige Profitabilität seines Unternehmens konzentrieren. Er wird in der Regel kein großes Bedürfnis verspüren, die Welt des Handels zu revolutionieren. Doch die zentrale Unternehmensentwicklung der Supermarktkette wird sich und ihr System weiterentwickeln wollen und wird daher auch häufiger das Fernlicht einschalten müssen.

... eher das kundenferne Unternehmen als das kundennahe Unternehmen

Strikte Kundennähe schützt zu einem guten Teil vor unangenehmen Überraschungen durch verpasste Trends und Veränderungen. Für eine wirksame Früherkennung reicht es jedoch keineswegs aus, dem Kunden nah zu sein, weil einerseits nicht nur der Kunde über das Unternehmensschicksal entscheidet und er auch nicht sagen kann und will, was er wo morgen kaufen wird. Andererseits kommen zukünftige Chancen und Bedrohungen immer öfter nicht mehr aus der eigenen Branche, sondern von jenseits des Branchenhorizontes.

... eher das produzierende als das dienstleistende Unternehmen

Der Zeithorizont Ihres Unternehmens sollte stets etwas weiter reichen als der Zeitraum, den Sie für eine vollständig neue Findung, Entwicklung und

Einführung eines neuen Produktes oder einer neuen Dienstleistung benötigen. Da die Entwicklung von Dienstleistungen in der Regel erheblich schneller vonstatten geht, sind produzierende Unternehmen sehr viel dringender und notwendiger auf ZukunftsManagement angewiesen.

... eher die Pioniere als die Nachahmer

Es ist Ihre persönliche strategische Entscheidung, ob Sie Pionier auf Ihrem Markt sein wollen, oder ob es Ihnen reicht, genügend Geld zu verdienen, egal womit. Da Sie bis hierher gelesen haben, gehören Sie aber eher zu den Pionieren als zu den Nachahmer. Als Pionier sind Sie viel stärker auf den Vorausblick angewiesen als Ihre Nachahmer, die lediglich Ihre Aktivitäten im Blick haben.

Vielleicht sagen Sie sich jetzt, „wir haben doch die Trendforscher, warum soll ich mir den Kopf über die Zukunft zerbrechen?“ Die Trend- und Zukunftsforscher unserer Zeit erweisen uns einen wertvollen Dienst. Sie erarbeiten die Grundlagen für das ZukunftsManagement. Es sind aber wirklich nur die Grundlagen, nicht mehr und nicht weniger. Sie dürfen nicht den Fehler machen, die Prognosen und Projektionen dieser Denker ungefiltert zu Ihren persönlichen Annahmen zu machen. Niemand kann Ihnen die Arbeit abnehmen, aus dem Zukunftswissen der echten oder selbsternannten Experten diejenigen Bausteine und Bausteinkombinationen auszuwählen, die Sie zur Basis Ihrer Unternehmensstrategie machen.

2.2 Was heißt hier Zukunft?

Unter → **www.Micic.com** finden Sie eine ausführliche Charakteristik der Zukunft. Darin zeigen wir die unterschiedlichen Sichtweisen der Zukunft auf und geben Definitionen für die wichtigsten Begriffe wie Trend oder Projektion.

2.3 Was heißt ZukunftsManagement?

In jeder Minute, mit jedem Gedanken und mit jeder Handlung gestalten wir Zukunft. Es ist daher bedauerlich, wie wenig wir Zukunft als einen analysierbaren Denkgegenstand begreifen. Wir sprechen bewusst von Zukunftsarbeit, auch wenn es danach klingt, als dürfe es keinen Spaß machen. Zukunftsarbeit nennen wir es, weil wir all diejenigen dafür gewinnen wollen, die sonst beim Thema Zukunft nur an Kristallkugeln oder schwafelnde Trendforscher denken und folglich die Finger davon lassen.

Mensch und Zukunft

Menschen haben sich – seit sie so etwas wie ein Bewusstsein haben – schon immer bemüht, in die Zukunft zu sehen. Warum? Weil Sie nach Chancen gesucht haben. Chancen, um sich auf Schwieriges vorzubereiten, das heißt, um Bedrohungen besser begegnen zu können. Aber auch nach Chancen, um ein besseres und erfüllteres Leben zu führen. Damit ist das Streben nach Früherkennung von Chancen und Bedrohungen so alt wie der denkende Mensch selbst. Ausdrücke des ewigen Bemühens um Früherkennung sind beispielsweise …

- die überall auf der Erde dokumentierten Instrumente und Anlagen zur Voraussage astronomischer Entwicklungen (z.B. Stonehenge),
- die Vielzahl der „weissagenden" Autoren von der Antike bis zur Gegenwart,
- die immerwährende Existenz von Wahrsagern der verschiedensten Arten, vom Kartenlegen bis zum Kaffeesatzlesen,
- die große Bedeutung von Astrologen und Weisen in der Geschichte der Politik,
- die Erzählungen von antiken Orakeln wie dem Apollon-Orakel in Delphi,
- die abertausenden und jedem Volk ureigenen Bauernregeln der Art „wenn-dann".

Voraussicht ist ein Grundbedürfnis der menschlichen Psyche und damit ist es auch ein Grundbedürfnis des Unternehmers und seines Führungsteams. Leider haben im Angesicht all der Schwierigkeiten und Enttäuschungen, die man im Bemühen um Voraussicht offenbar erleben muss, viele aufgegeben.

Wenn mich niemand fragt, dann weiß ich es; soll ich einem Fremden es erklären, dann weiß ich es nicht. (Augustinus zum Wesen der Zeit)

Der Mensch ist ein sonderbares Wesen. So sehr wir uns mit allen möglichen und unmöglichen Mitteln bemühen, in die Zukunft zu sehen, so sehr sind wir auch erfolgreich darin, fast sichere Entwicklungen der Zukunft bewusst zu ignorieren. Die Demographie, die Bevölkerungswissenschaft, ist einer der wenigen Bereiche, in denen sehr wahrscheinliche ZukunftsAnnahmen über zwei und mehr Jahrzehnte getroffen werden können. Und trotzdem hat es die Verantwortlichen nicht wirklich interessiert, dass durch die allmähliche

Umkehrung der klassischen Bevölkerungspyramide die umlagenfinanzierte Rente nicht funktionieren kann. Sie sind spätestens seit dem Pillenknick sehenden Auges in die finanzielle Katastrophe gelaufen. Neben diesem Kardinalfehler, den manche politischen Zeitgenossen am liebsten weiterhin machen würden, nehmen sich die alltäglichen Verdrängungsprozesse in unseren Unternehmen blass aus. Offenbar können wir Menschen durch das Licht der heutigen Verhältnisse so geblendet sein, dass wir die Konturen von neu Gedachtem kaum erkennen und glauben können.

Arten der Zukunftsarbeit

Unter →**www.Micic.com** finden Sie eine kritische Darstellung zu den verschiedenen Formen der Zukunftsarbeit, nämlich der Zukunftsforschung, Trendforschung, Zukunftsphilosophie, Zukunftsplanung, Innovation und Science Fiction.

ZukunftsManagement als Zukunftsarbeit im Unternehmen

Der Pessimist spricht davon, die Zukunft zu bewältigen; der Optimist will Zukunft gestalten. Für den Unternehmer hat ZukunftsManagement zwei grundlegend verschiedene aber sich ergänzende Pole. Der eine Pol heißt „Zukunft erkennen", der zweite Pol heißt „Zukunft schaffen".
Zukunft erkennen erfordert ein Denken von außen nach innen und fragt danach, welche Entwicklungen und Veränderungen das eigene Unternehmen treffen werden und wie das Unternehmen quasi zum Spielball der Entwicklungen wird. Zukunft erkennen ist der eher pessimistische, negative, technokratische und destruktive Ansatz. Zukunft erkennen lehnt sich an die klassische Zukunftsforschung an, ohne jedoch ihren rein explorierenden Charakter zu teilen. Denn der Unternehmer braucht konkrete Orientierungspunkte, während die Zukunftsforscher gerne davon ausgehen, ihre Zielgruppe wolle unterschiedliche Szenarien.
Zukunft schaffen erfordert ein Denken von innen nach außen und fragt danach, wie der Unternehmer dafür sorgen kann, dass die Zukunft so kommt, wie er sie nehmen will, auch wenn sonst niemand an den Erfolg glaubt. George Bernhard Shaw sagte dazu treffend: „Der vernünftige Mensch passt sich der Welt an; der unvernünftige besteht darauf, zu versuchen, die Welt an sich anzupassen. Deshalb hängt aller Fortschritt von unvernünftigen Menschen ab."
Zukunft schaffen ist der eher unternehmerische Teil des ZukunftsManagements und ist eher aktiv, optimistisch und konstruktiv. Dennoch braucht

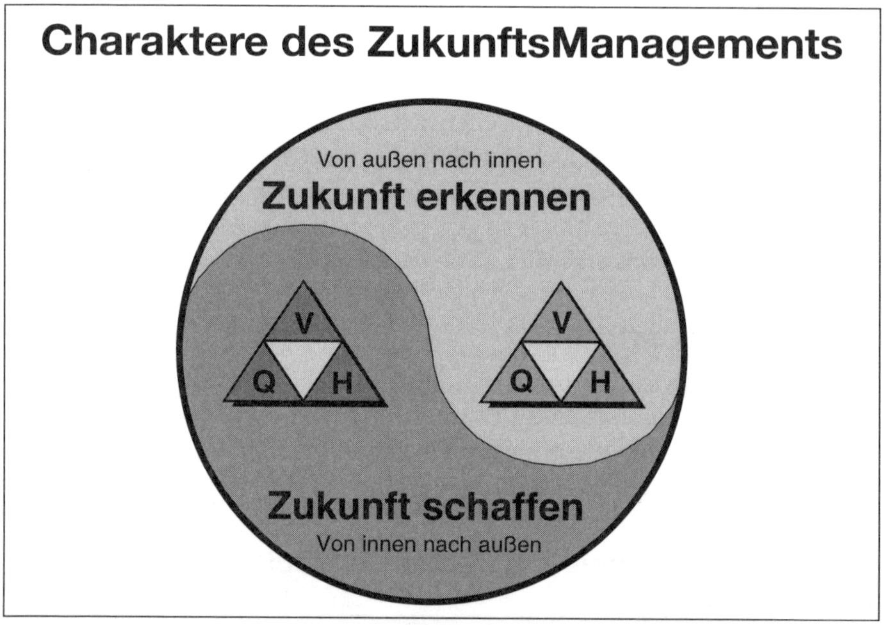

Abbildung 6; Charaktere des ZukunftsManagements

auch der dynamischste Unternehmer einen zuverlässigen Vorausblick für seine strategischen Entscheidungen. Zukunft zu erkennen ist für Sie als Unternehmer die Grundlage für das Schaffen von Zukunft. Beides ist beides zugleich und in beidem ist etwas vom anderen und für beide Pole ist Vor-Denken, Hinein-Denken und Quer-Denken wichtig. Deshalb bietet sich zur Illustration die an das asiatische Yin-Yang bzw. Um-Yang erinnernde Darstellung an.
Mit der reinen Aufstellung von ZukunftsAnnahmen über zukünftige Entwicklungen wird kein Unternehmen überleben können, auch wenn die Zukunft noch so klar und eindeutig gesehen wird. Unternehmen des 21. Jahrhunderts werden darüber hinausgehen müssen. Einige Beispiele für Unternehmen, die Zukunft geschaffen haben:

- Eine ganze Reihe von Unternehmen hat mit einem einzigen Produkt eine neue Gattung geschaffen, so beispielsweise
    - Hexaglot (Übersetzungscomputer)
    - Nintendo (Computerspiele)
    - 3M (z.B. mit den bekannten Post-its)
    - Sony (z.B. Walkman).

■ Die ASWO Elektronik-Vertriebs GmbH aus Eime bei Hildesheim hat gleich zweifach Zukunft geschaffen. 1974 startete der Initiator Karl-Börris Aschitsch den ersten Ersatzteil-Schnelldienst für Radio- und Fernsehtechniker und fünfzehn Jahre später gebar ASWO die Reparaturdatenbank EURAS, in der Reparatur-Know-how für weiße und braune Ware aus aller Welt bereit gehalten wird.

■ Die BELIMO AG aus Wetzikon in der Schweiz hat aus kleinsten Anfängen heraus einen Markt für Stellantriebe nach dem Steckprinzip in raumlufttechnischen Anlagen geschaffen. BELIMO wurde in den ersten zwanzig Jahren ihrer Existenz auch von zwanzig Unternehmen kopiert, die lieber nachahmen als eigene Kategorien zu schaffen.

■ Silicon Graphics aus Kalifornien hat mit seinen 3D-Anwendungen den Markt für Grafik-Computer revolutioniert.

■ Die LOEWE AG aus Kronach hat in ihren Anfängen nicht nur an der Erfindung des Fernsehers mitgewirkt, sondern auch den Multimedia-Fernseher in Deutschland eingeführt.

■ Die Hannover Rückversicherungs AG, weltweit der fünftgrößte Rückversicherer, hat als erste die Chancen in der notwendigen Diversifizierung ihrer Aktivitäten erkannt und umgesetzt und sich auch als Pionier im Spezialgeschäft mit Katastrophen-Anleihen hervorgetan.

■ Federal Express mit seinem Hauptsitz (Super-Hub) in Memphis, Tennessee hat – angestoßen durch die vom Gründer Frederic W. Smith im Rahmen seiner Diplomarbeit entwickelte Idee – seit 1973 eine einmalige Position im Transportgeschäft errungen. FedEx ist heute der größte Luftfrachtexpressdienst der Erde. Im Prinzip verkauft FedEx Zeit. Manche Ärzte richten sogar ihre Operationstermine nach den FedEx-Lieferzeiten. Übrigens: Im Abschnitt „Vorstellungskraft und Phantasie“ im Ergänzungskapitel „Erfolgsfaktor ZukunftsKompetenz“ unter ➔**www.Micic.com** lesen Sie, welches vernichtende Urteil die Professoren über das von Smith vorgelegte Konzept fällten.

■ Die ibis acam-Gruppe, eines der größten privaten Weiterbildungsunternehmen Europas, hat ihre 500.000 überwiegend in schwierigen beruflichen Situationen befindlichen Seminarteilnehmer als erster Anbieter nicht im Wesentlichen durch fachliche, sondern vor allem durch persönliche und soziale Kompetenzen weiterqualifiziert und so die berufliche Abwärtsspirale umgekehrt.

■ American Airlines hat mit seinem Reservierungssystem Sabre die gesamte Reisebranche umgekrempelt und dabei natürlich einen enormen strategischen Vorteil erlangt.

■ Hans-Peter Wodarz, der ehemalige Vorzeige-Koch aus der „Ente vom Lehel“ in Wiesbaden, hat mit seiner Restaurant-Theater-Show „Pomp, Duck and Circumstance“ eine neue Gattung geschaffen, die zwar nicht überall gut ankam, dafür aber ihrem Initiator eine enorme Bekanntheit verschaffte. Dann stieg mit MGM ein finanzstarker Partner ein und baute mit Wodarz im MGM-Park in Las Vegas eigens einen Zirkus für „Pomp, Duck and Circumstance“.

■ Artur Fischer aus Tumlingen bei Freudenstadt ist ein Bilderbuch-Beispiel für den „zukunftschaffenden“ Unternehmer. Artur Fischer hat sage und schreibe über 5.300 Patente. Vom Fotoblitzer im Jahr 1949 – sein erster großer Markterfolg – bis zum bekannten Fischer-Dübel, dem heutigen Hauptumsatzträger. Wie nicht anders zu erwarten, provozierten die ersten Fischer-Dübel den Spott der Branche. Fischer ist Erfinder und Unternehmer in einem, eine heutzutage höchst selten gewordene Kombination. Seine Leidenschaft galt jedoch mehr dem Tüfteln, denn von 10.00 Uhr bis 18.00 Uhr soll er sich – auch nach seinem „Rückzug“ – im konzerneigenen Forschungs- und Entwicklungszentrum aufgehalten haben.

■ Bill Gates hat mit Microsoft Zukunft geschaffen. Kennen Sie auch sein anderes Privatunternehmen, die „Corbis Corporation“? Corbis ist der digitale Bilderkorb, der schon mehrere Hundert Menschen beschäftigt und sein Geld erst in Zukunft verdienen wird. Mit Corbis schafft Bill Gates erneut Zukunft und sein nächstes Imperium. Gates hat für Corbis bereits die Rechte an Millionen Motiven gekauft, darunter das gesamte Bettmann-Archiv aus New York, das von der Höhlenzeichnung, über Albert Einstein mit herausgestreckter Zunge und Marilyn Monroe mit wehendem Rock bis hin zum gesamten United Press International Archiv alles hat. Das Bettmann-Archiv war und ist das größte kommerzielle Bild-Archiv der Erde. Dabei kauft Corbis meist nur die Rechte für die elektronische Verbreitung, denn dieser Rechtsteil ist heute noch billig und der Rest in zwanzig Jahren weit weniger wert. Der Corbis-Chef Doug Rowan nennt die Vision beim Namen „Wir wollen die größte Enzyklopädie der Welt zusammenstellen – die gesamte menschliche Erfahrung aus einer Hand“. Wenn Sie dieses Buch lesen – ob im Jahr 2000 oder 2009 – wird Corbis vielleicht schon in aller Munde sein.

Diese Beispielreihe ließe sich beliebig fortsetzen, vor allem, wenn es um den Erfindungsreichtum der kleineren Unternehmen bei neuen Produkte und Dienstleistungen geht. Die erste Kernfrage des ZukunftsManagements erfüllt die Funktion „Zukunft erkennen", die restlichen vier Fragen erfüllen die Funktion „Zukunft schaffen". Leider wird das Vor-Denken häufig nur als Gegenstand für PR-Veranstaltungen benutzt und nicht selten als „Schönwetterbeschäftigung" angesehen. Sobald dunklere Rezessionswolken aufziehen, füllen sich die Samstagsausgaben der großen Tageszeitungen mit Stellenanzeigen für Controller. Auch die autoritären Führer der „alten Schule" sind dann wieder gefragt. Vom Wandel als Chance spricht man nur in guten Zeiten, so scheint es. Wird es ernst, kommt das „Management by Rückspiegel" wieder zur vollen Blüte. Das liegt zu einem guten Teil an unserer auf Problemlösung und weniger auf Chancensuche getrimmten Führungskultur (siehe Abschnitt „Vom Problemlöser zum Chancensucher" im Ergänzungskapitel „Erfolgsfaktor ZukunftsKompetenz" unter **→www.Micic.com**).
Erst wenn es in guten Zeiten weniger ernsthafte Probleme gibt, nehmen sich die Problemlöser das „Problemfeld" Zukunft vor. Für viele kommen diese Zeiten nie.
Bei aller Kritik wollen wir uns hier auf Ihren Weg konzentrieren, eines der vielen Zukunft schaffenden, zukunftskompetenten und höchst erfolgreichen Unternehmen zu werden, in denen ZukunftsManagement eine selbstverständliche Erfolgsvoraussetzung ist.

Objekte des ZukunftsManagements

Worum geht es im ZukunftsManagement? Die folgende Grafik zeigt im Überblick die Objekte des ZukunftsManagements, die uns in den folgenden Kapiteln immer wieder begegnen und die wir dort auch ausführlich untersuchen werden.

ZukunftsProjektionen

Ihr ZukunftsManagement beginnt mit Projektionen über die zukünftige Entwicklung Ihres Marktes und Ihres Umfeldes. ZukunftsProjektionen stammen von Laien, von Experten und von Zukunftsforschern.

ZukunftsAnnahmen

Das Fundament Ihres ZukunftsManagements sind Ihre Annahmen über die zukünftigen Entwicklungen. Die ZukunftsAnnahme unterscheidet sich dadurch von der Projektion, dass Sie und Ihr Führungsteam die fremde Projektion geprüft und als wahr angenommen haben.

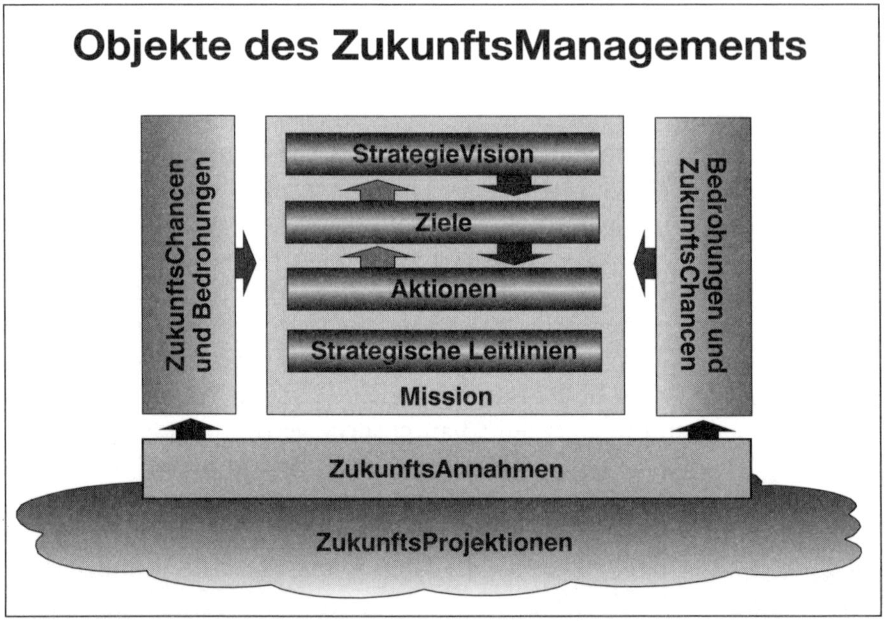

Abbildung 7; Objekte des ZukunftsManagements

ZukunftsChancen und Bedrohungen

Jede Veränderung Ihres Umfeldes birgt Chancen und Bedrohungen in sich. Diese Bedrohungen und Chancen bestimmen Ihre Vision, Ihre Ziele, Ihre Aktionen und Ihre strategischen Leitlinien wie auch Ihre Mission.

StrategieVision

Die StrategieVision ist das ferne Zukunftsbild Ihres Lebens oder Ihres Unternehmens. Sie beschreibt, was Sie dereinst erreicht und verwirklicht haben wollen und wo Sie in fünf oder zehn Jahren sein wollen.

Ziele

Die Zwischenetappen auf dem Weg zu Ihrer StrategieVision sind die klaren und unverrückbaren Ziele für die nächsten ein bis drei Jahre.

Aktionen

Sie erreichen Ihre Ziele und damit Ihre StrategieVision durch die Umsetzung von Aktionen, die gleichsam die kleinen Meilensteine auf Ihrer Zeitreise sind.

Strategische Leitlinien

Die Rahmenbedingungen Ihres unternehmerischen Handelns lassen sich nicht in der StrategieVision, den Zielen oder den Aktionen manifestieren. Sie müssen separat festgelegt und gepflegt werden.

Mission

Die Mission ist der langfristige Auftrag Ihres Unternehmens, der durch Änderungen des Unternehmensumfeldes letztlich auch Veränderungen unterliegen kann.

3 Step 1: Vorbereitung Ihres StrategieRadar-Workshops

Der erste praktische Schritt Ihres ZukunftsManagements ist die Durchführung eines ZukunftsProjektes in Form des StrategieRadar-Workshops, für den Sie hier das nötige Rüstzeug erhalten. Der StrategieRadar-Workshop ist das Kernelement Ihres ZukunftsManagement-Systems und zugleich der natürliche Einstieg in das ZukunftsManagement. Wir sehen aus umsetzungsmotivatorischen Gründen ganz bewusst davon ab, im ersten Schritt komplexe strategische Radarfunktionen aufzubauen. In Ihrem ersten StrategieRadar-Workshop werden Sie mit Ihrem Team ein umfassendes Verständnis für das Nötige und Hilfreiche entwickeln und dieses Verständnis wird Sie motivieren, Ihr ZukunftsManagement-System auszubauen.

Szene 6; Der Besuch

Stuttgart, 15. April (einen Tag später): Lichtenberg hatte sich einen störungsfreien Tag angeordnet. Solche Denkergespräche, wie jetzt eines anstand, pflegte er in der gemütlichen Sitzecke seines klassisch, aber erfrischend eingerichteten Büros zu führen. Michels hatte im Hotel in Ludwigsburg übernachtet und musste jeden Moment mit dem Taxi eintreffen, es war kurz vor 17.00 Uhr. Eine halbe Stunde später hatten sie den einführenden Smalltalk schon hinter sich. „Wissen Sie lieber Michels," ließ sich Lichtenberg nachdenklich vernehmen, „ich habe heute das einleitende Kapitel Ihres Buches gelesen und muss sagen, dass mich das Thema mehr und mehr fesselt. Über das Kapitel zum StrategieRadar-System kam ich zwar noch nicht hinaus, aber ich kann mir so langsam die praktische Umsetzung vorstellen." „Fein", freute sich Michels, „Sie haben sicher Talent zum Experten für ZukunftsManagement. Nun zum Praktischen. Für die Hintergründe haben Sie das Buch. Darin haben Sie eine umfassende Anleitung für unser Projekt. Die erste Projektphase ist die Bedarfsanalyse, in der wir gemeinsam die Ziele und das Projektdesign festlegen. Die erste Frage ist die nach dem Projektgegenstand. Erzählen Sie mir doch ein bisschen etwas über Ihr Unternehmen."
Simon Lichtenberg schlug ein Glas Rotwein vor. Er stand auf und holte eine Flasche vom trockenen Südafrikaner, bevor er seine Gedanken drei Jahrzehnte zurückwandern ließ. „Ich wollte mich unbedingt selbstständig machen, also dachte ich dabei an das, wovon ich am meisten ver-

stand, nämlich vom Häuser bauen. Ich hatte ja auf dem Bau gelernt und später Architektur studiert. Ich wollte nicht einfach ein normales Bauträgerunternehmen gründen, es sollte ein bisschen etwas Besonders sein. Zur gleichen Zeit lernte ich zwei vermögende Interessenten kennen, eine Dame und einen Herrn. Sie suchten nach einem Bauunternehmen, das ihnen das Traumhaus ohne Wenn und Aber aus einer Hand lieferte. Ich erinnere mich, wie ich gleich am nächsten Morgen meine Ideen für ein solches Unternehmen zusammenschrieb. So entstand ein erster sehr einfacher Geschäftsplan. Um es kurz zu machen, ich habe dann mit zwei Partnern, die ich zwischenzeitlich ausbezahlt habe, mein Unternehmen gegründet und einer der beiden Topverdiener war unser erster Kunde. So wurde die Lichtenberg GmbH nach und nach zum deutschen Marktführer für moderne Luxushäuser mit allem Schnickschnack. Beispielsweise ist für uns die zentrale Computersteuerung aller Geräte vom Rolladen über die Heizung bis zur Beleuchtung schon lange selbstverständlich. Wir arbeiten für die ominösen oberen 10.000, obwohl es davon einige mehr gibt. Wir sind nichtsdestotrotz ein kleines Unternehmen, denn zu unserer Kernmannschaft gehören nicht mehr als 550 Mitarbeiter. Insgesamt koordinieren und kanalisieren wir so etwa um die 3000 Mitarbeiter, die Materiallieferanten nicht mit eingerechnet." Michels nippte an seinem Rotwein und hörte interessiert zu. „Schöne Erfolgsstory", bemerkte er anerkennend. „Wie steht es um das Unternehmen heute?", fragte er ergänzend. „Wir wachsen jedes Jahr zweistellig, obwohl wir das nicht aktiv verfolgt haben und erzielen dabei einen gesunden Ertrag", gab Lichtenberg Auskunft und wollte von Michels wissen. „Sind wir nicht zu klein für Sie, mit unseren paar Leuten?" Michels grinste. „Ein Unternehmen kann nicht zu klein sein fürs ZukunftsManagement. Sie vermuten schon richtig, dass ich es überwiegend mit den größeren Unternehmen zu tun habe. Mit dem Buch und vielleicht einem Seminar kann jedoch auch das kleinste Unternehmen ein für sich maßgeschneidertes ZukunftsManagement-System betreiben und im Übrigen sind 550 Mitarbeiter schon eine ganze Menge." (Weiter auf Seite 79).

3.1 Ihr erstes ZukunftsProjekt

Inhalt Ihres ersten ZukunftsProjektes ist die Durchführung eines StrategieRadar-Workshops in all seinen Teilschritten. Mit dem Workshop-Programm nach der Methodik des „StrategieRadars" können Sie folgendes erreichen:

1. Sie lernen alles, was Sie als Unternehmer über die Früherkennung von Bedrohungen und Chancen wissen müssen.
2. Sie erarbeiten in einem ersten Zyklus Ihre Antworten auf die fünf Kernfragen des ZukunftsManagements (s.o.).
3. Mit dem ersten Durchlauf entwickeln Sie die wichtigsten Instrumente für die Praxis Ihres ZukunftsManagements fast nebenbei.
4. Sie legen die Grundlage für den schrittweisen Ausbau Ihres ZukunftsManagements.

Wir haben die diesem Workshop-Programm zugrundeliegende Methodik des StrategieRadar unter den verschiedensten Umständen und in den verschiedensten Intensitäten und Versionen in der Praxis angewendet. Sie hat sich bewährt. In den nächsten Abschnitten werden Sie Schritt für Schritt das „Vier-Topf-Modell" kennenlernen. Es ist ein einfaches Modell, das die wesentlichen Inhalte Ihres ZukunftsProjektes verdeutlicht. Zunächst wird der AnnahmenTopf mit ZukunftsAnnahmen über zukünftige Entwicklungen gefüllt. Diese ZukunftsAnnahmen sind konkrete Aussagen und Festlegungen darüber, welche Veränderungen und Entwicklungen Sie für die nächsten Jahre erwarten. Der AnnahmenTopf nimmt also alle Antworten auf die

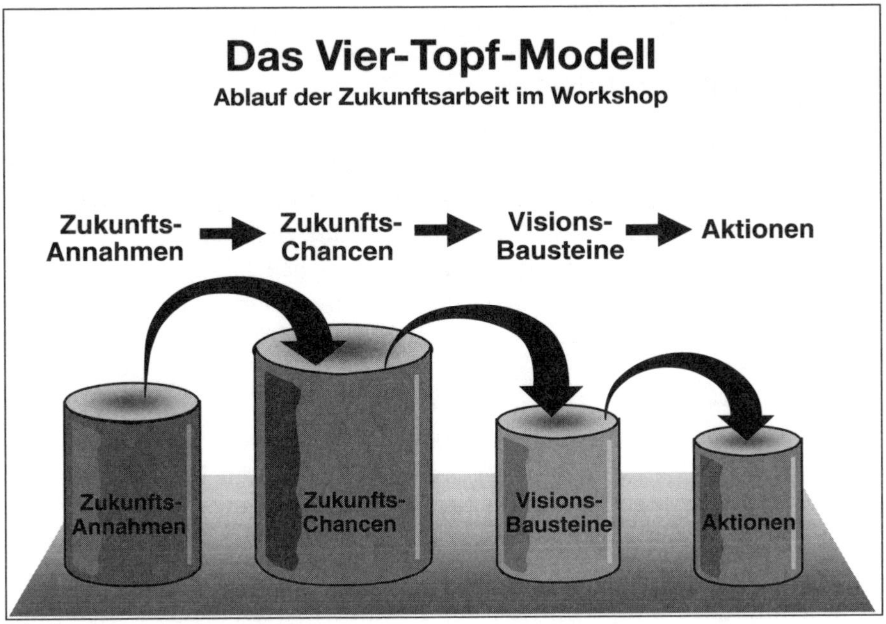

Abbildung 8; Das Vier-Topf-Modell

erste Kernfrage des ZukunftsManagements auf, nämlich „welche Veränderungen kommen in den nächsten Jahren auf uns zu?".
Der ChancenTopf nimmt alle Antworten auf die zweite und dritte Kernfrage des ZukunftsManagements auf, nämlich „welche Chancen stecken in diesen Veränderungen?" und „welche Bedrohungen bringen diese Veränderungen?". Es gibt keinen „Bedrohungstopf", weil wir jede Bedrohung als „Chance, der Bedrohung zu begegnen" formulieren können. Bedrohungen sind Chancen in Arbeitskleidung. Der VisionsTopf enthält diejenigen ZukunftsChancen, für deren Realisierung Sie sich entschlossen haben und die zum langfristigen Zielbild Ihres Unternehmens gehören sollen, enthält also die Antworten auf die vierte Kernfrage „wo kann und soll unser Unternehmen in fünf oder zehn Jahren stehen?". Die StrategieVision, als konkrete und umfassende Vorstellung davon, wohin Sie Ihr Unternehmen entwickeln wollen, bildet dann die Grundlage für Ihre Entscheidung über die anstehenden Aktionen der nächsten Monate und Jahre. Der AktionsTopf enthält alle Antworten auf die Frage, „was müssen wir jetzt und in Zukunft dafür tun, um unsere StrategieVision zu realisieren?".

3.2 Die Methodik

Methodische Grundsätze

Systematisches ZukunftsManagement soll die Handlungsfähigkeit Ihres Unternehmens in Belangen der Zukunft erhöhen. Man muss sich aber an den Kopf greifen, wenn man sich das Vergnügen bereitet, ein vermeintlich wissenschaftliches Buch über Zukunftsforschung zu lesen.
Entweder werden Sie stark an Ihren intellektuellen Fähigkeiten zweifeln, oder aber Sie werden zu dem Schluss kommen, dass diese Herrschaften so weit von der unternehmerischen Wirklichkeit entfernt sind, wie der Papst vom Kiez.[7]
Wir sind weniger der Zukunftsforschung als dem unternehmerischen ZukunftsManagement verpflichtet. Jede Methodik des ZukunftsManagements, die eine Chance auf eine regelmäßige Anwendung im Unternehmen haben will, muss in der Lage sein, folgende Anforderungen zu erfüllen:

1. Der Output der Methodik muss einen wesentlichen Beitrag zur Beantwortung der fünf Kernfragen des ZukunftsManagements leisten können.

2. Die Methodik muss wegen der breiten Akzeptanz in mittleren und größeren Unternehmen und wegen des optimierten Zeit-Ergebnis-Verhältnisses einfach sein.

3. Die Methodik muss geeignet sein, unter methodischer Anleitung von der erweiterten Unternehmensspitze selbst angewendet zu werden. Zu komplexe Methodik wird gerne an Stäbe und von der Führung weit entfernte Projekt-Teams delegiert.

4. Der zusätzlich erforderliche Zeitaufwand darf für die Mitglieder des Führungs-Teams jährlich nicht mehr als fünf Arbeitstage betragen. Das ist nach unserer Erfahrung das Maximum.

5. Es muss ein permanenter oder zumindest regelmäßiger Informationsfluss stattfinden. Alle fünf Jahre ein Zukunftsprojekt durchzuführen reicht bei weitem nicht aus. Hierbei wird Einfachheit und geringer Zeitaufwand sehr dienlich sein.

6. Die Methodik muss aus Gründen der Akzeptanz und Zweckdienlichkeit über die Früherkennung hinaus einen wesentlichen Teil der Unternehmenssteuerung abdecken.

7. Die Früherkennung und Nutzung neuer Chancen muss aus Gründen der Motivation im Vordergrund stehen.

Wir haben in Jahren des praktischen ZukunftsManagements unter anderem im für solche Themen schwierigen Umfeld des Mittelstandes gelernt, welche Mittel und Früchte wissenschaftlicher Arbeit angenommen und welche abgelehnt werden. Daraus ist die hier vorgeschlagene Methodik entstanden, die aus unserer Sicht die Anforderungen des wissenschaftlichen ZukunftsManagements mit den Notwendigkeiten des unternehmerischen Alltags verbindet. Es lohnt sich ein kurzer Blick in die Vielzahl der Methoden zur ZukunftsAnalyse. Ein frappierendes Ergebnis von Untersuchungen über die Qualität von Zukunftsforschungsmethoden ist, dass methodologische Perfektion die Genauigkeit von ZukunftsAnnahmen nicht erhöht. Intuitive, auf Analogien basierende Denkmethoden, wie die hier vorgestellten Strategeme, führen in der Regel genauso zu falschen oder richtigen ZukunftsAnnahmen, wie exakt mathematisch hergeleitete Modelle.
Es wird in Ihrer unternehmerischen Praxis erfolgsentscheidend sein, dass Ihr Führungs-Team an die selbst erarbeiteten ZukunftsAnnahmen glaubt. Wer eine Methodik der ZukunftsAnalyse nicht nachvollziehen kann, und das ist bei den meisten überperfektionierten und an Fachleute zu delegierenden Methoden der Fall, wird seine Strategien nicht auf deren Grundla-

ge definieren und umsetzen. Das ist die Erfahrung der Praxis. *Sie* und die Leistungsträger müssen die Zukunft Ihres Umfeldes durchdenken, denn Sie müssen mit *Ihrem* Hirn und *Ihrem* Herzen entscheiden und im Zweifelsfall mit *Ihrem* Ruf und *Ihrem* Geld dafür gerade stehen. Sie können das Vor-Denken nicht delegieren. Daher brauchen wir eine einfache und für das Führungsteam praktikable Methodik.

Konventionelle Methoden

Lassen Sie uns kurz darüber nachdenken, ob und wie die klassischen Methoden der Strategie und der Zukunftsforschung für das ZukunftsManagement, wie wir es hier vorschlagen, geeignet sind. In den letzten Jahren haben wir eine Vielzahl an Methoden und Verfahren in der Praxis getestet und wollen uns hier auf die aus unserer Sicht wichtigsten konventionellen Methoden zur Erforschung der Unternehmenszukunft konzentrieren. Wir sehen aus genannten Gründen ab von einer Betrachtung der mathematisch-statistischen Methoden wie etwa der Trendextrapolation, der exponentiellen Glättung oder der Regressionsmodelle. Auch möchten wir die Methoden der System-Analytik, wie beispielsweise der Cross-Impact-Analyse, der dynamischen oder korrelativen Modellierung unbeachtet lassen, da es sich dabei vom Prinzip her eher um Erkenntnismethoden für die Gegenwart als um Erforschungsmethoden für die Zukunft handelt. Den gesamten Bereich der Mantik, also der „Seherkunst" im weitesten Sinne möchten wir als chancenlos für die breite Akzeptanz in der unternehmerischen Praxis zurückstellen. Dagegen haben wir viele Teilmethoden der Zukunftsforschung in die Methodik des StrategieRadar integriert, so etwa das Konzept der schwachen Signale, das Scanning, das Monitoring, die Meinungsbefragung oder die Inhaltsanalyse. Lassen Sie uns kurz die drei wichtigsten Ansätze unternehmerischer Zukunftsarbeit betrachten.

Strategisches Management

Es gibt nicht *die* Methode des klassischen strategischen Managements. Es gibt vielmehr einen großen Werkzeugkasten, der im Laufe der Jahre von Hochschulen, Beratern und von den Unternehmen selbst entwickelt wurde. Zu diesem Werkzeugkasten gehören beispielsweise

- Portfolio-Analyse
- SWOT-Analyse (strengths-weaknesses-opportunities-threats)
- Kennzahlensysteme unterschiedlichster Art

- Suchfeldanalyse
- Strategische Erfolgspositionen
- Engpassanalyse
- Gap-Analyse
- Erfahrungskurven
- Wettbewerbsanalyse
- Strategische Gruppen
- Lebenszyklusanalysen
- Strategische Bilanz
- Potenzialanalysen
- Schwache Signale
- und viele andere.

Aus diesen und anderen Instrumenten aus dem großen Werkzeugkasten der strategischen Planung haben Sie sich ein mehr oder minder systematisches, aber sicher sehr individuelles Modell für Ihre Strategiegestaltung zusammengestellt. In dieses Modell sollten Sie die für Sie akzeptablen und praktikablen Bausteine des hier vorgestellten ZukunftsManagements integrieren, denn ohne ein wie auch immer geartetes strategisches Radarsystem ist eine dauerhaft erfolgreiche strategische Unternehmensführung nicht möglich.

Delphi

Die Delphi-Methodik basiert auf Expertenmeinungen und ist damit eine intuitionsgeleitete Methode. Bekannt wurde Delphi durch die Anwendung in der RAND-Corporation in der ersten Hälfte der sechziger Jahre. Sie wurde 1953 von Olaf Helmer und Norman Dalkey für eine militärische Anwendung entwickelt. Die großen Zukunftsstudien dieser Jahre wurden nach dieser Methodik durchgeführt und Anfang der siebziger Jahre hatten bereits 10% der 500 größten amerikanischen Unternehmen mit Delphis gearbeitet.[8] Sie setzt sich in ihrer Urform aus mehreren strukturierten und in der Regel schriftlichen Expertenbefragungen zusammen. Eine Reihe möglicher Zukunftsentwicklungen wird den Experten mit der Bitte vorgelegt, den wahrscheinlichen Eintrittszeitpunkt zu benennen. Durch die Mehrfachbefragung und durch Wiedervorlage aller Expertenmeinungen erzielt man eine gewisse Nivellierung extremer Meinungen. So erwarteten die

Experten in der RAND Langfristprognose aus dem Jahr 1964 mehrheitlich, dass bis zum Jahr 1988 Roboter die Müllbeseitigung im Haushalt erledigen werden oder dass bis zum Jahr 1990 eine Maschine einen Intelligenztest mit einem IQ von 150 abschließen wird.[9]

Im Prinzip ist die Delphi-Methode, wie die meisten angeblichen Zukunftsforschungsmethoden, eine Methode für das Informationsmanagement und für die Konsensfindung, denn sie gibt nichts dazu vor, wie die Experten zu ihrer Einschätzung kommen und sie gibt erst recht nicht vor, welche Entwicklungen den Experten zur Begutachtung vorgelegt werden. Obschon Abwandlungen der Delphi-Methode auch die Erarbeitung der Grundannahmen den Experten überlassen, kommt sie für die Beantwortung der fünf Kernfragen des ZukunftsManagements nur eingeschränkt in Frage. Die Delphi-Methodik kann jedoch zu Detailaspekten der unternehmerischen ZukunftsAnalyse wertvolle Entscheidungshilfen bieten und ist in umfassenden Untersuchungen nichtunternehmerischer Gestaltungsfelder eine gut und effektiv anwendbare Methode.

Die Werkzeuge des Geistes werden zur Last, wenn die Umwelt, die sie notwendig machte, nicht mehr existiert. (Henri Bergson)

Szenario-Technik

Die Szenario-Technik ist die wohl bekannteste Methode der ZukunftsAnalyse. Sie hat rund um den Globus die verschiedensten methodischen Abwandlungen erlebt. Diese Methode hat ihre Praktikabilität und ihren Nutzen überall dort unter Beweis gestellt, wo alternative zukünftige Entwicklungen eines komplexen Denkgegenstandes systematisch erarbeitet werden sollten. So erstellt beispielsweise der Shell-Konzern regelmäßig Szenarien über den Verkehr und die Mobilität in Europa und militärische Einsatzplanungen sind als eine der frühesten Anwendungen noch heute ein Haupteinsatzfeld. Die Szenario-Technik setzt sich in einer feinen Gliederung aus folgenden Schritten zusammen:

1. Definition des Gegenstandes bzw. des Systems
2. Bestimmung der bisherigen Kernstrategie
3. Definition der Systemelemente
4. Identifikation der treibenden Kräfte des Systems durch Einschätzung oder Berechnung

5. Identifikation wesentlicher Trends innerhalb dieser treibenden Kräfte
6. Definition des Regelwerkes zur Szenariobildung
7. Entwicklung eines Szenarios
8. Entwicklung alternativer Szenarien
9. Untersuchung möglicher Störereignisse
10. Ermittlung der Konsequenzen aus den Szenarien
11. Bestimmung von Handlungsmöglichkeiten.

Die Szenario-Technik ist von Ihrem Grundraster zwar grundsätzlich für das unternehmerische ZukunftsManagement geeignet, hat in Ihrer detaillierten Form jedoch eine Reihe von Merkmalen, die sie für die betriebliche Anwendung wenig praktikabel machen:

1. **Aufwand:** Durch ihre Komplexität wird der Arbeitsaufwand sehr schnell so groß, dass sich das gesamte Projekt-Team oft wochenlang damit beschäftigen muss. Wir erleben immer wieder, dass die starke Inanspruchnahme von Geld, Zeit und Geist dazu führt, dass man ein Szenario-Projekt – wenn überhaupt – nur im Rhythmus von fünf Jahren durchführt. Die Funktion der Früherkennung lässt sich jedoch nur mit einem permanent betriebenen Früherkennungssystem erfüllen, was in der Praxis mindestens einen jährlichen Rhythmus bedeutet.

2. **Orientierungsmangel:** Es entstehen zwei oder mehr verschiedene Szenarien, die dafür sensibilisieren, dass die Zukunft multippel sein kann. Genau diese Eigenschaft ist es jedoch, die Ihnen als Unternehmer nicht die gesuchte Orientierung bieten kann. Das menschliche und unternehmerische Bedürfnis nach Vorauswissen ist verbunden mit dem Bedürfnis nach Orientierung. Ein weiterer Aspekt ist ebenfalls gefährlich für die unternehmerische Orientierung. Wenn wir zwei Extremszenarien haben, dann sind wir immer geneigt, die wirkliche Zukunft *dazwischen* zu vermuten und vergessen häufig, dass die Zukunft genauso gut in allen bekannten Dimensionen anders kommen kann, nämlich links und rechts davon, davor oder dahinter, darunter oder darüber und früher oder später. Den Szenario-Trichter, der mit der schmalen Stelle in der Gegenwart beginnt und sich dann in die Zukunft ausbreitet, möchten wir für den Unternehmer umkehren und ihm so eine Orientierung an einer gewünschten Zukunft ermöglichen.

3. **Passives Zukunftsverständnis:** Wir sehen weder die Notwendigkeit, noch die Sinnhaftigkeit, ein oder mehrere in sich geschlossene Zukunftsbilder zu entwerfen, die fatalistisch gesehen „geschehen“, ohne dass wir es verändern können. Wir wollen vielmehr, dass Sie sich unter Beachtung der möglichen Veränderungen und Entwicklungen und unter Nutzung der sich daraus ergebenden Chancen Ihre eigene gewünschte Zukunft definieren und erreichen. Das wird durch die Szenario-Technik zwar nicht verhindert, aber auch nicht wesentlich unterstützt.

4. **Mathematisierung und Komplexität:** Methoden des ZukunftManagements müssen von den Beteiligten binnen weniger Minuten verstanden werden können, sonst genießen sie nicht deren Vertrauen. Ein professionell durchgeführtes Szenario-Projekt sieht beispielsweise unter vielem anderem Vernetzungsanalysen und Konsistenzanalysen vor, die bei der gebotenen Ganzheitlichkeit und Zeitökonomie nur per Computer durchführbar sind. In der Praxis erleben wir immer wieder, dass unternehmerische Entscheider mit Recht ein tiefes Misstrauen gegen allzu ausgefeilte Management-Methoden hegen und sogar Angst davor haben. Nie haben wir einen Unternehmer seine Entscheidung auf berechnete weiche Zukünfte stützen sehen. Wo es selbst Meteorologen bei eindeutigen physikalischen Gesetzen nicht möglich ist, das Wetter auch nur über eine Woche vorherzusagen, versuchen manche Methodiker, von subjektiv und irrational handelnden Menschen geprägte Zukünfte über mehrere Jahre zu „berechnen“. Das müsste nach den Jahren der Chaosforschung eigentlich in die Horrorkiste methodischer Unternehmensführung verbannt sein. Doch scheinen viele nach wie vor tief im kartesianischen Weltbild verhaftet zu sein, das sie doch gerade verlassen zu haben vorgeben. Das klägliche Scheitern des Operations Research – Ansatzes in der Unternehmensführung zeichnet unseres Erachtens das Schicksal der komplexen Methoden der Zukunftsarbeit vor. Selbst die vergleichsweise einfachen Aufgaben, denen sich Operations Research widmete, konnten nur mit Hilfe praxisferner Grundannahmen und ceteris paribus – Regeln gelöst werden. Wo noch nicht einmal der Fall eines Blattes berechnet werden kann, versuchen sie, den Gang der Welt zu berechnen. Und wie können wir die Auswirkungen des Bereiches „Gesellschaft“ auf den Bereich „Technologie“ in den Klassen null, schwach, mittel und stark einschätzen, wenn wir noch nicht einmal genau definieren können, was wir unter „Gesellschaft“ und was unter „Technologie“ verstehen, geschweige denn das exakte Maß der Dynamik kennen können?

5. **Zielgruppe:** Die Zielgruppe für die professionelle Mitarbeit an der Szenario-Technik sind in erster Linie Fachleute und Spezialisten. Die meist generalistisch geprägte Spitze des Unternehmens nimmt sich in der Praxis nicht die Zeit, mehr als wenige Tage in einem ZukunftsProjekt mit komplexer Methodik zu verbringen. Es ist aber gerade die Unternehmensspitze, die für ihre Entscheidungen selbst erlebtes und erarbeitetes Zukunftswissen braucht und mit der wir den größten Effekt für den Unternehmenserfolg erzielen können, wenn wir sie überhaupt zum Tun und zur Ergebnisverwendung bringen können. Man möge uns mehr als drei Führungsspitzen in mittelständischen Unternehmen zeigen, die in einem fein und ausführlich gegliederten Szenario-Projekt von Beginn bis zum Ende über mehrere Wochen mitgearbeitet haben. Der wirkungsvollste Ansatzpunkt bei der Umsetzung des ZukunftsManagements durch Führungs-Teams liegt nicht in der Verfeinerung der Methodik, sondern in ihrer Anpassung an die Zielgruppe „Führungs-Team", um den Akzeptanzengpass zu lösen.

6. **Chancenblindheit:** Mancher Verfechter der Szenario-Technik mag es vielleicht anders sehen, aber wir können der Szenario-Technik nur eine sehr schwach ausgeprägte Chancenorientierung bescheinigen. Es werden zwar Leitstrategien erarbeitet, aber das kreative Element der aktiven Chancensuche ist der Szenario-Technik und erst recht manch anderen prognostischen Methoden fremd. Mit Hilfe der Szenario-Technik lassen sich sehr gut die Auswirkungen eines verdoppelten Bodenpreises untersuchen, aber ein neues Vertriebsmodell für Windeln lässt sich damit kaum erkennen. Da die Chancen-Suche ein wesentlicher Aspekt des Bedürfnisses nach Vorauswissen ist, sehen wir in diesem Mangel der Szenario-Technik eine der wesentlichen Ursachen dafür, dass sie keine nennenswerte Verbreitung in mittelständischen Unternehmen gefunden hat.

7. **Trockenheit:** Jede Beschäftigung mit der Zukunft hat ihren Reiz und Ihre Faszination, so auch die Szenario-Technik. Doch haben wir in der Praxis gesehen, wie langweilig und zäh Szenario-Projekte verlaufen können. Wir bevorzugen einen freien und kreativen Ansatz, wie wir ihn hier vorstellen.

Aus den genannten Gründen sind selbst professionelle Zukunftsforschungsinstitute dazu übergegangen, wenn überhaupt, dann stark vereinfachte Formen der Szenario-Technik anzuwenden. So haben auch wir die nützlichen Module der Szenario-Technik, so etwa das Denken in Beobachtungsfeldern und Indikatoren, in die hier vorgestellte StrategieRadar-Methodik integriert.

3.3 Das Projektdesign

Nehmen Sie für die Gestaltung Ihres ersten ZukunftsProjektes einige Weichenstellungen vor, um „von der Gegenwart in die Zukunft" kommen zu können. Wenn Sie für sich alleine arbeiten, beantworten Sie für sich selbst schriftlich die folgenden Fragelisten. Wenn Sie im Team arbeiten, laden Sie Ihre wichtigsten Leistungs- und Entscheidungsträger zu einem kurzen Workshop ein, in dem die konkrete Zielsetzung für Ihr ZukunftsProjekt definiert wird.

Was ist Gegenstand Ihres ZukunftsProjektes?

Je komplexer die Welt, desto notwendiger wird es, sich in einem ZukunftsProjekt einen klaren, transparenten, übersichtlichen Gegenstand zu wählen. Wenn Ihr Unternehmen bereits auf den Kern seines Geschäftes konzentriert ist, haben Sie die sonst übliche Komplexität bereits im Wesentlichen vermieden. Wenn Ihr Unternehmen jedoch eine diversifizierte Ansammlung von Geschäftsfeldern ist, sollten Sie den Gegenstand Ihres ZukunftsProjektes enger definieren. Für ein produktives ZukunftsManagement brauchen Sie daher einige Konstanten, auf die Sie sich konzentrieren können. Die große Widersprüchlichkeit und Multidimensionalität zukünftiger Entwicklungen auf der einen Seite und die Reflexion der eigenen Aktionsmöglichkeiten auf der anderen Seite können nur durch Konzentration zu einem für Ihr Unternehmen brauchbaren Ergebnis führen. Wir haben in der Praxis beobachten dürfen, dass gerade diejenigen Unternehmen nicht zu einem produktiven ZukunftsManagement fähig waren, die ihre Produkte und Dienstleistungen nach dem Prinzip „alles für alle" anbieten. Es kann für Sie und Ihr Unternehmen keinen besonderen Sinn machen, beispielsweise die Freizeitwelt des Jahres 2008 zu durchdenken, wenn Sie nicht wissen, *wessen* Freizeitwelt zu analysieren ist. Es macht ebensowenig Sinn, sich über Technologie-Szenarien des frühen 21. Jahrhunderts zu unterhalten, wenn die Mission Ihres Unternehmens nicht eng genug umrissen ist.
Um den Gegenstand eines ZukunftsProjektes festzulegen, müssen Sie einige Fragen beantworten:

Um welche strategische Geschäftseinheit geht es?

Nach unserer Erfahrung muss ein ZukunftsProjekt eine ganzheitliche Geschäftseinheit, eine Entität zum Gegenstand haben. Das bedeutet eine durch Aufgabe, Produkt und Zielgruppe eindeutig definierte Geschäftseinheit. Die Betonung liegt hier auf *eine.* Idealerweise haben wir es mit einer Geschäftseinheit zu tun, die sich um klar beschriebene Probleme und Wünsche einer oder weniger konkreter Zielgruppen kümmert. Dazu gehört etwa das Unternehmen, das ausschließlich korrosionsbeständige Werkstoffe an die chemische Industrie liefert oder das Unternehmen, das Sicherheitssoftware für die Übertragung von Kundendaten in dezentrale Notebooks von Vertriebsmannschaften liefert. Seit geraumer Zeit ist es erklärte Strategie vieler Unternehmen, (wieder) solche Geschäftseinheiten zu bilden, um wieder schlüssige und eindeutige Strategien entwickeln und umsetzen zu können. Ein Beispiel dafür ist der Hoechst-Konzern (Aventis), der seit 1997 in seiner Unternehmenszentrale nur noch wenige Hundert Mitarbeiter hat. Einen großen Konzern mit 50 Geschäftsfeldern und vielleicht 200 Zielgruppen kann man nicht produktiv in einem ZukunftsProjekt bearbeiten, hier müssen viele kleine ZukunftsProjekte bottom up zu einem Gesamtprojekt verdichtet werden. Für Ihr erstes ZukunftsProjekt müssen wir Ihr Unternehmen solange gedanklich zerlegen, bis wir wieder auf natürliche Geschäftseinheiten kommen. Die strategische Geschäftseinheit können Sie nach folgenden Kriterien beschreiben:

Checkliste 1: Kriterien für strategische Geschäftseinheiten

- ☑ Profitcenter
- ☑ Tochterunternehmen
- ☑ Land oder eine Region
- ☑ Sortiment
- ☑ Produkt oder eine Dienstleistung
- ☑ Zielgruppe
- ☑ Grundbedürfnis
- ☑ Technologiefeld
- ☑ Handelsstufe
- ☑ Standort
- ☑ Markt
- ☑ Vertriebsweg
- ☑ Teilbranche
- ☑ Ressource

Sie können gerne mehr als eine Geschäftseinheit zum Gegenstand Ihres ZukunftsProjektes machen. Das werden Sie besonders dann gerne tun wollen, wenn Ihr Unternehmen aus wenigen miteinander in wesentlichen Aspekten eng verwandten Geschäftsfeldern besteht. Bedenken Sie jedoch dabei, dass jede Geschäftseinheit, die Sie sich für Ihr ZukunftsProjekt vornehmen, die zu verarbeitende Informationsmenge exponentiell wachsen lässt. Als Grundregeln kann gelten, dass der Zeitaufwand und auch der Aufwand in Geld und Geist für ein ZukunftsProjekt mit folgenden Faktoren mindestens proportional wächst:

Checkliste 2: Aufwandsfaktoren für ZukunftsProjekte

- ☑ Größe des Unternehmens
- ☑ Anzahl der Kulturen oder Länder
- ☑ Anzahl der Beobachtungsfelder
- ☑ Weite des Beobachtungsfeldes
- ☑ Weite des Zeithorizontes
- ☑ Anzahl der Geschäftsfelder
- ☑ Anzahl verschiedener Produkte
- ☑ Anzahl verschiedener Zielgruppen
- ☑ Anzahl der Jahre
- ☑ Anzahl der Teilnehmer

Wir empfehlen, sich zu Beginn auf eine Geschäftseinheit zu konzentrieren. Der Idealfall liegt dann vor, wenn Ihr Unternehmen prinzipiell einer strategischen Geschäftseinheit entspricht. Dann können Sie das gesamte Unternehmen als Projektgegenstand nehmen. Andernfalls sollten Sie zunächst nur eine wichtige Geschäftseinheit wählen. Wenn Sie sich auf Ihre persönliche Zukunft konzentrieren wollen, haben Sie ja auch eine „Geschäftseinheit“, nämlich sich selbst. Der Einfachheit halber werden wir weiterhin von „Ihrem Unternehmen“ sprechen.

Was ist die Mission oder die Kernaufgabe dieser Geschäftseinheit?

Definieren Sie in einem Satz die Mission Ihres Unternehmens bzw. der gewählten Geschäftseinheit. Die Mission ist die Antwort auf die Frage „wofür sind wir da?“ und bezeichnet damit die Lebensberechtigung des Unternehmens, sie ist die „raison d'être“. Sie bestimmt alle weiteren bzw. darauf folgenden strategischen Leitlinien. Die Mission ist nach außen gerichtet, sie besteht also nicht darin, „Geld zu verdienen“, sondern darin, eine bestimmte Aufgabe in der Umwelt zu erfüllen, für die man dann mit Geld oder anderer „Gegenenergie“ belohnt wird. Leider denken fast alle Deutschen sofort an „Missionare“ und „missionarisch“, wenn sie das Wort Mission hören und sehen dabei das Bild eifernder und rücksichtsloser Glaubenskrieger. Wir verwenden Mission im oben beschriebenen Sinne der „raison d'être“.
Achten Sie darauf, Ihre Mission von der Wirkung her zu definieren. Wenn Sie Kraftfahrzeuge herstellen, dann besteht Ihre Mission vielleicht darin, individuelle Mobilität zu geben. Wenn Sie Medikamente herstellen, besteht Ihre Mission darin, Krankheiten zu heilen oder zumindest deren Folgen zu lindern. Bedenken Sie, dass Ihre Mission sich von derjenigen Ihrer Mitbewerber unterscheidet, denn gleichartige Missionen verschärfen den Konkurrenzgrad und minimieren die für die Anbieter erzielbaren Umsatzrenditen. Einige Beispiele für Missionen:

- Connecting People (Nokia)
- Ganzheitliche Lebens- und Arbeitswelten umweltverantwortlich schaffen und erhalten
- Versorgung mit von Teilen und Apparaten aus Tantal (Cometec)
- Schnelle Bereitstellung gebrauchter Spezialtiefbaumaschinen
- Einrichtung von Lebens- und Arbeitswelten
- Wir bieten passive Hilfen zur Verbesserung des persönlichen körperlichen und geistigen Wohlbefindens
- Verbrauchsmessung und Abrechnung von Wasser und Energie (Techem)
- Menschen und Organisationen zu mehr Effektivität verhelfen

Folgende Denkfragen werden Sie dabei unterstützen, Ihre eigene Mission zu definieren.

Checkliste 3: Denkfragen zur Mission

- ☑ Wofür ist unser Unternehmen da?
- ☑ Was tut unser Unternehmen für andere Menschen?
- ☑ Welches Grundbedürfnis befriedigt unser Unternehmen?
- ☑ Worum würde die Welt ärmer, wenn es uns nicht gäbe?
- ☑ Wie tragen wir zum Ganzen bei?
- ☑ Wozu wurde unser Unternehmen eigentlich gegründet?

Wer sind die Kern-Zielgruppen dieser Geschäftseinheit?

Die Kern-Zielgruppen sind eine weitere Konstante Ihres ZukunftsManagements, obschon Sie bei der Früherkennung von ZukunftsChancen auch offen für Veränderungen und Ergänzungen der Zielgruppen bleiben müssen.

Was sind die wichtigsten Gestaltungsfelder?

Unabhängig davon, ob Sie Ihr Unternehmen noch als relativ statische Kombination von „Be-Reichen" oder „Ab-Teilungen" sehen oder ob Sie bereits in Prozessen denken, führen und gestalten, Sie haben immer eine Reihe von Gestaltungsfeldern. Diese Gestaltungsfelder können beispielsweise die folgenden sein:

Checkliste 4: Gestaltungsfelder

- ☑ Strategie
- ☑ Marketing
- ☑ Leistungen (Produkte und Dienstleistungen)
- ☑ Absatz / Vertrieb
- ☑ Mitarbeiter
- ☑ Vorleistungen
- ☑ Organisation (Aufbau, Ablauf, Arbeitsordnung, Handbücher)
- ☑ Wertschöpfung/Produktion/Prozesse (Material, Investitionen, Zulieferungen)
- ☑ Kapital (Darlehen, Beteiligungen, Finanzbedarf von außen)

Sie haben sicher festgestellt, dass diese Begriffe relativ amorph sind und dadurch eine Reihe deutlicher Überschneidungen erkennbar sind, so etwa zwischen Strategie und Marketing und zwischen Wertschöpfung und Leistungen. Bestimmen Sie diejenigen Gestaltungsfelder und verwenden Sie diejenigen Begriffe, die für Sie schlüssig und vertraut klingen. Es gibt hier keinen besten Standard, an dem Sie sich auszurichten hätten. Ihre ganz individuellen Gestaltungsfelder des Unternehmens bzw. des Projektgegenstandes bestimmen Sie mit folgenden Denkfragen:

Checkliste 5: Denkfragen zu Gestaltungsfeldern

- ☑ Von welchen Faktoren hängt die Existenz unseres Unternehmens ab?
- ☑ Welche Faktoren tragen am stärksten zur Entwicklung unseres Unternehmens bei?
- ☑ In welchen Bereichen könnten wir neue Chancen und Ideen sehr gut gebrauchen?
- ☑ In welchen Gestaltungsfeldern liegt zur Zeit der strategische Engpass unseres Unternehmens (bzw. des Projektgegenstandes)?

Wie binden Sie die Mannschaft ein?

Das Projekt-Team

Im Ergänzungskapitel „Erfolgsfaktor Zukunftskompetenz“ legen wir ausführlich dar, welche Fähigkeiten, Eigenschaften, Charaktere und Persönlichkeiten für das ZukunftsManagement besonders hilfreich sind. Sie können die Gliederung dieses Abschnittes im Prinzip als Checkliste für die Zusammenstellung des Projekt-Teams heranziehen.

Wer nicht an die Zukunft denken will, der wird auch keine haben.

Die Zusammensetzung der Teilnehmer muss soweit wie möglich interdisziplinär sein, um die allein schon durch fachliche Prägungen unterschiedlichen Weltbilder übereinander zu lagern und aneinander zu knüpfen und damit den „Erfassungsraum“ vergrößern zu können. Es müssen daher möglichst alle wesentlichen Wissensbereiche und Gestaltungsfelder des Unternehmens vertreten sein, beispielsweise die in der obigen Checkliste genannten.

Die Workshop-Teilnehmer sollten möglichst problemnah und vor allem kundennah sein. Die Teilnahme externer Experten bietet sich an, wenn spezielle Wissensbereiche von den eigenen Mitarbeitern nicht abgedeckt werden oder wenn Sie vermuten, dass das Zukunftswissen Ihres Führung-Teams Ergänzungen vertragen könnte. Externe Teilnehmer könnten beispielsweise folgenden Personenkreisen entstammen.

Checkliste 6: Externe Mitgestalter

- ☑ Kunden
- ☑ Liefeanten
- ☑ Berater
- ☑ Vertriebspartner
- ☑ Kooperationspartner
- ☑ Wissenschaftler
- ☑ Verbandsführer
- ☑ Quer-Denker und Innovatoren

Vielleicht sind Ihnen auch die folgenden Anmerkungen zur Auswahl der Mitgestalter Ihres ZukunftsProjektes hilfreich.

Checkliste 7: Auswahl von Mitgestaltern

Sie brauchen im Projekt-Team Menschen, ...

- ☑ die aufgeschlossen sind,
- ☑ die kreativ sind und die quer-denken können,
- ☑ die auch bereit sind, auf der Grundlage „schwacher Signale“ und unvollständiger Information zu entscheiden und zu handeln,
- ☑ die sich für Veränderungen einsetzen und sich bei Veränderungen wohlfühlen,
- ☑ die Veränderungen als Chance und Herausforderung begreifen,
- ☑ die möglichst auch schon in anderen Branchen gearbeitet haben,

Checkliste 7: Auswahl von Mitgestaltern (Fortsetzung)

- ☑ die genau so gut selbstständiger Unternehmer sein könnten,
- ☑ die immer nach neuen, besseren Wegen suchen (und sie gelegentlich auch finden!),
- ☑ die vom Ziel her denken und sich nicht an der Frage des Weges festbeißen,
- ☑ die Zukunft nicht als Schicksal, sondern als Ergebnis eigenen Handels begreifen,
- ☑ die es gewohnt sind zu agieren statt zu reagieren,
- ☑ die anders als andere sind.

Für das Projekt-Team brauchen Sie nicht die Menschen, …

- ☑ die aus Ihrer subjektiven Sicht einen kurzen Zeithorizont haben, die also nicht willens oder nicht in der Lage sind, mehrere Jahre vorauszudenken,
- ☑ die bei jeder Gelegenheit „die Praxis" beschwören. Sie sind selten in der Lage, sich für ein vor allem langfristig wirksames und rentables Vorgehen zu begeistern,
- ☑ die überkritisch sind. Sie sollten gemäß ihren Stärken allenfalls an der abschließenden Aktionsdefinition teilnehmen, um auf die möglichen Risikopunkte der diskutierten Projekte und Aktionen hinweisen zu können.
- ☑ die eher dem Pessimismus zuneigen und als überkritische Zeitgenossen auffallen,
- ☑ die Erfahrung für den wichtigsten Erfolgsfaktor halten,
- ☑ denen es wichtiger ist, die Dinge richtig zu tun, als die richtigen Dinge zu tun, die also mehr an Effizienz als an Effektivität interessiert sind

Sie können für die Zusammenstellung des Projekt-Teams methodische Auswahlhilfen wie das Struktogramm, das HDI, DISG-Profile oder den Team Management Index einzusetzen. Wir halten es jedoch nicht für unbedingt nötig.

Es bietet sich an, neben einem Projektleiter auch einen Moderator für die Workshops zu bestimmen, wobei es sich hier durchaus auch um ein und dieselbe Person handeln kann. Er oder sie sollte Erfahrung in der Methodik des ZukunftsManagements haben. Mit externen Spezialisten werden Sie regelmäßig bessere Erfahrungen machen als mit internen. Die Einschaltung eines internen Mitarbeiters ist zwar möglich, jedoch ist die Qualität der Ergebnisse meist erheblich niedriger. Wer sich nur einmal jährlich ans Klavier setzt, wird nur mühsam Note für Note spielen. Wie anders klingt dagegen das Spiel des Profipianisten, der täglich auf seinem Instrument spielt. Wir werden Sie der Verständlichkeit halber zwar als Projektleiter und Moderator ansprechen, raten aber aus Gründen hierarchiebedingter Informations- und Denkprobleme davon ab, dass die Unternehmensspitze selbst diese Funktion erfüllt.

Einbindung aller Mitarbeiter

Wenn Ihr Unternehmen fünfzehn Mitarbeiter hat, können Sie getrost die gesamte Mannschaft ins Projekt-Team nehmen. Da Ihr Unternehmen aber wahrscheinlich erheblich größer ist, können wir häufig den größeren Teil der Mitarbeiter lediglich in abgestufter Intensität in das Projekt einbinden. Gegen Ende Ihres ZukunftsProjektes werden Sie alle Mitarbeiter auf geeignete Art und Weise über Inhalte und Ergebnisse des Projektes informieren. An dieser Stelle geht es uns darum, wie Sie die Weisheit aller Mitarbeiter als Input in die frühe Phase Ihres Projektes einbinden. Hierzu gibt es eine Reihe von Möglichkeiten, von denen wir Ihnen hier einige ausgewählte vorstellen wollen:

Der ZukunftsBrief

Die Unternehmensleitung schreibt allen Mitarbeitern einen Brief und informiert sie kurz über Ziele und Inhalte des ZukunftsProjektes. Im zweiten Teil fordert sie jeden Adressaten auf, seinerseits einen „ZukunftsBrief" an das Projekt-Team zu schreiben. Im ZukunftsBrief haben die Mitarbeiter Gelegenheit, ihre Gedanken zur Zukunft und zu den Chancen des Unternehmens einzubringen. Die Aussagen in den ZukunftsBriefen werden anschließend gruppiert und als Input in die Workshops eingebracht. Anstelle des persönlichen Briefes an die Mitarbeiter können Sie die Aufforderung natürlich auch am schwarzen Brett aushängen, im Intranet bekanntgeben oder im Unternehmens-TV senden.

Vorbereitende Workshops

Besonders in größeren Unternehmen können die Mitarbeiter in der Art eingebunden werden, dass jede organisatorische Einheit einen halbtägigen

Workshop durchführt, in dem die fünf Kernfragen des ZukunftsManagements ohne besondere Methode beantwortet werden. Die protokollierten Ergebnisse werden aufbereitet, zusammengefasst und in das ZukunftsProjekt eingebracht.

Zukunftskonferenz

Mit einer so genannten Zukunftskonferenz können bis zu 100 Mitarbeiter in einer Veranstaltung ihre Gedanken und Gefühle zur Zukunft Ihres Unternehmens einbringen. Mit mehreren Zukunftskonferenzen lassen sich so auch in großen Unternehmen alle Mitarbeiter integrieren. Der ähnlich klingende Name darf nicht darüber hinwegtäuschen, dass die Zukunftskonferenz kein inhaltlich tiefgreifendes ZukunftsManagement liefern kann. Die Zukunftskonferenz hat eher den Charakter des „discovering common ground", also den einer Basiskonferenz, in der es vor allem darum geht, gemeinsame Werthaltungen und gemeinsamen Geist zu entdecken. Nichtsdestotrotz können Zukunftskonferenzen einen gewissen inhaltlichen und motivatorischen Beitrag für Ihr ZukunftsProjekt liefern.

Wie ist Ihre Ausgangssituation?

Das Thema der Analyse von Ausgangssituationen füllt ganze Bibliotheken, nicht zuletzt deshalb, weil es so schön leicht und folgenlos ist, die Ausgangssituation zu analysieren. Wir wollen uns hier darauf konzentrieren, einen groben Eindruck vom derzeitigen strategischen Standort zu gewinnen. Es geht uns hier nicht um Stärken-Schwächen-Analysen im Vergleich zu Mitbewerbern und auch nicht um eine wertanalytische Betrachtung Ihrer Unternehmensfunktionen. Auch hier helfen Ihnen einige Leitfragen:

Checkliste 8: Analyse der Ausgangssituation

Fragen zum Unternehmen

- ☑ Was sehen wir als Misserfolge?
- ☑ Was sehen wir als Erfolge?
- ☑ Worauf sind wir stolz?
- ☑ Worauf sind wir ganz und gar nicht stolz?
- ☑ Was befürchten wir für die Zukunft?
- ☑ Was wünschen und hoffen wir für die Zukunft?

Checkliste 8: Analyse der Ausgangssituation (Fortsetzung)
☑ Was sind zur Zeit unsere brennendsten Probleme?
☑ Was empfinden wir als größten Engpass?
☑ Wie alt sind unsere Produkte bzw. Dienstleistungen?
☑ Wie ist unsere Ertragssituation?
☑ Wie hoch ist unsere Zukunftskompetenz?
☑ Wie hoch ist unser strategischer Reifegrad?
☑ Was ist unsere heutige Vision für die Zukunft?
☑ Wie hoch ist unser strategischer Reifegrad?
Fragen zum Unternehmen
☑ Was sind die zur Zeit dringenden und brennenden Probleme auf unserem Markt?
☑ Was sind die heutigen Erfolgsfaktoren im Markt?
☑ Wie ist die Wettbewerbssituation?
☑ Wie ist unsere Markposition?
☑ Wie stark unterscheiden wir uns von unseren Mitbewerbern?
☑ Werden die Preise akzeptiert, wie gut werden sie durchgesetzt?
☑ Wodurch wird das Marktgeschehen bestimmt?
☑ Wie entwickelt sich das Marktvolumen?

Sie haben sich jetzt ein grobes Bild Ihres strategischen Standortes gemacht. All diese Standortbausteine waren Ihnen auch vorher bekannt, aber nun sind sie Ihnen auch wieder bewusst, quasi von der Festplatte in den Arbeitsspeicher geholt, um damit besser arbeiten zu können.

Was sind die Ziele Ihres ZukunftsProjektes?

Erfolge beginnen immer mit Wünschen und Zielen. Sagen Sie nicht, Sie hätten keine Ziele für Ihr ZukunftsManagement, denn die Tatsache, dass Sie dieses Buch lesen, ist ein deutlicher Beweis dafür, dass Sie irgendwelche wenn auch unbewusste Ziele für Ihre Suche nach Ihren Märkten von morgen haben. Menschen haben immer Ziele, nur machen sie diese nur selten klar und deutlich. Die Masse der Bücher, Kassetten und Seminare zum Thema der Zielsetzung ist unüberschaubar. Kein ernstzunehmende „Erfolgstrainer" verzichtet darauf, auf die immense Bedeutung der Zielsetzung hinzuweisen und die ausgefeiltesten Techniken der Zielfindung vorzuschlagen. Seitdem Menschen ernsthaft über Erfolg im weitesten Sinne nachdenken, ist Zielorientierung ein absolutes Grundgesetz. Gehen wir aber in die Niederungen des Tagesgeschäftes, stellt der aufmerksame Beobachter immer wieder erstaunt fest, mit welcher Konsequenz es ignoriert oder versäumt wird, zielorientiert zu arbeiten. Da es hier um den Weg zu neuen Märkten geht, sprechen wir nicht von Umsatz- oder Kostenzielen, die als einzige relativ weit verbreitet sind.

Wer den Hafen nicht kennt, in den er segeln will, für den ist kein Wind ein günstiger. (Lucius A. Seneca).

Wir haben viele Zusammenkünfte hochintelligenter Menschen miterlebt, in dem ein „führender" Teilnehmer ein Problemfeld ansprach und sodann ein allgemeines Herumstochern in verschiedenen Dimensionen, Ausprägungen und Phänomenen begann. Nach vielen Stunden wussten alle mehr, doch die notwendige Antwort kannte keiner. Wenn eine Zielsetzung für eine Besprechung oder gar für ein Projekt fehlt, setzt sich jeder Beteiligte sein eigenes Ziel. Das ist eine natürliche Substitution, weil Menschen gar nicht ohne Ziele leben und arbeiten können. Auch „nehmen, was kommt" und „in den Tag hineinleben" sind spezielle Arten von Zielen. Wenn jeder das Zielvakuum durch sein individuelles Ziel ersetzt, brauchen wir uns nur das aus dem Physikunterricht in der Schule vertraute Kraftdiagramm zu vergegenwärtigen, um die Folgen absehen zu können. Alle ziehen, aber nichts wird wirklich bewegt, da die Zugrichtungen verschiedene sind. Das multidirektionale Tauziehen endet im Patt. Damit wir uns richtig verstehen. Auch der reine Gedankenaustausch kann das Ziel sein. Es muss nur genannt werden, sonst ist der eine enttäuscht, nicht einen priorisierten, terminierten und delegierbaren Aktionsplan zu haben, während der andere sich darüber ärgert, dass seine mit „verrückter" Begeisterung vorgetragenen Ideen nicht aufgegriffen wurden, weil man doch schließlich vernünftig sein müsse. Legen Sie daher die Ziele Ihres ZukunftsProjektes schriftlich fest. Je genauer Sie zu Beginn die Zielsetzung Ihres ZukunftsProjektes definieren, desto größer wird Ihr Erfolg sein.

Weitere Überlegungen und Tipps zur Definition einer nützlichen Zielsetzung für Ihre ZukunftsProjekt finden Sie unter ➔**www.Micic.com**.

Welchen Zukunftshorizont setzen Sie sich?

Sie können zukünftige Entwicklungen und die daraus abgeleiteten Chancen besonders produktiv bearbeiten, wenn Sie einen zeitlichen Fixpunkt haben, an dem Sie Ihre Einschätzungen festmachen. Wichtig ist, dass sich der Zukunftshorizont Ihres Projektes antiproportional zur Flexibilität der Unternehmensstrukturen verhalten muss. Der Zukunftshorizont muss mindestens den Zeitraum umfassen, den es in Ihrem Unternehmen braucht, um ein vollkommen neues Geschäftsfeld zu erschließen. Es ist nicht wirtschaftlich, *möglichst weit* in die Zukunft sehen zu wollen. Ihr Zukunftshorizont muss nur erheblich weiter reichen als der Ihrer Mitbewerber. Vielleicht helfen Ihnen bei der Bestimmung Ihres eigenen Zukunftshorizontes einige Beispiele:

Checkliste 9: Zukunftshorizonte

➊ Zukunftshorizonte zwischen einem und drei Jahren haben z. B.:

☑ Regional orientierte Einzelhändler

☑ Freiberufler

☑ Finanzberatungsunternehmen

☑ Kleinere Computerhändler

➋ Zukunftshorizonte zwischen drei und fünf Jahren haben z. B.:

☑ Mittlere Unternehmensberatungen

☑ Größere Schulungsunternehmen

☑ Größere Computerhändler

☑ Bauunternehmen

➌ Zukunftshorizonte zwischen fünf und zehn Jahren haben z. B.:

☑ Automobilzulieferer

☑ Größere Möbelhandelskonzerne

☑ Mittlere Maschinenbauer

☑ Große überregional orientierte Banken

☑ Hersteller von Komponenten für Gebäudetechnik

☑ Computerhersteller

Checkliste 9: Zukunftshorizonte (Fortsetzung)

❹ Zukunftshorizonte über zehn Jahre haben z. B.:

- ☑ Großkonzerne
- ☑ Forschungsorganisationen
- ☑ Pharmakonzerne
- ☑ Staaten

Damit wir uns richtig verstehen. Wenn ein regionaler Einzelhändler sich eine wirklich weite Zukunftssicht vorgenommen hat, darf und soll er natürlich über den engen Zukunftshorizont von drei Jahren hinausgehen. Genauso muss sich ein Automobilzulieferer auf einen zweijährigen Zukunftshorizont beschränken, wenn er sich nur um seine Vertriebswege kümmern will. Ein einzelner Mensch kann sein persönliches ZukunftsProjekt auf sein restliches Leben, also auf 20, 30 oder 40 Jahre ausrichten, oder sich aber auf die kurzfristigen Chancen konzentrieren und nur über die nächsten drei Jahre oder auch die nächsten Monate nachdenken. Die genannten Kategorien und Beispiele sind nicht mehr als zwangsläufig unscharfe Orientierungshilfen. Wichtig ist, dass Sie sich festlegen, ob Sie nur das Abblendlicht, oder das Fernlicht einschalten wollen. Bestimmen Sie daher bitte den Zukunftshorizont Ihres ZukunftsProjektes mit einer konkreten Jahreszahl.

Szene 7; Der Besuch, Teil II

15. April: Nach zwei Stunden hatten Michels und Lichtenberg das Design für das Projekt LICHTENBERG 2011 festgelegt.
Gegenstand des Projektes ist das gesamte Unternehmen Lichtenberg GmbH, weil es auf nur einem natürlichen Geschäftsfeld mit klarer Leistung und relativ eindeutiger Zielgruppe basiert. Als Mission definierten Lichtenberg und Michels „Wir errichten familienfreundliche Lebens- und Arbeitswelten auf höchstem Niveau." Als Zielgruppe wurden einfach all diejenigen Bauherren definiert, die von höchstem technischen und architektonischen Niveau fasziniert sind und für ein Ein- bis Zweifamilienhaus mehr als drei Millionen Euro zu zahlen bereit sind. Da die Lichtenberg GmbH Ihre Klienten ohnehin fast ausschließlich über Empfehlungen gewinnt und dann bei weitem nicht jedem Interessenten ein Angebot unterbreitet, reichte diese grobe Zielgruppen-Definition aus. Folgende Gestaltungsfelder der Lichtenberg GmbH wurden definiert:

- Strategie & Marketing
- Management
- Mitarbeiter
- Leistungen
- Vorleistungen
- Wertschöpfung
- Finanzierung

Als Teilnehmer wählten Michels und Lichtenberg neben sich selbst und Frau Lichtenberg die Geschäftsführerin, sowie die Leiter der Prozesse Produktion, Marketing und Administration. Als externe Teilnehmer sollten ein Professor für Gebäudetechnik und ein Soziologe eingeladen werden. Simon Lichtenberg hatte seine Projektziele bereits vorbereitet und nach wenigen Korrekturen und Ergänzungen konnten sie verabschiedet werden:

1. Wir wollen für die Lichtenberg GmbH die fünf Kernfragen des ZukunftsManagements beantworten.

2. Wir wollen unsere strategische Ausrichtung überprüfen und aktualisieren.

3. Durch unser ZukunftsProjekt wollen wir die Gewißheit haben, das unter Wahrung der Wirtschaftlichkeit alles Menschenmögliche getan zu haben, um zukünftige Entwicklungen unseres Umfeldes und die sich daraus ableitenden Bedrohungen und Chancen früher als unsere Mitbewerber zu erkennen.

4. Unser ZukunftsProjekt soll in einer klaren umfassenden strategischen Vision und einem Aktionsplan münden.

Michels sah davon ab, auf einer präziseren und umfassenderen Zielsetzung zu bestehen, denn schließlich wollte Lichtenberg ja das Handwerk lernen und das geschieht eben durch eigene Einsicht viel besser als durch Ratschläge.
„So mein lieber Herr Lichtenberg, jetzt haben wir das Projektdesign im Kasten. Sie haben ja im Buch über das Vier-Topf-Modell gelesen. Der erste Topf enthält die ZukunftsAnnahmen und wie man die erarbeitet, steht im Abschnitt „Vor-Denken“. Ich habe da eine Idee. Sie können in den nächsten Wochen an zwei öffentlichen Seminaren teilnehmen. Es ist zwar beide Male das gleiche Seminar, aber Sie nehmen zunächst am ersten Tag des ersten Seminares, in dem es um das Vor-Denken geht, und dann am zweiten Tag des zweiten Seminares teil, in dem es um das Hin-

ein-Denken und das Quer-Denken geht. Dazwischen führen wir unseren ersten Workshop-Tag mit der ZukunftsAnalyse und danach unseren zweite Workshop-Tag mit der ChancenAnalyse durch. Für den dritten Workshop-Tag reicht dann wieder die Buchlektüre. Auf diese Weise durchlaufen Sie ein optimales Trainingsprogramm, was halten Sie davon?“ Endlich holte Michels wieder Luft und Lichtenberg wunderte sich über seine Gelassenheit, denn er reagiert sonst allergisch darauf, wenn man für ihn seine Tage verplant. „Das klingt ganz vernünftig“, gab er zu, „so soll es geschehen“, ergänzte er pathetisch. (Weiter auf Seite 83).

4 Strategemisches Denken

Szene 8; Das erste Grundlagen-Seminar

19. Mai: Der Ausblick war herrlich. Das Rheintal, umsäumt von Weinbergszeilen und romantischen Örtchen, lag wie gemalt vor den Lichtenbergs, die an keinem Ort der Erde auf Ihr morgendliches Jogging verzichten würden. In anderthalb Stunden sollte das Seminar beginnen, in dem Frau und Herr Lichtenberg in den ersten Teil des „strategemischen Denkens“ eintauchen wollten. Dieses Seminar sollte ihnen das intellektuelle Handwerkszeug für das Vor-Denken in der ersten Workshop-Phase vermitteln.
Pünktlich um 9.00 Uhr begann das Seminar. Die moderne Atmosphäre des Seminarraumes passte zum Thema, stand aber in reizvollem Gegensatz zur romantisch klassischen Umgebung des Rheingaus. Im Kreis saßen fünfzehn Frauen und Männer mit den verschiedensten Hintergründen, wie der Teilnehmerliste zu entnehmen war. Da war der Bereichsvorstand einer großen deutschen Bank, der Handwerker, die erfolgreiche Unternehmensberaterin, der agile Freizeitunternehmer, der selbstständige Softwarespezialist wie auch ein Student der Betriebswirtschaft mit seinem Professor.
Michels gestaltete Workshops und Seminare multimedial. Lichtenberg erinnerte sich, dass Michels ihm berichtet hatte, er führe auch die Workshops mit Hilfe des Computers durch. Davor hatte er leichten Bammel, denn in seiner Welt fanden in Workshops nur Moderationstechniken mit Wölkchen und Kärtchen Anwendung. Schließlich sollte er den zweiten Zyklus des StrategieRadar-Systems ganz alleine durchführen. Michels hatte ihm zwar beruhigend in Aussicht gestellt, er könne mit einigem Effektivitätsverlust auch ganz konventionell moderieren, aber Lichtenberg war schließlich Perfektionist.
Es ging los mit der Frage „was ist ein Strategem?“. Ellen und Simon Lichtenberg erlebten einen interessanten Tag mit einer enormen Anzahl neuer Anstöße und neuer Ideen. Nie hätten Sie sich vorgestellt, dass man so frei und doch systematisch, so produktiv und doch mit so viel Spaß über die Zukunft nachdenken kann. Sie nahmen sich vor, am nächsten Wochenende gemeinsam das passende Kapitel im Michels-Buch zu lesen und die Inhalte für sich selbst aufzuarbeiten. (Weiter auf Seite 133).

4.1 Was ist ein Strategem?

Ein Strategem ist eine Art „Denkwerkzeug" mit Rezeptcharakter. Angenommen, Sie wollen in Ihrem Unternehmen prüfen, ob der monatliche Marktbericht von Ihren Führungskräften auch wirklich genutzt und gebraucht wird. Sie können zu diesem Zweck entweder den wenig erfolgversprechenden Weg gehen, die Adressaten danach zu fragen. Sehr viel intelligenter und zuverlässiger ist es aber, die Aussendung des Berichtes einfach einzustellen und genau zu beobachten, ob und von wem die ersten Anmahnungen kommen. Wenn sich niemand beschwert, wurde der Monatsbericht bisher völlig umsonst erarbeitet. Auf diese Weise haben Sie ein Strategem angewendet, dass man beispielsweise „Kreative Unterbrechung, den üblichen Impuls abstellen" nennen könnte.
Strategeme gibt es, seit es denkende Wesen gibt. In der Tradition fernöstlicher Kulturen haben sich Strategeme über Jahrtausende entwickelt. Sie sind Denk- und Handlungsmuster für das tägliche Leben. In China kennt und nutzt man jahrtausendealte Strategeme, um Kriege zu führen, um im Geschäft erfolgreicher zu sein und um menschliche Beziehungen besser zu gestalten. So sorgten in China kurz vor Jahresende 1995 Gerüchte über die bevorstehende Einführung einer Zusatzsteuer beim Kauf von Neuwagen in Höhe von 30 Prozent ab dem 01.01.96 für einen Run auf die Autohändler. Die Zahl der verkauften Autos stieg von durchschnittlich acht auf 50 Fahrzeuge je Tag und Händler. Niemand konnte später sagen, woher das Gerücht kam, und eine Sondersteuer wurde niemals eingeführt.
Strategem ist ein im Deutschen kaum gebrauchtes Wort für Kriegslist, Kunstgriff, Trick oder Kniff. Auch Mao kam nicht ohne sie aus, wie Prof. Dr. Harro von Senger, Jurist und Sinologe aus Freiburg, in seinem 1992 erschienen Buch „Strategeme, Lebens- und Überlebenslisten aus drei Jahrtausenden" schreibt (Scherz-Verlag). Senger befasst sich in diesem Buch mit den ersten 18 der 36 Strategeme der Chinesen. Dieses Buch ist übrigens eine sehr kurzweilige Lektüre über das „strategemische Denken" der Asiaten. Von dieser jahrtausendealten Denkweise können wir hier im nüchternen Europa noch sehr viel lernen. Goethe behauptete, alles Wesentliche sei bereits gesagt und gedacht, man müsse es nur im rechten Augenblick erneut denken. So entdecken wir in den Weisheiten des Sun Tzu eine kaum zu überblickende Vielfalt an Strategemen für das Geschäftsleben[10]. Auch wenn diese Weisheiten eigentlich dem Krieg entstammen, so vermögen sie nicht nur im Krieg, sondern auch im fairen Wettbewerb dienlich zu sein. Auch der Philosoph Arthur Schopenhauer hat sich in seiner „Eristischen Dialektik" mit „Strategemata" der Gesprächsführung befasst. Die mittelalterliche

Literatur ist voller meist lateinischer Bücher über Strategeme. In neuerer Zeit tauchen wieder vermehrt Publikationen auf, die aus dem uralten Wissen des fernen Ostens Lehren für das Management ziehen wollen.[11] Einige weitere Beispiele für strategemisches Denken:

1. In Frankreich wurde 1997 eine Ecole de Guerre Economique gegründet, also eine Schule für den Wirtschaftskrieg, an der Methoden der „offensiven Informationsbeschaffung" der „Destabilisierungsstrategie" oder der „Umzingelungstaktik" lernt. Die Franzosen verteidigen ihre militärische Sicht der Dinge mit dem angeblichen Wirtschaftsimperialismus der USA.
2. Der russische Wissenschaftler Genrich Altschuller aus Petersburg hat zahllose Patente auf innovative Grundregeln hin untersucht und ermittelte daraus 200 Grundprinzipien, also Strategeme der Innovation. Diese Grundprinzipien gibt es sogar als Software.[12] Bislang sind wir mit solchen Lösungen noch auf technische Anwendungen beschränkt. Es wird in absehbarer Zeit auch Software geben, die bei operativen und später auch bei strategischen Managementfragen mit Grundprinzipien hilft, was weit über die Möglichkeiten von Planspielen hinausgeht.
3. Japanische Industrieunternehmen nutzen die Strategeme des Sun Tzu, um ihre Patentstrategien zu verbessern, das meint jedenfalls der Vorsitzende Richter des Bundespatentgerichtes.

Die Theorie bestimmt, was wir entdecken können. (Albert Einstein)

Auch Witze werden nach Strategemen gebildet. Es ist eine wirkungsvolle und interessante Übung nach den Strategemen im Witz zu suchen. Dabei werden Sie unter anderem die Muster Übertreibung, Untertreibung, Missverständnis, strikt wörtliches Verständnis, Vergleiche zwischen normalerweise vollkommen getrennten Bereichen, andere Länder – andere Sitten usw.

Im Prinzip können Sie jede Idee, jedes Handlungskonzept, jede Methode und jedes Modell ein Strategem nennen. Uns geht es hier jedoch ausschließlich um die Früherkennung von ZukunftsChancen und somit auch nur um solche Strategeme, die genau dieser Funktion dienen. Wenn wir hier über Strategeme sprechen, dann meinen wir damit immer diejenigen zur Früherkennung von ZukunftsChancen.

4.2 Strategemisches Denken zur Früherkennung

Geburt und Leben der Früherkennungs-Strategeme

Strategeme sind im Allgemeinen knappe Handlungskonzepte und „Zielerreichungsstrategien". Die Strategeme zur Früherkennung zukünftiger Chancen und Bedrohungen sind hingegen „Erkenntnisstrategien", die Ihnen helfen, zu neuem Wissen zu kommen. Wie alle Analogien werden Strategeme entdeckt und nicht im eigentlichen Sinne erfunden. Wir haben das Prinzip des Strategems erstmals zur Früherkennung von Chancen und Bedrohungen im Management genutzt und daraus Strategeme zur Früherkennung von Chancen und Bedrohungen formuliert. Wir suchten nach Möglichkeiten, auf die Entwicklung, Einführung und Pflege umfangreicher, bürokratischer und teuerer Früherkennungssysteme verzichten zu können. Unsere Unternehmer sahen zwar durchaus ein, dass Früherkennung notwendig war, aber sie scheuten zu Recht großen Aufwand. Im strategemischen Denken fanden wir einen sehr effektiven Weg zur unternehmerischen Früherkennung zukünftiger Chancen und Bedrohungen, der kein explizites System zur Voraussetzung hatte, sondern sich sehr subtil in den gewöhnlichen Geschäftsbetrieb einfügen ließ.

Die Strategeme zur Früherkennung zukünftiger Chancen und Bedrohungen sind ein denkmethodischer Ausweg aus der immer weniger überschaubaren und teilweise auch beängstigenden Beschleunigung der wirtschaftlichen Veränderungen. War es für den Unternehmer vor zwanzig Jahren noch fraglos plausibel und nützlich, viele einzelne Trends und Zukunftsszenarien zu analysieren, ufert diese wichtige Unternehmensaufgabe heute und in Zukunft noch mehr zeitlich aus. Für den einzelnen Menschen und auch für das Team ist es kaum noch möglich, sich wirklich ein umfassendes Bild von allen relevanten Markttrends zu machen. Das Verstehen und Nachvollziehen all dieser Entwicklungen ist schon lange zur Illusion geworden. Ein Ausweg besteht darin, die Entwicklungen auf eine höhere Erkenntnisebene, quasi eine Metaebene zu heben. Das Wesentliche war schon immer einfacher als die Details. Je tiefer man in das Wissensgeflecht eines kegelförmigen Wissensraumes eindringt, desto größer wird die erforderliche Kapazität der Informationsverarbeitung. Sie wächst in der Regel exponentiell. Diese höhere strategische Ebene erreichen Sie, indem Sie Gesetzmäßigkeiten in der Veränderung suchen, finden und auf andere Situationen transferieren. Beispiele für solche Gesetzmäßigkeiten in der Veränderung sind die Fraktionierung der Märkte oder das Zusammenwachsen der Branchen.

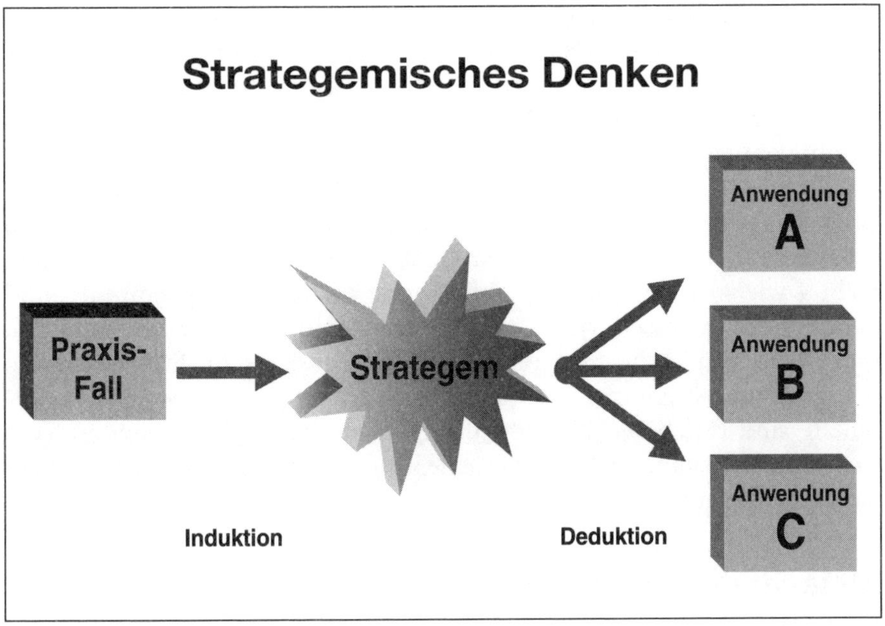

Abbildung 9; Strategemisches Denken

Wie entsteht ein Strategem? Wir beobachten unternehmerische Erfolge und Misserfolge bei der Früherkennung und beschreiben die erfolgreichen und funktionierenden Verhaltensweisen – vom Speziellen ins Allgemeine – mit einem kurzen prägnanten Namen und verwenden sie sofort als grundsätzliches Denkmodell. Hinter jedem Strategem steht also mindestens *ein* Praxisfall. Es handelt sich bei der Entdeckung und Formulierung eines Strategems um eine induktive Vorgehensweise. Das Strategem wenden wir dann – jetzt deduktiv, also vom Allgemeinen ins Spezielle – auf gestellte Aufgaben und Situationen an, so dass sie als Ideengeneratoren und Lösungsgeneratoren dienen können.
Ein Beispiel: Für unzählige Fälle, in denen die traditionellen Branchengrenzen aufbrechen, beispielsweise das Verwischen der Marktgrenzen zwischen Herstellern von Autoradios und Produzenten von Stadtkarten, haben wir das Strategem „Strategische Verwandtschaft, von verwandten Systemen lernen" geformt. Daraus konnte im einfachsten Beispiel ein Bäcker von seinem „Strategischen Verwandten", dem Metzger, lernen, wie man anstelle des Wurst-Aufschnittes einen „Brot-Aufschnitt für den anspruchsvollen Kleinhaushalt verkauft. Während beim Metzger niemand auf die Idee kommen würde, einen ganzen „Laib" Wurst zu kaufen, um diesen dann bis zum

Ende zu verzehren, war und ist genau das beim Bäcker immer noch üblich. Eine Auswahl von fünf und mehr verschiedenen Brotsorten hat der Kleinhaushalt nur im Hotel, oder jetzt eben bei unserem strategemisch denkenden Bäcker, der heute einen Großteil seines Ertrages mit seinem Brot-Aufschnitt verdient.
Induktion-Deduktion ist eine uralte und im Grunde genommen höchst einfache Verfahrensweise. Sie ist fast banal, aber vielleicht gerade deshalb besonders wirkungsvoll, weil sie tatsächlich angewendet werden kann und nicht – wie so vieles andere – einfach nur zur Kenntnis genommen und dann wieder vergessen wird. Diese Art von Zusammenspiel von Induktion und Deduktion ist die erfolgversprechendste Strategie zur Früherkennung neuer ZukunftsChancen, die wir kennen. Nahezu alle erfolgreichen Geschäfte sind durch die Übertragung eines Konzeptes auf einen anderen Sachverhalt entstanden. Diese Tatsache kann man sich mit den Strategemen zur Früherkennung zu Nutze machen.

Meta-Strategeme zur Früherkennung

Wir sind bei unserer Arbeit immer wieder auf drei unterschiedliche Strategem-Charaktere gestoßen. Es sind quasi drei „Meta-Strategeme", drei Wege, wie Sie auf der „Landkarte der ZukunftsChancen" navigieren können. Vor-Denken heißt, aus der Zukunft für die Gegenwart zu lernen. Hinein-Denken heißt, mit den Augen Ihrer heutigen und zukünftigen Kunden zu sehen und Quer-Denken heißt, über den Tellerrand hinauszusehen. Die Strategeme sind demjenigen Meta-Strategem zugeordnet, zu dem sie am stärksten passen. Nichtsdestotrotz passt grundsätzlich jedes Strategem auf irgendeine Art in jede Kategorie. Strategemisches Denken ist hochgradig amorph. Es ist schon fast zu viel Klassifikation und Unterteilung, die Strategeme den drei Meta-Strategemen Vor-Denken, Hinein-Denken und Quer-Denken zuzuordnen.

Strategeme zur Antizipation zukünftiger Entwicklungen (Vor-Denken)

Einige der Strategeme können genutzt werden, um voraussichtliche Entwicklungen bereits heute zu erkennen. Diese Strategeme beschreiben „Konstanten der Veränderung", d. h. sie beschreiben archetypische Grundmuster und Gesetzmäßigkeiten, nach denen sich die Welt erfahrungsgemäß verändert. Die Fragmentierung existierender Märkte in kleinere Märkte oder die Übertragung von Entwicklungen aus fortschrittlichen Ländern auf weniger fortschrittliche Länder sind beispielsweise solche Konstanten der Veränderung. Die Strategeme des Vor-Denkens beschreiben vertikale Denkstrate-

Abbildung 10; ZukunftsChancen früher erkennen

gien, d. h. die Chancen-suche in der Zeit durch Unterlaufen der Zeitachse, um aus der Zukunft für die Gegenwart zu lernen und damit früher als andere die Lösung zu haben.

❷ Strategeme zur Erkennung von Bedarfsfeldern (Hinein-Denken)

Ein typisches Grundmuster des Erkennens von ZukunftsChancen besteht im Hinein-Denken in die Zielperson bzw. den Kunden, also darin, mit seinen Augen zu sehen. Es ist eine uralte Weisheit, dass man einen Menschen nur dann kennen lernen kann, wenn man einen längeren Weg „in seinen Schuhen“ zurückgelegt hat. Einige der Strategeme zur Früherkennung von ZukunftsChancen beschreiten diesen grundsätzlichen Weg einer horizontalen Denkstrategie, welche die Chancen in der Gegenwart aber neben der heutigen Realität sucht.

❸ Strategeme zur Förderung der Kreativität (Quer-Denken)

Strategeme zur Förderung der Kreativität sind ebenfalls vertikale Denkstrategien, mit denen Sie links und rechts über den Tellerrand hinaussehen können. Im Prinzip ist jede Kreativitätstechnik ein Strategem des Quer-Denkens, so dass diese Klasse durchaus auch als Sammelbecken für Strategeme dient, die nicht in die vorherigen beiden Klassen passen. Im engeren Sinne verstehen wir hierunter jedoch diejenigen Kreativitätstechniken, die aus ein- oder zweistelligen Denkvorgängen bestehen und ohne komplexe Modelle und Instrumente auskommen. Ein Beispiel hierfür ist das oben erwähnte Strategem „Strategische Verwandtschaft".

Vorteile des strategemischen Denkens

1. **Strategemisches Denken ist das Denken der Zukunft.** Unser Wissen unterliegt einem rasanten Verfall. Es soll uns an dieser Stelle egal sein, ob die Halbwertzeit unseres Wissens nun zehn, sieben oder gar nur drei Jahre beträgt. Fest steht, dass sie immer kürzer wird. Strategeme stellen allerdings ein Wissen dar, dass nur in sehr eingeschränktem Maße dem Nutzenverfall unterliegt. Strategeme beschreiben per Definition „Konstanten der Veränderung". Was auf den ersten Blick paradox anmutet, wird auf den zweiten Blick klar. Viele Grundmuster der Veränderung sind seit Jahrzehnten gleich geblieben und werden es voraussichtlich auch in Zukunft tun. Selbst die in der Früherkennung so problematischen Diskontinuitäten, also die nicht-kontinuierlichen, plötzlichen Veränderungen, folgen oftmals beschreibbaren Gesetzmäßigkeiten. Die nachfolgenden Abschnitte werden Ihnen ein breites Spektrum an Beispielen dafür liefern, wie und warum Strategeme kaum dem Nutzenverfall unterliegen. Die Strategeme sind eine Denkart der Zukunft und sie waren es auch in ferner Vergangenheit bei den alten Chinesen. Information über Information und damit auch Wissen über Wissen ist eine strategische Kernkompetenz. Es sollte beruhigend wirken, dass es in diesen schnellebigen Zeiten auch Wissen gibt, dessen Erwerb sich wirklich langfristig auszahlt.

2. **Werden Sie Unternehmer mit 1.000 Jahren Erfahrung.** Strategeme machen es Ihnen möglich, auf die gesammelten Erfahrungen vieler anderer Unternehmer zurückzugreifen. Mit jedem Strategem können Sie Jahre, Jahrzehnte, Jahrhunderte oder gar Jahrtausende an Wissen und Erfahrung für sich fest einprogrammieren. Strategeme machen es möglich, auf die Schultern anderer zu steigen.

3. **Strategeme sind modellierte Erfolgsrezepte.** Strategeme sind nichts anderes, als beobachtete und beschriebene Handlungs- und Denkweisen, die Andere zu einem nennenswerten Erfolg geführt haben. Daher legen Sie sich mit Ihren Strategemen einen immerfort wachsenden und wertvolleren Fundus an Erfolgsrezepten an.

4. **Strategeme nehmen Zukunft vorweg.** Mit Ihren Strategemen nehmen Sie die Zukunft vorweg. Wenn die von Ihnen erkannte Chance auch nur den geringsten Sinn macht, wird sie früher oder später von einem anderen ebenfalls erkannt und genutzt werden.

5. **Strategeme sind jederzeit und leicht anwendbar.** Das unternehmerische Grundbedürfnis der Früherkennung zukünftiger Chancen und Bedrohungen gab es schon immer, auch wenn es explizit erst seit den sechziger Jahren so genannt wird. Der Zweck, das Ziel hat sich kaum geändert, aber die Methoden, die Wege sind ganz andere geworden. Während man in den siebziger Jahren noch umfangreiche Indikatormodelle aufbaute und ganze Stabsabteilungen monatelang mit Projekten zur strategischen Früherkennung beschäftigte, suchen Unternehmer heutzutage den einfachen, direkten und unkomplizierten Weg, zukünftige Chancen und Bedrohungen vor ihren Mitbewerbern zu erkennen. Es muss nur gelingen, das Strategem zum richtigen Zeitpunkt gedanklich präsent zu haben und schon wird das unternehmerische Denken weitaus zukunftskompetenter.

6. **Strategemisches Denken macht Spaß.** Die Strategeme sind eine kurzweilige intellektuelle Herausforderung. Es macht einfach Spaß und es gibt weiß Gott zu wenige solcher Aufgaben. Wenn Sie versuchen, Strategeme auf Ihre eigene Situation anzuwenden, werden Sie feststellen, wie unzählig und facettenreich die Möglichkeiten zur Früherkennung zukünftiger Chancen und Bedrohungen sind.

Zur Arbeit mit Strategemen

Sie können Ihre Strategeme verwenden, wie Sie wollen. Es gibt eigentlich keine festen Regeln und es darf auch keine solche geben. Es gibt keine Grenzen des Denkens. Wir wollen Ihnen lediglich einige unserer Erfahrungen übermitteln.

Schaffen Sie Ihre eigenen Strategeme

Obschon wir Ihnen eine Reihe verschiedener Strategeme zur Früherkennung vorstellen werden, ist unsere Botschaft und Bitte an Sie, dass Sie sich selbst ihren ganz persönlichen Werkzeugkasten mit Strategemen zusammenzustellen. Wir glauben, dass Sie nur solche Strategeme anwenden werden, deren „Geburt und Leben“ Sie verstanden haben. Natürlich sollen Sie Ihre Strategeme mit Anderen austauschen, denn ein Gehirn kann leichter neue Muster schaffen, wenn andere Gehirne seine alten Muster sprengen. Ohne diese Kommunikation wird es sich immer wieder der Übermacht seiner eigenen Trampelpfade des Denkens ergeben.

Strategeme sind heuristische Denkwerkzeuge

Heuristisch ist etwas immer dann, wenn es dazu beitragen kann, zu neuen Erkenntnissen zu gelangen, auch wenn der Ausgangspunkt der Suche falsch war. Die Heuristik ist ein mittlerweile anerkanntes Prinzip der Forschung und Problemlösung.

Ihre Strategeme müssen nicht „wahr", „bewiesen" oder gar „wissenschaftlich anerkannt" sein. Wichtig ist einzig und allein, dass Sie damit etwas Sinnvolles anfangen können. Selbst wenn es nicht wahr wäre, dass Brasilien einen erheblichen zeitlichen Fortschritt in der Automatisierung von Bankdienstleistungen hat (siehe „Große Schwester"), so kann Ihnen dieser Gedanke durchaus dazu verhelfen, dass Sie eine spezielle Bedienungssequenz des Bankterminals der Itaù-Bank in Brasilia auf eine millionenträchtige Idee bringt.

Natürlich ist es besser, wenn die Wirksamkeit Ihres Strategems in mindestens einem Fall belegt ist. Nicht nur werden Sie selbst Ihre Strategeme sicherer und vertrauensvoller anwenden. Sie werden ein konkretes Beispiel auch brauchen, wenn Sie Ihr Strategem mit anderen teilen und es beschreiben wollen.

Strategeme sind universell anwendbar

Sie können ein Strategem des Vor-Denkens auch für das Quer-Denken verwenden und so weiter. Es ist geradezu charakteristisch für die Früherkennungs-Strategeme, dass sie als Kreativitätswerkzeug universell anwendbar sind. Natürlich ist die Anwendung um so leichter, je mehr die zu lösende Frage der Entstehungssituation des Strategems gleicht. Im Umkehrschluss ist aber der Innovationsgrad um so größer, je weiter die zu lösende Frage von der Entstehungssituation entfernt ist. Wie so oft liegt das Optimum wohl irgendwo in der Mitte.

4.3 Strategeme ohne Grenzen

Wie werden Sie zum strategemischen Denker?

Wie werden Sie zum strategemischen Denker? Zunächst einmal gilt es, die hier beispielhaft vorgestellten Strategeme zu lernen und dann eigene Strategeme zu entdecken und zu formulieren. Der kritische Faktor in der Praxis wird dann sein, die Strategeme zum rechten Zeitpunkt „parat" zu haben. Entdecken Sie Ihre eigenen Strategeme! Die in diesem Buch vorgestellten Strategeme zur Früherkennung von ZukunftsChancen sind nur ein Tropfen im Ozean der möglichen und existierenden Strategeme, die nur noch erkannt, benannt und „domestiziert" werden müssen. Machen Sie es sich einfach. Sehen Sie sich um, halten Sie die Augen offen. Strategeme können Sie tausendfach überall beobachten, beispielsweise in den Wissensbereichen Natur, Militär, Philosophie, Psychologie, Geschichte, Kommunikation oder Verkehrssteuerung.

Im Zusammenhang mit Strategemen ist interessant, dass jeder von uns bereits Strategeme anwendet, dass sie also bereits schon zum täglichen Leben eines jeden von uns gehören. Das mag Sie überraschen, zeigt Ihnen aber auch, dass es hier nicht um etwas „abgehobenes", sondern quasi um das „Tagesgeschäft" geht. Wer es versteht, „seine" Strategeme im richtigen Zeitpunkt im Bewusstsein zu haben und sie gezielt einzusetzen, hat wesentliche Vorteile gegenüber demjenigen, der nur auf den Zufall angewiesen ist.

Sie brauchen Phantasie und Aufgeschlossenheit. Ohne diese beiden Eigenschaften können Sie nicht den vollen Nutzen aus dem strategemischen Denken ziehen. Sie müssen bereit sein, auch Zusammenhänge zu sehen und aufzuzeigen, wo sonst niemand einen Zusammenhang sieht und kurz davor steht, an Ihrem Verstand zu zweifeln. Im Umgang mit Strategemen – vor allem wenn Sie anderen Menschen davon erzählen – ist auch eine gehörige Portion Mut notwendig.

Wie man ein Strategem formuliert

❶ Beschreiben Sie den Ausgangsfall

Schreiben Sie alles auf, was Sie an dem beobachteten Fall für interessant halten. Wenn Sie beispielsweise festgestellt haben, dass viele Softwaretrends zuallererst bei den Computerspielen beobachtet werden können, dann schreiben Sie alles auf, was Sie dazu wissen und was Sie unmittelbar in Erfahrung bringen können.

❷ Beschreiben Sie das grundsätzliche Modell dieses Falls (Induktion)

Wenn Sie beobachtet haben, dass sich Veränderungen von einem Land auf andere Länder übertragen haben, dann halten Sie fest, dass es Länder gibt, die in ganz speziellen Bereichen weiter fortgeschritten sind als andere Länder und dass man durch Beobachtung dieser Länder quasi „in die Zukunft sehen" kann („Große Schwester").

Formulieren Sie Ihr Strategem weder zu genau, noch zu allgemein. Ein zu genau formuliertes Strategem engt die Anwendungsmöglichkeiten ein und ist daher nicht so nützlich, wie es sein könnte. Ein zu allgemein formuliertes Strategem hat ein zu weites Anwendungsfeld und wird nur dem sehr geübten Anwender helfen können.

❸ Geben Sie Ihrem Strategem einen Namen

Ihre Strategeme benötigen einen Namen, damit sie damit arbeiten können. Wofür Sie keine Worte haben, das können Sie auch nicht denken und was Sie nicht denken können, das können Sie nicht planvoll tun. Wir haben gute Erfahrungen damit gemacht, die Strategeme nach folgendem Muster zu benennen:

1. Einprägsames Schlagwort, z. B. „Strategische Verwandtschaft“
2. Formulierung der Denkfrage, z. B. „Was können wir von strategisch verwandten Systemen lernen?“

Wie bereits erwähnt wenden Sie Strategeme bereits an. Aber verbunden mit einem interessanten, provokanten Namen gewinnen sie einfach eine neue Qualität. Wenn wir Verhaltensweisen zu einem Konzept mit einem Namen machen, können wir uns besser daran erinnern und es besser anwenden. Denken Sie beispielsweise an die uralte Strategie, sich anhand von Erfolgen eines Vorbilds eigene Ziele zu setzen (Preise, Kosten, Stückzahlen, Messwerte etc.) und die Strategie des Vorbilds zu kopieren. Sobald man das „benchmarking“ oder „master modelling“ nennt, ist es leichter anwendbar, unter anderem weil man sich eher daran erinnert. Ein weiteres Beispiel ist das „zero-base-budgeting“. Es ist nichts Neues und nichts Revolutionäres an dem Gedanken, bei der Planung immer wieder alles in Frage zu stellen und von Grund auf neu zu berücksichtigen. Der neue, angloamerikanische Name macht es aber möglich, ganze Bücherserien darüber zu schreiben. Ein weiteres Beispiel ist die alte Kaufmannsweisheit „Wenn der Preis das Problem ist, senke ihn und du wirst mehr verdienen“. Nennt man das aber „Kybernetische Kalkulation“[13], werden sich die Anwender sehr viel eher daran erinnern.

❹ Führen Sie einige Probeanwendungen durch (Deduktion)

Wenden Sie Ihr Strategem einfach mal auf einige Situationen an. Wenn Sie ein Strategem haben, dass die zeitversetzte Übertragung von Entwicklungen aus einer Branche in die andere beschreibt, dann stellen Sie einfach mal die Branchen zusammen, die für Sie in Frage kommen und schreiben Sie die demnächst auf Sie zukommenden Entwicklungen auf. Wenn Ihre Ergebnisse für Sie Sinn machen, haben Sie mit Erfolg einem Strategem zum Leben verholfen.

❺ Prüfen Sie Ihr Strategem

Bei aller Kreativität, nicht jede Idee, zu der Ihnen ein interessanter Name einfällt, ist gleich ein Strategem zur Früherkennung von ZukunftsChancen. Wenn Sie Ihre Strategeme als lebenslange Erfolgswerkzeuge einsetzen wollen, sollten Sie zwei Qualitätskriterien prüfen, bevor Sie einen Gedanken in den Rang eines Strategems erheben.

- Ist Ihr Strategem eine Erkenntnisstrategie?

Kommen Sie mit Ihrem Strategem wirklich zu neuem Wissen oder ist es lediglich ein Handlungskonzept zur Zielerreichung? Ein Beispiel: Wenn Sie eine besonders geschickte Methode beobachten, wie man an die Entwicklungsdaten der Konkurrenz kommt, ist das kein Strategem zur Früherkennung von ZukunftsChancen, sondern eine Methode zur Zielerreichung. Wenn Sie beobachten, dass Ihr bevorzugter Winzer seinen Sekt durch limitierte Auflage und Handnumerierung künstlich verknappt, um damit höhere Preise zu erzielen, ist das genauso wenig ein Strategem zur Früherkennung zukünftiger Chancen, sondern eben nur ein Handlungskonzept zur Verbesserung der Umsatzrendite. Dass Sie sich aber bei Ihrem Winzer umgesehen haben, könnte der Anwendung eines Strategems entspringen, wenn der Winzer für Sie ein „Strategischer Verwandter" (s.u.) ist.

- Kommt Ihr Strategem auch ohne jeglichen Aufwand an Zeit und Geld aus?

Ein Hauptvorteil der Strategeme zur Früherkennung von ZukunftsChancen liegt darin, dass sie Ihnen auch ohne besondere Investitionen in Form von Zeit und Geld einen Erkenntnisnutzen bringen. Natürlich lässt sich die Informationsbasis zu jedem Strategem durch Recherchen oder eine Brainstormingsitzung verbessern. Ihr Strategem sollte Sie aber in die Lage versetzen, mit nicht mehr als nur dem Folgen des Gedankengangs zu neuen Erkenntnissen zu kommen.

❻ Schreiben Sie das Strategem auf eine Karte

Schneiden Sie einige Karten im Format von Spielkarten aus festerem Karton aus und schreiben Sie Ihr Strategem mit Namen und Denkfrage darauf. Auf diese Weise können Sie zu jedem Zeitpunkt auf Ihre „Denkkarten" zurückgreifen und im richtigen Zeitpunkt auf die richtige Karte setzen. Begreifen Sie die Strategeme wirklich als „Karten auf Ihrer Hand".

5 Vor-Denken

5.1 Aus der Zukunft für die Gegenwart lernen

Seit jeher fällt es dem Menschen schwer, sich die Entwicklungen und Veränderungen der Zukunft auszumalen. Es ist ihm aber ein Grundbedürfnis, sich auf Chancen und Bedrohungen der Zukunft vorzubereiten und der erste Schritt auf diesem Weg besteht darin, ZukunftsAnnahmen darüber aufzustellen, wie sich die wesentlichen Beobachtungsfelder in Zukunft entwickeln und verändern werden.

Abbildung 11; Vor-Denken

Unternehmer, die vordenken, stellen sich etwa folgende Fragen. Dieser Fragenkatalog kann beliebig erweitert werden!

Checkliste 10: Fragen des Vor-Denkens

- ☑ Woran müssen wir uns in Zukunft gewöhnen?
- ☑ Wovon müssen wir uns in Zukunft verabschieden?
- ☑ Was werden in Zukunft die Wettbewerbsvorteile sein?
- ☑ Welche Mitbewerber werden in unseren Markt eintreten?
- ☑ Welche Technologien werden in zehn Jahren einsatzfähig sein?
- ☑ Welche heutigen Marktregeln werden sich in fünf Jahren wie geändert haben?
- ☑ Welche Bedarfsfelder werden in Zukunft auftauchen?
- ☑ Welche Absatzwege werden in Zukunft in unserem Geschäft beschritten?
- ☑ Welche Kernkompetenzen werden in unserem Geschäftsfeld erfolgsentscheidend sein?

Aus der Zukunft für die Gegenwart zu lernen, heißt für den Unternehmer, sich darüber klar zu werden, wie sich seine Märkte in den nächsten fünf, zehn oder zwanzig Jahren verändern werden und welche Konsequenzen diese Veränderungen auf sein heutiges Denken und Handeln haben müssen, welchen Chancen und/oder Bedrohungen daraus erwachsen.
Das Vor-Denken als eines der drei Meta-Strategeme bildet gleichsam den Rahmen und die Voraussetzung für die Früherkennung von Zukunfts-Chancen durch Hinein-Denken und Quer-Denken. Ohne Vor-Denken bleibt die Suche nach Chancen eine auf die Gegenwart konzentrierte Suche nach Optionen und Alternativen. Es ist durchaus sinnvoll, auch in der Gegenwart nach Chancen zu suchen, doch müssen Sie sich im Klaren darüber sein, dass die Konzentration auf die vermeintliche Gegenwart im Prinzip eine Konzentration auf die Vergangenheit ist, denn bevor Sie die womöglich erkannte Chance wirklich angegangen sind, ist es eine Chance der Vergangenheit geworden. Wir leben bekanntlich in einer Zeit der schrumpfenden Gegenwart, in der die Zukunft und die Vergangenheit einen immer größeren Anteil an unserem Denken haben, auch wenn wir nur in der Gegenwart handeln können. Die Chancen-Suche, die sich allein im Koordinatensystem der Gegenwart bewegt, ist mit einem weiteren Nachteil verbunden. Da die Chancen-Suche in der Gegenwart leichter ist als die Chan-

cen-Suche in der Zukunft wird es auch zu jedem Zeitpunkt mehr Unternehmer geben, welche die Gegenwart und nicht die Zukunft nach Dollarzeichen absuchen. Das bedeutet für Sie, dass Sie sich nur dann auf frischen Jagdgründen bei der Chancen-Suche bewegen, wenn Sie die Möglichkeit nutzen, auf der Zeitachse zu konkurrieren und damit nicht nur nach Chancen, sondern nach ZukunftsChancen Ausschau halten.

Regen vorhersagen kann jeder, Archen bauen – das zählt. (Reinhard Sprenger)

Mit den Strategemen für das Vor-Denken kann es Ihnen gelingen, auf gedankliche Zeitreise in die Zukunft zu gehen. Die Menschheit hat unzählige und mehr oder minder ernsthafte und wirksame Methoden entwickelt, die Zukunft zu antizipieren. Die Strategeme des Vor-Denkens sind speziell für die Anwendung im Unternehmen und mit dem Anspruch konzipiert, brauchbare Hinweise auf zukünftige Veränderungen zu liefern.

5.2 Große Schwester

Denkfrage: Welches Land ist in diesem Bereich weiter entwickelt und was können wir davon für unsere Zukunft lernen?

Von weiter entwickelten Ländern lernen

Ein besonders einfaches und in der Anwendung daher weit verbreitetes Denkwerkzeug ist ein Strategem, das wir „Große Schwester“ genannt haben. Ältere Geschwister gehen ihren jüngeren Schwestern oder Brüdern um einige Jahre im Leben voraus. Die Jüngeren können von den Erfahrungen der Älteren lernen[14]. Auch kennen Sie die bildende Wirkung des Reisens und schließlich kennen Sie den Spruch „andere Länder, andere Sitten“. So hatte die dänische Schauspielerin Annette Sörensen zwei Nächte in einem New Yorker Gefängnis zubringen müssen, weil sie – wie in Dänemark wohl üblich – ihre vierzehn Monate alte Tochter in einem Kinderwagen vor einem Lokal stehen ließ, weil sie durch ein Fenster direkten Blickkontakt hatte. Dieses in Dänemark übliche, in New York aber höchst ungewöhnliche Verfahren hatten Passanten zum Anlass genommen, die Polizei zu rufen. Andere Länder, andere Sitten.

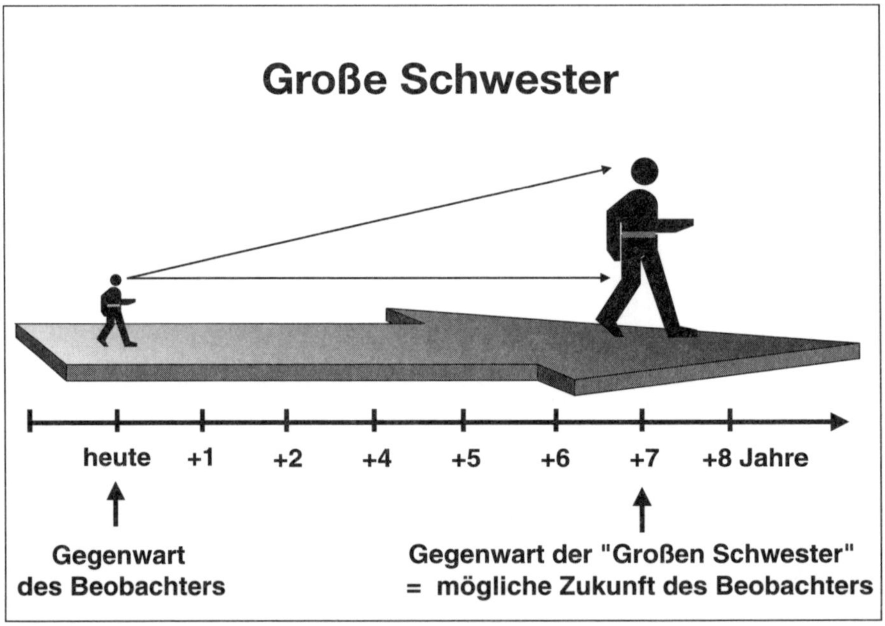

Abbildung 12; Große Schwester

Große Schwester besagt: Suchen Sie das Land, in dem Ihr Geschäft am weitesten entwickelt ist, lernen Sie, wie Ihr Geschäft dort betrieben wird, und übertragen Sie Ihre Erkenntnisse nach sorgfältiger Prüfung der Umsetzungsmöglichkeit auf Ihr Unternehmen. Mit der Großen Schwester suchen Sie bewusst die Möglichkeit einer gedanklichen Zeitreise. Sie nutzen einen Entwicklungslag zwischen Ihrem Geschäft und dem gleichen Geschäft in einem anderen Land, um eine geografisch-zeitliche Übertragung zu ermöglichen. Die Erfahrungen, die dort heute gemacht werden, können Sie morgen hier bei uns nutzen, da Ihre Große Schwester Ihnen auf der Reise durch die Zeit um einige Wochen, Monate oder gar Jahre vorausgeht. Das Strategem Große Schwester führt, richtig angewendet, zu einem enormen Fundus an Zukunftsinformationen. Wirtschaftsorientierte Buchverlage haben es beispielsweise jeweils auf ihre eigene Art organisiert, dass sie über erfolgreiche und aussichtsreiche Managementliteratur der USA informiert sind. Weil diese Strategie aber so nahe liegend ist, stellt sie keine besondere Erfolgsposition mehr dar, was sich an dem Zerren und Ringen um die besten Buchrechte zeigt. Manche Buchverlage sehen sich daher bewusst in anderen Ländern nach guter Managementliteratur um, beispielsweise im skandinavischen oder asiatischen Raum.

Die USA sind – fast schon eine Binsenweisheit – die wichtigste Große Schwester Deutschlands, gemessen an seiner Wirtschaft wie auch seiner Gesellschaft. Bereits der französische Politiker und Staatstheoretiker Charles Alexis Henri Clérel de Tocqueville behauptete nach einer Analyse des amerikanischen Regierungssystems zwischen 1835 und 1840, nach Amerika sehen hieße, in unsere eigene Zukunft zu sehen. Heute erreichen uns grundlegende Veränderungen aus den USA mit einem time-lag von zwei bis fünf Jahren. Matthias Horx hat in seinem ersten Trendbuch diese „Kultur-Pipeline" zwischen den USA und Deutschland beschrieben.[15] Der ehemalige Bundespräsident Herzog wurde anläßlich seines USA-Besuches von der Washington Post im Juli 1997 mit der Bemerkung zitiert: „Wir müssen die Illusion aufgeben, dass Lösungen für deutsche Probleme nur in Deutschland gefunden werden können. Wir müssen Teil einer weltweiten lernenden Gesellschaft werden, die sich überall auf dem Globus umsieht und die besten Ideen und Lösungen sucht."

Das Strategem „Große Schwester" ist eine der am weitesten verbreiteten Handlungs- und Denkweisen für Innovationsanstöße. Dass in den vergangenen Jahren die Völker so vieler Nationen zu neuem Selbstbewusstsein gefunden haben, dass sie sich ihrer Macht wieder bewusst wurden, ist selten eine Erfindung einzelner Politiker oder politischer Gruppen, es resultiert meist aus einem Überschwappen von Entwicklungen aus anderen Ländern. Damit wird zwar die Frage nach dem eigentlichen Ursprung nicht beantwortet, doch letztlich ist es einzig und allein wichtig, wie Sie diese Erkenntnisse zum Gesamtwohl Ihrer Umwelt und damit zum eigenen Wohl verwerten können.

Im Abschnitt „Anwendung" stellen wir klar, dass Sie sich davor hüten sollten, Ihre Beobachtungen in den Großen Schwestern unreflektiert auf die hiesigen Verhältnisse zu übertragen.

Beispiele für Große Schwester

Große Schwester USA

Um einem drohenden Minderwertigkeitskomplex vorzubeugen, sei bereits zu Beginn dieses Abschnittes gesagt, dass die USA vieles von uns importieren. Nicht nur behauptet fast die Mehrheit der Amerikaner, ursprünglich irgendwie aus Deutschland zu stammen. Seit Beginn der 90er Jahre werden beispielsweise immer mehr Bäckereien eröffnet, die das als Innovation verkaufen, was wir uns seit Menschengedenken jeden Morgen kaufen können, nämlich Mehrkornbrote, Brötchen und Weizengrießbrote. Und so etwas wie Nutella werden die amerikanischen Kinder zukünftig nicht nur durch Direktimporte oder in Delikatessenläden genießen können.

Kfz-Märkte in den USA

Die USA sind das Land, in dem Henry Ford der modernen Zivilisation zur weiten Verbreitung von Personenkraftwagen mit allen Vor- und Nachteilen verholfen hat. Katalysatoren und Airbags waren dort schon Standard, als hier noch kaum darüber nachgedacht wurde. Unsere deutschen Automobilhersteller lieferten diese Ausstattung schon lange in die USA, als sie hier dagegen aufbegehrten, die Katalysatoren allzu schnell für alle Neuwagen vorzuschreiben.

Zukunftskonferenzen in den USA

Die World Future Society wie auch die World Future Studies Federation haben ihren Hauptsitz nicht zufällig in den USA. In Nordamerika ist es für mittlere und größere Unternehmen schlichtweg üblich, sich mit Zukunftskonferenzen oder ZukunftsWorkshops auf zukünftige Entwicklungen vorzubereiten. Eine vergleichbar hohe Akzeptanz von ZukunftsManagement findet sich im europäischen Raum in Skandinavien und in der Schweiz. Während die Unternehmen in Europa eher zurück als nach vorne blicken – es gibt in Deutschland ca. 1.400 staatlich unterstützte Stellen zur Beschäftigung mit der Vergangenheit[16] – blicken US-Bürger und Unternehmer sehr viel häufiger in die Zukunft. Wir dürfen davon ausgehen, dass trotz aller deutschen Vergangenheitsorientierung die Aufgeschlossenheit gegenüber der Zukunft in den nächsten Jahren und Jahrzehnten weiter steigen wird. Wie bereits dargestellt, sind die ersten Anfänge seit Mitte der 90er Jahre deutlich spürbar.

Vertriebssysteme in den USA

Wenn es um Vertriebswege und Vertriebssysteme geht, ist ein Blick in die USA immer empfehlenswert. Nicht nur Multilevelmarketing, Partyvertrieb und Franchising sind in den USA sehr viel weiter entwickelt, sondern beispielsweise auch die Art und Weise, Mobiltelefone zu verkaufen. So gab es schon 1994 in den USA Automaten, an denen man Mobiltelefone für ca. 5€ pro Tag mieten konnte. Dieser Vertriebsweg war an den deutschen Vertriebsorganisationen gänzlich vorbeigegangen.

Wirtschaftsliteratur in den USA

Wie eingangs schon erwähnt, ist es fast schon eine Ausnahme, wenn ein in den USA sehr erfolgreiches Buch über Wirtschaft, Management, Marketing und Erfolg nicht nach Europa importiert wird. In diesem Beispiel kann jeder jederzeit die Wirkung des Strategems „Große Schwester" ganz praktisch erleben, wer sich im Internet auf den Buchtippseiten einschlägiger Anbieter umsieht. Was Sie dort als aktuelle Tipps lesen, sind meist die Bestseller des nächsten Jahres hier bei uns.

In den USA ist der Bürger oft der Boß

In Phoenix, Arizona, der am schnellsten wachsenden Stadt der USA werden regelmäßig die Bürger befragt, wie sie mit den kommunalen Dienstleistungen zufrieden seien und wieviel Geld einzelne Budgets bekommen sollten. Gemeinsam mit Christchurch in Neuseeland ist der Stadtverwaltung von Phoenix der Carl-Bertelsmann-Preis verliehen worden für ihre Erfolge auf dem Weg von der Behörde zum Dienstleistungsunternehmen. Die Millionenstadt Phoenix hat gerade einmal 8.500 Angestellte, das – ebenfalls in die engere Wahl gekommene und nur halb so große – Duisburg hat derer zehntausend. In Phoenix wird zudem der Beweis geführt, dass eine kostenbewusste und bürgernahe Verwaltung die Bürger auch zu selbstlosem Engagement verpflichten kann, denn immerhin arbeiten zehntausend Einwohner – also ein Prozent der Bevölkerung – unentgeltlich in Bibliotheken und Schulen oder gehen der Polizei zur Hand oder sammeln Abfälle auf.

Modellstadt für elektronische Kommunikation

In der amerikanischen Kleinstadt Blacksburg in Virginia korrespondierten bereits im Jahr 1997 65 Prozent der Einwohner über E-Mail. Blacksburg war die Gemeinde mit den relativ gesehen meisten Internet-Zugängen. Der Vorsitzende der örtlichen Seniorengruppe nannte das Internet „das beste, was Blacksburg passieren konnte, es hat das Leben der älteren Generation völlig verändert". Angestoßen wurde die Entwicklung von der Idee, ein „elektronisches Dorf" zu testen, die schließlich ab 1993 mit Hilfe von Sponsoren verwirklicht wurde. Wer also eine Zeitreise in die zukünftige Verbreitung elektronischer Kommunikation machen will, sollte Blacksburg im sonnigen Virginia besuchen.

Große Schwestern weltweit

Es sind nicht immer die so naheliegenden USA. Es ist sogar häufig interessanter, sich gerade diejenigen Länder zur Beobachtung vorzunehmen, die nicht auch im Blick Ihrer Mitbewerber sind. Sie werden vielleicht einwenden, dass es für ein so hoch entwickeltes Land wie Deutschland kaum andere Große Schwestern gibt. Doch an den folgenden Beispielen erkennen Sie, dass es eben oftmals nicht die „typischen" Vorreiterländer sind, in denen Ihr Geschäft weiter entwickelt ist. Daher finden Sie auch für die fortschrittlichen Branchen und Geschäftsfelder Deutschlands fast immer eine Große Schwester, die Sie nur intensiv genug beobachten müssen, um möglichen Entwicklungen des eigenen Geschäftsfeldes im voraus zu erkennen.

Seniorenmarkt in Japan

Wer die Zukunft unserer altersbezogenen Gesellschaftsstruktur sehen will, sollte nach Japan fahren. Die japanische Gesellschaft ist durch eine zunehmende Überalterung gekennzeichnet. Die Kfz-Hersteller Honda, Mazda, Nissan, Subaru und Toyota hatten bereits im Jahr 1995 jeder spezielle Pakete für Senioren und Behinderte im Angebot. Für die wichtigsten Arten von Behinderungen gibt es ein ebenfalls ein „Paket".

Freie Autohäuser fast überall im Ausland

Das Konzept des an einen Hersteller gebundenen Autohauses ist in den meisten anderen Ländern bereits überholt. Da die Herstellerbindung zudem in keinster Weise dem Grundgesetz der Orientierung an Kundenbedürfnissen entspricht, wird der deutsche Kfz-Handel diesen Umstand als Chance begreifen müssen oder darauf warten, bis diese Chance von anderen wahrgenommen wird und dann als Bedrohung und Risiko gegen sie wirkt. Noch wehren sich die Kfz-Hersteller gegen diese Chance, weil sie mit viel Aufwand verbunden ist. Doch sobald jemand mit viel Energie diese Marktbühne betritt, der nicht den Ballast vergangener Jahrzehnte mitschleppen muss, könnte hier, ganz im Sinne der Käufer, viel durcheinander geraten. Die ersten Freien sind kurz vor der Jahrtausendwende schon angetreten. Das Internet wird seinen Teil dazu beitragen. Im Jahr 2002 läuft bzw. lief die so genannte Gruppenfreistellungsverordnung aus, die die Händler auf eine Marke festlegt. Nicht wundern darf man sich, dass der Zentralverband des Deutschen Kraftfahrtgewerbes (!) behauptet, die Kunden wollten den parteiischen Händler.

Homeworking in Finnland

Die höchste Dichte an Internet-Anschlüssen und den höchsten Anteil an Telearbeitern hatte um die Jahrtausendwende Finnland. Wer zwei bis drei Jahre in die Zukunft der Internet-Nutzung sehen wollte, musste damals nach Finnland reisen.

Automatisierung von Bankdienstleistungen in Brasilien

Wir haben von 1994 bis 1998 viele Banker gefragt, wo sie denn auf dieser Welt hinfahren würden, um den höchsten Automatisierungsgrad bei Bankdienstleistungen zu besichtigen. Die meisten antworteten natürlich, sie würden gerne in die USA reisen. Andere wiederum wollten bescheidener mit dem Reisebudget ihres Institutes umgehen und sehnten sich nach Dänemark und der Schweiz. Sie alle wären an der echten Chancenquelle vorbeigelaufen. Es ist Brasilien. Brasilien ist die Große Schwester in der Automatisierung von Bankdienstleistungen. Bereits 1994 war es problemlos beispielsweise an Automaten der Großbank Itaù möglich, sich historische Buchungen anzeigen zu lassen, Überweisungen zu tätigen, Geheimnummern zu ändern, Schecks zu sperren, Sparkonten zu eröffnen, Staatsanleihen und Fondsanteile zu kaufen.
In den größeren Städten standen Automatenkioske fast an jeder Straßenecke. Die Kunden erledigten damals bei den Großbanken bereits 55 Prozent aller Transaktionen selbst, ob am Automatenkiosk oder über PC. Wer sich über dieses brasilianische Highlight wundert, braucht sich nur die Inflationsraten anzusehen, die diesen technischen Wettlauf der Banken ausgelöst und vorangetrieben haben. Das europäische Zahlungssystem mit seinen tagelangen Überweisungszeiten wäre einfach zusammengebrochen, wenn es zwei Prozent Inflation pro Tag (!) hätte verkraften müssen, wie das die Brasilianer noch im Juni 1994 schafften.

Marketing von Finanzdienstleistungen bei europäischen Schwestern

Nach der europaweiten Umfrage „Financial Services Survey“ der IDMN (International Direct Marketing Networks) im Herbst 1993 konnten deutsche Finanzdienstleister im Direktmarketing noch viel von den Großen Schwestern in Europa lernen:

- Einsatz von Direktmarketing zur Kundenbindung: Deutschland: 60%, Spanien und Frankreich: 90%.
- Beim Einsatz von Lifestyle-Systemen und Regressionsmethoden sind die Spanier und die Briten am eifrigsten.
- Einsam in Führung sind die Spanier bei der Verwendung von Expertensystemen (knapp 50%).
- Im Upselling und Cross-Selling sind die Spanier ebenfalls führend.
- Wenn es darum geht, Kunden für die Gewinnung neuer Kunden einzusetzen, sind die Franzosen die fleißigsten Direktmarketer – vor den Türken. Diese beiden Länder sind auch Spitzenreiter bei der Schaffung von Management-Kontakten.

Generell gesprochen, scheinen die Spanier die aktivsten Direktmarketer im Segment der Finanzdienstleister zu sein.

Früherkennung des Geschlechtes von Ungeborenen in Indien

Eine aus unserer Sicht traurige Tradition verhilft in Indien einem medizintechnischen Feld zu weltweiter Führung. Indische Ärzte sind die weltweit führenden Experten in der Früherkennung des Geschlechtes eines Ungeborenen per Ultraschall. In Indien ist, wie anderswo, das Geschlecht der Kinder ausschlaggebend für das wirtschaftliche Schicksal der Familie. Dabei gelten Mädchen als teuer und Jungen als einträglich. Das macht deutlich, warum eine möglichst frühe Geschlechtsbestimmung wichtig ist und zu welchen Konsequenzen diese führt.

Verbreitung von Scanner-Kassen in Neuseeland

Die Trendanalysen Zentraleuropa in Nielsen-Insight, einem Informationsdienst der Marketingfirma Nielsen, wiesen 1993 auf einen interessanten Umstand im Einzelhandel hin. Bereits damals wurden bereits 99% der Einzelhandelsumsätze in Neuseeland mit Scannern gebucht. Die Bedeutung von Scannern für eine zielgruppengerechte Feinarbeit im Marketing dürfte vorstellbar sein. Die zweitstärkste Verbreitung wies Australien mit 80% auf. Deutschland stand mit 37% auf Platz 16 der Hitliste[17]. Wer hätte in diesem Zusammenhang nach Neuseeland oder Australien geschaut?

Inkasso von Rundfunkgebühren in Japan

Die GEZ, die Einzugszentrale für unsere Rundfunk- und Fernsehgebühren, findet eine Große Schwester in Japan. In Japan wird die freiwillige monatliche Zahlung durch den Kauf einer Marke dokumentiert, welche die Japaner auf ihren Briefkasten kleben. Die Sozialkontrolle unter den Nachbarn ist in Japan mächtig genug, um sicherzustellen, dass über 97% der Haushalte ihre ca. 16 € monatlich bezahlen.

Süßwarenkonsum in Dänemark

Wer sich mit dem Marketing von Süßwaren oder mit der Herstellung von Kariesmedikamenten und -therapien befasst, sollte sich in Dänemark gut umsehen. Die Dänen naschen nämlich gern. In Dänemark werden pro Kopf und Jahr ca. 152 € für Süßigkeiten ausgegeben. In Norwegen sind es immerhin noch 112 € während Deutschland, England und die kulturell und preisniveaubezogen verwandten Schweden mit 87, 86 und 85 € gleichauf liegen. Wird man jedoch spezieller und sucht nach den größten Schokoladenessern in Europa, kommt man an den Briten nicht vorbei, die zwischen 1992 und 1996 fast doppelt soviel für Schokolade ausgegeben haben wie die Bewohner des europäischen Kontinents.

Verkehrsmanagement in Singapur

Der Stadtstaat Singapur hat das städtische Verkehrsmanagement weltweit am besten im Griff, auch wenn die Maßnahmen fast diktatorischen Charakter haben. So erhebt Singapur Pkw-Eintrittskarten für die Innenstadt (zwischen einer und sechs Mark pro Tag) und hat damit einen hervorragend genutzten öffentlichen Personenverkehr, der trotz dieser „Kundengarantie" sehr pünktlich geblieben ist. Natürlich ist Autofahren entsprechend teuer, eine Lizenz, die am freien Markt gehandelt wird und dann zehn Jahre gilt, kann gut und gerne 20.000 € und mehr kosten. In Singapur hat dann auch nur jeder zehnte Bewohner ein Fahrzeug, während es in Frankfurt jeder zweite ist.
Beim Beispiel Singapur drängt sich noch eine Präzisierung auf. Manche winken beim Hinweis auf Singapur verächtlich ab. Natürlich ist Singapur ein weitgehend diktatorisch geführter Staat, in dem gilt „wer uns nicht wählt, wird bestraft", in dem Akademiker heiraten sollen, damit das „geistige Kapital" erhalten bleibt, in dem die Opposition radikal beschnitten wird, die Pressefreiheit als unnötig angesehen wird und insgesamt stalinistische Kontrollmethoden bevorzugt werden. Das Verkehrsmanagement ist trotzdem vorbildlich. Niemand fordert, alle Verhältnisse eines Landes zu kopieren.

Die Stadt als Aktiengesellschaft in Spanien

Die Aktiengesellschaft heißt „Barcelona SA". Vorstandsvorsitzender ist der Bürgermeister Maragall und der von Arthur Andersen geprüfte Jahresabschluss attestiert einen Jahresüberschuss in Höhe von rund 82 Mio. €. Die katalanische Hauptstadt wird geführt wie ein Unternehmen. Durch den Einbezug aller Vermögensgegenstände und durch die Offenlegung der Teilergebnisse, beispielsweise der des Zoos, wurde erreicht, dass die Bevölkerung ganz im klassischen Unternehmerstil darüber diskutiert, warum sich diese oder jene Investition nicht auszahlt. Die guten Ergebnisse motivieren die Stadtverwaltung (eigentlich den Vorstand), Outsourcing-Konzepte zu entwickeln und umzusetzen, damit sich die Stadt wieder auf ihr Kerngeschäft (!) konzentrieren kann. Jetzt könnte man das alles natürlich der alten Händlertradition der Katalanen zuschreiben, aber es soll die Regel gelten: Wer Erfolg hat, hat Recht.

Service in Japan

Alles das, was wir uns an den Tankstellen der sechziger und siebziger Jahre noch zusätzlich zum damals noch bedienenden Tankwart erträumt hätten, ist in Japan Wirklichkeit. Japan hat weltweit die Tankstellen mit dem besten und umfangreichsten Service, der einer Rundumversorgung des Fahrers und seines Fahrzeuges nahe kommt. An den 59.000 Tankstellen Japans arbeiten Spezialisten in einem Pflegeberuf, der eine „fabelhafte Mischzunft aus Barmixer, Mechaniker, Fensterputzer, Fremdenführer und Butler“ ist. Zum Service gehören ein nettes „Willkommen“, Leerung der Aschenbecher und Befüllung derselben mit wohlriechenden Kügelchen, Scheibenputzen, Öl-, Wasser und Luftservice, Verbeugung bei Übergabe der Rechnung , alles im Laufschritt, versteht sich. Und beim Hinausfahren auf die böse Straße wird für Sie gelegentlich sogar der fließende Verkehr aufgehalten. Natürlich wird auch Japan globaler und damit westlicher, denn es toben die Diskussionen darüber, ob man durch Selbsttanken die 30 Yen weniger begrüßen würde oder nicht. In punkto Service sind die japanischen Tankstellen aber allemal eine Große Schwester. Und nicht nur diese, denn in Japan könnte beispielsweise kein Möbelhändler überleben, der die gekauften Möbel nicht am selben Abend in der Wohnung aufbaut.

Rock- und Popmusik aus Japan

Die USA sind die größte Nation im Weltmusikmarkt. Wer aber wäre so ohne weiteres auf Japan als zweitplazierte Nation gekommen? Mit seinen fast 130 Millionen Einwohnern haben japanische Anbieter einen Marktanteil von 17% am Weltmusikmarkt (USA: 31%).

Bahnfahren in der Schweiz

In Luxemburg und Dänemark unternimmt ein Bürger im Durchschnitt 27 Bahnfahrten und damit 9 Fahrten mehr als der deutsche Kollege. Die Schweizer jedoch unternehmen sage und schreibe 42 Bahnfahrten pro Jahr und Bürger. Sie sind die Weltmeister im Bahnfahren. Woran das liegen mag, können Sie im Abschnitt zum Strategem „Parallelwelt“ nachlesen.

Bahnfahren in Japan

Die Pünktlichkeit der japanischen Bahn ist fast schon sprichwörtlich. Im japanischen Hochgeschwindigkeitszug „Shinkansen“, quasi ein ICE hoch drei, gibt es auf der Fukuen-Linie im Bezirk Hiroshima voll ausgerüstete Karaoke-Abteile, die sangesfreudige Reisegruppen für Ihre Zugfahrt buchen können. Eine Idee für die Deutsche Bahn im Jahr 2090.

Weitere Beispiele für Große Schwestern

Unter →**www.Micic.com** finden Sie weitere Beispiele für Große Schwestern, auch für das deutsche Staatswesen.

Anwendung

Bedeutung des Strategems Große Schwester

Die Bedeutung des Strategems Große Schwester wird in den nächsten Jahren etwas verblassen. Da Technologien, Dienstleistungen und Wissen zur weltweiten Echtzeitdiffusion tendieren, wird der zeitliche Vorsprung, den einzelne Länder erzielen können, immer geringer. Nichtsdestotrotz wird es auch weiterhin zeitliche Vorsprünge geben, nicht zuletzt, weil die Hintergründe des volkswirtschaftlichen Gesetzes komparativer Kostenvorteile dafür sorgen werden, dass die Bedingungen für das eine oder andere Geschäft in speziellen Ländern besser sind als in anderen. Eine Nation wird intellektuell reicher, wenn sie sich mit anderen Nationen austauscht. Eine Nation, die sich abschottet, verarmt materiell und immateriell. Das ist das Wesen des Gesetzes der komparativen Kostenvorteile. Selbst wenn die zeitlichen Vorsprünge dahinschmelzen, bleibt dieses Strategem in seiner Spielart „Parallelwelt“ (siehe Abschnitt „Quer-Denken“) nach wie vor sehr nützlich. Gerade weil aber die zukünftigen Chancen eher *zwischen* den Branchen als *in* den Branchen liegen, müssen wir uns immer häufiger mit neuen Märkten befassen und dann können wir nicht darauf vertrauen, dass wir aus jahrzehntelanger Erfahrung genau wissen, wo die Große Schwester ist.

Wie Sie Ihre Große Schwester finden

Bedenken Sie in diesem Zusammenhang bitte, dass ein Strategem möglichst ohne große Vorbereitung angewendet werden sollte. Daher ist eine ausgesprochene Suche nach der Großen Schwester nur dann sinnvoll, wenn Sie dieses Denkinstrument in ein permanentes Beobachtungssystem einbauen wollen. Es gibt kein eindeutiges, deterministisches Verfahren, wie Sie Ihre Großen Schwestern finden. Wohl gibt es aber Suchstrategien, die mit hoher Wahrscheinlichkeit zum gesuchten Ergebnis führen.
Sie können es sich einfach machen und sich zunächst nur die fünfzehn entwickelten Staaten vornehmen. Dann streichen Sie im Ausschlussverfahren solange Länder weg, bis noch maximal drei übriggeblieben sind. So gehen Sie aber das Risiko ein, dass die wirkliche Große Schwester nicht unter den Vorausgewählten zu finden ist. Denken Sie an das brasilianische Beispiel.

Checkliste 11: Die Große Schwester finden
☑ Geben Sie englische Stichworte zu Ihrer Branche in die Internet-Suchmaschinen ein
☑ Fragen Sie Ihre Mitarbeiter bzw. Kollegen nach Ländern, die Ihnen voraus sind
☑ Fragen Sie spezialisierte Experten
☑ Fragen Sie bei Ihrem Verband nach (vielleicht gibt es einen Weltverband)
☑ Durchforsten Sie die Fachzeitschriften auf entsprechende Hinweise
☑ Fragen Sie die entsprechenden Fachbereichsleiter in Hochschulen

Wie Sie Informationen über Ihre Große Schwester erhalten

Das Strategem Große Schwester dient zunächst der Gewinnung qualitativer Information der Art, wohin die Entwicklung der eigenen Branche und damit Unternehmens gehen *könnte*. Wird es zu einem regelmäßigen Beobachtungssystem ausgeweitet, wird beispielsweise ein Mitarbeiter mit der laufenden Sammlung entsprechender Informationen aus Branchendiensten und Länderanalysen beauftragt, können auch quantitative Daten wie Kennziffern erfasst und längerfristig beobachtet werden. Die folgende Checkliste nennt Möglichkeiten und Strategien, um Informationen über Große Schwestern zu erhalten.

Checkliste 12: Informationsquellen über die Große Schwester
☑ Suchbegriffe im Internet eingeben
☑ Studienreisen durchführen
☑ Fachzeitschriften des Landes abonnieren
☑ Heimatsprachliche Zeitungen für die jeweiligen Staatsangehörigen des Landes anrufen
☑ Von der Bundesstelle für Außenhandelsinformation (BfAi) in Bonn passende Studien beziehen

Checkliste 12: Informationsquellen über die Große Schwester (Fortsetzung)
☑ Deutsche Konsulate vor Ort fragen
☑ Ausländisches Konsulat in Deutschland fragen
☑ Originalbücher (über das Internet) kaufen
☑ Spezialisierte Berater für zwischenstaatliche Kooperationen fragen
☑ Reisende Freunde bitten, Informationen mitzubringen
☑ Unternehmen mit Auslandsfilialen ansprechen
☑ Branchenverband nach Weltorganisation (Dachverband) fragen und dort weiter forschen
☑ Im Zielland spezialisierte Berater fragen
☑ Auslandsmessen besuchen (mit anschließender Stadterkundung)
☑ Reiseführer studieren

Ihre Recherche hierzu sollte in folgenden Phasen ablaufen:

Checkliste 13: Recherche zur Großen Schwester
☑ Zielbestimmung; Was wollen wir über wen wissen?
☑ Grobrecherche; Welches Material gibt es?
☑ Zielanpassung; Was wollen wir jetzt genau wissen?; Welche Fragen stellen wir uns?
☑ Konkrete Fragestellung an Zielpersonen und Zielmedien
☑ Zusammenfassung der Ergebnisse
☑ Aktionsplan

Übertragung auf Ihre Verhältnisse

Immer wieder hören wir die naheliegende Standardkritik, man könne ja nicht alles auf Deutschland übertragen, was man in den USA oder sonstwo gesehen hat. Es ist interessant, wie stark das binäre Denken in schwarzweiß, null-eins oder an und aus in unsere Hirne betoniert ist. Niemand hat behauptet, dass man alles undifferenziert auf die hiesigen Verhältnisse und Märkte übertragen kann. Das ist schon viel zu oft schief gegangen. Jede neue Idee und jedes Konzept, ganz gleich wie entstanden, muss auf seine Umsetzbarkeit hin geprüft oder einfach getestet werden. So auch die Ideen, Konzepte, Entwicklungen, Szenarien und Chancen, die sich aus dem Denkwerkzeug Große Schwester ergeben.

Die Zukunft begünstigt nur den vorbereitenten Geist. (Dennis Gábor)

Erst wenn wir den Zielmarkt in seinem Wirkungsgefüge verstehen, das heißt, wenn wir die Erfolgsfaktoren kennen, können wir uns vorsichtig wagen, Umsetzungen zu importieren. Beispielsweise ist ein Ersatzteil-Schnelldienst in Deutschland und in jedem zeitbewussten Land immer noch ein sehr gutes Geschäft; würde man es aber nach Nordafrika übertragen wollen, müsste man bedenken, dass die Dinge dort selten so eilig sind wie bei uns. Wir müssen uns tief in die Motive und in die Psyche der Zielmärkte und Zielgruppen hineindenken, um die Risiken der Übertragung von Ideen zu reduzieren. Dazu ist der zeitlich und finanziell begrenzte Test die denkbar einfachste Strategie.

Das brasilianische Beispiel der Automatisierung von Bankdienstleistungen oder das Beispiel der Ultraschall-Früherkennung des Geschlechtes Frühgeborener zeigt deutlich, dass es die unterschiedlichen Werte, Beweggründe und Triebkräfte sind, die zu Entwicklungslags zwischen Staaten und Kulturen führen. Not macht eben erfinderisch und genau diese Not ist es häufig, die geprüft sein will, bevor wir etwas nach Deutschland übertragen.

Wir haben volles Verständnis für den subjektiv empfundenen Zeitmangel vieler Entscheider und Leistungsträger. Sie sind vielleicht versucht, sich das Nachdenken über Entwicklungen in anderen Ländern zu sparen, indem Sie von vornherein die Übertragbarkeit anzweifeln. Doch empfehlen wir dringlich, erst dann an die Schwierigkeiten der Übertragbarkeit zu denken, *nachdem* Sie sich mit deren Chancen beschäftigt und konkrete Ansatzpunkte erkannt haben.

Es ist deutlich zu unterscheiden, ob ein Produkt, eine Idee oder ein Konzept auf ein anderes Land beim besten Wissen und Willen einfach nicht übertragbar ist oder ob der Zeitpunkt der falsche war, ob das Marketing nicht stimmte, oder die Nutzenargumentation an der nationalen Kultur vorbeiging. Es dürfte mit Sicherheit ein höchst seltener Fall sein, dass ein Produkt oder eine Idee beim besten Wissen und Willen nicht übertragbar ist. Meist sind dann die Möglichkeiten der Phantasie und Kreativität nicht ausgeschöpft worden.

5.3 Enterprise

Denkfrage: Was sagt uns die durchdachte Science Fiction über die Zukunft?

Aus durchdachter Science Fiction lernen

Als es der NASA darum ging, einen Namen für das erste Space Shuttle zu finden, wollten viele Amerikaner den Namen „Enterprise" haben, weil dies auch der Name des Raumschiffes „USS Enterprise 1701-D" in der seit Jahrzehnten höchst erfolgreichen Science Fiction-Serie „Star Trek" ist. So erzählt man es sich zumindest. Science Fiction ist dem Zukunftsforscher Freund und Feind zugleich. Feind, weil der Zukunftsforscher von Laien immer mit dem phantasievollen Science Fiction-Fan verglichen wird. Das gefällt dem Zukunftsforscher aber nicht, denn er hat viel ernsthaftere Ziele als die Unterhaltung von Massen. Freund ist die Science Fiction dem Zukunftsforscher, weil sie ihm gerade im Bereich der Technologie mit ihren „belletristischen Entwürfen möglicher und unmöglicher Zukünfte"[18] zahlreiche und unschätzbare Anregungen liefert. Die Grenze der Möglichkeiten der Science Fiction ist dort zu ziehen, wo von ihr konkrete, bereits geprüfte ZukunftsAnnahmen erwartet werden. In der Science Fiction leben sich manch kreative Köpfe aus, lassen ihre Jugendträume wahr werden und beschreiben die zukünftigen Möglichkeiten der Technologie. Sie gehen weniger mit der Akribie der wissenschaftlichen, detaillierten Szenario-Technik vor. Sie erlauben sich einen künstlerischen Ansatz bei der Entwicklung ihrer hochkomplexen und dadurch freilich auch sehr unwahrscheinlichen Szenarien. Nichtsdestotrotz bietet die Science Fiction, etwa durch ihre neuen Wörter und Bilder sowie durch ihren weiten Zeithorizont, vor allem dem zukunftsforschenden Laien Gelegenheit und Anregung zu zukunftsgerichtetem Denken.

Phantasie ist wichtiger als Wissen.
(Albert Einstein)

Jules Verne war einer der ersten echten Autoren der Science Fiction. Seine im 19. Jahrhundert entstandenen Werke beschrieben Zukünfte, die für uns heute zum Teil Vergangenheit, oder immer noch Zukunft sind. H.G. Wells setzte dieses Werk fort und beschrieb Waffen, Flugzeuge, Radios und auch die Gentechnik lange vor deren Realisierung. Gerade er wandelte sich schrittweise vom Romanautor zu einem frühen Zukunftsforscher des 20. Jahrhunderts, der die „Ausblicke und Folgen des technischen und wissenschaftlichen Fortschritts für Leben und Denken des Menschen"[19] be-

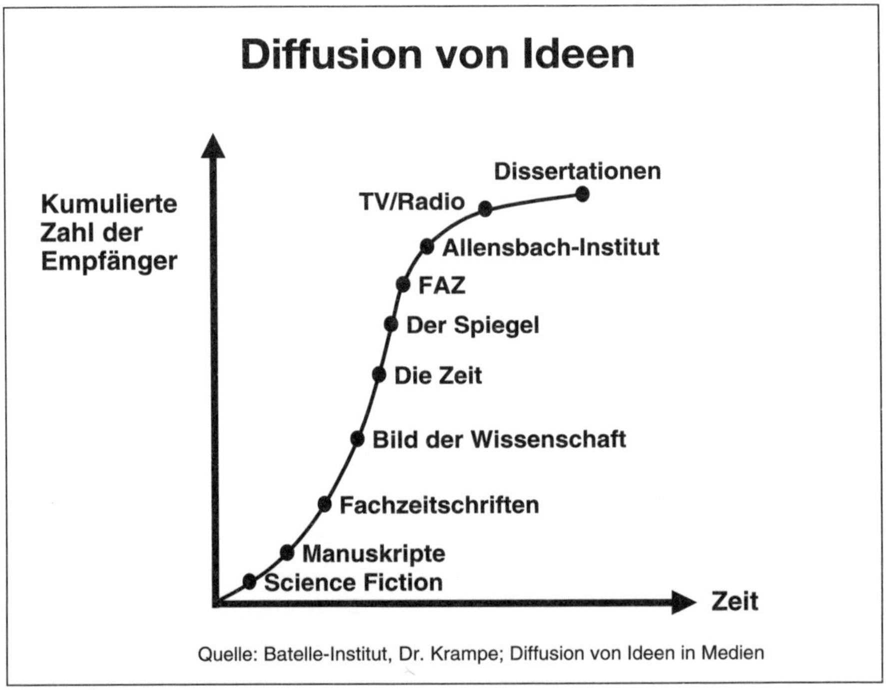

Abbildung 13; Diffusion von Ideen

schrieb. Den Weg von der Wissenschaft zur Belletristik beschritt eine Reihe weiterer Forscher, wie beispielsweise Wernher von Braun[20]. In den siebziger Jahren des 20. Jahrhunderts schlug das Pendel von den überwiegend positiven Zukunftsentwürfen hin zu den zeitweilig an Horrorgeschichten erinnernden Szenarien um. Dies können wir als Hinweis auf die zeitgeistbeschreibende Funktion der Science Fiction werten, denn sie spiegelt häufig die populäre Einschätzung der zukünftigen Entwicklung wider. Was die Fernsehmasse über die Zukunft denkt und fühlt, geht uns alle an, denn letztendlich liefern wir alle irgendwie direkt an den Endverbraucher und damit wiederum an uns selbst.

Das Batelle-Institut hat bereits in den siebziger Jahren festgestellt, dass die Diffusion von Ideen, vor allem technologischer Ideen, sehr früh bei der Science Fiction beginnt, dann die Forschungsinstitute streift und erst lange später die anspruchsvollen Tagesmedien und noch später die breite Bevölkerung erreicht.

Der Zusammenhang zwischen Zukunftsforschung und Science Fiction ist also keineswegs neu. Uns geht es darum, diesen Zusammenhang als Strategem zu einem Denkinstrument für Sie zu machen und Ihnen somit das

Vor-Denken zu erleichtern. Ihren Input aus der Science Fiction sollten Sie danach auswählen, ob es sich um durchdachte, oder einfach nur phantastische oder brutale Science Fiction handelt, die nicht mehr als ein ins Universum verlagerter Western ist. Wir haben den Namen „Enterprise" gewählt, weil er Menschen in weiter Verbreitung Captain Kirk, Captain Picard und Co. und damit die dortigen wirklich bis ins Detail durchdachten Zukunftsentwürfe lebhaft in Erinnerung ruft. So ermöglicht das Strategem Enterprise dem Unternehmer, „to boldly go where no man has gone before"[21].

Beispiele für Enterprise

Realisierte Projektionen in Star Trek

An Bord der namensgebenden „Enterprise" konnten wir zum Teil bereits seit dem Start der ersten Serie im September 1966 folgende Dinge beobachten, die heute Realität geworden sind:

- Gene Roddenberry würzte seine Inhalte mit damals fast revolutionärem Gedankengut. Er überließ mitten im Kalten Krieg einem Russen (Chekow) das Kommando über die Waffen des Raumschiffs. Das letzte Kommando behielt er allerdings einem Amerikaner (Kirk) vor.
- Roddenberry inszenierte auch die Zusammenarbeit von Farbigen und Weißen, die sogar zum ersten Fernsehkuss zwischen Farbig und Weiß führte (Lieutenant Uhura und Captain Kirk), was zum Zeitpunkt der Erstsendung in den USA unerhört war.
- Das Holodeck war die frühe Projektion der heutigen virtuellen Realitäten und der zukünftigen Hologramme. Bitten Sie mal Ihre Kinder oder mangels solcher diejenigen Ihrer Freunde, Sie an einem modernen Computerspiel teilnehmen zu lassen. Sie werden staunen, was heute schon möglich ist.
- Der Tricorder, ein Scanner, mit dem die Besatzung Lebewesen, Gegenstände und Umweltbedingungen analysiert, war Vorbild für eine ganz Reihe von Diagnosegeräten.
- Die primäre Direktive „not to interfere" (nicht in bestehende, meist gesellschaftliche Systeme eingreifen) ist zum Zeitpunkt der Erstsendung in

der breiten Bevölkerung kaum verstanden worden. Erst heute hat sich die Erkenntnis der Systemforscher durchgesetzt, dass die Nichtintervention eine vernünftige Strategie sein kann. Sogar die Psychotherapie und die Gruppenmoderatoren zählen die „prime directive“ heute zu ihrem Repertoire.

- Der Schiffsarzt Dr. McCoy („Pille“) verwendete Injektionsgeräte, die keine Nadel mehr erfordern. Genau dies wurde 1994 erstmals Realität, als eine Spritze auf den Markt kam, die ohne Einstich angewendet werden kann.

- Der Antimaterie-Antrieb der Enterprise ist für uns keine Fiktion mehr. Antimaterie kann für undenkbar kleine Zeiträume bereits künstlich hergestellt werden. Antimaterie würde eine Reihe der energiebezogenen Fragestellungen der Raumfahrt in Wohlgefallen auflösen.

- Für den zentralen Computer, wie auch für den Lift, den Replikator, das Holodeck und viele andere Geräte war die menschliche Sprache schon seit Beginn der Serie in den sechziger Jahren die Kommunikationsform zur Befehlseingabe.

- Auf der Enterprise kamen Speisen und Getränke aus dem Replikator, einem Gerät, das auf Zuruf die Atome des Bestellten zusammensetzte und dabei auch den Teller und das Glas nicht vergaß. Die Brotbackautomaten der neuesten Generation – schon 1993 wurden in den USA zwei Millionen davon verkauft – waren ein erster Schritt auf dem Weg zu dieser für heutige Verhältnisse immer noch als Vision zu betrachtenden Idee. Mr. Ellis D. Grondon regte dieser Umstand zur Entwicklung eines computergesteuerten Küchengerätes an, das man nur mit den Zutaten füllen muss, damit es nach verschiedenen Programmen die Mahlzeiten zubereitet. Er bekam dafür das US-Patent 5.363.746.

- Der schon in der ersten Generation der Enterprise bekannte Communicator hat in Form unserer Mobiltelefone längst Eingang in die Realität gefunden.

- Die Verwendung von Laserwaffen ist spätestens seit Ronald Reagans Strategic Defense Initiative (SDI-Programm) jedem Interessierten geläufig.

- Das Raumschiff in der dritten Generation von Star Trek, es heißt Voyager und nicht mehr Enterprise, wird von einer Frau befehligt. Wir können gespannt sein, wie sich die Frauenquote in den Vorstandsetagen der Gegenwart entwickelt und wann die erste Frau im Amt des US-amerikanischen Präsidenten mächtigster Mensch der Erde wird.

- Von Beginn der Fernsehserie „Star Trek“ an, hatte die Besatzung eine Waffe, mit der man nicht nur töten, sondern nach entsprechender Einstellung stufenweise betäuben, lähmen, sprengen oder auflösen konnte (Phaser). Für den Unternehmer lag die Überlegung nahe: Wenn es möglich wird, Menschen mit einem Geschoss so schnell für eine oder für acht Stunden unschädlich zu machen, wie man das mit Kugeln „dauerhaft“ machen kann, dann entsteht dadurch ein riesiger Markt, der noch nicht mal unmoralisch ist, weil man damit viele Menschenleben retten kann. Dass wir solches nicht brauchen, dürfte mehr Wunsch als Wahrheit sein. Für diesen Markt kämen alle offiziellen Polizeiorganisationen der Erde, alle Armeen der Erde aber auch alle Gangster und Terroristen in Frage, die jedoch allesamt viel weniger töten müssten. Selbstverständlich ist diese Idee noch lange kein fertiges, verkaufsfähiges Produkt. Aber wer, glauben Sie, würde wohl am ehesten mit solch einem Produkt auf den Markt kommen. Der, der die Idee nicht hat, oder der, der die Idee hat? Und tatsächlich wurde 1995 ein Gerät vorgestellt, das einen Angreifer oder Einbrecher mit einem sehr schnell trocknenden und fesselnden Schaum besprüht und ihn damit unbeweglich macht.

- „Picards Prinzip, Management by Trek“ ist der deutsche Titel eines Buches von Wess Roberts und Bill Ross.[22] Das Buch ist aufgebaut wie ein Lehrbuch der Sternenflotte und beschreibt, der Buchtitel führt wie so oft etwas in die Irre, die neun Prinzipien des Captain Picard, des Kapitäns der zweiten Generation von Star Trek: Er konzentriert sich auf das Wesentliche, setzt Prioritäten, fördert die Initiative seiner Mitarbeiter, macht bei deren Qualifikation keine Kompromisse, sucht Verständigung mit Freund und Feind, erkennt Abhängigkeiten, vermeidet politisches Handeln, passt sich ungewöhnlichen Situationen an und bleibt bei allem ehrlich. Das sind zwar beileibe keine umwerfend neuen Managementerkenntnisse (gibt es die überhaupt?) doch ist dieses Buch ein gutes Beispiel dafür, dass Science Fiction zwar vorwiegend, aber nicht nur im Bereich der Technologie nützlich ist.

Cyberspace-Büro aus Hollywood

Der Otto-Normalverbraucher und auch der technisch nicht so bewanderte Unternehmer kann sich einen Eindruck von den Möglichkeiten des Cyberspace sehr leicht in den Produkten aus Hollywood verschaffen, beispielsweise mit dem Film „Enthüllung“ (engl. „Disclosure“). Dort ist die Ablage des Unternehmens im Cyberspace verschwunden, so dass die Filmhelden die hochbrisante virtuelle Akte mit einer virtuellen Hand aus einem virtuellen Aktenschrank mit Hängeregister holen.

Roboter

Der menschenähnliche Roboter ist einer der häufigsten Bausteine der Science Fiction. Nicht nur auf der Enterprise gibt es einen „Data“ einen Androiden, der ganz bewusst so konstruiert ist, dass er wie ein Mensch aussieht. Die menschlichen Roboter zu Beginn des zwanzigsten Jahrhunderts werden noch lange ein zumindest optisch weitgehend lächerlicher Versuch sein, der Science Fiction zu folgen. Doch Optik ist hier sekundär, denn die rationell denkenden Techniker haben aufgehört, den menschlichen Körper als Vorbild zu nehmen. Wozu auch? In den USA rollen elektronische Helfer, so genannte „HelpMates“, vielfach in den Krankenhäusern umher, liefern Post aus oder bringen Medikamente und Essen. Im Operationssaal hält der Roboter ebenfalls Einzug. Der amerikanische Roboter Cog kommt einem menschenähnlichen Roboter am nächsten. Wenn das Projekt gelingt, wird Cog die Intelligenz eines Zweijährigen haben. Doch den Turing-Test[23], der einem Computer das Menschsein bescheinigen würde, hat noch kein Roboter und Computer bestanden und wird dies vielleicht auch niemals tun.

Auf dem Hexenbesen der Technik

Es würde an dieser Stelle zu weit führen, die vielen Grundlagentechnologien, die in der Science Fiction die erste Verbreitung fanden, im Detail zu erörtern. Einige Beispiele mögen genügen, wie etwa die bereits künstlich für unendlich kurze Zeiträume erzeugbare Antimaterie, die 1985 zumindest theoretisch bewiesene Anti-Schwerkraft[24], die Gentechnik, die 1970 noch pure Fiktion war und vielfach als Hirngespinst abgetan wurde oder die zumindest von führenden Wissenschaftlern wie Steven Hawking nicht mehr ausgeschlossene Möglichkeit der Zeitreisen. Diese Reihe ließe sich auf Buchumfang fortsetzen.

Einfrierung von Menschen für Raumfahrten

Die Überlegung lag für die Science Fiction nahe; selbst wenn es gelänge, Lichtgeschwindigkeit zu erreichen, sind es immer noch einige Jährchen bis zu den ersehnten Zielen. Also musste die Besatzung eingefroren werden. Daraus hat ein findiger Geist in Arizona das Angebot konzipiert, betuchte Menschen einzufrieren, die sich in hundert oder fünfhundert Jahren eine Therapie gegen ihre Krankheit oder schlicht gegen den Tod erhoffen. Mitte 1997 hatten sich 30 Menschen so einfrieren lassen. Der wissenschaftliche Name dieses Verfahrens lautet Kryogenik und das seriöse Anwendungsfeld dafür ist das Einfrieren von Organen zur Transplantation.

Anwendung

Science Fiction kümmert sich selten um den Weg zu einer technologischen oder sozialen Problemlösung und ist gerade deshalb auf so produktive Weise frei von den Grenzen der Gegenwart und von den Grenzen des Denkens. Sie geht einfach davon aus, dass es einen Weg zur Lösung geben wird. Insofern gelten die hier genannten Beispiele natürlich nicht als Indizien dafür, dass Science Fiction Technologien ermöglicht. Science Fiction hilft lediglich, den geistigen Weg dafür zu ebnen, die Implikationen zu sehen und vor allem hilft es Ihnen, sich die Ergebnisse plastisch vorzustellen zu können.

Wir haben unser Ziel in diesem Abschnitt bereits erreicht, wenn Sie nicht geistig „zugemacht" haben und sich dem Gedanken geöffnet haben, der zukunftsforschende Unternehmer könne etwas aus der Science Fiction gebrauchen. Allein diese Öffnung entfaltet eine gewisse Wirkung. Sie können natürlich auch tiefer einsteigen. Wie bereits erwähnt, sollten Sie nur die durchdachte Science Fiction als Grundlage für Ihre ZukunftsAnnahmen über zukünftige Entwicklungen verwenden. Der weit überwiegende Teil der Science Fiction ist für Sie unbrauchbar. Sie haben nicht so viel von düsteren Prognosen einer nuklear versuchten Erde auf der die Steinzeit eine Renaissance erlebt, und die Zukunft nur als Vorwand für die schier grenzenlose Grausamkeit der Handlung verwendet wird. Das verstehen wir nicht unter durchdachter, für Sie als Unternehmer nützlicher Science Fiction. Die Macher von Star Trek wurden von Beginn an und werden immer noch von Wissenschaftlern beraten. Das Durchdenken geht in diesem Stück Science Fiction sogar so weit, dass die Sprache der Klingonen tatsächlich geschaffen und sogar ein Wörterbuch geschrieben wurde. Zugegeben, die Unterscheidung fällt nicht leicht. Sie machen es sich leichter, indem Sie an sich selbst und Ihren Mitarbeitern beobachten, welche Gedanken die Projektionen auslösen und ob Sie etwas damit anfangen können. Botschaften, von denen Sie sich abgestoßen fühlen, würden Sie ohnehin niemals als Informationsquelle für die Führung Ihres Unternehmens oder Ihres Lebens verwenden. Zudem muss das Raster der Umwelt klar sein, über die Sie Zukunftsinformationen wünschen. Mit der Definition Ihrer Beobachtungsfelder (siehe entsprechenden Abschnitt) hätten Sie diese Grundlagenarbeit bereits geleistet.

Doch selbst äußerst durchdachte Science Fiction kann für Sie Zeitverschwendung sein, wenn es vornehmlich um Zeitreisen durch Wurmlöcher, um außerirdische Intelligenzen oder um intergalaktischen Krieg und Frieden geht. Die dort behandelten Fragestellungen, seien sie auch noch so schlüssig, sind für Sie einfach zu weit weg, wenn Sie nicht gerade Vorstand eines „integrierten Technologiekonzerns" sind oder jetzt schon darüber nachdenken, wie Sie die Weltraumurlaube im Jahr 2035 organisieren. Sie haben genügend Realitätssinn, sich nicht von den Jahresangaben in der Science Fiction beirren zu lassen. Sie müssen keineswegs bis zum Jahr 2264 warten, bis eine Maschine Ihr Essen auf Zuruf zubereitet.

In unserer heutigen Wissenswelt gibt es für fast jede Fragestellung ein Buch. So auch eine illustrierte Enzyklopädie der Science Fiction, die nach Themenblöcken wie Maschinen, Leben im All oder Stadt und in der zweiten Ebene chronologisch gegliedert ist.[25] Über die Star Trek – Serie gibt es ein Unmenge an Büchern, von dem genannten Managementbuch über technische Beschreibungen des Raumschiffes mit einem schier unglaublichen Präzisierungsgrad bis hin zum klingonisch-deutschen Wörterbuch. Wir empfehlen eine Recherche im Internet oder bei den professionell betriebenen Datennetzen. Bei Compuserve gibt es eine Datenbank zu Science Fiction, in der konkret nach Fragestellungen und Stichwörtern recherchiert werden kann. Es sei hier nochmals betont: Allein Ihre Öffnung für die Nützlichkeit der Science Fiction für Sie als zukunftsforschenden Unternehmer wird ihre Wirkung entfalten.

5.4 Weitere Strategeme für das Vor-Denken

Kids

Denkfrage: Welche Trends bei Kindern und Jugendlichen werden sich in Zukunft in die Gesellschaft ausbreiten?

Da Zeit zum Wettbewerbsfaktor Nr. 1 geworden ist, muss man das Gras wachsen hören. Wer auf gesicherte Erkenntnisse wartet, kann allenfalls noch mit anderen Zauderern um die Krümel streiten.
(Bill Gates)

Wenn Sie heute einem Zehnjährigen über die Schulter auf seinen Monitor schauen, können Sie in Form der vor ihm laufenden Computerspiele in die Zukunft der Software- und Computertechnik sehen. Die meisten großen Trends der Softwareindustrie haben ihren Anfang in den Computerspielen genommen[26]. Auch die Umweltbewegung fand ihren frühesten Resonanzkörper bei der Jugend. Nicht umsonst waren alle Diktatoren hinter der Jugend her, denn sie wird die Gesellschaft der Zukunft formen. Allein aus diesem Grund ist es für Sie wichtig, das Verhalten, die Aktivitäten, die Sprache, die Werte, die Produkte, kurz, das gesamte Lebensumfeld der Jugend zu beobachten.

Spannung

Denkfrage: Wo gibt es in diesem Beobachtungsfeld Spannungen, die sich in der nächsten Zeit lösen könnten?

Menschen schreiten zur Tat, wenn Sie eine Spannung verspüren. Eine Spannung in diesem Sinne ist eine Soll-Ist-Abweichung zwischen Anspruch und Wirklichkeit, also eine Abweichung vom Gleichgewicht. So essen sie, wenn sie Hunger haben, trinken, wenn sie Durst verspüren, entspannen sich, wenn sie zu sehr angespannt sind, stürzen eine Regierung, wenn der Wunsch nach einer neuen stärker ist als die Risiken des Putsches und kaufen einen neuen PkW, wenn der Wunsch danach stärker ist als die Budgetbedenken. Der Begriff Spannung ist in diesem Zusammenhang mit den Begriffen Bedürfnis, Leidensdruck und Disharmonie verwandt. So ist die Spannung die früheste Vorsteuergröße einer Handlung, obschon das Vorhandensein einer Spannung eine andere Spannung voraussetzt und wir somit leicht in einen gedanklichen Kreislauf verfallen können. So existiert eine Spannung zwischen dem Anspruch und der Wirklichkeit der demo-

kratischen Staatsform, die sich in irgendeiner Form irgendwann auch lösen wird. Diese Spannung hat als Vorsteuergröße wieder andere Vorsteuergrößen, die für Sie jedoch mit jeder Stufe abnehmende Relevanz haben.
Ein Beispiel, in dem man das Strategem Spannung anwenden konnte, war der Niedergang des mechanistischen Zeitmanagements. Bald nach dem Marktauftritt moderner Zeitplanungssysteme konnte man beobachten, dass die gut durchdachten Zeitplanbücher mit ihren vielen Hilfsmitteln (Karteien etc.) von den meisten stolzen Besitzern lediglich als einfache Terminkalender genutzt wurden. Es war nicht schwierig, aus dieser Soll-Ist-Abweichung, eben der Spannung, abzuleiten, dass immer mehr Nutzer die Frage nach dem Grenznutzen dieser Zeitplansysteme stellen werden. Warum sollten mehrere Hundert Mark für ein Buch oder gar nochmals über tausend Mark für ein dazugehöriges Seminar bezahlt werden, wenn 80% der erwünschten Wirkung auch mit einem einfachen Terminkalender für 4,80 € erzielt werden können? Genauso war es nur eine Frage der Zeit, bis im Jahr 1994 ein Gerät auf den US-Markt kam, das unerwünschte Werbespots aus Videoaufzeichnungen ausblendete.

Wirtschaftswunder

Denkfrage: Welche Exklusivitäten wird sich in Zukunft jeder leisten können?

Massenmärkte beginnen fast immer als Nischenmärkte. Nicht jeder Nischenmarkt wird zum Massenmarkt aber fast jeder Massenmarkt war einmal ein Nischenmarkt. Was sich heute nur Spitzenverdiener leisten können, könnte sich in einigen Jahren jeder mehrfach leisten können. Beispiele sind der PC, der Anrufbeantworter, der PkW, Fernsehgeräte, Tennisclub-Mitgliedschaften, Mobiltelefone und Videorecorder. So waren Fernseher und Radiogeräte über Jahrzehnte Familiengeräte, bis sie individualisiert wurden. „Wirtschaftswunder" kann auch in die Irre führen, wie die nach Einführung des Hubschraubers weit verbreitete Meinung, ein solches Verkehrsmittel würde in wenigen Jahrzehnten jeder Durchschnittsbürger haben. Schon einer der ersten echten Zukunftsforscher, der Franzose Antoine Marquis de Condorcet postulierte zur Zeit der französischen Revolution, dass alles das, was die Reichen heute essen, trinken und tun, morgen die Normalverdiener essen, trinken und tun werden. Beachten Sie bei der Anwendung von „Wirtschaftswunder", dass die Zeiträume sich nach wie vor verkürzen. Während es beim Fernseher noch einige Jahrzehnte vom Nischenmarkt bis zur Massenverbreitung waren, können Nischenmärkte der Gegenwart und vor allem der Zukunft binnen Monaten und sogar Wochen zum Massenmarkt werden, wie im Jahr 1997 das Tamagochi bewies.

Vogelschrei

Denkfrage: Was sagen die Früherkenner in unserem Geschäft über die Zukunft?

Aus der Natur können Sie sich auch für die Früherkennung von Geschäftschancen und -bedrohungen einiges abschauen. In vielen Biotopen können Sie beobachten, dass eine gewisse Symbiose zwischen den Vögeln und anderen Tieren besteht. Bei aufkommender Gefahr sind diese Vögel durch ihr Geschrei ein „Frühwarnsystem" für den gesamten Biotop, quasi ein AWACS[27] im wahrsten Sinne des Namens. Auch die kleinen Galagos, eine kleine Affenart, erfüllt in ihrem Lebensraum die Funktion des Frühwarners.
Für die Unternehmenspraxis ist das Strategem „Vogelschrei" besonders dann leicht umzusetzen, wenn mehrere Unternehmen kooperieren und für ihre Branche solche Früherkenner schaffen. Die Baubranche ist hier aufgrund besonders günstiger Verhältnisse recht fortschrittlich. So gibt es hier zahlreiche Informationsdienste und Verlage, die über Baupotenziale oder konkrete Projekte informieren. Sie bieten einen zwingenden Nutzen, der für den einzelnen Informationsempfänger jedoch seinen Wert verliert, wenn alle Mitbewerber ebenfalls über die gleichen Frühinformationen verfügen.
Die Hersteller von Investitionsgütern im Baubereich (z. B. Baukräne) „schreien" immer zuerst, wenn in der Baubranche eine Flaute aufkommt.
Es geht bei „Vogelschrei" aber nicht nur darum, vor Bedrohungen und Risiken gewarnt zu werden. Viel wichtiger ist der frühzeitige Hinweis auf Chancen, die bekanntlich in gewisser Weise gegen Bedrohungen immunisieren. Ein gutes Beispiel ist das von Nicholas Negroponte geführte Media Lab des Massachussets Institute of Technology (MIT). Dort werden Produkte entwickelt, die in den nächsten zwanzig Jahren umgesetzt werden können. Das Institut lebt größtenteils von gestifteten Unternehmensgeldern und gibt seinen Sponsoren dafür bevorzugten Zugang zu den Früchten seiner Arbeit.

Spähtrupp

Denkfrage: Welches andere Geschäft geht unserem zeitlich voraus?

Jeder Autofahrer ist heilfroh, wenn im dichten Nebel ein anderer PkW vor ihm herfährt. Dessen Aktionen und Reaktionen (lenken, bremsen, beschleunigen etc.) sind das Spiegelbild dessen, was er in den nächsten Sekunden machen muss und machen wird. Mit einiger Denkarbeit lässt sich auch für

Ihr Geschäft ein „Spähtrupp" finden. Beispielsweise ist für jede Reparaturdienstleistung der Markt für Neuprodukte ein solcher Spähtrupp, was in der Unterhaltungselektronik bereits genutzt wird. Investitionsgüterlieferanten haben das Strategem „Spähtrupp" schon immer angewendet, wenn Sie den Absatzmarkt ihrer Kunden beobachteten. So muss ein Hersteller von Druckmaschinen mit Konsequenz die Printkonjunktur beobachten, weil deren geringste Schwankungen sehr große Auswirkungen auf den Bedarf nach Druckmaschinen haben. Die wenigen Hersteller von Karnevalsmasken und -kostümen müssen sich frühzeitig über die in Hollywood mit großem Budget geplanten Filme informieren, denn sie werden ein bis zwei Jahre später die Karnevalsmodelle bestimmen. Das ist in diesem Geschäft besonders wichtig, da das Geschäft zu einem Zeitpunkt gemacht wird, an dem die eigentliche Produktion fast vollständig gelaufen ist. Nach Ausstrahlung des Filmes Pocahontas waren Indianerkostüme besonders gefragt und nachdem der neue Batman-Film die Kassen seiner Produzenten gefüllt hatte, wollten viele Jecken in schwarzer Fledermauskluft im Batmobil durch die feuchtfröhlichen Rheinmetropolen heizen.

Sie können Ihre Kunden frühzeitig und regelmäßig befragen oder noch besser beobachten, wie sie die Bedarfsentwicklung der nächsten Monate bzw. Jahre einschätzen. Sie können Ihre Kunden dazu motivieren, dass sie gegen entsprechende Vorteile bereits Vorabbestellungen erteilen, die sie immer weiter präzisieren können, bis die Menge als fester Auftrag gilt. Die Rechtsanwälte sind der strategische „Spähtrupp" im Berufsrecht der Steuerberater. Die Beschlüsse des Bundesverfassungsgerichts zum anwaltlichen Standesrecht waren der geeignete Anlass, die lange diskutierten Pläne zur liberalen Ausschöpfung und aktuellen Fortentwicklung des Berufsrechts des Steuerberaters umzusetzen.[28] Hier passt auch das Beispiel zum Strategem „Kids", dass alle Computertrends zuerst auf dem „Spähtrupp" Computerspielemarkt beobachtet werden können. Im kurzfristigen Bereich verwenden die Verlage ihre Subskriptionspreise als „Spähtrupp", um den Umfang der verkaufsfähigen Startauflage besser einschätzen zu können. Der Computerhersteller Hewlett Packard hat festgestellt, dass der Markt für Einzelbauteile das Schicksal des Gesamtmarktes um einige Monate vorwegnimmt. Der direkt messbare Nutzen zeigte sich unter anderem in der erleichterten Personalplanung. Bei der Ruhrkohle AG, einem Unternehmen mit langer Erfahrung bei der Anwendung von Frühwarnsystemen, soll es einen direkten Zusammenhang zwischen dem Auftragseingang bei Walzstahlerzeugnissen und dem Absatz von Koks und Kohle geben. Die zweite Kennzahl folgte der Entwicklung der ersten mit einer zeitlichen Verzögerung von ca. sechs Monaten[29]. Dies mag sehr kurzfristig erscheinen, doch der gleiche Wirkungszusammenhang kann in Geschäften wie dem Anlagenbau einen Zeithorizont von weit mehr als fünf Jahren bedeuten. Sie können „Spähtrupp“ nur dann relativ vertrauensvoll anwenden, wenn sich die Beziehung zwischen dem „Spähtrupp“ und ihrem Geschäft deutlich zu erkennen gibt.

Fraktionierung

Denkfrage: In welche Teilmärkte wird unser Markt in Zukunft zerfallen?

Wenn Sie die Gelegenheit hätten, ein zwanzig Jahre altes Lieferantenverzeichnis, Bezugsquellenverzeichnis oder die Gelben Seiten mit jeweils aktuellen Ausgaben zu vergleichen, könnten Sie feststellen, wie sich zahlreiche Märkte regelrecht in Bruchstücke aufgespalten haben. Der moderne populäre Musikmarkt hat sich seit den 50er Jahren vom amerikanischen Rock'n Roll ausgehend in eine kaum mehr überschaubare Vielzahl an Verästelungen und damit Teilmärkten fraktioniert. Es ist ein babylonisches Sprachgewirr an Stilen, Mustern und Themen entstanden, das uns heute erahnen lässt, wie fraktioniert etwa der Automobilmarkt sein wird. Beide Entwicklungen sind gezogen von der immer feineren Ausrichtung an Zielgruppen und haben daher, wenn auch nicht auf den ersten Blick erkennbar, durchaus viel miteinander zu tun. Weitere Triebkräfte dieser Entwicklung ist die zunehmende Individualisierung und Atomisierung der Bedürfnisse sowie die Inflation der Lebensoptionen.
Fraktionierung bedeutet in diesem Zusammenhang die fast zwingende Aufsplitterung bestehender Märkte in Teilmärkte, meist getrieben von dem zunehmenden Bedürfnis nach Differenzierung, das wiederum häufig in feinerer Zielgruppen-Segmentierung resultiert. Die Menschen wollen weg vom Durchschnitt. Das Wort Fraktionierung ist durchaus stark verwandt zu den Begriffen „Fragmentierung“ und „Atomisierung“. Wir verwenden den chemischen Begriff der Fraktionierung, weil er für unsere Begriffe eher den Charakter des Ganzen im Ganzen ausdrückt. Die Fraktionierung eines Stoffes in seine Mischelemente führt eben zu reinen Mischelementen und damit zu etwas Ganzem. Fraktionierung hat übrigens trotz dieses an Selbstähnlichkeit erinnernden Prinzips nur sehr entfernt etwas mit Fraktalen zu tun. Noch einige weitere Beispiele:

1. Vom Faustkeil für alles hin zu Spezialwerkzeugen (wohl die erste Fraktionierung eines Marktes).

2. Von der Kfz-Werkstatt für alles bis hin zum Spezialist für Reifen, Öl und Auspuff (Pit-Stop).
3. Von der Fernsehzeitschrift für alle hin zu zielgruppenorientierten Fernsehinformationsdiensten.
4. Von EDV-Kursen für alle hin zur Textverarbeitung für Frauen.
5. Von der Bank für alle bis zur „Jungen Bank" der Raiffeisenbank Reutte, einer räumlich vollständig getrennten Bank, in der die jüngsten Mitarbeiter der Bank für Kinder und Jugendliche da sind.
6. Vom Business-Magazin für alle hin zu Wirtschafts-Magazinen für Schwarze oder für Türken. Die Frankfurt Spezialagentur für Ausländermedien T.E.T weiß hierüber einiges zu berichten.
7. Von Spielzeugpuppen für alle hin zur „ethnischen Puppe" mit schwarzer, roter und gelber Haut (Cultural Toys)[30].
8. Von vier kaufmännischen Berufen hin zum Automobilkaufmann, Datenverarbeitungskaufmann, Immobilienkaufmann, Fremdenverkehrskaufmann etc.
9. Von drei Flaschengrößen für die gleiche Coca Cola hin zu Dutzenden Portionierungen und geschmacklichen und inhaltlichen Versionen (light, cristal, cherry etc.).
10. Von der normalen Kfz-Versicherung hin zum Spezialversicherer für „Hochrisikogruppen" (Progressive Corporation)[31].

Überlegen Sie sich frühzeitig, ob, wann und in welcher Art sich Ihr Markt fraktionieren wird, d. h. welche Teilmärkte in Zukunft daraus entstehen werden. Fraktionieren Sie Ihr Unternehmen und Ihren Markt, bevor es andere für Sie tun. So können Sie diesen Trend auf Ihre Mühlen lenken. Es sei deutlich gemacht, dass Fraktionierung nichts mit Verzettelung zu tun hat, sondern geradewegs zur Konzentration der Kräfte auf wirkungsvolle Punkte, nämlich auf sich präzisierende Probleme und Wünsche Ihrer Kunden, führt. Immer dann, wenn ein Problem im Durchschnitt gelöst oder ein Wunsch im Durchschnitt erfüllt wird, besteht eine Chance zur Fraktionierung. Folgende Aspekte sind Signale für mögliche Fraktionierungschancen:

- Man spricht immer von „dem Kunden“ und differenziert nicht tiefer (z. B. an der Tankstelle).
- Es werden große Stückzahlen eines Produktes verkauft (z. B. Tamagochis).
- Ein Produkt richtet sich an viele verschiedene Zielgruppen (z. B. Zeitung).
- Ein Problemumfeld wird immer komplexer (z. B. Rechtsgebiete).

Wie die bisherigen Beispiele zeigen, muss die Fraktionierung keineswegs immer mit dem Tod des Ursprungsmarktes verbunden sein. Die alten Stile des Rock'n Roll werden nach wie vor gehört. Dort jedoch, wo wir es mit dem Prinzip der Ausschließlichkeit zu tun haben, etwa wo wir nicht gleichzeitig zehn Computerzeitschriften lesen können, dort wird der Ursprungsmarkt stark eingeschränkt, wenn nicht ganz aufgelöst.
Fraktionierung ist prinzipiell ein Strategem zur Antizipation zukünftiger Entwicklungen, aber gleichzeitig auch ein Trend. Das unterscheidet dieses Strategem von anderen, die lediglich Entwicklungsverläufe aufzeigen wie z. B. „Große Schwester“. Die Anzahl der Chancen, die sich aus der fortschreitenden Fraktionierung von Märkten ergeben, sind enorm, denn die Teilmärkte der Ursprungsmärkte bleiben selten ein Teilmarkt. Sie werden vielmehr selbst zum Ursprungsmarkt und potenzieren so die Zahl der zukünftigen Geschäftsfelder. Die Schwierigkeit der Fraktionierung besteht für die Massenhersteller alten Kalibers darin, die kritischen Mengen zusammenzubekommen, um Produktionsanlagen auslasten zu können. Einige Berater bieten zur Lösung eine Art „zur Hälfte zurück“ an, d. h. sie fordern Produkte, die wiederum so stark selbstähnlich sind, dass sie in „fraktalen Massen“[32] hergestellt werden können. Die Autoindustrie liefert mit ihren Basis-Chassis, auf die verschiedenste individuelle Karosserien montiert werden können, ein gutes Beispiel.
Die Fraktionierung der Märkte ist geradezu Grundlage für erfolgversprechende Spezialisierungen durch Differenzierung. Die Boston Consulting Group hat den Höhepunkt der Fraktionierung mit dem Begriff „Segment of One“ belegt und meint damit eine so tiefe Markt- und Zielgruppen-Segmentierung, dass letztendlich das kleinste Segment der einzelne Kunde ist. Für dieses „Segment of One“ wird ein absolut individuelles, maßgeschneidertes Produkt entwickelt und angeboten, wobei die Kunst eben darin besteht, die Vorteile der Multiplikation, die so genannten Skalenerträge, aufzugeben. Der Weg dahin ist allerdings in den wenigsten Branchen be-

kannt oder auch nur angedacht. Das ist eine Ihrer großen Zukunfts-Chancen!

Intermediär

Denkfrage: Wo in unserem Geschäft können sich in Zukunft Intermediäre etablieren?

Die Welt wird immer komplexer und viele Menschen sehnen sich nach Einfachheit und Überschaubarkeit. „Intermediär“ beschreibt eines der vielen Grundmodelle der Wirtschaftsentwicklung, nämlich die Übernahme von Vermittlungsfunktionen in komplexen Märkten. Eine Reihe von Dienstleistern lesen im Auftrag von Unternehmen und vielbeschäftigten Personen die täglichen Nachrichten und stellen maßgeschneidert für den Auftraggeber einen Pressespiegel mit maximal zehnzeiligen Meldungen zusammen. Im Unterschied zum Ausschnittdienst, wird hier nicht nur mit der Information gehandelt, sie wird vielmehr verdichtet und auf diese Weise wird ein immer komplexeres Angebot passend für einen immer stärkeren Bedarf nach Vereinfachung gemacht.
Mitte der 90er Jahre entstandenen die ersten spezialisierten Beratungsunternehmen für die Optimierung der Kosten bei der Gebäudereinigung oder bei der Installation und beim Betrieb von Telekommunikationsanlagen. Reduktionen der Reinigungskosten um bis zum 30% allein durch bessere Vertragsgestaltung waren keine Seltenheit. Suzy Gershman hat sich zwischen Markenprodukthändler und Geschäftsreisende gesetzt und gibt ihre Reise- und Einkaufsführer „Born to Shop“ heraus. Mit den gängigen Einkaufsführern hat das wenig zu tun, Frau Gershman verkauft ihren Lesern eine ausgefeilte Einkaufsstrategie für Markenprodukte, wie etwa Seidenkrawatten von Versace für 40 Dollar. Zahlreiche studentische Kleinunternehmen vermitteln ihre Kommilitonen per Datenbank und Katalog an potenzielle Arbeitgeber. Randy Petersen ist der amerikanische Vielfliegerpapst. Er weiß, wie man das Beste aus Vielfliegerprogrammen rausholt und verdient über seine Flight Plan Inc. in Colorado Springs damit angeblich über eine Million Dollar jährlich. Sein Wissen materialisiert er in Newslettern, in Verwaltungssystemen für Vielfliegermeilen, Gesprächsforen und so weiter. Das klingt erst dann nach einer guten Idee, wenn man über die mehreren Hundert Hotelketten, Autovermieter, Banken und Fluggesellschaften weiß, deren Punkte sich in den USA in Reisen tauschen lassen. Im Prinzip sind auch alle Verbraucherschützer Intermediäre zwischen Nachfrage und Bedarf, von Heinz Gerlach bis zur Stiftung Warentest.

In jedem komplexen oder erklärungsbedürftigen Markt wird früher oder später ein Intermediär eingeschaltet, der die Riegelstellung zwischen Bedarf und Angebot einnimmt. Im Idealfall ist er neutraler Berater. Das können ganze Unternehmen oder einfach nur eine Datenbank sein. Wichtig ist die Funktion, nicht das Subjekt. Die Schwacke-Liste kennt in Deutschland fast jeder. Sie ist nichts anderes als ein Intermediär zwischen dem komplexen Markt für Gebrauchtautomobile und dem Bedarf nach akkurater Preisfindung. Vergessen wir in diesem Zusammenhang auch nicht den Briefmarkenkatalog Michel, der seit Jahrzehnten eine Intermediär-Funktion erfüllt. Der Handel hat übrigens von jeher einen Teil der Funktion des Intermediärs übernommen, aber das exponentiell wachsende Wissens- und Informationsangebot macht es dem klassischen Handel alleine immer schwieriger, den Marktüberblick zu behalten.
Die Makler konnten nur aus dem Grund so lange überleben, weil ihre Rolle als Intermediär, d. h. als Vermittler zwischen dem Wissen um Immobilienverkäufer und Immobilieninteressenten notwendig war. Gerade in diesem Fall können wir gleichwohl erwarten, dass die Rolle des reinen Immobilienmaklers Stück für Stück an Bedeutung verliert, weil er von einem preiswerteren Intermediär, nämlich dem Internet, ersetzt werden wird. Derjenige Makler wird überleben, der sich auch früher schon mehr als Immobilienberater verstand.
Dem Strategem „Intermediär“ folgend, wird auch der Versicherungsmarkt immer stärker von neutralen Maklern geprägt sein und die abhängigen, auf eine oder wenige Gesellschaften fixierten „Berater“, werden ins Hintertreffen geraten. Der Unternehmensberater Wolfgang Schwetz aus Karlsruhe hat sich ebenfalls in eine solche Riegelstellung eingearbeitet. Er gibt regelmäßig einen Softwareführer heraus, der einen möglichst vollständigen Überblick über die am Markt angebotenen Softwaresysteme für CAS (Computer Aided Selling) gibt.
Etwas ähnliches macht die ISI Marketing GmbH. Sie liefert jeden Monat achtseitige Zusammenfassungen der nach ihrer Ansicht wichtigsten Managementbücher. So wird nicht nur die Zeit, sondern auch die unnötige geistige Anstrengung eingespart, Bücher zu lesen, mit denen man am Ende doch nichts anfangen kann. Nicht zu vergessen ist der Vorteil, auf Bücher hingewiesen zu werden, die einem sonst entgangen wären.
Die Chancen aus der vom „Intermediär“ erfüllten strategischen Riegelfunktion sind in den meisten dafür geeigneten Märkten noch gänzlich ungenutzt. Beispielsweise bekommen Topmanager in Zukunft ein zusätzliches brennendes Problem, weil die Managementhaftpflicht Schritt für Schritt erweitert werden wird, so wie das in vielen anderen Ländern bereits üblich ist

und mit Management-Haftpflichtversicherungen abgedeckt wird. Wer berät die Topmanager beim beruflichen Risikomanagement und wird hier „Intermediär"? Ein weiteres Beispiel sind die Telekommunikationsberater, die sich den Umstand zunutze gemacht haben, dass kein Laie mehr bei den verschiedenen Kommunikationssystemen, den Tarifen und den Techniken durchblickt. Oft wird das Honorar ausschließlich nach der erzielten Einsparung, also in vollem Umfang erfolgsabhängig berechnet. Auch hier ist binnen kurzer Zeit eine „Intermediär-Branche" entstanden. Ein weiteres Beispiel sind die Mitte der 90er Jahre entstandenen Agenturen, deren einziger Zweck es ist, Gäste für Spiel- und Talkshows heranzukarren. Der „Internatsberater und Karriereplaner" Wolfgang Tumulka, der für seine Euro-Internatsberatung in zahlreichen Zeitungen und Zeitschriften große Anzeigen schaltet, bietet Eltern Beratung bei der Entscheidung über die zahlreichen Internatsangebot an. Ob hier von neutraler Beratung gesprochen werden kann, wissen wir nicht. Laut Werbung gibt er eine Übersicht über 100 Internate und Ausbildungsangebote. Riesige Chancen aus dem Intermediär-Modell finden Sie auch im Feld der zukünftigen Kernkompetenz „Information über Information". Während wir unser tägliches Informationsmenü heute noch weitgehend per Zufall zusammenstellen, besteht eine große Chance darin, dafür eine zielgruppenorientierte „programmierte Beratung" zu schaffen.
In Zukunft werden die Märkte zwangsläufig komplexer. Wir haben den Höhepunkt des Komplexitätstrends, ab dem das Leben und Arbeiten insgesamt wieder ruhiger werden könnte, noch lange nicht erreicht. Daher bietet das Denkmodell „Intermediär" noch sehr lange gute Anregungen zur Antizipation zukünftiger Entwicklungen und zur Früherkennung zukünftiger Chancen.

Kielwasser

Denkfrage: Was wird im Kielwasser dieser Entwicklung entstehen?

Der Computer hat zu einer unüberschaubaren Zahl neuer Geschäftsfelder, neuer Berufe und neuer Forschungsfelder geführt. Beispielhaft seien hier genannt: Computerreinigung als Franchisesystem, Backupdienstleister, Ausweichanlagen, Reparaturdienste, Betriebssysteme, Programmierer, Vernetzungstechnologien, Datenverarbeitungskaufleute, EDV-Berater, Computerdesigner, Chipentwickler, Kommunikationsdesigner, Telecoaches und so weiter und so fort. All dies und noch viel mehr entstand im Kielwasser des Computers und erst recht im Kielwasser des PCs. Wir können und dürfen davon ausgehen, dass jedes mehr oder minder revolutionär neue Produkt in seinem Kielwasser eine Reihe weiterer Geschäftsfelder mit sich bringt. Wenn wir heute sagen, dass die Zahl der Chancen viel größer ist als noch vor zwanzig Jahren, dass diese eben nur viel schwieriger zu erkennen sind, dann liegt das genau an dieser kielwasserartigen Entwicklung. Als Kielwassertechnologie hat alleine das Internet, obschon es faktisch schon seit den sechziger Jahren existiert, wiederum Kielwassertechnologien und Kielwasserprodukte ermöglicht. Denken wir nur an die Browserprogramme oder die Suchmaschinen, die gewissermaßen über Nacht zu zum Teil horrenden Börsenkapitalisierungen kamen. Isolieren Sie zur Anwendung dieses Strategems die wesentlichen Innovationen der Gegenwart und der absehbaren Zukunft und brainstormen Sie in der Gruppe darüber, welche Kielwasserprodukte daraus entstehen oder dadurch begünstigt werden.

Diffusion

Denkfrage: Welche Trends und Veränderungen deuten sich bei den Innovatoren an, die in Zukunft starke Verbreitung finden können?

Das Strategem „Enterprise" hat Ihnen gezeigt, wie sich vorwiegend technologische Ideen ausgehend von der Science Fiction allmählich in den Alltag des Privathaushaltes verbreiten und das Strategem „Große Schwester" hat Ihnen gezeigt, wie sich Ideen und Entwicklungen ausgehend von Vorreiterländern auf uns übertragen. Die „Diffusion", die Verbreitung von Ideen, Produkten, Verfahren und Werten in sozialen Systemen, ist ein sehr einfaches und plausibles Denkmodell zur Antizipation zukünftiger Entwicklungen. Im Prinzip beruhen alle Marktveränderungen auf wie auch immer gearteten Diffusionen. Daher hat in der klassischen Marketinglehre die Diffusionskurve seit Beginn der 60er Jahre einen Stammplatz. Einige Beispiele hierzu:

1. Die Bekanntheit der Umweltverschmutzungsproblematik hatte ihren Anfang bereits zu Beginn des 20. Jahrhunderts, fand jedoch bis in die 70er Jahre kaum Anklang in der breiten Bevölkerung. Noch in den 80er Jahren waren es fast ausschließlich die Grünen, die fast schon impertinent auf die Risiken der Umweltbelastung hinwiesen. Heute finden sich selbst manche der erhabensten Umweltziele der Grünen in den Programmen beider großen Volksparteien Deutschlands.
2. Das Internet hatte seine ersten Anfänge in den 60er Jahren. Seine Diffusion verlief sprunghaft, nachdem durch das World Wide Web eine Mög-

lichkeit vorhanden war, die Inhalte sehr populär darstellen zu können und nachdem die technischen Voraussetzungen bezüglich der Leitungen wie auch der Endgeräte geschaffen waren. Schon drei Jahre nach der Entwicklung des World Wide Webs verwendeten selbst die anspruchslosesten Freizeit- und Modezeitschriften das Wort Internet ohne jegliche Erläuterung.

3. Das einstige Trendprodukt „Organizer" verbreitete sich zunächst sehr langsam und fand dann enormen Anklang, bevor sich eine Gegenbewegung durch diejenigen entwickelte, die keine Lust auf kompliziertes und umständliches Übertragen und Wegradieren von Zielen und Terminen per Bleistift hatten.

4. Der militärische Komplex stritt sich früher mit den Raumfahrtentwicklern um die Führungsrolle bei der Entwicklung neuer Technologien und neuer Produkte. Unzählige Produkte, angefangen von der Mikrowelle über die Lasertechnik und weite Teile der Computertechnik bis hin zur beschichteten Bratpfanne haben dort ihren Ursprung. Vom Shuttle bis zum durchschnittlichen Privathaushalt vergingen manchmal nur wenige Jahre. Doch heute macht die Unterhaltungselektronik den Pionieren aus Raumfahrt und Militärtechnik den Rang streitig. Beispielsweise finanzierte die Unterhaltungselektronik-Industrie zu zwei Dritteln die Entwicklung virtueller Realitäten bzw. der dazu notwendigen Geräte.[33]

5. Das praktische Wissen über Unternehmensstrategie, Management und Organisation entsteht nach unserer Beobachtung hauptsächlich bei den Unternehmensberatern. Da es natürliches Bedürfnis und Existenzgrundlage dieses Berufsstandes ist, sein Know-how unter die Leute zu bringen, findet es von dort aus sehr schnelle Verbreitung bei den aufgeschlossenen Unternehmern und Managern. Irgendwann ist dann das Verbreitungsstadium erreicht, dass auch am Stammtisch des Fußballvereinsheimes über Qualitätsmanagementkonzepte diskutiert wird. Das Zusammentreffen leichter Verbreitungsmöglichkeit und bereitwilliger Adaption von Rezepten ist der Grund für die vielerorts beklagte Verwirrung durch immer wieder neue Methoden und Philosophien.

6. Marketingmethoden und -instrumente sickern kaskadenartig von wenigen innovativen Instituten und Agenturen in den Konsummärkten über die Gebrauchsgüterindustrie bis hin zu den Herstellern von Investitionsgütern durch. Das gilt für Konzepte wie fraktale Marken genauso wie für den Stil der Anzeigenwerbung. Selbst die sonst so auf Zurück-

haltung bedachten großen Beratungsunternehmen wie AndersenConsulting schalten große und locker gestaltete Anzeigen in der Tagespresse und tun vieles Ungewöhnliche mehr.

7. Dass eine Diffusion keineswegs dauerhaft sein muss, zeigt das Beispiel der digitalen Armbanduhren. Nach einer großen Adaptionswelle verschwanden diese Uhren genauso wie die gar nicht erst stark diffundierten digitalen Geschwindigkeitsanzeigen im Auto. Dem modischen Trend folgte hier die Einsicht, dass der rein zahlenorientierten Übermittlung der Information eine räumliche Dimension fehlte, nämlich die vom Zeiger „zurückgelegte“ Strecke.

Wovon hängt nun der Verlauf der Diffusion ab? Einerseits von der Risikobereitschaft der betrachteten Zielgruppe und andererseits vom Nutzen der Adaption in Form des konkreten Produktnutzens sowie des psychologischen Nutzens. Ein an Bedeutung gewinnender Faktor für die Diffusionsgeschwindigkeit sind die Kommunikationsmöglichkeiten. Die Verbreitung von Wissen wie auch von Technologien tendiert immer stärker zur Echtzeitdiffusion. Einmal entwickelt und gelernt, steht das Wissen immer häufiger binnen kürzester Zeit weltweit zur Verfügung.

Szene 9; Die Vorbereitung

29. Mai: Es waren noch knapp zwei Wochen bis zum ersten Workshop-Tag des Projekt-Teams. Am Abend des 11. Juni sollte es mit einem zweistündigen Auftakt losgehen.

Jeder Teilnehmer, intern wie extern, hatte seine persönliche Vorbereitungsmappe erhalten und beantwortete für sich die darin genannten Fragen, wie …

- ❑ Auf welche Veränderungen muss sich die Lichtenberg GmbH in den nächsten Jahren Ihrer Meinung nach einstellen? Denken Sie an das technologische, sozio-kulturelle, wirtschaftliche und politische Umfeld.
- ❑ Wie wird sich die Branche in den nächsten Jahren verändern?
- ❑ Wie werden sich die Bedürfnisse und Anforderungen Ihrer Kunden verändern?
- ❑ Welche ZukunftsChancen sehen Sie für die Lichtenberg GmbH?

- ❑ Wie soll die Lichtenberg GmbH Ihres Ansicht nach in zehn Jahren aussehen?
- ❑ Was muss die Lichtenberg GmbH Ihrer Ansicht nach tun, um zukunftskompetenter zu werden?

Jeder Mitgestalter des ZukunftsProjektes hatte die Aufgabe übernommen, die wesentlichen Trends und Veränderungen seines eigenen Funktionsbereiches als kurze Präsentation sowie als Zusammenfassung auf maximal drei Seiten vorzubereiten. (Weiter auf Seite 144).

6 Step 2: ZukunftsAnalyse, welche Veränderungen kommen auf Sie zu?

Die ZukunftsAnalyse ist der erste praktische Schritt Ihres StrategieRadar-Workshops, der wiederum der erste Schritt Ihres systematischen Zukunfts-Managements zur Früherkennung zukünftiger Chancen und Bedrohungen ist. Mit der ZukunftsAnalyse wird der AnnahmenTopf gefüllt. Nach einem intensiv durchgeführten Workshop-Tag enthält Ihr AnnahmenTopf ca. 50 bis 250 ZukunftsAnnahmen über die zukünftige Entwicklung Ihres Umfeldes.

6.1 Wer und was gehört zu Ihrer Welt?

Interesse lenkt Aufmerksamkeit. Kant postulierte, erst sei die Kategorie da, dann komme die Wahrnehmung. Sobald Sie sich beispielsweise für einen bestimmten Wagen interessieren, werden Sie quasi an jeder Ecke ein Exemplar dieses Modells entdecken. Als Ihnen jemand glaubwürdig versichert hat, dass heute bei RTL etwas über Ihre Mitbewerber berichtet wird, sitzen Sie den ganzen Abend vor dem Kasten, obwohl Sie Fernsehen gar nicht mögen. Nachdem Sie etwas über einen gefährlichen Jugendtrend gehört haben, beobachten Sie aufmerksam Ihren Nachwuchs. Frau Vera F. Birkenbihl bietet hierzu ein kleines Experiment an: Wenn Sie eine Armbanduhr haben, schauen Sie bitte kurz nach der Uhrzeit, sagen Sie sie laut vor sich hin und decken dann das Zifferblatt mit Ihrer Hand ab. Können Sie jetzt mit Sicherheit sagen, mit welchen Zeichen auf Ihrer Armbanduhr die 6. Stunde angezeigt wird? Mit einer römischen Ziffer? Mit einem Punkt? Mit einem einfachen Strich oder gar durch Leere? Wenn Sie jetzt nachsehen, liegt die Wahrscheinlichkeit bei über 50%, dass Sie falsch liegen. Wenn Sie diese Armbanduhr seit nur zwei Jahren tragen und nur zehn Mal täglich draufschauen, hatten Sie 7.300 Gelegenheiten zu sehen, wodurch die Stunde angezeigt wird. Sie wussten aber nicht, dass das irgendwann einmal wichtig werden wird. Sie haben sich immer nur für die Uhrzeit interessiert, weniger für die Zeichen, mit denen sie angezeigt wird. Was bedeutet das praktisch? Was wir nicht für relevant halten, können wir tendenziell auch nicht oder nur ganz verzerrt wahrnehmen. Dazu kommt, dass wir Menschen nicht auf die Realität, sondern auf unsere eigene persönliche Landkarte der Realität reagieren. Wir müssen uns also gut überlegen, *wohin* wir sehen müssen, wenn wir über zukünftige Entwicklungen nachdenken und dabei Chancen erkennen wollen.

Das kumulierte Gesamtwissen der Menschheit wächst jährlich um ca. 10%, es verdoppelt sich folglich ca. alle sieben Jahre, wobei es hier unerheblich sein soll, ob diese Schätzwerte tatsächlich exakt stimmen. Die Informationsflut wächst jedenfalls exponentiell. Andererseits werden von den angebotenen Informationen wahrscheinlich weniger als ein Prozent bewusst empfangen. Der potenzielle Informationsinput für Ihr Nachdenken über die Zukunft ist demnach unendlich groß. Dies macht deutlich, welche Sorgfalt bei der Auswahl relevanter Informationen geboten ist. Wir ertrinken in Informationen, aber wir hungern nach echtem Wissen.

Die Grenzen der Wahrnehmung sind die Grenzen des Erfolges.

Sie haben im vorherigen Schritt den Gegenstand Ihres ZukunftsProjektes definiert. Wenn Sie dabei konsequent waren, haben Sie sich einen Gegenstand vorgenommen, bei dem relativ übersichtliche Verhältnisse herrschen. Es ist sehr erwünschter Nebeneffekt dieser Konzentration, dass dadurch Zahl und Größe der relevanten Beobachtungsfelder auf ein handhabbares Maß reduziert werden.

Verzichten Sie bei dieser allerersten Definition Ihrer Beobachtungsfelder auf komplexe System- und Vernetzungsanalysen, die in der Regel nur eine hochgradig gefährliche Illusion von Beherrschbarkeit und Berechenbarkeit bringen. Zudem würde das Projekt hierdurch bereits zu Beginn sehr komplex, was nach unserer Erfahrung der Motivation der Beteiligten sehr abträglich ist. Erst wenn Sie mit Ihrem ZukunftsTeam nennenswerte Erfahrungen in der Handhabung Ihres StrategieRadar-Systems gesammelt haben werden, können Vernetzungsanalysen – in eingeschränktem Umfang – weitere Erkenntnisse über das von Ihnen beobachtete System bringen. Es erscheint uns unverständlich, warum sogar manche Prediger der Komplexität und des Chaos den in hohem Maße und unzulässig simplifizierenden Vernetzungsanalysen so unkritisch gegenüberstehen.

Wären Vernetzungsanalysen nicht pseudogenaue, sondern zuverlässige Systemwerkzeuge, bräuchten Sie nur eine Studentengruppe mit der Erstellung eines Modells Ihres Geschäftes zu beauftragen und Sie würden damit nie wieder eine falsche Entscheidung treffen. Glauben Sie daran? Eben!

Zwingende Beobachtungsfelder

Aus welchen Zutaten backen Sie nun Ihren Zukunftskuchen? Eine Reihe von Beobachtungsfeldern halten wir für einen gelungenen Zukunftskuchen für zwingend:

Die externen Existenzfaktoren Ihres Unternehmens

Zu Ihren Beobachtungsfeldern müssen diejenigen Faktoren gehören, die Sie als Existenzfaktoren Ihres Unternehmens bezeichnen würden. Wenn Sie eine Mineralölspedition führen, dann ist es für Sie unabdingbar, sich über das Schicksal des Rohstoffes Mineralöl auf dem laufenden zu halten. Dazu gehört nicht nur seine Verfügbarkeit und seine Verwendbarkeit, sondern auch seine Akzeptanz in den Interessengruppen. Wenn Sie Ihr Geld mit der Beschichtung von Tennisplätzen verdienen, sollten Sie geflissentlich die Mitgliederzahlen der Tennisvereine, wie auch die Flächenpläne der Gebietskörperschaften in Ihrem Einzugsgebiet beobachten. Wenn Sie Fahrzeuge herstellen, muss die Beobachtung des allgemeinen Ranges des Wertes „Mobilität" zu Ihrem Handwerkszeug gehören und sollten Sie eine Schule für exotische Sprachen Ihr eigen nennen, sollten Sie einen intensiven Blick auf die Anzahl der Reisen in die entsprechenden Destinationen werfen.

Die wesentlichen potenziellen Problemfelder Ihres Geschäftes

Alles, was für Sie zu einem strategischen Engpass werden könnte, muss zu Ihrer Beobachtungslandschaft gehören. Für die Softwarehersteller war es über viele Jahre ein Problem, kleinere Programmaktualisierungen zum Kunden zu bringen, für die es sich eigentlich nicht lohnte, Disketten in größerem Umfang per Post zu verschicken. Über Mailboxen ließen sich nur Profis erreichen. Seit das Internet zum Massenmedium geworden ist, kann sich selbst der Laie seine neue BIOS-Version binnen drei Minuten selbst auf den Rechner laden. Ist dieses Beispiel noch positiv und eher harmlos, so lohnt sich ein Blick auf die Entwicklung der Schreibmaschinenindustrie. Die Behandlung und Visualisierung des Speicherinhaltes elektronischer Schreibmaschinen war ein wichtiges Problem, jedenfalls für die Anwender. Die meisten Hersteller sahen in den achtziger Jahren nicht, dass dieses Problem durch die PCs hochgradig elegant gelöst und ihre eigenen Produkte in aller Deutlichkeit in Frage gestellt wurden.

Die für Ihr Unternehmen wichtigen Personen

Manchmal muss man von hinten durch die Brust ins Auge gehen, um die wirklich entscheidenden Beobachtungsfelder zu erkennen. Wenn es um die für Sie wichtigen Personen geht, an wen würden Sie denken? Nächste Frage: Von welchen Personen kennen Sie die Telefonnummer auswendig? Aha, sind diese beiden Personenkreise identisch? Nein, gar nicht? Dann haben Sie die erste Frage hochgradig subjektiv beantwortet, aber bekanntlich ist ja alles subjektiv. Wenn Sie schon Telefonnummern auswendig kennen, dann sollten es doch diejenigen der für Sie wichtigen Personen sein, oder? Warum lenken Sie Ihre Speicherfähigkeit nicht darauf, einen möglichst heißen Draht zu den für Sie wichtigen Personen herzustellen? Warum überlassen Sie es dem Zufall? Daher müssen die für Ihr Unternehmen wichtigen Personen zwingend zu den Beobachtungsfeldern Ihres ZukunftsProjektes gehören.

Makrowelt und Mikrowelt

Täglich haben Sie mit Ihren Kunden, Ihren Lieferanten, Vertriebspartnern, Fachmedien etc. zu tun. Es ist die Welt, in der man „Branchenerfahrung" gewinnen kann. Es ist die Welt, die sich durch eine Reihe von Regeln definiert, nach denen das Geschäft funktioniert. Früher konnten wir ein ganzes Berufsleben in dieser Welt verbringen, ohne in nennenswertem Maße mit den Welten anderer Geschäfte in Berührung zu kommen. Es ist unsere Mikrowelt.
Gemeinsam mit vielen anderen Mikrowelten sind wir alle in ein und dieselbe Makrowelt gebettet. Wir teilen diese Makrowelt in das technologische Umfeld, das sozio-kulturelle, das wirtschaftliche Umfeld und das politische Umfeld auf. Je nachdem, welche Aufmerksamkeitsschwerpunkte unsere Mikrowelt hat, erleben wir die Makrowelt äußerst individuell, so dass man sagen könnte, dass es so viele subjektiv erlebte Makrowelten gibt, wie es Entscheider in den Unternehmen gibt. Wirklich ist für uns nur das, was wirkt, und umgekehrt, nur was wirkt, ist für uns wirklich.
Zur Früherkennung zukünftiger Chancen und Bedrohungen ist nahezu vollständige Extrovertierung, also der Blick nach Außen notwendig. Wer introvertiert sich selbst beobachtet, kann vielleicht heutige Stärken und heutige Schwächen, nicht aber zukünftige Chancen und Bedrohungen erkennen. Während wir die internen Bereiche Gestaltungsfelder nennen, um damit zu manifestieren, dass wir sie fast vollständig in Eigenregie steuern und gestalten können, unterliegt die Mikrowelt zwar unserem Einfluss, aber direkt steuern können wir sie nicht. Die Makrowelt schließlich können wir nur zu einem minimalen Teil steuern.

Wie Sie Ihre Beobachtungsfelder finden

Nehmen Sie sich ein Blatt Papier und zeichnen Sie die Wertschöpfungskette Ihres Geschäftes auf. Zeichnen Sie auf der linken Seite des Blattes ein Kästchen für die Lieferanten und auf der rechten Seite des Blattes zeichnen Sie ein Kästchen für den letztendlichen Nutzer Ihrer Leistung. Irgendwo dazwischen liegen Sie mit Ihrem Unternehmen, ihren Mitarbeitern und ihren

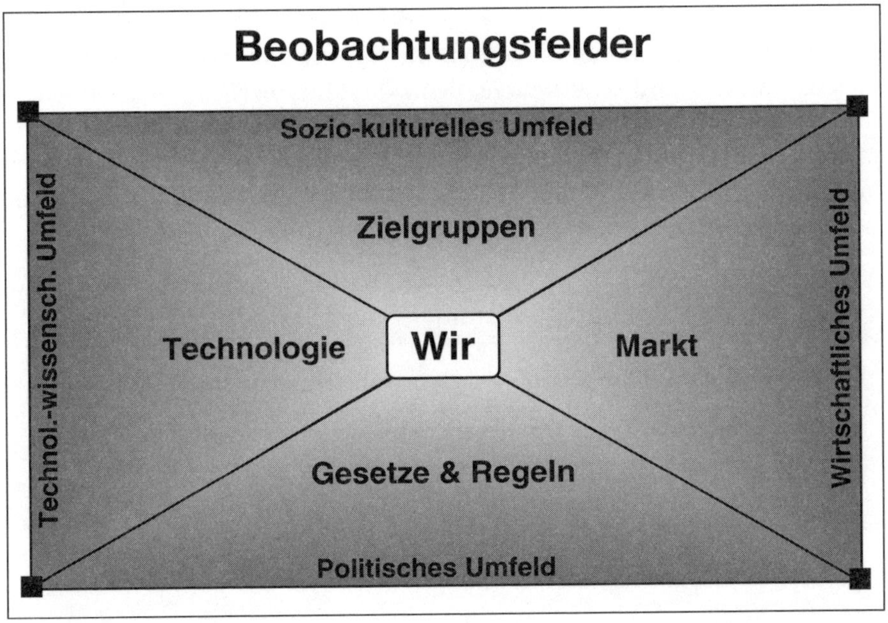

Abbildung 14; Beobachtungsfelder

externen Helfern. Das ist Ihre Mikrowelt. Legen Sie Ihr Blatt Papier jetzt auf den Boden und stellen Sie sich davor. Den Boden nördlich Ihrer Mikrowelt ernennen Sie zum „Sozio-kulturellen Umfeld". Den Boden westlich Ihrer Mikrowelt bezeichnen Sie als „Technologisches Umfeld", den Boden östlich Ihrer Mikrowelt nennen Sie „Wirtschaftliches Umfeld" und den Süden nennen Sie „Politisches Umfeld". Das ist Ihre Makrowelt. Wahrscheinlich haben Sie dann in etwa folgendes Bild hergestellt.

Im Zentrum des Bildes steht Ihr Unternehmen. Im ersten Kreis um Ihr Unternehmen haben Sie die Beobachtungsfelder in Ihrer Mikrowelt, also in Ihrem Geschäftsfeld definiert. Im zweiten Kreis um Ihre Mikrowelt sind die Beobachtungsfelder in Ihrer Makrowelt. Für die Beobachtungsfelder in der Makrowelt empfiehlt es sich aus Gründen der Komplexitätsreduktion, konkrete Indikatoren zu bestimmen. Wenn Sie die Konjunktur der deutschen Wirtschaft für relevant halten, sollten Sie dafür beispielsweise das Wirtschaftswachstum, die Inflationsrate und die Arbeitslosenquote heranziehen. Es leuchtet ein, dass Sie aus diesen Beobachtungsfeldern keine besonderen Chancen erkennen werden. Erstens sind solche Indikatoren blind für strategische Chancen, zweites gehören die beispielhaft genannten Indikatoren zum Allgemeinwissen, das beim besten Willen nicht besonders chancenträchtig sein kann und drittens gelten diese Rahmenbedingungen immer auch für Ihre Mitbewerber. Sie können sich auf diejenigen Aspekte der Makrowelt konzentrieren, die autonome Einwirkung auf die Mikroebene haben. Und das sind sehr wenige, denn die Makrowelt ist meist stochastisch, d. h. sie ist die Summe der Mikrowelten, die wiederum meist deterministisch, d. h. von menschlichen Subjekten gelenkt sind. Eine Ausnahme bildet gelegentlich die Gesetzgebung. Zu Ihren individuellen Beobachtungsfeldern werden Sie durch die folgenden Denkfragen geführt:

Checkliste 14: Beobachtungsfelder finden

- ☑ **Kernfrage:** Welche Kräfte wirken auf Ihr Unternehmen ein?
- ☑ Was gehört alles zum Umsystem Ihres Unternehmens?
- ☑ Wer spielt alles mit?
- ☑ Was beeinflusst die Entwicklung Ihres Unternehmens?
- ☑ Wovon hängt Ihr Unternehmen ab?
- ☑ Woher sind zukünftige Veränderungen zu erwarten?
- ☑ Wer hilft Ihnen?
- ☑ Welche Bezugsgruppen spielen für uns eine Rolle?
- ☑ Wer stellt Ansprüche an uns und an wen stellen wir Ansprüche?
- ☑ Was wirkt auf Ihr Unternehmen ein?
- ☑ Wovon können Chancen und Bedrohungen ausgehen?
- ☑ Wer steht Ihnen entgegen?
- ☑ Wessen Schicksal ist für uns wichtig?
- ☑ Wer sind die Hauptdarsteller?
- ☑ Wer sind die Statisten?
- ☑ Wer oder was spielt bei unseren Entscheidungen eine wichtige Rolle?
- ☑ Wer oder was ist für Ihr Unternehmen wichtig?

Um Ihnen das Nachdenken zu erleichtern, haben wir für Sie eine Checkliste möglicher Beobachtungsfelder in einer Checkliste zusammengestellt. Achten Sie darauf, dass Ihre Beobachtungsfelder nicht ein Abbild der Vergangenheit, sondern der Gegenwart und vor allem der Zukunft sind.

Checkliste 15: Beobachtungsfelder

Zielgruppen

- ☑ Volumen des Bedarfes
- ☑ Qualität des Bedarfes
- ☑ Probleme und Wünsche
- ☑ Erwartungen
- ☑ Zielgruppen-Schicksal
- ☑ Neue Zielgruppen

Markt

- ☑ Mitbewerber
- ☑ Leistungen
- ☑ Marketing & Vertrieb
- ☑ Partner
- ☑ Lieferanten
- ☑ Branchenentwicklung

Technologisch-wissenschaftliches Umfeld

- ☑ Werkstoff- und Verfahrenstechnik
- ☑ Informations- und Kommunikationstechnik
- ☑ Biotechnologie
- ☑ Meeres- und Geowissenschaften
- ☑ Rohstoff- und Ressourcentechnik
- ☑ Energietechnik
- ☑ Ökologie- und Umwelttechnik
- ☑ Land- u. Wasserwirtschaftstechnik
- ☑ Bau- und Gebäudetechnik (Domotik)

Checkliste 15: Beobachtungsfelder (Fortsetzung)

- ☑ Raumfahrttechnik
- ☑ Transport- und Verkehrstechnik
- ☑ Mensch, Gesundheit und Medizin
- ☑ Naturwissenschaften
- ☑ Geisteswissenschaften
- ☑ Sozialwissenschaften

Wirtschaftliches Umfeld

- ☑ Staaten und Staatenbünde
- ☑ Konjunktur
- ☑ Arbeitswelt
- ☑ Geld und Kapital
- ☑ Volkswirtschaftliche Kenngrößen
- ☑ Unternehmensstruktur
- ☑ Branchenstruktur
- ☑ Infrastruktur
- ☑ Kapitalmarkt
- ☑ Politik & Gesetzgebung
- ☑ Ressourcen & Energie
- ☑ Umwelt & Natur

Sozio-kulturelles Umfeld

- ☑ Bevölkerung
- ☑ Bildung
- ☑ Religion und Bewusstsein
- ☑ Siedlungsstrukturen

Checkliste 15: Beobachtungsfelder (Fortsetzung)
☑ Mobilität
☑ Freizeit
☑ Werte und Einstellungen
☑ Wohnung und Lebenswelt
☑ Lifestyles
☑ Einkauf und Konsum
☑ Gesellschaft
☑ Interessengruppen
☑ Kultur und Kultur
☑ Kommunikation & Medien
☑ Ernährung
☑ Gesundheit und Wellness
☑ Kleidung und Outfit
☑ Selbstmanagement
☑ Bürgerrolle
☑ Mobilität
☑ Haushaltsmanagement
☑ Familie und Beziehungen

Mit diesen Schritten haben Sie die Umwelt Ihres Unternehmens rudimentär, aber für den Anfang ausreichend genau abgebildet. Die wesentlichen aktiven und passiven Mitspieler zukünftiger Veränderungen sind damit definiert.

Szene 10; Der Auftakt

11. Juni, Auftakt: Der Workshop-Auftakt begann mit einer Zeitreise in das Jahr 2011. Michels führte das gespannte Projekt-Team gedanklich um einige Jahre in die Zukunft, um sie für das Vor-Denken zu sensibilisieren. Er führte kurz und knapp in die Ziele und die Methodik ein und leitete gleich über in die Definition der Beobachtungsfelder. In einer einstündigen analytischen Diskussion wurden die wesentlichen Mitspieler und Faktoren im Umfeld der Lichtenberg GmbH sauber gegliedert erarbeitet.

Geschäftsumfeld

- ❑ Zielgruppen (Kunden, aktuelle und potenzielle Zielgruppen)
- ❑ Mitbewerber (aktuelle Mitbewerber, potenzielle Mitbewerber)
- ❑ Wohnkultur (Wohnformen, Architektur, Innenarchitektur)
- ❑ Baukonjunktur (Wohnraum, Gewerberaum)
- ❑ Finanzierung (Finanzierer, Kapitalmarkt, Modelle)
- ❑ Bauentscheider (Kommunen, Planer, Grundstückseigner)
- ❑ Vorleister (Lieferanten, Subunternehmer, Wertschöpfungspartner)
- ❑ Sonstige Beobachtungsfelder

Sozio-kulturelles Umfeld

- ❑ Arbeitswelt (Unternehmensführung, Selbstmanagement, Arbeitsformen)
- ❑ Gesellschaft (Lebensstil, Familie, Werte)
- ❑ Bevölkerung (Altersstruktur, Nationen)

Technologisches Umfeld

- ❑ Bautechnologie (Werkstoffe, Verfahren, Maschinen)
- ❑ Gebäudetechnologie (Klima, Versorgung, Management)
- ❑ Computing (Kommunikation, Medien, Verwaltung, Arbeit)

Wirtschaftliches Umfeld

- ❑ EU-Volkswirtschaften (Konjunktur, Kapitalmarkt, Struktur)
- ❑ Gesetzgebung (Steuern, Baustandards, Politik)
- ❑ Infrastruktur (Transport, Verkehr, Kommunikation)
- ❑ Umwelt (Ökologie, Energie, Ressourcen)

Das war es nun, das multidimensionale und hochkomplexe Spannungsfeld, in dem sich die Lichtenberg GmbH bewegte. Ehrfürchtig wurden die Mitgestalter des Workshops gewahr, dass und wie alles mit allem vernetzt ist und jeder Versuch, diese Vernetzungen mit dem Anspruch von Genauigkeit zu berechnen geradezu naiv erscheinen musste.
Michels kombinierte die in der Vorbereitungsphase definierten Gestaltungsfelder und die eben erarbeiteten Beobachtungsfelder und zauberte daraus eine Matrix an die Leinwand. „Mit diesem Beobachtungsmodell haben wir auf die denkbar einfachste Art eine Landkarte unserer Denkfelder gemalt. Ich beschreibe zu Beginn unseres zweiten Workshop-Tages, wie wir diese Matrix im Detail nutzen werden."

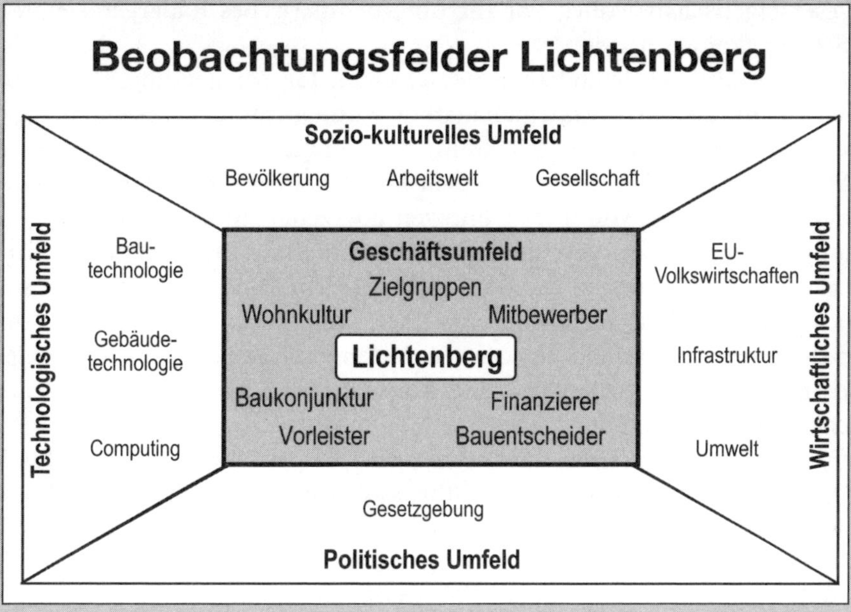

Abbildung 15; Beobachtungsfelder Lichtenberg

Das strategische Radar der Lichtenberg GmbH sollte diese Beobachtungsfelder in schöner Regelmäßigkeit und mit Sorgfalt auf Veränderungen abscannen, und jetzt stand der erste Zyklus an. Damit ging der abendliche Auftakt zu Ende und man labte sich an einer vorzüglichen Forelle nach Rheingauer Art aus der nahen Wisper. (Weiter auf Seite 181).

6.2 Wie wird sich Ihr Umfeld in Zukunft entwickeln?

Schalten Sie Ihr StrategieRadar ein

Stellen Sie sich vor, Ihr Unternehmen hätte ein Radargerät auf dem Dach Ihres Verwaltungsgebäudes. Ihrem Radargerät entgeht keine Veränderung des Umfeldes, Ihrer Kunden, Ihrer Partner und Ihrer Märkte. Bei jedem Zyklus scannt es Ihr Umfeld und meldet auffällige und weniger auffällige Veränderungen und Entwicklungen. Doch Ihr Radar sieht nicht nur die Gegenwart, es ist sogar in der Lage, aus schwachen Signalen der Gegenwart *zukünftige* Entwicklungen und Veränderungen zu antizipieren. Aufgrund dieser Eigenschaft wollen wir Ihr unternehmerisches Radargerät einfach „StrategieRadar“ nennen.

Mit Ihrem Projekt-Team haben Sie sich einen Tag Zeit genommen, um sich den Meldungen Ihres StrategieRadars zu widmen. Sie lassen es seinen Input geben und überprüfen jede Meldung auf Herz und Nieren. Nur wenn das Projekt-Team im Wesentlichen einen Konsens über diese Meldung erzielt und möglichst alle von ihrer Gültigkeit überzeugt sind, legen Sie die Meldung als gemeinsam getragene ZukunftsAnnahme und Grundlage Ihrer Strategieentscheidungen fest. Was in Ihrem Unternehmen entspricht nun diesem Radargerät? Es können nur Ihre Mitarbeiter sein. Sie allein sind in der Lage, das Umfeld zu scannen, Veränderungen und Entwicklungen wahrzunehmen, die Chancen und Konsequenzen zu erkennen und Entscheidungen zu treffen.

Wir stellen immer wieder mit Staunen und Respekt fest, dass selbst durchschnittlich zukunftskompetente Führungs-Teams den größten Teil des für die ZukunftsAnalyse benötigten Zukunftswissens bereits haben. Je stärker sich ein Beobachtungsfeld im Rahmen tagesgeschäftlicher Arbeiten bewegt, desto besser ist naturgemäß der Informationsstand. In der Start-Recherche kann sich das Projekt-Team auf das äußere Umfeld, die Makrowelt konzentrieren, denn die wesentlichen Entwicklungen der Mikrowelt sind nach aller Erfahrung in ausreichendem Maße bekannt, wenn auch nicht immer bewusst. Die Start-Recherche im äußeren Umfeld stellt zudem sicher, dass das Branchenwissen nicht veraltet, denn Veränderungen verbreiten sich in unserem Modell der Beobachtungsfelder meist von außen nach innen. Wer sich in unserer Zeit auch nur ein Jahr lang nicht mit dem äußeren Umfeld befasst hat, dessen Wissen über das eigene Geschäft ist bereits veraltet.

Die Intuition ist als Informationsquelle gerne gesehen, doch müssen wir uns klarmachen, dass unsere Intuition im wesentlichen eine Funktion unserer Erfahrungen ist. Erfahrungswissen kann mitunter sehr einschränkend für eine freie Sicht auf die Zukunft sein. Daher dürfen wir uns nicht auf die Intuition verlassen, wenn wir neue Denkwege gehen wollen. Bei der Bewertung und der Synthese der erkannten Chancen und Ideen leistet unsere Intuition dann wieder wertvolle Dienste.

Wenn wir an den zyklischen Charakter des StrategieRadar-Systems denken, leuchtet es ein, dass wir diesem dynamischen Systemverständnis folgend beim Projektstart nur eine Anschubrecherche benötigen. Im zweiten Zyklus kann die Recherche schon tiefer gehen, da sie auf erkannte Informationslücken gerichtet werden kann und die zu verarbeitende Informationsmenge auf diese Weise in einem vertretbaren Rahmen bleibt.

Beauftragen Sie jeden Teilnehmer des Projekt-Teams mit einer kurzen Recherche zu einem wesentlichen Beobachtungsfeld. So sollte etwa der Entwicklungschef einen Überblick über die zukünftigen technologischen Entwicklungen erstellen, die Vertriebsleiterin die wesentlichen Marketing- und Führungstrends zusammenstellen und der ursprünglich in Soziologie promovierte Personalchef die wesentlichen gesellschaftlichen Trends zusammenfassen. Folgende Leitfragen sind für die Ausrichtung der allgemeinen Start-Recherche hilfreich:

Checkliste 16: Start-Recherche

- ☑ Auf welche Veränderungen der Zielgruppenbedürfnisse müssen wir uns in den nächsten Jahren einstellen?
- ☑ Auf welche zukünftigen oder aktuellen Veränderungen der Wettbewerbsstruktur müssen wir reagieren?
- ☑ Wie wird die Branche allgemein in (Zeithorizont) Jahren aussehen?
- ☑ Mit welchen technologischen Entwicklungen müssen wir rechnen?
- ☑ Wie wird sich das sozio-kulturelle Umfeld verändern? (Gesellschaft, Werte etc.)
- ☑ Wie wird sich das wirtschaftliche Umfeld verändern? (Volkswirtschaft, Staat etc.)
- ☑ Welche sonstigen Veränderungen sehen Sie für die Zukunft unseres Unternehmens?
- ☑ Was müssen wir Ihrer Meinung nach verändern, um „zukunftsfähiger“ zu werden?

Checkliste 17: Informationsquellen

1. Interne Quellen

☑ Mitarbeiter (Außendienst-Interviews, interne Beobachter, interne Experten)

☑ Eigene Wissensspeicher (Intranet, Statistiken, Außendienstberichte, Rechnungswesen, Kunden-Datenbanken, Korrespondenz etc.)

2. Persönliche Kontakte

☑ Freunde	☑ Bekannte	☑ Geschäftspartner

3. Internet

4. Medien

☑ Fachmedien	☑ Tagespresse	☑ Periodika
☑ Fernsehen	☑ Radio	☑ Datennetze
☑ Szene-Zeitschriften	☑ Publikumszeitschriften	☑ Kulturzeitschriften
☑ Infoletter		

5. Informationsdienste

☑ Branchendienste	☑ Auskunfteien	☑ Nachrichtendienste
☑ Patentinformationszentren	☑ Verzeichnisse	☑ Ausschnittdienste
☑ Pressezentren	☑ Banken	☑ Verlage
☑ Adressverlage	☑ Rating-Agenturen	☑ Mitschnittdienste
☑ Datenbanken	☑ Archive	☑ Auftrags-Infodienste

6. Marktforscher

☑ Befragungen	☑ Beobachtungen	☑ Branchenreports
☑ Markt-Szenarien	☑ Zielgruppen-Typologien	☑ Produktvergleiche
☑ Mehr-Themen-Umfragen	☑ Panels	

7. Zukunftsliteratur

☑ Trendbücher	☑ Szenariostudien	☑ Branchenstudien
☑ Delphi-Reports	☑ Trend-Reports	

8. Forschungsinstitute

☑ Globale Institute	☑ Nationale Institute	☑ Technische Institute
☑ Wirtschaftliche Institute	☑ Sozio-kulturelle Institute	☑ Brancheninstitute

Checkliste 17: Informationsquellen (Fortsetzung)

9. Mitbewerber

☑ Kataloge ☑ Broschüren ☑ Geschäftsberichte
☑ Befreundete Mitarbeiter ☑ „Aktive Infobeschaffung"

10. Kunden / Zielgruppe

☑ Tiefeninterviews ☑ Fokusgruppen ☑ Kundenbeirat
☑ Bestehende Kanäle ☑ Kundenbarometer ☑ Pilotkunden
☑ Zielgruppenmedien ☑ Kundenbefragung ☑ Ladentests
☑ Testmärkte ☑ Kundenbeobachtung ☑ Feedbacksysteme
☑ Szenenteilnahme ☑ Scouts

11. Verbände

☑ Vereine ☑ Kammern ☑ Branchenverbände
☑ Interessenverbände

12. Experten

☑ Fachexperten ☑ Wirtschaftsexperten ☑ Journalisten
☑ Zukunftsforscher ☑ Unternehmensberater ☑ Trendforscher

13. Marktpartner

☑ Vertriebspartner ☑ Lieferanten ☑ Experten
☑ Kooperationspartner ☑ Wertschöpfungspartner

14. Behörden und öffentliche Unternehmen

☑ Gebietskörperschaften ☑ Ministerien ☑ Öffentliche Register
☑ Statistische Ämter ☑ Nachrichtendienste ☑ Medienanstalten
☑ Öffentliche Archive

15. Meetings

☑ Seminare ☑ Kongresse ☑ Symposien
☑ Messen ☑ Ausstellungen ☑ Tagungen

16. Kommunikationskanäle

☑ Ideenbörsen ☑ Foren in Datennetzen ☑ Mailboxen

17. Info-Dienstleister (z. B. Infobroker)

18. Eigene Suchanzeigen (z. B. für Ideen und Patente)

Die obige Checkliste gibt Ihnen einen Überblick über die wichtigsten Informationsquellen für Ihre Start-Recherche. Es gereicht Ihnen zum Vorteil, dass die Medienlandschaft heue so fraktioniert ist, denn es gibt für jedes noch so kleine und unbedeutende Fachgebiet eine Fachzeitschrift. Das Internet ist sicher die ergiebigste Informationsquelle, während die Zukunftsliteratur aufgrund ihres Aggregationsgrades naturgemäß die Zeit sparendste ist. Konzentrieren Sie sich im ersten Schritt eher auf aggregierte Zukunftsinformationen, wie Sie sie in Trendreports, Delphi-Studien und ähnlichen Publikationen finden. Achten Sie jedoch darauf, dass es sich um systematisch erstellte Projektionen der Zukunft handelt, wie sie etwa in Form von repräsentativen Befragungen vom B.A.T. Freizeitforschungsinstitut unter der Leitung von Prof. Dr. Horst Opaschowski oder von den Fraunhofer-Instituten erstellt werden. Meiden Sie zunächst solche Zukunftsliteratur, in der die genannten „Trends" eher Erfindungen des Autors sind. Diese erfundenen Trends werden dafür im zweiten und dritten Zyklus Ihres Projektes wertvolle Informationen für Sie sein, denn Sie sind so etwas wie gedanklich vorbereitete Diskontinuitäten der Zukunft.

Nach dem Wissen ist das nächstbeste zu wissen, wo man etwas findet. (Samuel Johnson)

Beobachtungssystem ZukunftsRadar

		InformationsQuellen										
	Beobachtungsfelder	Tagespresse FAZ	Fachzeitschrift	Auflend.Berichte	Kundenbefragung	Herbert Schule	Kundenberater	Trendletter	Infozentrum	Interne Beobachter	Branchenreport	
Marktumfeld	Fokusgruppen	1.1	1.2	X	X	1.5	1.6	1.7	1.8	X	1.7	1.8
	Mitbewerber	2.1	X	2.3	2.4	X	X	2.7	2.8	X	X	2.8
	Technologie	3.1	3.2	3.3	3.4	3.5	3.6	3.7	X	3.6	3.7	3.8
	Partner	4.1	4.2	4.3	4.4	X	4.6	X	4.8	4.6	4.7	4.8
	Vorleister	5.1	5.2	5.3	5.4	5.5	X	5.7	5.8	5.6	5.7	5.8
	Leistungen	X	X	6.3	6.4	6.5	6.6	6.7	6.8	6.6	X	6.8
	Vertriebswege	7.1	7.2	7.3	7.4	X	7.6	7.7	7.8	7.6	7.7	7.8
	Allgemeines Marktumfeld	8.1	8.2	8.3	8.4	8.5	8.6	X	8.8	X	8.7	8.8
Allg. Umfeld	Sozio-kulturelles Umfeld	9.1	9.2	X	9.4	9.5	9.6	X	9.8	9.6	9.7	9.8
	Technologisches Umfeld	10.1	X	10.3	10.4	10.5	10.6	X	X	10.6	10.7	10.8
	Wirtschaftliches Umfeld	X	11.2	11.3	11.4	11.5	11.6	X	11.8	11.6	11.7	11.8
	Politisches Umfeld	X	12.2	12.3	12.4	12.5	12.6	X	12.8	12.6	12.7	12.8

Abbildung 16; Beobachtungssystem

Stellen Sie Ihr individuelles Informationsmenü mit Hilfe einer einfachen Matrix zusammen. In die linke Spalte schreiben Sie nacheinander die für Ihr Unternehmen wesentlichen Beobachtungsfelder. Dann definieren Sie gemeinsam mit Ihrem Projekt-Team für jedes Beobachtungsfeld die geeignete Informationsquelle, schreiben diese in die oberste Zeile und markieren die jeweiligen Kreuzungspunkte. Dabei können Sie für jeden Beobachtungsbereich mehrere Informationsquellen bestimmen und jede Informationsquelle mehreren Beobachtungsfeldern zuweisen. Die recherchierten Informationen können unterschiedlichster Natur sein:

- Sogenannte „schwache Signale", d. h. als sehr unscharfe, unstrukturierte Information (z. B. Andeutungen in Nachrichten, Vorträgen und sonstigen Veröffentlichungen etc.)
- Fundierte ZukunftsAnnahmen (z. B. aus einer professionellen Delphi-Studie)
- Qualitative Indikatoren (z. B. Geschäftsklima)
- Quantitative Indikatoren (z. B. Auftragsbestand der Branche).

Grundsätzlich sind alle Manifestationsformen von Zukunftsinformationen willkommen. Der höhere Konkretisierungsgrad der quantifizierbaren Informationen wird mit einem geringeren Chancenpotenzial bezahlt und die chancenträchtige Unschärfe der weichen Informationen geht mit einer schwierigeren Handhabbarkeit einher.

Die Rechercheergebnisse können als Mindmap oder in Form einer Folienpräsentation vorbereitet werden. Wichtig ist, dass sich das Projekt-Team zunächst auf die wesentlichen Kernpunkte konzentrieren kann. Wer mit umfassenden und allzu detaillierten Rechercheergebnissen glänzen will, ist zu Beginn des Projektes fehl am Platze.

Im zweiten ZukunftsProjekt können Sie daran denken, Ihre Informationsversorgung zu perfektionieren und zu organisieren. Hierbei können moderne Werkzeuge des Informationsmanagements, wie die zahlreichen bedarfsprofilgerechten Alarm- und Informationsdienste der Datenbankanbieter sowie beispielsweise die Software „GrapeVine" eingesetzt werden, die den Anspruch haben, jeden in Ihrem Unternehmen mit den für ihn relevanten und wichtigen Informationen zu versorgen.

ZukunftsAnnahmen als Zukunftswerkzeug

Das Ziel des Vor-Denkens ist es, konkrete ZukunftsAnnahmen über zukünftige Entwicklungen der relevanten Beobachtungsfelder aufzustellen. Das Ergebnis ist eine Zukunftslandschaft, die sich aus den erwarteten und wahrscheinlichen Entwicklungen der wesentlichen Beschreibungsmerkmale zusammensetzt. Die ZukunftsAnnahme ist dabei ein wesentliches gedankliches Werkzeuge, das Sie in diesem Abschnitt kennenlernen.

Was sind ZukunftsAnnahmen?

„Bis zum Jahr 2014 wird es ein Solarkraftwerk im All geben". „Die Nanotechnologie wird unser Geschäft nicht vor dem Jahr 2009 erreichen". „Im Jahr 2010 wird die Hälfte der Haushalte in unserem Einzugsgebiet aus Einpersonenhaushalten bestehen". Diese Aussagen haben eines gemeinsam; sie sind Annahmen über zukünftige Entwicklungen. Jede menschliche Entscheidung basiert auf Annahmen. Zukunftsorientiertes Handeln ist ohne ZukunftsAnnahmen über zukünftige Entwicklungen und Veränderungen nicht möglich. So wie Menschen nicht ohne Ziele leben können – auch das vermeintlich ziellose und uns unverständliche Handeln eines Amokläufers hat das hormonell gesetzte Ziel der Rache oder der Befriedigung -, so können Menschen nicht ohne ZukunftsAnnahmen leben. Sie haben dieses Buch in der mehr oder minder bewussten Annahme gekauft, dass Sie darin eine Reihe wertvoller Anregungen finden werden. Sie leisten täglich Ihre Arbeit in der Annahme, dass Sie dafür eine Gegenleistung erhalten werden. Sie kaufen eine Aktie in der Annahme, dass sie im Wert steigen wird oder dass zumindest die Dividendenrendite auskömmlich ist. Jedes unternehmerische Handeln basiert auf Annahmen über die aktuellen Zustände und die zukünftigen Entwicklungen wichtiger Wirkkräfte. Diese Annahmen entfalten selbst dann ihre Wirkung, wenn sie vollkommen unbewusst und unsystematisch entstanden sind. Sie nehmen beispielsweise an, ...

- dass Ihre Kunden auch in fünf Jahren noch einen Bedarf an Ihren Produkten und Dienstleistungen haben werden
- dass die Statik Ihres Hauses ordnungsgemäß berechnet wurde
- dass Sie in einem halben Jahr noch einen Arbeitsvertrag oder Liefervertrag haben werden
- dass der Standard Ihres Produktes auch in zwei Jahren noch marktgängig sein wird

- dass die bestellte Stanzmaschine auch in fünf Jahren noch ausgelastet sein wird.
- dass Sie in sieben Jahren noch problemlos gehen können.

Manche behaupten, aus der Erkenntnis der Unvorhersehbarkeit der Zukunft solle man doch bitte die Konsequenz ziehen und es ganz lassen. Wir müssen dann zurückfragen, wie wir täglich unseren strategischen Weg mit Investitionen auf Jahre und Jahrzehnte hinweg festlegen, dann aber davon absehen wollen, unsere ohnehin existierenden ZukunftsAnnahmen einer konsequenten Prüfung zu unterziehen. Wenn die ZukunftsAnnahmen nicht stimmen, gibt es Beulen.

Unternehmenserfolge entscheiden sich zuerst an der Qualität der ZukunftsAnnahmen, also am Grad der Übereinstimmung der Realität mit Ihrer angenommenen Wirklichkeitskonstruktion. Unternehmensstrategien sind meist richtig, es sind die zugrundeliegenden ZukunftsAnnahmen, die häufig falsch sind. Ob ein neu gegründetes Unternehmen erfolgreich sein wird, entscheidet sich zuallererst an zwei wesentlichen ZukunftsAnnahmen. Die erste ZukunftsAnnahme lautet: „Es gibt genügend Nachfragepotenzial für die Leistungen des Unternehmens". Die zweite ZukunftsAnnahme lautet: „Unser Leistungsprofil unterscheidet sich in den Augen der Käufer wesentlich und positiv von dem der etablierten Anbieter." Während die erste Annahme den Umsatz „garantiert", sorgt die zweite Annahme dafür, dass vom Umsatz auch eine Umsatzrendite übrigbleibt. Sie mögen es für banal halten, aber genau an diesen beiden ZukunftsAnnahmen entscheiden sich die Erfolge neuer Produkte und neuer Unternehmen. Wenn die ZukunftsAnnahmen falsch sind, wird sich Ihr Unternehmen falsch entwikkeln, denn der beste Kapitän wird sich verfahren, wenn seine Grundüberzeugungen ihm den falschen Kurs als richtig erscheinen lässt.

Nicht umsonst besteht eine sehr wirkungsvolle Kreativitätstechnik darin, die einer Situation, Entscheidung oder einem Produkt zugrundeliegenden ZukunftsAnnahmen systematisch und hartnäckig in Frage zu stellen. Wenn Sie ein Haus bauen sollten, dann fragen Sie, ob es ein Dach haben muss, ob es einen Keller haben muss, ob wir einen Schlüssel brauchen, um eintreten zu können, ob es Fenster braucht, die man öffnen kann, ob die Wände fest sein müssen und so weiter. Sie werden feststellen, dass wir im Prinzip alles in unserem Leben und Arbeiten in Frage stellen können und so zu neuen Lösungen kommen.

Sie planen, gestalten und führen Ihr Unternehmen auf der Grundlage Ihres Weltbildes, also auf der Grundlage Ihrer ZukunftsAnnahmen. Wenn Sie zukunftskompetent sein und bleiben wollen, müssen Sie diese ZukunftsAnnahmen auf den Tisch legen bzw. zu Papier bringen. Erst dann wird es möglich, Fehler und Möglichkeiten bereits zu erkennen, bevor sie überhaupt ein Projekt gestartet oder eine Investition getätigt haben. Wenn Sie Ihre Zukunftslandschaft gemalt haben, können Sie unerwartete Entwicklungen leichter erkennen.

ZukunftsAnnahmen sind die Spitze der Wissenspyramide

ZukunftsAnnahmen sind eine gute Chance, der Informationsflut über mögliche Zukünfte zu begegnen. ZukunftsAnnahmen sind der Ausweg aus der immer weniger überschaubaren und teilweise auch beängstigenden Beschleunigung der wirtschaftlichen Veränderungen. Das Wesentliche bleibt und war schon immer einfacher als die Details. Für den einzelnen Menschen und auch für das Team ist es nicht mehr möglich, sich im Tagesgeschäft ein wirklich umfassendes Bild von allen relevanten Markttrends zu machen. Das umfassende Verstehen und Nachvollziehen all dieser Entwicklungen ist schon fast zur Illusion geworden.

Das Bild des Gesichtes eines Menschen ist die Spitze der Wissenspyramide über einen bestimmten Menschen. Vielleicht ist es auch sein Name, das kommt auf Ihre bevorzugte Speicherart an. Alles andere, was wir über diesen Menschen wissen, öffnet sich uns, wenn wir an ihn denken. Es geht natürlich auch anders. Wenn wir an Bogenschießen denken, fallen uns Menschen ein, mit denen wir diesen Sport verbinden. Auch hier haben wir wieder eine Wissenspyramide, die wir allerdings erst horizontal und dann vertikal von unten her durchdacht haben. Den Begriff Wissenspyramide haben wir gewählt, als wir uns vorstellten, wie ein Gefäß für ein sich dreidimensional verzweigendes Geäst wohl aussähe. Es sähe eben aus wie ein Kegel bzw. eine Pyramide. Wenn Sie sich eine Mindmap entsteht hinter jedem Hauptast im so etwas wie ein Trichter, ein Kegel oder eben eine Pyramide.

Die Spitze der Informationspyramide ist der höchste Zusammenfassungsgrad eines Sachverhaltes oder eines Wissensgebietes. Es ist praktisch der Satz im literarischen Sinne, der das Wesentliche beschreibt. Ein Beispiel: Die Verbreitungsgeschwindigkeit neuer Produkte und Dienstleistungen tendiert zur weltweiten Echtzeitdiffusion. Hinter diesem Satz steht ein ganzer Wissenschaftsbereich, der sich mit der Diffusion, d. h. der Verbreitung von Informationen beschäftigt. Hinter diesem Satz stehen auch unzählige Beispiele für Produkte und Dienstleistungen, die sich mit einer unglaublich hohen Geschwindigkeit über den ganzen Globus verbreitet haben. Dazu gehören CNN-Nachrichten, der Walkman oder auch der Internet-Navigator von Netscape. Wenn wir die Wissenspyramide umdrehen, haben wir den Wissenstrichter. Der Trichter ist am dünnen Ende gerade so breit, dass eine Schlagzeile herauskommt.

Zukunftswissen für Unternehmer liegt in mannigfaltigen Manifestationsformen vor. Das Spektrum reicht von der detaillierten Prognose in harten Zahlen über das fundierte Szenario in Textform bis hin zur nicht fassbaren Ahnung eines Experten. Mit den Annahmen über zukünftige Entwicklungen kommen Sie in die Lage, all diese Manifestationsformen von Zukunftswissen nebeneinander zu verarbeiten.

Was ist die Spitze einer Wissenspyramide? Jeder Wissensraum ist kegelförmig bzw. pyramidenförmig. Je tiefer man in das Wissensgeflecht eindringt, desto größer wird die zur geistigen Informationsverarbeitung erforderliche Kapazität. Sie wächst exponentiell. Die Spitze der Wissenspyramide zur Astrophysik könnte etwas lauten: „Es gibt ein Universum". Darunter kommen die ebenfalls sehr groben Informationen „im Universum existiert eine unbekannte Zahl von Galaxien" oder „die Erde ist ein Planet des Sonnensystems". Die nächste Ebene könnte darüber informieren, dass die Erde der dritte Planet des Sonnensystems ist, oder dass das Sonnensystem in einer Galaxie liegt, die „Milchstraße" heißt. Der Satz „es gibt einen Mond" ist eine typische Spitze einer Informationspyramide. An den breiteren Stellen der Pyramide befindet sich beispielsweise das detaillierte Wissen über die Zusammensetzung des Mondgesteins oder über den Entstehungszeitpunkt unseres Trabanten. An der breitesten Stelle der Pyramide – die wir natürlich niemals sehen und kennen können – steht das Wissen über jedes einzelne Atom des Mondes und jedes einzelne Atom das mit diesen außerhalb des Himmelskörpers in Verbindung steht. Wenn wir also als Schreibwarenhändler die zukünftige Entwicklung der Nachfrage nach Büroklammern beschreiben wollen, so werden wir uns vielleicht auf die Stückzahl pro Jahr konzentrieren und wir werden vernachlässigen, wie diese Zahl zustande gekommen sein wird. Wenn wir allerdings selbst Büroklammern herstellen, werden wir sehr viel tiefer einsteigen müssen und uns um mehrere kleine Wissenspyramiden rund um die Büroklammer kümmern müssen, so etwa um die Kupferressourcen, die Maschinenkosten pro Stunde, die Technologien zur Korrosionsverhinderung oder um die sozio-kulturelle Einstellung zur Büroklammer.

Je weiter das Beobachtungsfeld von ihrem Geschäft weg ist, desto eher können Sie sich auf das Wesentliche konzentrieren. Aber nur in der Makrowelt, also in den äußeren Umfeldbereichen bringt uns der Überblick über große Wissenspyramiden mehr Nutzen als das Detail. In der Mikrowelt verkehrt sich diese Regel ins Gegenteil. Je näher das Beobachtungsfeld ihrem Kern-

Die größte Gefahr in Zeiten der Veränderung ist nicht die Veränderung an sich, sondern das Handeln mit der Logik von gestern.
(Peter F. Drucker)

geschäft ist, desto wichtiger werden Details, desto notwendiger ist es also, aus einer großen Wissenspyramide weitere kleine Wissenspyramiden zu machen. In den äußeren Umfeldbereichen bringt uns der Überblick erheblich mehr Nutzen als das Detail. In der Mikrowelt, d. h. in den inneren Umfeldbereichen wird das Detail zunehmend wichtiger, denn den Überblick über Ihre Branche haben Sie in der Regel bereits vorher. Das Detail wird auch dann um so notwendiger und sinnvoller, je näher Sie beim Nachdenken über zukünftige Entwicklungen dem Kunden kommen.

Projektionen und ZukunftsAnnahmen

Wer hat sich nicht schon frustriert abgewendet, wenn wieder einmal in ein und derselben Fachzeitschrift zwei vollkommen widersprüchliche Voraussagen getroffen wurden. Sie gieren nach Orientierung und ernten Verwirrung. Zukunftsforscher A legt in einem 500-Seiten-Buch voller Faszination die Zukunft der Technologie dar und Zukunftsforscher B wird nicht müde, die Unmenschlichkeit der seiner Meinung nach kommenden Computerwelt anzuprangern.
Lernen Sie, deutlich zwischen Projektionen und Ihren ZukunftsAnnahmen zu unterscheiden. Projektionen sind Aussagen über die Zukunft, die mit der Absicht möglichst großer Eintrittswahrscheinlichkeit getroffen werden. Wodurch wird die Projektion zur ZukunftsAnnahme?
Die Projektion wird durch Glaube und Annahme zur ZukunftsAnnahme. Erstens müssen Sie und Ihr Führungsteam an die Projektion des Zukunftsforschers oder Zukunftsdenkers glauben und als Ihre ZukunftsAnnahme annehmen. Es mag wie ein kleiner Unterschied wirken, aber die Bedeutung ist enorm. Der Unterschied zwischen Projektion und ZukunftsAnnahme ist verantwortlich dafür, …

- dass es ein Irrweg ist, sich „die Zukunft“ Ihres Marktes von einem Trend- oder Zukunftsbüro erarbeiten zu lassen,
- wenn ZukunftsProjekte im Streit des Führungs-Teams enden,
- wenn sich die Mehrzahl der Menschen von der Nutzung des vorhandenen Zukunftswissens fernhält.

Die fremde Projektion ist eigentlich nicht mehr als eine Kreativitätshilfe für Ihre ZukunftsAnnahmen. Erarbeiten Sie daher Ihre *eigenen* ZukunftsAn-

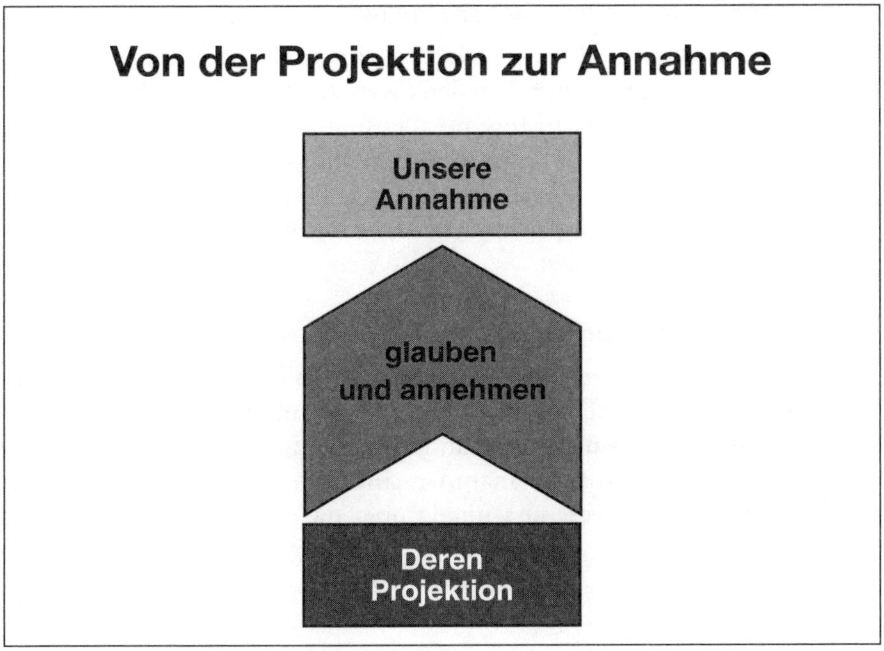

Abbildung 17; Von der Projektion zur Annahme

nahmen über zukünftige Entwicklungen. Nur wenn Sie Projektionen in der Erscheinungsform von Prognosen, Szenarien und Trends durch den Filter Ihrer Urteilsfähigkeit laufen lassen, können Sie in hohem Maße von der Arbeit der Trendforscher und Zukunftsforscher profitieren.

Zum Charakter von ZukunftsAnnahmen

Annahmen über zukünftige Entwicklungen haben eine Reihe besonderer Eigenschaften, die wir an dieser Stelle im Überblick darstellen wollen.

ZukunftsAnnahmen sind Glaubenssätze

Glaubenssätze sind es, die unser Verhalten und unsere Entscheidungen leiten. Probleme, Risiken, Chancen und Bedrohungen lassen sich an greifbaren Glaubenssätzen sehr früh erkennen. Glaubenssätze sowie ZukunftsAnnahmen werden greifbar, indem wir sie niederschreiben, denn dadurch sind wir gezwungen, unsere ZukunftsAnnahmen zu präzisieren und sie unserem vollen Bewusstsein gegenüber offenzulegen. Im Ergänzungskapitel „Erfolgsfaktor ZukunftsKompetenz“ unter ➔**www.Micic.com** lesen Sie mehr zum Thema der Glaubenssätze.

ZukunftsAnnahmen sind wie Leitplanken

ZukunftsAnnahmen sind wie die Nebenbedingungen in einer mathematischen Optimierung. Sie schränken den Raum der zukünftigen Möglichkeiten ein. Sie tragen damit zu unserer Orientierung bei, machen uns Entscheidungen leichter und lassen uns handlungsfähiger sein. Damit Sie wichtige Themen nicht unbeabsichtigt ausschließen, müssen Sie Ihre ZukunftsAnnahmen mit Sorgfalt und Bedacht formulieren und sie regelmäßig auf den Prüfstand stellen.

ZukunftsAnnahmen sind heuristisch

Durch das Aufstellen einer ZukunftsAnnahme wollen wir den zugrundeliegende Sachverhalt verstehen und unser Wissen über ihn verbessern. ZukunftsAnnahmen sind nicht als hundertprozentige Voraussagen über die Zukunft zu sehen. ZukunftsAnnahmen sind keine festen Prognosen, sondern zunächst einmal Vereinbarungen über die gemeinsam geteilte Sicht der Zukunft, die immer wieder revidiert werden müssen. ZukunftsAnnahmen reflektieren das derzeitige Wissen über die Zukunft und können daher nicht mehr als der Ausgangspunkt für permanentes Beobachten und Lernen sein. So wie Sie seit eh und je Sollwerte für Ihre Kostenarten und Kostenstellen setzen, um am Delta zwischen Soll und Ist ungewünschte Entwicklungen zu erkennen, so setzen Sie mit Ihrer ZukunftsAnnahme Wird-Werte für die Zukunft. ZukunftsAnnahmen sind daher heuristisch ohne selbst wirklich wahr sein zu müssen, weil sie dazu beitragen, die Zukunft noch besser zu verstehen.

ZukunftsAnnahmen sind keine Chancen

Häufig werden Trends und Projektionen und damit auch ZukunftsAnnahmen mit Chancen verwechselt. Während Chancen Handlungsmöglichkeiten sind, deren Durchführung einen deutlich erkennbaren Nutzen bringen würde, sind ZukunftsAnnahmen nichts anderes als der Versuch, die zukünftige Entwicklung einschätzen zu wollen. Chancen gibt es nur in Verbindung mit Aktivität. ZukunftsAnnahmen hingegen unterstellen zunächst einmal eine passive Haltung zum Gang der Welt.

ZukunftsAnnahmen können auch diskontinuierliche Entwicklungen beinhalten

Menschliches Denken neigt zur Extrapolation. Es geht davon aus, dass sich die Dinge weiterhin so entwickeln werden, wie sie sich bisher entwickelt haben. Doch trotz aller Fortschritte werden Menschen niemals 100 m in einer

Sekunde laufen und wir werden auch nicht 100 Milliarden Menschen auf der Erde erleben. Ohne Anleitung stellen Menschen Voraussagen über die Zukunft primär als lineare Entwicklungen dar. Selbst wenn wir betonen, dass viele Entwicklungen exponentiellen oder sprunghaften Charakter haben, bleiben unsere Workshop-Teilnehmer gerne bei ihrem geradlinigen Denken. ZukunftsAnnahmen können und sollen jedoch auch diskontinuierliche Veränderungen beschreiben, wie etwa die (von uns nicht geteilten) Überzeugungen, dass sich der Siegeszug des gemäßigten Kapitalismus in sein Gegenteil verkehren wird und dass in Europa bis zum Jahr 2022 ein sozialistisches Wirtschafts- und Sozialsystem eingeführt wird oder die ZukunftsAnnahme, dass bis 2040 ein Meteorit 60% der Lebewesen auf der Erde töten könnte. ZukunftsAnnahmen dieser Art zeigen deutlich auf ihren Autor. ZukunftsAnnahmen über zukünftige Entwicklungen sagen ebenso viel über die Zukunft wie über die Zeit, in der sie aufgestellt wurde und über den Autor, der sie aufstellte. Die Technikbegeisterung der sechziger Jahre gebar beispielsweise die ZukunftsAnnahmen über bemannte Planetenflüge bis 1980.

Scanning und Monitoring

Scanning beschreibt ein unscharfes, extensives Beobachten des Umfeldes. Wayne Burkan beschreibt eine solche Beobachtungsweise als „Streublick" des Geheimdienstlers und des Bodyguards[34]. Sobald er aufhöre, die Menschenmenge um seinen Schützling auf Auffälligkeiten hin zu scannen und sich statt dessen auf einzelne Menschen konzentriere, verliere er sofort den Überblick. Fokussierung führt zu Blindheit. Die Masse an Informationen lässt sich nur verarbeiten, wenn man sich auf das Scanning konzentriert. Sobald ein Mensch in der Menge auffällt – häufig wissen die Bodyguards noch nicht einmal genau warum – beginnt die Phase des Monitoring, also einer spezifischen scharfen und intensiven Beobachtung dieses Menschen. Zur gleichen Zeit jedoch müssen die anderen Bodyguards weiterhin das Umfeld scannen. Die gleiche Strategie wendet im Prinzip ein guter Fußballspieler wie auch ein Kampfflieger an. ZukunftsAnnahmen entstehen durch Scanning des Umfeldes. Sobald eine ZukunftsAnnahme aufgestellt ist, beginnt das Monitoring dieser ZukunftsAnnahme und ihrer Wahrheit.

ZukunftsAnnahmen erfordern Konsens im Führungsteam

Ihre Unternehmensstrategie basiert, wie wir nun wissen, auf einer Reihe von ZukunftsAnnahmen. Wenn Sie Ihre Strategie nicht ganz alleine, sondern vielleicht mit ein paar Kollegen, Führungskräften und Leistungsträgern umsetzen wollen, tun Sie gut daran, einen Konsens über die Basisannahmen herbeizuführen. Jede Unternehmensstrategie ist zum Scheitern verurteilt, wenn die Leistungsträger die verschiedensten Meinungen über die Basisannahmen haben.

Ihr Team schafft sich mittelfristig exakt den Grad an Komplexität und Innovation, den es vertragen kann

Wir haben StrategieRadar-Workshops mit den verschiedensten Unternehmen und Gruppen durchgeführt. Dabei haben wir die unterschiedlichsten Grade der Zukunftssicht kennen lernen dürfen. Es wurde immer offensichtlicher, dass sich zukunftskompetente Teams mit einem relativ hohen Grad an Komplexität und Innovation wohl fühlten, während Teams, die in Zukunftsangelegenheiten weniger vorbelastet waren, mit weitaus weniger Innovation und Komplexität zufrieden waren. So haben wir lernen dürfen, dass es nur in seltenen Fällen hilfreich war, viel neues Zukunftswissen in den Workshop einzubringen, denn es wurde nicht akzeptiert. Das mag man beklagen, denn schließlich schmort man im eigenen Gedankensaft, aber die Klagen ändern nichts an der Tatsache. Verlassen Sie sich also darauf, dass Ihr Projekt-Team mittelfristig exakt denjenigen Grad an Komplexität und Innovation schafft, den es vertragen kann.

Syntax der Zukunft

Was wir nicht sagen können, das können wir auch nicht richtig denken. Daher lohnt es sich, einen Blick auf eine nützliche Formulierung Ihrer ZukunftsAnnahmen zu werfen. Eine ZukunftsAnnahme besteht aus einer Schlagzeile und eventuell aus einem präzisierenden Annahmentext mit möglichst nicht mehr als fünf Zeilen. Anstelle einer Schlagzeile können Sie auch ein Schlagwort oder Schlüsselwort verwenden, wie z. B. das abgewetzte „Cocooning“, die vielbeschworene „Globalisierung“ oder die „Fragmentierung“, denn Schlagwörter merken wir uns noch sehr viel leichter als vollständige Sätze. Alte und junge Werbehasen wissen um die magische Wirkung der Anzeigenüberschrift und Generationen von Journalisten aller Medien haben deshalb an ihren Formulierungskünsten gefeilt. Die gute Schlagzeile als Annahmenüberschrift …

- sorgt dafür, dass wir uns die Nachricht besser für unsere alltäglichen Entscheidungen merken können,
- dass wir die „Spitze der Informationspyramide“ erfassen und so den Überblick behalten können,

- dass wir unser Zukunftswissen unseren Kollegen und Kunden besser „verkaufen“ können.

Eine einfache und gute Inhaltsstruktur einer ZukunftsAnnahme lässt sich nach der ZWIQ-Formel bestimmen. Die ZukunftsAnnahme sollte möglichst knapp die folgenden Informationen geben:

- **Z**eithorizont („ ist absehbar, bis 2011, bald“ etc.)
- **W**ahrscheinlichkeit („ist, wird, könnte, nicht auszuschließen“ etc.)
- **I**ntensität der Auswirkungen („an Bedeutung gewinnen, revolutionieren, beeinflussen“ etc.)
- **Q**uelle der zugrundeliegenden Information.

Da Sie es bei Ihren Mitgestaltern kaum mit ausgebildeten Zukunftsforschern zu tun haben, ist diese Art der Annahmenformulierung ein praktikabler Weg, zwar eine umfassende und präzise Aussage zu treffen, aber dennoch auf unübersichtliche und dem unternehmerischen Entscheiden fremde Tabellenwerke zu verzichten. Durch eine saubere Differenzierung der Zeithorizonte, eine subtile Auswahl der die Wahrscheinlichkeit und die Intensität ausdrückenden Wörter und schließlich durch optionale Angabe der zugrundeliegenden Quellen haben Sie ein sprachliches und erkenntnistheoretisches Spektrum an der Hand, das „wissenschaftliche“ Darstellungsmodelle in aller Regel vermissen lassen. Folgendes Beispiel mag das illustrieren:

Die Anzahl der Einpersonenhaushalte in den größten europäischen Ballungsgebieten wird bis 2005 auf über 50% steigen. *In Frankfurt hat die Prozentzahl der alleinwohnenden Personen seit 1992 die 50%-Marke überschritten. Eine niederländische Studie rechnet sogar damit, dass dieser Prozentsatz im dritten Jahrtausend noch weiter ansteigt und entsprechend noch mehr Einpersonenwohnungen benötigt werden (Architektenkongress, Prof. Dr. Iring Fischer).*

Diese ZukunftsAnnahme drückt durch das Wort „wird“ eine Wahrscheinlichkeit von 100% aus. Der Zeithorizont ist präzise angegeben und die Intensität der Entwicklung ist im präzisierenden Annahmentext ausgedrückt. Für Ihre ZukunftsAnnahmen muss es Ihnen gelingen, mit den vielen Generalisierungen, Ungenauigkeiten und Vieldeutigkeiten in unserer Sprache so umzugehen, dass präzise Kommunikation gesichert ist. Es ist ein großer Unterschied, ob Sie davon ausgehen, dass „asiatische Wettbewerber die geforderte Kundennähe nicht bieten können“ oder ob Sie „nicht ausschlie-

ßen, dass asiatische Wettbewerber die geforderte Kundennähe nicht bieten können". Nach unserer Erfahrung stellt das Denkwerkzeug der „Zukunfts-Annahme" die effektivste Art und Weise dar, all die unzähligen Facetten möglicher Zukunftsentwicklungen und -veränderungen in einer einzigen Form darzustellen, die noch dazu jedem Menschen mehr oder minder geläufig und für jeden in seinem täglichen Tun anwendbar ist, nämlich der menschlichen Sprache! So wie die menschliche Sprache seit Millionen von Jahren entwickelt wird, lernen wir auch heute noch nach weit mehr als einem Jahrzehnt der Arbeit an dieser Neues für unsere Fähigkeit, Zukunfts-Annahmen über zukünftige Entwicklungen präzise zu formulieren.
Wenn Sie Ihre Workshop-Arbeit von Beginn an noch stärker professionalisieren wollen, können Sie anstelle der einfachen ZWIQ-Formel die folgende Tabelle verwenden:

Checkliste 18; Syntax der Zukunft

Syntax der Zukunft

Brauchbare Annahmen formulieren

Beispiel: Die Lieferantentreue unserer Kunden wird bis 2004 enorm abnehmen!

Beobachtungsfeld	Indikator	Zeithorizont	Entwicklung	Wahrscheinlichkeit	Intensität
Um welches Beobachtungsfeld geht es?	Welchen Indikator des Beobachtungsfeldes betrifft es?	Um welchen Zeitpunkt oder Zeitraum geht es?	Wie entwickelt sich dieser Indikator?	Wie wahrscheinlich ist diese Entwicklung?	Wie intensiv ist die Entwicklung?
◆ Kunden ◆ Technologie ◆ Mitbewerber	◆ Lieferantentreue ◆ Bit-Transferrate ◆ Vertriebsweg	◆ 2005 ◆ 2036 ◆ In zehn Jahren ◆ Nächstes Jahr	◆ steigen ◆ stagnieren ◆ abnehmen ◆ beschreiten	◆ wird ◆ wird wahrscheinlich ◆ könnte ◆ nicht auszuschließen ◆ muss	◆ allmählich ◆ revolutionär ◆ gewinnt an Bedeutung ◆ explodierend ◆ enorm

Weitere Angaben: Quellen, Erläuterungen, Einschränkungen

Wie Sie Ihre eigenen ZukunftsAnnahmen aufstellen

In unserer Arbeit hat sich eine methodische Sequenz herausgeschält, die das Arbeiten mit ZukunftsAnnahmen vergleichsweise leicht macht. Diese Vorgehensweise wurde in zahlreichen Workshops mit Unternehmen verschiedenster Art und Größe angewendet. Immer wieder konnten wir einen Algorithmus anwenden und optimieren, den wir Ihnen hier vorstellen möchten.

Wählen Sie überschaubare Beobachtungsfelder

Je genauer sie das untersuchte Beobachtungsfeld beschreiben, desto leichter wird es Ihnen fallen, konkrete Aussagen dazu zu treffen. Wählen Sie beispielsweise den großen Umfeldbereich Technologie, werden Sie kaum in der Lage sein, in einer vertretbaren Zeit sinnvolle ZukunftsAnnahmen dazu aufzustellen. Wie im obigen Abschnitt zur Definition der Beobachtungsfelder dargelegt, müssen Sie Technologie also weiter unterteilen, beispielsweise in Computertechnologie, Kommunikationstechnologie, Transporttechnologie, Meerestechnologie und so weiter. Wenn Sie jetzt die Zukunft der Computertechnologie bestimmen wollen, kann es sein, dass auch dieser Beobachtungsbereich noch zu grob ist. Je wichtiger die Computertechnologie für Ihr Unternehmen ist, desto notwendiger und sinnvoller ist eine weitere Unterteilung, etwa in Hardware- und Softwaretechnologie. Die Softwaretechnologie lässt sich wiederum weiter unterteilen in Wissenssoftware, Anwendungssoftware, Branchensoftware, Kommunikationssoftware etc. Das Beobachtungsfeld „Zielgruppe" können Sie zumindest unterteilen in „Kunden" und „Nicht-Kunden". Die Kunden können Sie wiederum nach den verschiedensten Kriterien unterteilen.

Bestimmen Sie die Bearbeitungsreihenfolge

Denken Sie zurück, wann Sie zum letzten Mal etwas Grundlegendes in Ihrem Unternehmen verändert haben. Die Wahrscheinlichkeit ist groß, dass diese Veränderung durch eine Entwicklung des Umfeldes ausgelöst wurde. Wenn Sie eine neue integrierte Software für die Auftragsbearbeitung und die Finanzbuchhaltung eingeführt haben, dann könnte eine Neuentwicklung eines externen Softwarehauses, ein ebenfalls diesen Weg gehender Mitbewerber oder auch die gesetzlich gegebene Notwendigkeit zum Umweltmanagement der Auslöser gewesen sein. Wenn Sie den inneren Drang spüren, ein für den Markt vollkommen neues Produkt zu entwickeln, so orientieren Sie sich vernünftigerweise an den gegenwärtigen und zukünftigen Erfordernissen des Marktes. Wie wir es auch drehen und wenden, irgendwie sind alle internen Veränderungen zum großen Teil extern motiviert. Analog dazu verhält es sich zwischen dem Marktumfeld und dem allgemeinen Umfeld. Veränderungen des Marktumfeldes sind in aller Regel stärker durch das allgemeine Umfeld ausgelöst, als das allgemeine Umfeld vom Marktumfeld verändert wird. Zwar hat es für das allgemeine wirtschaftliche Umfeld erhebliche Bedeutung, wie sich der Automobilmarkt entwickelt, doch hängt genau diese Entwicklung zu wesentlichen Teilen davon ab, welche technologischen, politischen, sozio-kulturellen und wirtschaftlichen Verhältnisse das allgemeine Umfeld bereit hält.

Wenn wir uns also die harmlos klingende Frage nach der richtigen Bearbeitungsreihenfolge für die Beobachtungsfelder stellen, dann scheint es geboten zu sein, zunächst das allgemeine Umfeld als Orientierungsrahmen und dann das Marktumfeld zu bearbeiten. Und hier zeigt unsere Erfahrung, dass wir am besten mit dem technologischen Umfeld beginnen, weil die Vorstellungskraft der Teilnehmer durch jahrelange Einflüsse der Science Fiction hier am stärksten ausgeprägt ist und weil sich die Technologie weitgehend aktiv verhält, das heißt, dass die Technologie von anderen Beobachtungsfeldern und Wirkkräften relativ wenig *beeinflusst wird* (passiv), aber alle andere Felder sehr aktiv und stark *beeinflusst.* Innerhalb des Marktumfeldes sollten Sie mit Ihrer Zielgruppe beginnen, denn sie ist die aktive Energiequelle Ihres Marktumfeldes und bestimmt in letzter Instanz das Schicksal desselben.

Bestimmen Sie Indikatoren

Wenn Sie ZukunftsAnnahmen zur zukünftigen Entwicklung der Hardwaretechnologie in den nächsten zehn Jahren erarbeiten wollen, werden Sie unweigerlich versuchen, messbare oder zumindest konkret erfassbare Größen zu finden und zu beschreiben. So können Sie das große Beobachtungsfeld in kleinere, leichter erfassbare Felder zerlegen. Indikatoren, die einen Sachverhalt in aggregierter Form zu beschreiben vermögen, sind hier sehr hilfreich. Für die Entwicklung der Hardwaretechnologie könnten Sie beispielsweise die folgenden Indikatoren verwenden:

- Anzahl der MIPS (million instructions per second)
- Taktfrequenz des Mikroprozessors
- Größe der gängigen Festplatten
- Gewicht eines Standard-Notebooks
- Gängige Grafikauflösung
- Preis pro Megabyte RAM etc.

Für die Bevölkerungsentwicklung stünden als Indikatoren beispielsweise zur Verfügung:

- Einwohnerzahl insgesamt
- Anteil der Nicht-EU-Ausländer
- Anteil der über 60jährigen
- Anteil der Erwerbstätigen

- Anzahl der Einwanderer
- Anzahl der Geburten pro 1.000 Einwohner
- Anteil der Vier-Personen-Haushalte
- Scheidungsraten
- Lebenserwartung etc.

Ein geeigneter Indikator muss eine Reihe von Qualitätsanforderungen erfüllen. Der Indikator muss ...

- für Ihr Unternehmen wirklich relevant und wichtig sein
- für das Beobachtungsfeld repräsentativ und aussagefähig sein
- heute und in Zukunft möglichst objektiv ermittelbar sein.

In der Theorie wird so getan, als wären Beobachtungsfeld und Indikator bzw. Deskriptor eindeutig voneinander zu trennen. In der Praxis werden Sie feststellen, dass Sie Beobachtungsfelder so lange unterteilen können, bis Ihre Teilbeobachtungsfelder auf einmal zu Indikatoren geworden sind.
Konzentrieren Sie sich möglichst auf fünf Indikatoren pro Beobachtungsfeld. Im Beispiel: Um die Entwicklung des elektronischen Einkaufens abzuschätzen, sollte es reichen, den Umsatzanteil elektronischer Vertriebskanäle am Gesamtumsatz des Einzelhandels und den Anteil der Haushalte mit wöchentlicher Nutzung elektronischer Einkaufsquellen anzugeben und anzunehmen. Der Vorteil weniger Indikatoren besteht darin, dass sie sich noch relativ leicht grafisch in Koordinatensystemen und Modellen darstellen lassen. Der Nachteil liegt natürlich in der starken Vereinfachung.
Indikatoren können in quantitativ absoluten Werten, in quantitativ relativen Werten oder auch in qualitativen Werten ausgedrückt werden. Dabei gilt die Regel, dass ein Indikator umso leichter verarbeitet werden kann, je genauer er in Zahlen ausgedrückt werden kann. Daraus folgt aber auch die Regel, dass gerade die konkret messbaren Indikatoren den Blick auf chancen- und bedrohungsträchtige Faktoren verstellen können. Mit der Bestimmung und Ausprägung von Indikatoren haben Sie zwar eine deutliche Reduktion der erforderlichen Informationsverarbeitungskapazität erreicht, jedoch gleichzeitig die ungerichtete Zukunftsbetrachtung durch eine lückenhafte gerichtete Zukunftsbetrachtung ersetzt. Demnach dürfen die Indikatoren immer nur ein Hilfsmittel zur Beschreibung des Beobachtungsfeldes, niemals aber die einzigen Denkgegenstände Ihrer Zukunftsbetrachtung sein.

Werden Sie sich über den Ist-Zustand klar

Sie erleben täglich, wie unterschiedlich Menschen die Gegenwart sehen und wahrnehmen. Jeder hat seine eigene Wahrheit und jeder hat seine eigene Wirklichkeitskonstruktion, die durch hochgradig individuelle Faktoren bestimmt wird. Solche Faktoren sind beispielsweise die Erziehung, die formale Bildung, die Nationalität, der Sprachraum, die Wertehierarchie, die Referenzerlebnisse, die Glaubenssätze und auch die momentane Zusammensetzung des persönlichen Hormoncocktails. Häufig werden statt der notwendigen Informationssammlung einfach frühere Erfahrungen oder nur Meinungen als Tatsachen hingestellt[35]. Wenn Sie mit Ihren Mitarbeitern und Kollegen keine gemeinsame Einschätzung der Gegenwart teilen, wird es schwierig bis unmöglich sein, zu einer gemeinsam getragenen Einschätzung der Zukunft in Form von ZukunftsAnnahmen zu kommen.

Sichten Sie das vorliegende Zukunftswissen

Es ist in der Praxis ein bedeutender Unterschied, ob Sie das vorliegende Zukunftswissen im stillen Kämmerlein und in einer mehrtägigen Aktion sichten, oder ob Sie es gerade noch so geschafft haben, die Mannschaft für drei Tage aus dem Tagesgeschäft zu holen, um einen Workshop durchzuführen. Die zweite Variante dürfte nach aller Erfahrung für Sie eher zutreffen und so heißt „sichten" einfach brainstormartig sammeln und diskutieren. Die Teilnehmer Ihres StrategieRadar-Workshops haben sich ja anhand der gemeinsam definierten Zielsetzung vorbereitet und wir warten noch auf den Workshop, in dem die Mitgestalter nicht wenigstens einigermaßen ausreichendes Zukunftswissen mitbringen. Gelegentlich, wenn die Zeit nicht ganz so knapp ist, lassen wir jeden Mitgestalter eine kurze Präsentation der zukünftigen Entwicklung seines Wirkungsbereiches vorbereiten und durchführen.

Um es nochmals zu betonen, die Mitgestalter Ihres ZukunftsProjektes sind aller Wahrscheinlichkeit keine Zukunftsforscher und das ist gut so. Die Mitgestalter sind diejenigen, die Ihr Unternehmen im Tagesgeschäft zu schönen Häfen, durch schwere See und an gefährlichen Klippen vorbeiführen. Es sind genau diese Menschen, die eine gemeinsame Sicht der Zukunft bekommen müssen. Ein ganzer Pool honoriger und teurer Experten kann das Lernen des Einzelnen und des Teams nicht ersetzen.

Es geht auch hier nicht um die festen Prognosen. Es geht darum, sich die wichtigen Beobachtungsfelder, Wirkkräfte und Faktoren anzuschauen, um dann festzustellen, wohin sich die Dinge entwickeln *könnten*. Erst im zweiten Schritt formen Sie im Konsens ihrer Weggefährten die ZukunftsAnnahmen, auf deren Grundlage Sie Ihr Geschäft betreiben wollen. Insofern ist auch jede verworfene und nicht zutreffende ZukunftsAnnahmen ein Erfolg, denn immerhin haben Sie darüber nachgedacht und dabei automatisch ihre individuelle Bereitschaftsdiagnose gemacht.

Formulieren Sie Ihre eigene ZukunftsAnnahme

Sie haben die wichtigen Beobachtungsfelder und Indikatoren definiert. Sie haben recherchiert und Sie haben vorhandenes Zukunftswissen gesammelt und diskutiert. Nun ist der Zeitpunkt gekommen, dass Sie sich zu der von Ihnen angenommenen Zukunft bekennen und Ihre eigenen ZukunftsAnnahmen zu Papier bringen.

1. Sammeln Sie Projektionen als Annahmenkandidaten

Sammeln Sie im Rahmen eines Brainstormings wahl- und bewertungslos alle Aussagen, die von Teilnehmern als ZukunftsAnnahmen zu einem Beobachtungsfeld bzw. zu einem Indikator vorgeschlagen werden. Die hier hilfreichen Denktechniken haben Sie bereits im Abschnitt „Vor-Denken“ kennen gelernt. Masse geht hier zunächst vor Klasse. Wenn es beispielsweise um die Verteilung des Reichtums in der Welt geht, werden die einen Revolten des neuen Proletariats vermuten, die anderen werden das afrikanische Proletariat nach Europa kommen sehen und wieder andere werden vielleicht eine sukzessive Angleichung der Lebensstandards in den nächsten fünf Jahren zu erkennen glauben. In dieser Phase sind sämtliche Projektionen eben nur Annahmenkandidaten.

2. Fassen Sie ähnliche Annahmenkandidaten zusammen

Es ist eher die Regel als die Ausnahme, dass sich die Aussagen überlappen, zum Teil wiederholen, zum Teil aber auch widersprechen. Fassen Sie daher die Aussagen zu Clustern zusammen.

3. Formulieren Sie für jedes Cluster einen einzigen Annahmenkandidaten

Ringen Sie mit allen Beteiligten um diejenige Formulierung, welche die von allen erwartete Zukunft am besten beschreibt. Manches Mal werden Sie eine Stunde diskutieren, nur um dann festzustellen, dass die zwei Seiten von verschiedenen Verständnisbildern ausgegangen sind. Und Sie werden zwei Stunden diskutieren, nur um wahrzunehmen, dass die ZukunftsAnnahmen sich gar nicht wirklich widersprechen und beide ZukunftsAnnahmen gültig und zulässig sind. Doch es sind nicht zuletzt diese anstrengenden und vermeintlich unnötigen Diskussionen, die Sie und Ihre Mitgestalter weiterbringen werden. Denken Sie daran, dass Sie selten zuvor so viel über Ihr Geschäft und Ihr Unternehmen gelernt haben, wie in diesem Prozess.

4. Führen Sie einen Konsens herbei

Achten Sie darauf, dass Sie jede ZukunftsAnnahme im Konsens aller Mitgestalter verabschieden. Machen Sie immer wieder deutlich, dass jeder Mitgestalter die Pflicht zum Einspruch hat, wenn er die zukünftige Entwicklung anders einschätzt. Das mag langwierig sein, ist aber unabdingbar, wenn Sie in den anschließenden Phasen produktiv und effektiv arbeiten wollen. Zerlegen Sie nötigenfalls das Beobachtungsfeld und die Indikatoren so lange in untergeordnete Kategorien, bis sich ein Konsens zeigt. Wenn sich bei bestem Willen kein Konsens über eine Entwicklung erzielen lässt, sparen Sie diese ZukunftsAnnahme aus und beauftragen Sie die beiden Hauptkontrahenten, innerhalb von zehn Tagen bzw. bis zum nächsten Workshop-Tag stichhaltige Argumente für ihre These und gegen die andere These zu sammeln.

5. Gehen Sie zum nächsten Beobachtungsfeld

Wenn Sie gemeinsam das bestimmte Gefühl haben, alle wesentlichen Entwicklungen eines Beobachtungsfeldes erfasst zu haben, gehen Sie zum nächsten Feld über. An einem Tag können zwischen 50 und 250 ZukunftsAnnahmen über zukünftige Entwicklungen erarbeitet werden.

Wie Ihre ZukunftsAnnahmen zuverlässiger werden

Von Edison wird berichtet, dass er bei Einstellungsgesprächen mit neuen Mitarbeitern immer zu Mittag aß. Wenn der Kandidat seine Suppe salzte, ohne die Suppe zu probiert zu haben, war es schon gescheitert, denn Edison wollte, dass seine Mitarbeiter ihre Annahmen immer wieder in Frage stellen.
Warum werden nur fünf bis zehn Prozent der neuen Produkte ein Erfolg? Woran sind die anderen 90 bis 95 Prozent gescheitert? Sie ahnen es, es sind die falschen ZukunftsAnnahmen. Lassen Sie uns ein wenig darüber nachdenken, wie Sie Ihre eigenen ZukunftsAnnahmen verbessern können. Wir sind uns einig, dass 100%ig richtige ZukunftsAnnahmen eine Illusion sind. Nichtsdestotrotz können Sie etwas dafür tun, die Qualität Ihrer ZukunftsAnnahmen und damit Ihren Nutzen daraus zu erhöhen. Wer nun endlich

eine mathematische Fundierung der Annahmenfindung erwartet, wird neuerlich enttäuscht. Wer sich je mit den mathematisch – statistischen Verfahren zur Prognose beschäftigt hat, wird ob der Blauäugigkeit der ihnen zugrundeliegenden Regeln und Grundannahmen nur milde lächeln können. Die Mathematik und Statistik kann nur reproduzieren, was sie vorher sah. Insofern ist die menschliche Vorstellungskraft im Vorteil, denn sie hätte sich die Diskontinuität des Mauerfalls zumindest *vorstellen* können, auch wenn er sicher nicht voraussehbar war. Der Engpass, der wirklich limitierende Faktor auf der Reise hin zu besseren weil zuverlässigeren Zukunfts-Annahmen, liegt nun wirklich nicht in der fehlenden Mathematisierung, sondern schlicht und einfach in der systematischen Anwendung des gesunden Menschenverstandes. Mathematisch fundierte und mit Computerhilfe berechnete Prognosen sind eben nicht genauer, als das einfache dialektische Aufstellen von ZukunftsAnnahmen. Steven P. Schnaars hat dazu ein schönes Buch über Musterbeispiele für Fehlprognosen geschrieben[36]. Wir brauchen also nicht die kilometertiefen Feinheiten der Mathematik, sondern eher die kilometerbreiten Selbstverständlichkeiten des Denkens. Es fehlt also einfach an der Konsequenz, die einfachen Fragen rechtzeitig zu stellen und zu beantworten.
Bedenken Sie bei den folgenden Anregungen auch den nachteiligen Effekt. Je besser wir unsere ZukunftsAnnahmen diesen Regeln anpassen, desto langweiliger, undifferenzierter und chancenärmer werden sie. Wenn Sie Ihre ZukunftsAnnahmen nach allen Regeln der Kunst verlässlicher gemacht haben, werden Sie feststellen, dass Sie auch die vielen Ecken und Kanten eliminiert haben, die so häufig auf die eigentlichen Chancen hinweisen. „Gestreamlinete" ZukunftsAnnahmen werden mitunter zu sehr vorsichtigen und rein extrapolativen Aussagen zurechtgestutzt, so dass Diskontinuitäten darin keinen Platz finden. Und „gestreamlinete" ZukunftsAnnahmen weisen die größte Wahrscheinlichkeit auf, dass Ihre Mitbewerber exakt die gleichen ZukunftsAnnahmen zugrunde legen und damit auf dem besten Wege sind, die gleichen Strategien zu fahren, was letztlich insgesamt sinkende Umsatzrenditen nach sich zieht. Übertreiben Sie es also nicht mit Ihrer „Annahmenhygiene".

Berücksichtigen Sie den Charakter des menschlichen Geistes

Unzählige psychologische Experimente belegen immer wieder, wie leicht sich unsere menschliche Urteilsfähigkeit von der Formulierung einer Frage oder eines Sachverhaltes täuschen lässt. Unser Gehirn ist keine in Ihrem Prozess qualitätsgesicherte Erkenntnis- und Entscheidungsmaschine.

- Wir sind nicht in der Lage, sämtliche Aspekte einer Situation zu durchdenken, weil wir noch nicht einmal wüssten, wann wir sämtliche Aspekte haben.
- Wir sind nicht in der Lage, einen Denkprozess zehn Mal in exakt der gleichen Weise durchzuführen, um so unsere Entscheidungen konsistent zu halten.
- Wir vertrauen häufig lieber auf unser eigenes vermeintlich gesichertes Wissen als auf klare Fakten, die uns Dritte nennen.
- Wir gehen davon aus, dass jeder unserer Gesprächspartner unsere Worte verstehen muss. Wenn wir von einer Chance sprechen, hat er gefälligst das gleiche Verständnisbild zu sehen.
- Wir blenden Informationen und Sachverhalte einfach aus, weil sie uns Angst machen oder weil sie uns fremd sind.
- Wir haben Erfolg, weil wir so gut sind, wir scheitern, weil die Umwelt so schlecht war.

Diese Liste könnte noch sehr viel länger sein, doch zeigt sie jetzt schon, welche Grenzen des menschlichen Geistes Sie bei der Aufstellung Ihrer ZukunftsAnnahmen berücksichtigen müssen. Denken Sie daran, dass natürlich auch Ihre persönliche Fähigkeit, die Grenzen zu erkennen, Grenzen hat.

Technologie ist keine Magie

Für ein Urvolk sehen die Früchte und Wirkungen unserer modernen Technologie wie Magie aus. Wir tendieren bei unseren ZukunftsAnnahmen dazu, die Möglichkeiten der Technologie im gegebenen Zeitraum zu überschätzen und vergessen dabei, dass sich technologische Grundlagen nur langsam ändern. Wir sind ziemlich sicher, dass wir irgendwann in der Lage sein werden, die räumlichen Koordinaten von Atomen zu verändern, also Gegenstände zu beamen. Aber wir werden das wahrscheinlich nicht mehr erleben. Wir sprechen bereits seit fünfzig Jahren von Haushaltsrobotern und können froh sein, wenn wir im Rentenalter so etwas ähnliches haben werden. Bereits 1964 prognostizierte im „New Scientist" eine Runde namhafter Experte für das Jahr 1985 die Abschaffung der Bibliotheken, Schreibkräften und der Papierzeitung, den Ersatz von Geschäftsreisen durch Fernsehverbindungen, den Verlust von Identität durch Implantationen und die Möglichkeit sofortiger Abstimmung der gesamten Bevölkerung bei aktuellen Fragen.[37] Wenn Technologie auch eine wesentliche Triebkraft für Veränderungen ist, so ist sie eben doch keine Magie. Das Potenzial des PC hat man hingegen eindeutig unterschätzt, was als positiver Irrtum ein ausgesprochen seltener Fall ist.

Menschliche Vorlieben entscheiden

Die für uns relevante Zukunft wird durch Menschen gestaltet. Es mutet trivial an, darauf hinzuweisen und doch wird gerade diese Tatsache sehr gerne ignoriert. Fragen Sie sich daher, ob Ihre ZukunftsAnnahme wirklich die Chance hat, mit dem Menschen, gegen den Menschen oder trotz des Menschen zuzutreffen. Gerade die ZukunftsAnnahmen über die Lebensfähigkeit neuer Technologien, neuer Produkte und neuer Dienstleistungen sind unzählige Male mit voller Wucht gegen die Mauer der menschlichen Bedürfnisse und Nicht-Bedürfnisse gefahren. Denken Sie an Produktentwicklungen wie bewegliche Bürgersteige von Goodyear. Wem nützt es wirklich? Wer wird es unterstützen? Wer wird es bekämpfen? Wer wird es ignorieren? Wer wird es sabotieren? Die menschliche Trägheit, die Gewohnheiten und die gesellschaftlichen Regeln werden Ihnen gute Hinweise für die richtigen Antworten geben. Auch wenn manche „Trends" nicht mehr sind als selbstverständliche menschliche Wünsche, so etwa Einfachheit und Mehrfachverwendung, so bilden allgemein akzeptierte Trends der Verbrauchergewohnheiten recht gute Bewertungspunkte für Innovationen. So war bereits frühzeitig absehbar, dass die große Mehrheit der deutschen Bevölkerung aus Gründen der Ästhetik Windkraftanlagen skeptisch gegenüberstehen würde und dass sich trotz aller Vorteile kaum eine nennenswerte Anzahl an Menschen durch optimierte Nahrung in Pillenform ernähren will. Das Bildtelefon wurde bereits 1937 in der französischen Erfinderzeitschrift „Le Petit Inventeur" als bald bevorstehende Innovation angekündigt. Es hat weitere sechzig Jahre gedauert, bis die tatsächliche Verbreitung ganz allmählich begann. Das Bildtelefon ist ein besonders gutes Beispiel dafür, wie technische Entwicklungen an den tiefen Appetenzen und Aversionen des Menschen vorbeigehen, denn wer will schon wirklich beim Telefonieren gesehen werden? Ganz abgesehen von den damals gegenüber einem Normaltelefon viel höheren Kosten! Noch 1969 wurden dem Bildtelefon drei Millionen Benutzer in den USA bis 1985 vorausgesagt. Erinnern Sie sich bitte auch an die Ausführungen im Abschnitt Vor-Denken mit den Hinweisen auf die kulturellen Grenzen der Übertragbarkeit von Innovationen und Lösungen zwischen Branchen und Ländern.

Preis und Nutzen

Gary S. Becker hat den Nobelpreis für die – mit allem Respekt – sehr naheliegende These erhalten, menschliches Verhalten unterliege im Wesentlichen ökonomischen Grundregeln. Ob ein Mensch etwa heiraten und eine Familie gründen will, hänge im wesentlichen von dem „Gewinn" ab, den er sich davon verspricht. Beckers „ökonomische Erklärung menschlichen Verhaltens" ist eine sehr lesenswerte Arbeit. Es verwunderlich, mit welcher Konsequenz die Frage nach der Bezahlbarkeit ausgeblendet wird. Natürlich *könnte*, rein technologisch und bedürfnisbezogen gesehen, jeder Haushalt und zumindest jedes Unternehmen über einen eigenen Hubschrauber verfügen. Doch die Kosten eines solchen Fortbewegungsmittels sind eben überdurchschnittlich hoch, so dass die meisten darauf verzichten müssen. Hinzu kommt noch, dass es von staatlicher Seite ein Interesse daran gibt, „Staus" im Luftraum zu vermeiden. Fragen wir uns also stets, ob der durch die ZukunftsAnnahme unterstellte Nutzen denn auch wirtschaftlich bezahlbar ist. Wir wollen nicht vergessen, dass es auch eine dynamische Art der Kalkulation gibt[38], die zunächst fragt, welcher Preis von einem großen Teil der Zielgruppe bezahlt werden würde und dann fragt, ob die durch Erfahrungseffekte und Skalenerträge erzielbare Stückkostendegression ausreichen würde, um die Gesamtkosten zu decken. Würden wir von vornherein strikt nach dem althergebrachten Muster der kostenorientierten Kalkulation arbeiten, so hätten wir auf Segnungen wie das Faxgerät, die Mikrowelle, den PC oder persönliche Zeitungen verzichten müssen. Wir dürfen von unseren designierten Käufern bezüglich des Preises auch kein „Ums-Eck-denken" verlangen. Wenn ein Preis erst dann vertretbar erscheint, nachdem ein mehrstufiger Denk- und Vergleichsprozess durchlaufen wurde, wird es wahrscheinlich nichts mit Ihrem neuen Produkt.

Investition und Finanzierung

Wenn auch der kalkulierte Preis einer Leistung bezahlbar wäre, so bedeutet das keineswegs, dass sich auch jemand zur Finanzierung der nötigen Investitionen finden wird. Künstliche Inseln, künstliche Beleuchtungsmonde, Unterwasserhotels und Palmtops für alle Schüler mögen sinnvolle Innovationen sein, die jedoch alle im Rahmen eines Horizontes von zehn bis zwanzig Jahren an der Finanzierbarkeit scheitern könnten. Als die Concorde in den siebziger Jahren ihre vielbeachteten Geschwindigkeitsrekorde aufstellte, konnten nur Ignoranten und ewige Reichsbedenkenträger daran zweifeln, dass wir zwanzig Jahre später für die Reise von Paris nach New

York nicht mehr als drei Stunden einplanen würden. Natürlich können wir das, aber zu welchem finanziellen Aufwand und zu welchen Umweltkosten? Hier scheiterte die weitere Entwicklung von Überschallflugzeugen schlicht und einfach an der Investitionsbereitschaft und Finanzierungskraft der wesentlichen Schlüsselanbieter in der Flugzeugindustrie. Hätte es diese Investitionsbereitschaft und Finanzierungsfähigkeit gegeben, würde der normale Jet mit weniger als 1.000 Stundenkilometern ungefähr die heutige Rolle der Turbopropmaschinen spielen. So viel man auch auf das schnöde wirtschaftliche Denken schimpfen kann, es hilft ungemein bei der Beurteilung, ob sich eine Technik in großem Umfang durchsetzen wird.
Wenn sich das Koordinatensystem ändert, werden vorher undenkbare Dinge möglich, wie es Anfang der vierziger Jahre mit der Entwicklung der ersten Atombombe geschah, die in Friedenszeiten und ohne die Bedrohung einer deutschen Erstentwicklung nicht denkbar gewesen wäre.

Zeitpunkt

In ZukunftsWorkshops empfiehlt es sich der Einfachheit halber, einen singulären Zeithorizont zu wählen, also etwa das Jahr 2005 oder 2011. Die gewählte Zeitmarke wirkt dann allerdings wie ein „schwarzes Annahmenloch“ mit einer enormen Anziehungskraft. Jeder möchte sein Zukunftswissen einbringen und bezieht es zwangsweise auf das gewählte Jahr. So kommt es dazu, dass gelegentlich der Antimaterieantrieb bereits im Jahr 2005 erwartet wird. Wir werden mit hoher Wahrscheinlichkeit *irgendwann* einmal eine Antriebsform haben, die mit Antimaterie im Zusammenhang steht, aber es wird höchstwahrscheinlich nicht das Jahr 2005 sein. Der pragmatische Ausweg besteht darin, die ZukunftsAnnahme – hier etwa den Antimaterieantrieb – zwar zu nennen, aber sich auf das im Jahr 2005 zu erwartende Entwicklungsstadium zu konzentrieren. Wenn diese Antriebsform auch im Jahr 2005 noch nicht nutzbar ist, so werden in den nächsten Jahren doch sicherlich Fortschritte damit erzielt. Für die Bestimmung von Eintrittszeitpunkten gibt es keine bessere Lösung, als fundierte Schätzungen mehrerer Experten statistisch zu mitteln. dass auch dieser Methode Grenzen gesetzt sind, haben die Delphi-Projekte der Gegenwart und der Vergangenheit in oftmals amüsanter Weise deutlich gemacht.

Erwartung und Wahrscheinlichkeit

ZukunftsAnnahmen gehören ihrem Autor. Nur er kann sie wirklich in all ihren Dimensionen verstehen und nachvollziehen. Im StrategieRadar-Workshop ist das ZukunftsTeam der Autor der ZukunftsAnnahmen und es ist das ZukunftsTeam, das die in seinen ZukunftsAnnahmen wiedergespiegelte Zukunft erwartet. ZukunftsAnnahmen sind ein Bekenntnis zu einer erwarteten Zukunft und diese kann durchaus eine Zukunft sein, wie wir sie haben wollen und nicht zwingend eine Zukunft, wie wir sie für am wahrscheinlichsten halten. Das sollten Sie akzeptieren und sich nicht verwirren lassen, wenn andere Experten gegenteilige Meinungen vertreten. *Sie* und nicht die Experten werden die nächsten Monate und Jahre mit Ihren ZukunftsAnnahmen leben müssen. Wenn Sie diese Färbung Ihrer ZukunftsAnnahmen akzeptiert haben, werden Sie verstehen, warum uns der Konsens so wichtig ist, denn der Konsens ist das wirksamste Mittel gegen allzu unrealistische ZukunftsAnnahmen.

Es gibt immer auch das Gegenteil

Der klassische Trend des „Cocooning“ von Faith Popcorn gilt nicht unbedingt für alle Altersklassen und nicht für alle Jahreszeiten. Während die Jugend dem Gegenteil des Cocooning frönt, geben manch andere das beste Beispiel dafür ab. Während es in weiten Teilen wirklich einen „Abschied von der Schriftkultur“ gemäß Matthias Horx gibt, schießt die Zahl der schriftlichen Mitteilungen über E-Mails in die Höhe, bedingt durch gegeneinander verschobene Erreichbarkeitszeiten. Daher ist es so enorm wichtig, vor der Erarbeitung von ZukunftsAnnahmen die Beobachtungsfelder klar und eindeutig zu definieren.

Interessengruppen

Der Abgaskatalysator im Auto und die Mülltrennung sind Beispiele dafür, wie Interessengruppen über Gesetze Veränderungen herbeiführen und Zukunft machen. Die Brennstoffzelle (der Wasserstoffantrieb) wie auch unser komplexes Steuersystem sind wiederum Beispiele dafür, wie Interessengruppen Veränderungen und Zukunft verhindern. Die auf klassische Verbrennungsmotoren ausgerichteten Kapazitäten der Kfz-Industrie sind nicht der einzige, aber ein wichtiger Hemmschuh für eine frühe Reife des Wasserstoffantriebes im normalen PkW. Zigtausende Menschen und ein Teil der über 60.000 Steuerberater leben in Deutschland vom kompliziertesten Steuerrecht der Erde. Ihr Arbeitsplatz würde zumindest unter vernünftigen Betrachtungsweisen einfach wegfallen, wenn wir auf so manche unsinnige Steuer und so manches Steuergesetz verzichten würden. Irgend jemand postulierte einmal, wenn man einen Teich trockenlegen will, dürfe man nicht die Frösche fragen. Unterschätzen Sie daher nicht den Einfluss, den mächtige Interessengruppen auf die zukünftige Entwicklung ausüben können.

Veränderungen des Koordinatensystems

Spätestens seit der Erdölkrise 1973 stieren wir auf die Prognosen, wie lange unsere Vorräte noch halten werden. Instinktiv wissen wir, dass wir auf eine der menschlichen Intelligenz unwürdigen Weise von der Substanz unserer Mutter Erde leben. Nach dem Ölschock sahen die Prognosen bereits zu Beginn des dritten Jahrtausends das schwarze Gold knapper werden und bereits die Preise steigen. Heute, an diesem Punkt angelangt, können wir immer noch nicht wirklich ein Ende der Versorgung absehen. Das Raumfahrtzeitalter, das in der zweiten Hälfte der sechziger Jahre angebrochen zu sein schien, schrieb heute recht lächerlich anmutende Entwicklungen in die Zukunft fort. Meerestechnologie und die damit mögliche Rohstoffgewinnung war in der Energiekrise hochaktuell und von enormen Investitionen und Hoffnungen begleitet. Heute sind sowohl die Hoffnungen wie auch die Investitionen auf einen Bruchteil geschrumpft. Immer sind wir gefangen im Koordinatensystem unseres heutigen Denkens, im Koordinatensystem unserer Annahmen hinter den Annahmen. Wenn wir heute beobachten, wie sich die Bevölkerungszahl wesentlicher Metropolen in der dritten Welt entwickelt, so bleibt uns kaum etwas anderes übrig, als in den nächsten zwei Jahrzehnten mit massiven Anstürmen auf die europäischen, ostasiatischen und nordamerikanischen Tore zu rechnen. Und doch sind wir damit wieder Gefangene unseres heutigen Koordinatensystems, denn wer kann ausschließen, dass sich die Entwicklung wieder umkehrt? Überprüfen Sie stets auch die Zukunft Ihres Koordinatensystems.

Trends und Diskontinuitäten

Heutige Trends können sich fortsetzen und neue Zukünfte schaffen. Sie können stagnieren, sich umkehren und nach der Umkehr wieder aufschwingen und so weiter. Unterscheiden Sie deutlich zwischen heutigen Trends und dem zukünftigen Zustand, auf den Sie zugehen. Ein Trend ist das Ergebnis seiner Umstände. Ändern sich die Umstände, ändern sich auch die Trends und mit Ihnen die werdende Zukunft. Solche Diskontinuitäten werden wir im nächsten Abschnitt näher beleuchten.

Komplexität und Wahrscheinlichkeit

Sie treffen beispielsweise die ZukunftsAnnahme „in fünf Jahren wird Desktop Manufacturing 10% der Produktionsleistung in Deutschland übernehmen“. Diese ZukunftsAnnahme hat eine Wahrscheinlichkeit von x%. Die ZukunftsAnnahme „in fünf Jahren wird Desktop Manufacturing 10% der Produktionsleistung in Deutschland übernehmen und es wird einen

WBT[39]-Lehrgang dazu geben" hat eine Wahrscheinlichkeit von x – y %, also eine geringere Wahrscheinlichkeit. Die einfache Regel lautet: Je komplexer und mit Details ausgeschmückter eine ZukunftsAnnahme ist, desto geringer ist ihre Wahrscheinlichkeit. Wir können uns ausführlich beschriebene Szenarien besser vorstellen als die auf eine einzige Kernaussage reduzierte ZukunftsAnnahme und doch hat die singuläre ZukunftsAnnahme eine weitaus höhere Wahrscheinlichkeit. Tappen Sie nicht in die beliebte Denkfalle, Ihre ZukunftsAnnahmen unnötig mit Details auszuschmücken.

Plausibilität und Wahrscheinlichkeit

Die ZukunftsAnnahme „aufgrund des wachsenden Anteils der Über-60-jährigen wird die durchschnittliche Laufzeit von Hypothekendarlehen steigen" *klingt* plausibel und *ist* plausibel. Doch es kann genauso gut sein, dass die Preise für Eigenheime relativ gesehen fallen und dadurch die Laufzeiten gleichbleiben oder sogar kürzer werden. Die einfache Regel lautet: Auch wenn eine ZukunftsAnnahme schlüssig klingt, muss sie nicht zwingend wahrscheinlich sein.

Experten vor Laien

Während wir bei der kreativen Chancen-Suche eher den Laien als den mit seinen Unmöglichkeiten denkbehinderten Experten empfehlen, brauchen Sie bei der Erarbeitung und Überprüfung von ZukunftsAnnahmen Experten auf dem Fachgebiet. Laien mögen etwa in der Solarenergie oder der Windkraft die genialen Wundertechnologien ohne Probleme sehen, doch der Experte weiß um die chemischen Probleme der Produktion oder die sozialen Probleme der Akzeptanz dieser Energien.

Ehrlichkeit

Wir haben gelegentlich beobachtet, dass ZukunftsAnnahmen zurecht gestutzt werden, wenn sie zu folgenreich für das Unternehmen sind. Wie gravierend die Implikationen aus einer ZukunftsAnnahme auch sein mögen, bleiben Sie ehrlich zu sich selbst.

Zufall

Wir glauben an den Zufall. Es hat sich in der Erfolgs- und Esoterikszene der Spruch „es gibt keine Zufälle" breit gemacht, den wir in dieser Absolutheit einfach nicht glauben können. Wir halten es beispielsweise im Wesentlichen für einen Zufall, dass das Tamagochi 1997 zu einem kurzen und schnellen Erfolg wurde. Wir vermuten den Zufall als wesentlichen Verantwortlichen dafür, dass das VHS-System und nicht das Beta-System zum Standard-Videosystem wurde, auch wenn es hier ex post sehr vernünftig klingende Erfolgserklärungen für Standardisierungsstrategien gibt. Der Zufall spielt überall mit. Die Erfolgsstory des Internets unterlag nicht primär dem Zufall, denn es war technologisch möglich und es wurde gewünscht. Dennoch spielten Zufälle bei Netscape, Yahoo, Microsoft und anderen eine wesentliche Rolle. Seien Sie also gelassen und beruhigt, wenn Ihre ZukunftsAnnahmen dem Zufall nicht trotzen können.

Vom Umgang mit Diskontinuitäten

Diskontinuitäten sind Trendbrüche, also von Ihrem Charakter her sehr schwierig vorhersehbare Ereignisse. Der Fall der Mauer zwischen den beiden deutschen Staaten, die Tschernobyl-Katastrophe, das große Erdbeben in der Türkei, die Börsencrashs der 80er und 90er Jahre, die faktische Auflösung der RAF wie auch die plötzliche Besteuerung von Lebensversicherungserträgen waren Diskontinuitäten. Die Beispiele lassen zu Recht vermuten, dass die Grenze zwischen Diskontinuität und kontinuierlicher Entwicklung äußerst fließend verläuft.
Seit Ende der 60er Jahre des 20. Jahrhunderts haben zahlreiche Wirtschaftswissenschaftler an der Frage gearbeitet, ob und wie man Diskontinuitäten vorher erkennen kann. Im Zuge dieser Arbeiten wurden ausgezeichnete theoretische Grundlagen und Systeme geschaffen, die in der Tagespraxis der Unternehmensführung leider so gut wie keine Anwendung fanden. Der Gründe gibt es dafür viele, die zwei wichtigsten sind neben der schieren Unkenntnis die durch methodische Komplexität verursachte Inakzeptanz sowie der fehlende Glaube an Wirksamkeit und Nutzen. Wir wollen uns auch hier das in der Praxis der Führung eines mittelständischen Unternehmens wirklich Machbare, wirklich Erprobte und für wirksam Befundene konzentrieren.

Was ist eine Diskontinuität?

Zwischen den beiden deutschen Staaten fällt die Mauer und löscht den ehedem eisernen Vorhang aus dem politischen Denken. AIDS taucht auf und wird um die Jahrtausendwende zur wichtigsten Todesursache in Afrika. Prinzessin Diana stirbt den Unfalltod und verändert nicht nur die Welt des britischen Königshauses. Diese Ereignisse sind Diskontinuitäten, weil ihr Eintreten keine eindeutig logische Folge des vorher Geschehenen und kein voraussehbares Ergebnis des Systemverhaltens ist. Wir dürfen uns jedoch fragen, ob denn der Mauerfall wirklich eine echte Diskontinuität war, oder ob lediglich der frühe Zeitpunkt äußerst unerwartet und damit ein „bisschen diskontinuierlich“ war. Wir dürfen auch fragen, ob das Aufkommen einer Immunschwächekrankheit nicht ohnehin auf dem Entwicklungsplan der Menschheit stand und AIDS daher ein Normergebnis der Menschheitsentwicklung ist. Und letztlich könnten wir uns sogar auf den Standpunkt stellen, der Tod von Diana sei voraussehbar gewesen, weil junge schöne Prinzessinnen ohnehin so häufig so früh sterben.

Eines können wir ganz sicher festhalten. Eine Diskontinuität ist eine Diskontinuität, wenn Sie sie für eine solche halten und sie ist eine bloße Kontinuität, wenn Sie nicht dieser Meinung sind. Im allgemeinen Verständnis haben wir es mit einer Diskontinuität zu tun, wenn ein Ereignis einen Trendbruch darstellt und / oder wenn für einen Betrachtungsgegenstand plötzlich ein ganz neues Koordinatensystem gilt. Doch wirkliche Diskontinuitäten sind selten und wenn sie eintreten, betreffen sie meist das gesamte Wettbewerbsumfeld.

Lassen sich Diskontinuitäten früher erkennen?

Wenn wir es genau nehmen wollen, sind nur solche Ereignisse echte Diskontinuitäten, die in keinster Weise ihre Schatten vorauswerfen. Damit wären wir bar jeder Möglichkeit zur systematischen Früherkennung von Diskontinuitäten. Wenn wir – wie wir es tun – den Begriff der Diskontinuität etwas weiter und bewusst unschärfer fassen, dürfen wir der strategischen Theorie folgen, dass sich Diskontinuitäten in schwachen Signalen andeuten. Unsere Praxiserfahrungen haben uns allerdings davon überzeugt, dass der überwiegende Teil der schwachen Signale an den notorischen Informations- und Kommunikationsfiltern scheitert. Für eine kommende Diskontinuität gibt es keine eindeutigen Beweise, sondern nur Indizien und Hinweise. Entweder glauben Sie, dass die Diskontinuität mit einer gewissen Wahrscheinlichkeit eintritt, oder Sie glauben es nicht. Versuchen Sie einen Atheisten von der Existenz Gottes zu überzeugen. Sie haben dafür keine handfesten Beweise. Sie haben lediglich schwache Signale. Wenn Ihr lieber Atheist nicht glauben will, können Sie ihn mit schwachen Signalen in keinster Weise geistig bewegen. Wer aber glauben *will*, wird in jedem schwachen Signal eine Bestätigung für seinen Glauben finden.

Wer hat nicht schon erlebt, wie ungewöhnliche und vom konventionellen Grundmuster abweichende Ergebnisse von Kundenbefragungen und ähnlichen Erhebungen einfach als vorübergehende Erscheinung, als Fehlinterpretation, als Wunschdenken oder schlicht als irrelevant abgetan werden.

Wie sollen dann die sich in schwachen Signalen andeutenden Diskontinuitäten des strategischen Unternehmensumfeldes auf Glauben stoßen? Der noch so eifrige Vorstandsassistent und der noch so qualifizierte Stab für strategische Unternehmensentwicklung kann die ausgefeiltesten Antizipationsmethoden anwenden; wenn der Vorstand ihm seine Leistung im wahrsten Sinne des Wortes nicht „abkauft", hat er Information und Papier, jedoch keine Wirkung produziert. Das ist einer der Gründe, warum wir wenig davon halten, wenn sich die Unternehmensführung „abgeteilte" Früherkenner hält und diese wichtigste Unternehmerfunktion delegiert. Das Unternehmergehirn muss sich unseres Erachtens selbst von den zukünftigen Veränderungen und Chancen überzeugen.
Zusammenfassend lässt sich sagen, dass Diskontinuitäten zwar im Prinzip antizipierbar sind, dies aber einerseits häufig an persönlichen Glaubenssätzen scheitert und andererseits dafür ein indirekter Ansatz benötigt wird.

Was ist in der Praxis machbar?

Das Konstrukt der ZukunftsAnnahme ist im Grunde genommen ohne weiteres zur Verarbeitung von Diskontinuitäten geeignet. Die beschriebene Methodik zur Erarbeitung von ZukunftsAnnahmen bleibt allerdings gefärbt vom extrapolativen Denkmuster und ist daher nicht ausreichend dazu geeignet, diese alte menschliche Denkblockade zu überwinden, um Diskontinuitäten zu sehen. So werden Sie zur Beschreibung von Kontinuitäten tendieren, was jedoch insofern nicht gefährlich ist, als der weitaus überwiegende Teil der Umfeldveränderungen aus ebensolchen Kontinuitäten besteht.
Während die übliche Früherkennungsstrategie versucht, aufgrund schwacher Signale kommende Entwicklungen zu erkennen, besteht die praktikabelste Methode zur Antizipation von Diskontinuitäten darin, erst die Diskontinuität zu sehen und dann nach schwachen Signalen zu suchen! Was nach einer unlogischen Forderung klingt, ist nicht mehr als eine einfache retropolierende Erkenntnisstrategie, die Sie nach folgender Sequenz umsetzen können.

1. Machen Sie sich nochmals die für Sie wesentlichen Beobachtungsfelder klar und nehmen Sie vor allem die aktiven Wirkkräfte in den Fokus. Nehmen Sie beispielsweise die Computertechnologie.

2. Sammeln Sie mit Ihrem Projekt-Team in Form eines Brainstormings alle Ereignisse, die Sie in den einzelnen Beobachtungsfeldern als Diskontinuitäten ansehen würden. Verwenden Sie dabei folgende beispielsweise Denkfragen:

- Was könnte im schlimmsten Fall passieren?
- Was könnte im Idealfall passieren?
- Was würde die Welt auf den Kopf stellen?
- Wie könnte es ganz anders kommen?

3. Wenn Sie ein Zeitarbeitsunternehmen betreiben, könnten Sie im Bereich des politischen Umfeldes auf die mögliche Diskontinuität stoßen, dass Ihr Geschäft schlicht und einfach verboten wird. Im Bereich der Computertechnologie würden Sie vielleicht die Diskontinuität sehen, dass irgendwann einmal eine Softwareschmiede ein Programm auf den Markt bringen könnte, das alle Funktionen eines Zeitarbeitsunternehmens im Austausch zwischen dem Klientenunternehmen und Mitarbeiter auszufüllen in der Lage ist und das Zeitarbeitsunternehmen überflüssig macht bzw. virtualisiert.

4. Tragen Sie zu jeder dieser möglichen Diskontinuitäten die schwachen Signale zusammen, die auf deren Eintritt hinweisen könnten. Ein Verbot der Zeitarbeit passiert nicht von heute auf morgen, es würde über Jahre hinweg vorbereitet. Stellen Sie fest, welche staatlichen Stellen und welche Parteifunktionen damit zuallererst betraut werden würden und was deren erste Aktivitäten wären, an denen Sie ein eventuell kommendes Verbot erkennen könnten. Die Diskontinuität des Computerprogramms für Zeitarbeit müsste sich beispielsweise in strategisch verwandten (s. o.) Märkten und in Shareware-Versionen bemerkbar machen.

5. Ihre Zwischenergebnisse können Sie an dieser Stelle zur Einschätzung der Eintrittswahrscheinlichkeiten an Experten weiterleiten. Das ist ein fakultativer Schritt, der durchaus nachteilig wirken kann, denn durch die Expertenbefragung werden die den Diskontinuitäten zugemessenen Wahrscheinlichkeiten normalisiert und geglättet. So können Sie leicht Opfer der systembewahrenden „Fachwelten“ werden.

6. Prüfen Sie nun, ob Sie die zusammengestellten schwachen Signale in Ihrem Umfeld tatsächlich beobachten können.

7. Formulieren Sie gegebenenfalls dazu eine ZukunftsAnnahme der Kategorie „nicht auszuschließen, dass“.

8. Setzen Sie Sensoren auf diese schwachen Signale an. Knüpfen Sie also einen Kontakt zu den Auslösern und Verarbeitern für die möglichen schwachen Signale.

Szene 11; Die ZukunftsAnalyse

12. Juni, ZukunftsAnalyse: Was hat sich in den letzten zehn Jahren bei Lichtenberg verändert? Das war nach einigen einführenden Aspekten der erste praktische Arbeitsschritt, den Michels vorgab. Die neun Mitgestalter des Workshops erarbeiteten im Brainstorming binnen weniger Minuten eine grobe Analyse des letzten Jahrzehnts, die vor allem dazu diente, für den Wandel der Zukunft zu sensibilisieren. Es entstand ein elektronisches Mindmap zur Vergangenheit der Lichtenberg GmbH. Es gab einige erfreuliche Kontinuitäten, aber stellenweise war kein Stein mehr auf dem anderen geblieben. Die ursprüngliche Mission war immer noch die gleiche, die meisten Mitarbeiter von damals sind noch da und es gibt keine wesentlich neuen Mitbewerber. Die Produktions- und Administrationsprozesse sind jedoch grundlegend überarbeitet und dazu hatte man kein Reengineering benötigt. Ellen Lichtenberg ging ganze zwei Jahrzehnte zurück und ein kurzer Seitenblick zu Ihrem Mann verriet ihr, dass auch er nicht bei der zehnjährigen Zeitreise zurück geblieben sein konnte. Still machten sich beide ihre Notizen.

Eine Stunde später war die Standortbestimmung erfolgt und Michels hatte anschließend in farbigen Bildern und Worten erläutert, wie man ZukunftsAnnahmen erarbeitet. Es ging um Sinn und Zweck von ZukunftsAnnahmen, deren methodisch saubere Erarbeitung, die richtige Syntax und darum, wie ZukunftsAnnahmen zuverlässiger gemacht werden konnten. Lichtenberg hatte die dazu passenden Kapitel in Michels Buch bereits gelesen. Er hatte sich das Workshop-Handbuch als Datei von Simon Lichtenberg geben lassen und schrieb fleißig seine Fragen und Anmerkungen zur Methodik mit. Glücklicherweise schien sich niemand am leisen Klicken der Tastatur zu stören. Später wollte er jede Einzelheit mit Michels durchgehen.

Jetzt ging es daran, die wesentlichen Entwicklungen und Veränderungen der Zielgruppen in den Jahren bis 2011 zu bestimmen. Michels ließ die Lichtenberg-Mannschaft eine geistige Zeitreise mit geschlossenen Augen unternehmen. Zu ruhiger Musik startete ein jeder gedanklich seinen kleinen Beobachtungsflieger, der – mit einem Virtual-Reality-Helm verbunden – das Gefühl des freien Fliegens zu vermitteln vermochte. Michels führte sie an die Arbeitsstätten ihrer Kunden im Jahr 2011 und durch deren Wohnzimmer. Sie flogen an vollbesetzten Hochhäusern, an Fabrikhallen und an Kinderzimmerfenstern vorbei. Er lies sie sich in die verschiedensten Bedarfssituationen der Kunden hineinversetzen. Mit ihrem gedanklichen Beobachtungsflieger rasten sie in Sekundenschnelle

durch die Städte und Länder Europas und spähten die zukünftigen Entwicklungen aus. Nach fast zehn Minuten landeten sie wieder und konnten es kaum erwarten, ihre Eindrücke von der Zukunft ihrer Kunden aufzuschreiben. Jeder notierte für sich seine Erlebnisse, bevor sie in drei Gruppen Projektionen als Kandidaten für ZukunftsAnnahmen erarbeiten sollten.
Eine Stunde später hatten Sie mehr als dreißig gemeinsam getragene und im Detail diskutierte Annahmen zur zukünftigen Entwicklung ihres wichtigsten Beobachtungsfeldes, nämlich der Kunden, der Nicht-Kunden und der potenziellen Kunden erarbeitet. „Das nenne ich produktives Arbeiten", lobte Dr. Joachim Berner, der externe Soziologe, als er sich in der Pause das fertige Mindmap zur Zukunft der **Zielgruppe** ansah. Er las einige der ZukunftsAnnahmen:

- ❑ Die Bedeutung der Marken für die Kaufentscheidung wird stark zunehmen, diese Entwicklung wird bis 2011 auch im Hausbau gegriffen haben (siehe Marktuntersuchung).
- ❑ Die technische Zukunftsfähigkeit des Hauses wird für die Kaufentscheidung und in der Bedarfsdefinition bedeutender.
- ❑ Die allgemeine Aufgeschlossenheit gegenüber der Computertechnik wird durch deren Omnipräsenz im Haushalt steigen.
- ❑ Die wöchentliche Zeit für die Inanspruchnahme individueller Unterhaltung im Heimbereich wird bis 2011 um 50% steigen.
- ❑ Der Bedarf nach lokaler Information nimmt zu (Stadtinformationssysteme, Freizeitangebote, Speisekarten etc.).
- ❑ Bei aller multimedialer Begeisterung gibt es eine große, am traditionellen Wohnen orientierte Gruppe.
- ❑ Der Bedarf nach gehobener Ausstattung wird in unserer Zielgruppe noch deutlich zunehmen (siehe Nachfrageentwicklung Sauna).
- ❑ Es wird immer stärker das Gesamtpaket für das Top-Wohnhaus gefordert mit allen relevanten langfristigen Lösungsbausteinen (vom Bauen bis zum Unterhalten).
- ❑ Die Nachfrage nach Lösungen für das Sicherheitsproblem steigt stark an, da die Zahl der Wohnungseinbrüche in den nächsten Jahren jährlich um 10% zunehmen wird (siehe Kriminalstatistik).

- ❑ Das Leben und Arbeiten in grünen Lebensbereichen nimmt zu und führt zur langsamen Entflechtung der deutschen Großstädte.
- ❑ Es steht in unserer Zielgruppe immer weniger Zeit für Besorgungen zur Verfügung (Befragung des Institutes für Konsumforschung).
- ❑ Die Folgekosten und vor allem die Betriebskosten der Immobilie rücken auch in unserer Zielgruppe etwas mehr in den Vordergrund.
- ❑ Die langsame Entstehung eines „Informationsproletariates" ist nicht auszuschließen.
- ❑ Es wird zukünftig mehr Kinderlose (Dinkies) geben (wie hoch wird der Anteil?).
- ❑ Im Jahr 2011 wird es in Deutschland 30% mehr Senioren (über 65) geben als heute.
- ❑ Im Jahr 2011 nutzen 60% der europäischen Haushalte E-Commerce regelmäßig.
- ❑ 2011 werden 80% der qualifizierten Anfragen nach hochwertigen Einfamilienhäusern über das Internet eingehen.
- ❑ …

„Das kann doch nicht Ihr Ernst sein", empörte sich Friedrich Matrasse, der technische Leiter. 80% der Anfragen über das Internet? Wenn das wahr würde, müssten vorher die Vertriebsstrategien aller Anbieter umgekrempelt werden." „Sie verwechseln Ursache und Wirkung, mein Lieber", ließ sich Claudia Lebien vernehmen. „Wir haben es hier mit einer solchen Dynamik zu tun, dass wir genauso wie unsere lieben Mitbewerber vor vollendete Tatsachen gestellt werden. Wenn Sie sich heute ansehen, mit welcher Selbstverständlichkeit bereits Fünfzehnjährige Ihre CDs und Ihre Schulbücher über das Internet bestellen, dann können wir uns vorstellen, wie genau diese Jugend als Dreißigjährige die dann für sie wichtigen Dinge über die weltweite Wissensdatenbank Internet suchen werden. Ob es nun 80% oder 50% sind, spielt da gar nicht die entscheidende Rolle. Wichtig ist, dass uns hierbei klar wird, wo wir investieren müssen und wo für uns die Chancen liegen." Viele der ZukunftsAnnahmen fanden erst nach ausführlichen Diskussionen einen Konsens im Führungsteam der Lichtenberg GmbH. Nur der Konsens schaffte die Basis für eine gemeinsame Sicht der Zukunft, für eine gemeinsam getragene strategische Vision und letztlich für ein gemeinsames Handeln.

Die Pause war zu Ende und Dr. Berner sah davon ab, die restlichen ZukunftsAnnahmen des Mindmaps zu lesen. Sie sollten am nächsten Workshop-Tag im Detail analysiert werden. Nach der Analyse der zukünftigen potenziellen Zielgruppen wurde die Zukunftslandschaft des zukünftigen Wettbewerbs um den Bau von Top-Wohnhäusern gemalt. Michels führte sie gedanklich auf die europäische Fachmesse im Jahr 2011, wo sich die Wettbewerber messen sollten. Die Lichtenberg-Mannschaft war sich in einigen ZukunftsAnnahmen nicht einig und so wurden mehrere Teilnehmer mit Detail-Recherchen beauftragt. So gehörten zu den ZukunftsAnnahmen über die **Mitbewerber**:

- ❑ Die Grenzen der Branche werden auch in unserem Geschäft aufgeweicht und verschoben (Beispiel: Sudmann reinigt und wartet Lüftungsanlagen).
- ❑ Mit einem nennenswerten Einstieg der „Asiaten“ in unser Kerngeschäft ist bis 2011 nicht zu rechnen.
- ❑ GTL bleibt bis 2011 der wichtigste Mitbewerber, gemessen am Umsatz.
- ❑ Tradena wird bis 2008 in den USA „groß einsteigen“ (siehe Messegespräch T. Müller).
- ❑ Die Herstellungskostenvorteile von Tradena werden in drei Jahren von uns und GTL wettgemacht worden sein (siehe Fraunhofer-Studie).
- ❑ Domos wird sich in zwei Jahren als Wettbewerber zurückgezogen haben.
- ❑ Architekten werden zukünftig stärker mit virtuellen Unternehmen in unserem Markt aktiv.
- ❑ Die Garantie von Kosten, Zeit, Qualität ist 2011 Standard.
- ❑ …

Weitere anderthalb Stunden später ging es um die **Wohnkultur** des Jahres 2011. Wieder ging man auf Phantasiereise, um das Vor-Denken zu befruchten:

- ❑ Wohnung und Arbeitswelt verschmelzen immer stärker; die Nachfrage nach Bürowohnungen und Wohnbüros steigt rapide.

- ❑ Die Komplexität der Gebäude nimmt zu (weniger Grundstücksfläche, aber mehr Innen- und Außenleben, Multifunktionalität bzw. Mehrfachnutzung nimmt zu).
- ❑ 2011 ist die Barrierefreiheit neuer gehobener Wohnbauten Standard (siehe DIN).
- ❑ Es entsteht eine echte Nachfrage nach neuen, aber sehr flexibel nutzbaren Zimmern (Multimedia-Zimmer, Spielzimmer, Fitnesstaugliches Badezimmer etc.).
- ❑ Die Entspannung aus der Steckdose kommt in die Wohnzimmer (Mindmachines).
- ❑ Cocooning bleibt ein langfristiger Trend (es gibt aber auch immer das Gegenteil).
- ❑ Das Wohnen wird zum am stärksten vernetzten Bedürfnis und zum wichtigsten Innovationsbereich im Endgebraucherbereich.
- ❑ Die Wohnlandschaften werden langsam fließender und flexibler.
- ❑ 2011 ist die Wohnung das wichtigste Statussymbol, noch vor dem Auto und den Fernreisen.
- ❑ Der Trend zum „vollwertigen Wohnen“ macht Lebensraum zum Kulturraum, die Wohnung ist das Naherholungsgebiet der Zukunft.
- ❑ Gleichzeitig steigt die Nachfrage nach High-Tech und ökologischer Ausstattung.
- ❑ Betreutes Wohnen (Full-Service-Wohnen) wird nicht nur für Senioren, sondern vor allem für den gehobenen Haushalt üblich.
- ❑ …

Michels machte deutlich, dass er nicht alle Annahmen mittrug, aber er hielt sich zurück, denn schließlich sollten die strittigen Annahmen noch verifiziert werden. Die Zusammensetzung der Teilnehmer erwies sich als richtig, obschon man sich gelegentlich ein wenig mehr Sicherheit in den Annahmen gewünscht hätte. „Machen Sie sich keine Gedanken darüber,“ beschwichtigte Michels zwischen zwei „brain cookies“, wie er es nannte, „erstens haben wir bis zum nächsten Workshop noch die Gelegenheit, unsere Wissenslücken zu schließen und zweitens müssen wir uns bewusst machen, dass wir hier in einen Regelkreis eingetreten sind, in dessen Verlauf wir uns immer tiefer und besser in die Zukunft unseres Umfeldes eindenken werden."

Die **Baukonjunktur** der nächsten Jahre bis 2011 wurde ebenfalls in knappen prägnanten Annahmen zusammengefasst:

- ❑ Die Neubautätigkeit im Nicht-Wohnungsbau (Bürobereich) könnte ab 2011 stark abflauen, z. T. wegen des Wegfalls der französischen und britischen Sonderabschreibungen.
- ❑ Die Abnahme der öffentlichen Bauinvestitionen wird zugunsten von Investorenmodellen bzw. der Sanierung bestehender Gebäude weiter fortschreiten.
- ❑ Die Tendenz zum Angebot „alles aus einer Hand" könnte zu vertikalen Verbünden zwischen Bau-, Wohnungs-, Finanz- und anderen Dienstleistungsunternehmen führen.
- ❑ Im Mainstream außerhalb unserer Zielgruppe gibt es eine Tendenz zu preiswerterem Bauen, was zu höherem Druck auf die Anbieter führt. In Deutschland liegen die reinen Baukosten für eine Wohnung mit derzeit ca. 125.000 € doppelt so hoch wie zum Beispiel in den europäischen Nachbarländern Dänemark, Niederlande, Frankreich oder Großbritannien.
- ❑ Zielgruppenorientiertes Bauen ist erst am Anfang. Siehe Beispiel der Spezialwohnungen für zerstrittene Eltern in Amsterdam.
- ❑ …

Nach einem virtuellen Besuch in der High-Tech-Ausstellung „Home 2011" war die Zukunft der Technologie als einer wesentlichen Triebkraft klar:

Bautechnologie

- ❑ Die internationale Mobilität neuer Baumethoden tendiert zur Echtzeitdiffusion.
- ❑ Ökologisches Bauen wird zur Selbstverständlichkeit; Ökologie in letzter Konsequenz bleibt aber auch bis 2011 noch ein Nischenmarkt.
- ❑ Die traditionelle Baustellenfertigung verliert sukzessive zu Gunsten des industrialisierten Bauens und seiner Zeitvorteile.
- ❑ Bauroboter mauern morgen zentral in der Fabrikhalle und übermorgen dezentral an der Baustelle.

- ❑ Für unsere Zielgruppe werden auch im Wohnungsbau die „smart buildings“ attraktiv.
- ❑ Bauen in drei Schichten wird für zahlungskräftige eilige Bauherren langsam üblich.
- ❑ Gebäude und Anlagen werden zukünftig mehr mit Hilfe von Simulationsprogrammen konzipiert werden können (Planung auf Knopfdruck).
- ❑ Neue Materialien werden in hoher Zahl eingeführt, z. B. Schallschutzfolien (siehe Bericht von Hr. Matrasse).
- ❑ Die Grundrisse werden durch mobile Wände endlich variabel.
- ❑ Das deutsche „Bauen für Jahrhunderte“ verliert aus Kostengründen langsam an Bedeutung.
- ❑ Marktforscher, Psychologen und Betriebswirte werden die Gebäude in Zukunft noch vor dem Planer definieren.
- ❑ …

Gebäudetechnologie

- ❑ Der Computer wird im Top-Wohnhaus ubiquitär.
- ❑ Inflation neuer Technologien wie beispielsweise das Heizen mit der Fassade (spart bis zu 60% der Heizkosten), das Kühlen mit der Sonne, die Beleuchtung mit Spiegeln und Fuzzy-Logic (spart bis zu 30% der Klimatisierungskosten).
- ❑ Natürliche Beleuchtung wird bis 2011 bis zu 30% der Beleuchtungskosten sparen können (siehe Forschungsbericht „Beleuchtung mit Spiegeln“).
- ❑ „Domotik“, die F&E rund um das „intelligente Haus“ wird für den Top-Wohnungsbau ein gewinnträchtiges Forschungsfeld.
- ❑ Gebäude werden transparenter und leichter zu verwalten (siehe Autodiagnostik).
- ❑ Dachbegrünung wird zunehmend beliebter.
- ❑ Die Wiederaufbereitung und Wiederverwendung von Abwasser und Wärme ist 2011 zur Regel geworden.

- ❑ Schadstoffabführung gewinnt als Alternative zur Klimatisierung sukzessive an Bedeutung.
- ❑ In jedem neuen und renovierten Top-Wohnhaus führt ein LAN die Regie (erste neuronale Netze im Hausmanagement).
- ❑ Der Netzmanager im Wohnhaus wird zur Schlüsselperson für den Fernwartungskundendienst aller Hausgerätehersteller (weiße Ware und braune Ware).
- ❑ Die Grenzen zwischen Computermonitor, Bild und Fernseher sind verwischt.
- ❑ Prinzipiell wird sukzessive jedes Gerät mit jedem anderen im Haus vernetzt.
- ❑ Die Prozesstechnik macht uns einige Entwicklungen vor, vor allem im Bereich der Bustechnik.
- ❑ Gesundheitsaspekte (siehe sick building syndrome) rücken in den Vordergrund der Gebäudetechnologie.
- ❑ Feng Shui und ähnliche fernöstliche Methoden finden immer mehr Anhänger (siehe Grafik Frau Max).
- ❑ Facility Management wird auch im Top-Wohnhaus zum Thema.
- ❑ Antinoise-Technologien finden im Top-Wohnhaus bis 2011 erste Einsätze.
- ❑ Das Badezimmer wird zum Fitness- und Gesundheitsraum, von der „Biogasanalyse" in der Toilette, über die automatische Brustuntersuchung bis hin zur Onlineanbindung des Diagnosesystems an den Praxiscomputer des Hausarztes.
- ❑ Bei Hausbau ist der Einbau von Solarzellen in Dächern und Fassaden zum Standard geworden.
- ❑ Flachbildschirme, die wahlweise Bilder aus einer Datenbank, Websites, Videofonpartner oder einen Fernsehkanal zeigen können, ersetzen bei den Frühadaptoren die Wandbilder.
- ❑ …

Computing

- ❑ Durch Intranets und Extranets ist 2011 das papierarme Büro auch im Mittelstand üblich.
- ❑ Der Polier hat 2011 das Notebook am Handgelenk (mit Telefon, Videofon und Internet-Zugang).
- ❑ 2011 haben 50% der Haushalte die Möglichkeit zur Videofonie (i.d.R. über den Multimedia-Fernseher).
- ❑ Kommunikationstechnologie nivelliert langsam die Baulandpreise und gleicht die Siedlungsstruktur langfristig aus.
- ❑ Zahlreiche Hausgeräte werden virtualisiert (Digitalisierung von Geräten, wie z. B. der Unterhaltungselektronik).
- ❑ Schnellerer Workflow, die Transparenz der operativen Informationen wird größer.
- ❑ Die optischen Speicher haben sich durchgesetzt.
- ❑ Die klassische Tastatur hat ihre Bedeutung im wesentlichen eingebüßt.
- ❑ Multimedia-Computer haben Verkauf, Beratung und Schulung revolutioniert.
- ❑ Viele Tätigkeiten, die wir heute noch als dem Menschen vorbehalten ansehen, werden zunehmend von Computern übernommen (z. B. Beratung).
- ❑ Programmierte Berater: Die Wirkung eines klassischen Architekten lässt sich 2011 zu 60% durch ein Expertensystem realisieren.
- ❑ Die meisten Wissensinhalte sind in Expertensystemen verfügbar; Lernen auf Vorrat wird fast unnötig.
- ❑ Kommunikationstechnologie senkt Baulandpreise; Bürogebäude werden weniger gebraucht (-25% in den nächsten 10 Jahren).
- ❑ ...

Im Verlauf dieses ersten, in vollem Umfang der ZukunftsAnalyse gewidmeten Workshop-Tages wurde zudem die Zukunft der Arbeitswelt, der Gesellschaft, der Bevölkerung, der EU-Volkswirtschaften, der Infrastruktur und der Umwelt erarbeitet. Am Ende eines fordernden, aber sehr befriedenden Arbeitstages lag eine in 165 ZukunftsAnnahmen beschriebene Zukunftslandschaft vor dem Lichtenberg-Team. „Wie Sie vielleicht schon wissen," begann Lichtenberg so etwas wie eine kleine Ansprache als sein persönliches Résumé des Tages, „möchte ich unsere zukünftigen StrategieRadar-Workshops leiten und ich muss sagen, ich freue mich sehr darauf." Grinsend ergänzte er „ich hoffe, Sie teilen meine Freude. Ich jedenfalls bin beeindruckt, was wir mit der richtigen Methodik im Verlaufe nur eines einzigen Tages an Ergebnissen erzielen können." Michels schloss den ersten Workshop-Tag des ZukunftsProjektes LICHTENBERG 2011 ab. „Vielen Dank, Herr Lichtenberg. Meine Damen und Herren, wir haben heute ein gutes Stück Arbeit geleistet. Sie haben das Menschenmögliche getan, um innerhalb kurzer Zeit eine umfassende Vorstellung davon zu gewinnen, welche Veränderungen in den nächsten Jahren bis 2011 stattfinden werden und stattfinden könnten. In zwei Wochen werden wir uns hier am gleichen Ort zur ChancenAnalyse treffen. Heute kam es uns sehr auf den Konsens an, darauf, eine gemeinsam getragene Sicht der Zukunft zu bekommen. In zwei Wochen brauchen wir keinen Konsens, dann soll es uns nur darum gehen, kreativ möglichst viele neue Chancen zu erkennen. Ich habe mit Frau und Herrn Lichtenberg besprochen, dass wir uns in der nächsten Woche gemeinsam das geistige Rüstzeug für die ChancenAnalyse erarbeiten, d. h. ich werde zu Ihnen nach Stuttgart kommen, um den zweiten Teil des ZukunftsSeminares durchzuführen. Damit sind wir im Workshop erheblich produktiver. Ich danke Ihnen!" (Weiter auf Seite 191).

7 Quer-Denken

Szene 12; Das zweite Grundlagen-Seminar, Teil I

19. Juni: In der vertrauen Atmosphäre des bevorzugten Stuttgarter Konferenzhotels wollten die neun Mitgestalter des ZukunftsProjektes LICHTENBERG 2011 das Quer-Denken und das Hinein-Denken lernen, die beiden Meta-Strategien auf dem Weg zu neuen ZukunftsChancen. Das Vor-Denken hatten sie by doing im Workshop gelernt. „Wir haben uns letzte Woche eine gemeinsam getragene Zukunftslandschaft erarbeitet. Jetzt gehen wir in die kreativere verrücktere Phase unseres ZukunftsProjektes," leitete Michels den Tag ein. Alle, auch die beiden Externen, waren sichtlich aufgeschlossen und gespannt auf das neue Wissen, das da kommen sollte. Auf dem ersten Chart stand „über den Tellerrand hinaussehen". (Weiter auf Seite 255)

7.1 Über den Tellerrand hinaussehen

Kennen Sie in Ihrer Umgebung Menschen, die sich kein bisschen um Prognosen und Marktforschungen gekümmert haben und trotzdem oder viel-

Abbildung 18; Quer-Denken

leicht gerade deshalb sehr erfolgreich geworden sind? Das Grundbedürfnis hinter dem Blick in die Zukunft – wir stellten es bereits mehrfach dar – ist das Verlangen nach neuen Chancen und die Neugier zukünftige Bedrohungen früher als andere zu kennen. Zukünftige Bedrohungen lassen sich durch vor-denken erkennen, zukünftige Chancen aber lassen sich genauso gut durch reines quer-denken erkennen. ZukunftsChancen findet man nicht auf den ausgetretenen Denkpfaden von gestern und daher fassen wir unter dem Quer-Denken alle Strategeme zusammen, die uns abseits unserer üblichen Denkwege führen.

Der beste Weg, die Zukunft vorauszusagen, besteht darin, sie zu erfinden.
(John Sculley)

Natürlich kann systematische Imitation zu Unternehmenserfolgen führen, wie Steven P. Schnaars in einigen Fallstudien nachweist.[40] Doch kann unseres Erachtens keine Wirtschaft und kein Unternehmen dauerhaft von der Imitation leben, denn einerseits erfordert Weiterentwicklung auch neue Impulse und andererseits spielt das Selbstbild des Unternehmens auch für die Motivation der Mitarbeiter eine Rolle. Es war schon immer der unternehmerische Part des ZukunftsManagements, Zukunft einfach so zu schaffen wie man sie sich wünscht und Kreativität wird immer häufiger als einer der entscheidenden Erfolgsfaktoren genannt. So bekommen Sie übrigens auch ein bisschen das Problem der so schwierig früh zu erkennenden Diskontinuitäten in den Griff. Daher haben wir unter „Quer-Denken" alle Strategeme zusammengefasst, die Ihre Kreativität beim Schaffen Ihrer erträumten Zukunft anregen können. Das Quer-Denken stellt beispielsweise folgende Fragen:

Checkliste 19: Fragen des Quer-Denkens

- ☑ Wie können wir die Gefahr zur Chance machen?
- ☑ Wie sieht die ideale Lösung aus?
- ☑ Was würden wir am liebsten tun?
- ☑ Wie würde die Natur die Aufgabe lösen?
- ☑ Wie hat man die Aufgabe in strategisch verwandten Bereichen gelöst?
- ☑ Wie hat man die Aufgabe in früheren Generationen gelöst?

Checkliste 19: Fragen des Quer-Denkens (Fortsetzung)

- ☑ Welche Regeln können wir zu unseren Gunsten ändern?
- ☑ Was haben wir, das für diese Aufgabe wertvoll wäre?
- ☑ Wie heißt das dahinterstehende Bedarfsfeld?
- ☑ Wem können wir hier das Leben leichter machen?
- ☑ Wem wäre eine gute Lösung Millionen wert?
- ☑ Welche Chancen ergeben sich aus unseren Schwächen?

Es gibt eine Reihe guter und weniger guter Bücher, die gängige Kreativitätstechniken katalogisiert mit Vor- und Nachteilen auflisten. Davon wollen wir absehen und als Ergänzung dieser Werke einige Strategeme darstellen, die im unternehmerischen Alltag ohne besonderen Aufwand zu neuen Chancen führen.

Was ist ein Quer-Denker? Er oder sie stellt gewohnte Denkwege und gewohnte Lösungswege bewusst in Frage und kommt so häufig zu besseren Lösungen. Ein einfaches Beispiel. Wenn es darum geht, wie man den Eigentümer eines Parkplatzes dazu bringt, seinen Grund und Boden für den Bau eines Hochhauses zu verkaufen, dann würde der Quer-Denker nicht wie alle anderen mit der Möglichkeit des Lebensabends in der Karibik argumentieren, sondern er würde billig den Luftraum über dem Parkplatz kaufen und das Hochhaus einfach auf „Stelzen“ über den Parkplatz bauen, denselbigen aber nicht antasten.

Die wahre Entdeckungsreise besteht nicht in der Suche nach neuen Ländern, sondern im Besitz neuer Augen. (Marcel Proust).

Mit dem Blick über den Tellerrand des eigenen Geschäftes und des eigenen Denkens wird es möglich, Zukunft vorwegzunehmen, sie vor den Mitbewerbern zu „erfinden“. Wenn wir uns Chancen als latent im Raum vorhandene Möglichkeiten vorstellen, von denen zu jedem Zeitpunkt nur ein kleiner Bruchteil erkannt ist, dann ist eine erkannte Chance auch vorweggenommene Zukunft. Wenn eine Chance wirklich eine echte Zukunfts-Chance ist, dann wird sie wahrscheinlich irgendwann von irgendjemandem auch erkannt und genutzt. Daher ist immer Eile geboten, wenn Sie eine ZukunftsChance erkannt haben, denn es ist fast sicher, dass potenzielle Mitbewerber, die Sie vielleicht noch nicht als solche ansehen, ebenfalls auf diesen „Markt von morgen" stoßen werden. Irgendwann wäre in unserem Parkplatzbeispiel eben jemand auf die gleiche Idee mit dem Luftraum gekommen, wenn der Parkplatzbesitzer und die ihm folgenden Generationen stur bleiben.

Edward de Bono, die große bekannte Autorität auf dem Gebiet des Denkens, nannte die Art, eingefahrene Denkwege zu verlassen „Laterales Denken". Ein Begriff, der mittlerweile sogar Eingang in die maßgeblichen Enzyklopädien der Welt gefunden hat. Laterales Denken könnte man übersetzen mit „um die Ecke denken", die „Dinge von einer anderen Seite sehen", die „Dinge auf den Kopf stellen" usw. Man erzählt sich, dass Alexander Fleming, der Erfinder des Penizillins, kein Glück bei seinen Versuchen mit Bakterien hatte. Ein Pilz zerstörte sie. Als er sich sagte, „nun, dann züchte ich eben den Pilz", war das Penizillin gefunden.[41]

Jeder gute Unternehmer und Forscher denkt häufiger quer. Ohne Quer-Denken betreiben wir „Management by Scheuklappe" und ohne Quer-Denken gibt es auch keine wirklich neuen Lösungen für neue und alte Probleme. Zudem ist es geradezu die Pflicht eines verantwortungsvollen Unternehmers, im Rahmen seiner Mission alle denkbaren Lösungswege für die Probleme und Wünsche seiner Zielpersonen zu eruieren und dazu muss er auch andere Denkwege beschreiten als seine Mitbewerber. Wenn wir Zeit wirklich als Währung der Zukunft akzeptieren, dann brauchen wir zeitlichen Vorsprünge dringender als je zuvor. Gerade unsere besten Kunden können und wollen uns in der Regel aber nicht sagen, welche Chancen es so gibt und welche wir davon nutzen können. Quer-gedachte Chancen sind selten bedarfsmotiviert, sondern fast ausschließlich angebotsmotivert. Selten werden quer-gedachte Chancen von der Zielperson angeregt. Denken Sie beispielsweise an den Walkman, den einfach so erfundenen Minivan[42] oder an das Tamagochi.

Wenn Sie quer-denken wollen, müssen Sie sich von den Zwängen der Realität befreien, Sie müssen Regeln brechen. Ganz nach dem Philosophen Karl Popper: „Um Wissenschaft machen zu können, muss man die Probleme mit kühnen Gedanken fassen". Für den externen Freund und Helfer ist es deshalb sehr viel leichter, Neues zu sehen, weil er schlichtweg weniger Regeln kennt und diese dann auch nicht immer von vornherein beim Denken befolgen muss.

7.2 Strategische Verwandtschaft

Denkfrage: Was können wir von strategisch verwandten Systemen für unsere Zukunft lernen?

Von strategisch verwandten Systemen lernen

ZukunftsChancen finden Sie, wie gesagt, nicht auf den ausgetretenen Denkpfaden von gestern und Erfahrungswissen ist der ärgste Feind des Quer-Denkens. In den Führungsetagen geben wir sehr viel auf Branchenerfahrung, wo wir doch eigentlich wissen, dass die zukünftigen Chancen weniger innerhalb der heutigen Branchen, sondern vielmehr dazwischen liegen. Wenn Sie sich heute eine grafische Darstellung Ihrer Märkte ansehen, dann sehen Sie vor sich eine Landkarte der Vergangenheit. Wenn Sie eine Landkarte der Zukunft malen wollen, dann kommen sich nicht umhin, neue Cluster und neue Substrukturen zu bilden. Auch IBM hatte damals bei dem kleinen unbedeutenden Deal mit einer Klitsche namens „Micro-Soft" nicht begriffen, dass hier eine gänzlich neue Landkarte von der Zukunft gemalt wird. Was war schon ein bisschen Programmtext, was war schon Software gegen die so schön greifbaren Wunderwerke?
Wir legen Wert auf einen positiven, optimistischen Grundton dieses Buches und möchten demgemäß auch keine lähmenden Ängste schüren. Doch denken Sie bitte daran, dass Ihre zukünftigen Mitbewerber, je nach Geschäftsfeld, genauso wahrscheinlich aus anderen, von Ihnen völlig außer Acht gelassenen Branchen und Geschäftsfeldern kommen können und vielleicht auch kommen werden. Wir müssen die Scheuklappen unserer Branche ablegen. Das Denken in Branchen ist für die Früherkennung von ZukunftsChancen genauso schädlich, wie die theoretisch-hypothetische Einteilung unserer komplexen Welt in Schulfächer schädlich für die Problemlösungsfähigkeit junger Menschen ist.
Im Tagesgeschäft beschäftigen wir uns mit uns und unseren Kunden, sowie mit unseren Mitbewerbern und deren Kunden. Damit wir uns konzentrieren können, haben wir geistige Mauern um diese Welt gebaut. Das ist eine vernünftige Idee, denn wer kann schon täglich über fremde Branchen nachdenken. Sie sollten sich jedoch regelmäßig und mindestens einmal jährlich die Zeit nehmen, über diese Mauern hinwegzusehen und nach lehrreichen Strategischen Verwandten zu suchen.
Das einfachste Beispiel für Strategische Verwandtschaft ist der Bäcker, der sich bei seinem Strategischen Verwandten, dem Metzger, den Aufschnitt abgeschaut hat. Beim Metzger muss man eben nicht wie beim Bäcker einen ganzen „Laib" Wurst kaufen und dann tagelang die gleiche Wurst essen.

Abbildung 19; Strategische Verwandtschaft

Daraus machte unser Bäcker einen „Brotaufschnitt" für anspruchsvolle Kleinhaushalte, die morgens Abwechslung auf dem Frühstückstisch haben wollen. Heute erzielt er einen Großteil seines Ertrages mit seinem „Brotaufschnitt". An diesem einfachen aber reellen Beispiel erscheint es besonders einsichtswürdig, dass diese Chance irgendwann von irgendeinem anderen Bäcker auch erkannt worden wäre und mittlerweile auch von vielen erkannt wurde.

Die Verkürzung der Modezyklen in der Bekleidungsindustrie kann man in vielen Branchen nutzen, so wie es Nikolaus Hayek mit seinen Swatch-Armbanduhren vorgemacht hat. Ein bekannter Verlag für Stadtpläne muss sich plötzlich mit der Konkurrenz eines deutschen Autoradio-Produzenten abfinden. Softwarehäuser dringen in zahllose Branchen ein. Weder die Regelfirmen, noch die Druckereien und auch nicht die Banken haben daran gedacht, dass sie sich mal dem Wettbewerb durch Töchter von Industrieunternehmen oder durch Softwarehäuser ausgesetzt sehen werden. Wem das zu weit hergeholt vorkommt, sollte wissen, dass einer der besten „Früherkennungsprofis", Microsoft-Gründer Bill Gates, den Banken den bargeldlosen Zahlungsverkehr mit Online-Transaktionen abnehmen will und ihnen das Schicksal der Dinosaurier prophezeit.

In der Kindersendung Sesamstraße gab es vor Jahrzehnten eine Folge, in der ein weinendes Kind seine Mutter sucht. Auf die Frage sorgenvoller Passanten, wie denn die Frau Mama aussieht, antwortete der kleine Junge, seine Mutter sei die schönste Frau der Welt. In der Folge führte man ihm die schönsten Frauen der Umgebung vor, alles ohne Erfolg. Irgendwann, man war schon verzweifelt, schlich eine recht häßliche, doch offensichtlich warmherzige Frau auf die Szenerie und das Gesicht des kleinen Abtrünnigen hellte sich auf. Es war seine Mutter, für ihn die schönste Frau der Welt. In seinem Buch „practical thinking" prägte Edward de Bono hierfür den Begriff „Dorfvenus-Effekt". Zu Zeiten, als es noch kein Fernsehen gab, galt das schönste Mädchen im Dorf meist als schönste Frau der Welt, denn man kannte ja nichts anderes. Diese Situation finden wir sehr häufig, wenn wir uns, wie es das Tagesgeschäft und wie es die vermeintlich bewährte Praxis fordert, ausschließlich auf unsere Brache und auf unsere Geschäftsfelder konzentrieren.

Eine Schwierigkeit überwindet man nicht immer dadurch, dass man beharrlich an ihr arbeitet, sondern oft dadurch, dass man an der nächsten arbeitet. Bestimmten Menschen und bestimmten Dingen muss man sich seitwärts nähern. (André Gide)

Wir schätzen, dass 80 bis 95% der Innovationen zumindest teilweise einfach von einer Branche in eine andere übertragen werden. Daher ist „Strategische Verwandtschaft" sicher eines der chancenträchtigsten Strategeme. Das renommierte MIT, das Massachusetts Institute of Technology, hat sich die Entwicklungslinien von Technologien angesehen und dabei festgestellt, dass Technologien, die ganze Branchen revolutionierten, in fast allen Fällen bereits jahrelang in anderen Branchen und Bereichen genutzt wurden, ohne dass man Notiz von ihnen nahm. Die revolutionierenden Technologien kommen fast immer aus einer anderen Branche. Die Beobachtung der eigenen Branche genügt nicht mehr. Prof. James Utterbeck erzählt, dass selbst umwälzende technologische Innovationen meist viele Jahre existieren, bevor sie kommerziell bedeutend werden. Während Ihrer Reifezeit sind sie jedoch schon gut dokumentiert. Ein Beispiel ist etwa die Mikrowelle, die aus Rüstungsprojekten bei Raytheon entstand. Ein noch prägnanteres Beispiel ist die CAD-Technik, die nach Jahrzehnten ihrer Existenz schließlich Mitte der 90er Jahre Eingang in die Medizintechnik und dort genauer in die Konstruktion künstlicher Knochen und in der Kariesforschung Eingang fand. Dies ist aus zweierlei Gründen interessant. Einerseits ist dies ein bestätigendes Indiz dafür, dass die größten Chancen nicht in technischen Innovationen oder gar buchstäblichen Erfindungen zu suchen sind. Sie liegen vielmehr in der intelligenten und

auf die eigenen Stärken konzentrierten Kombination vorhandener Leistungen zu besseren Problemlösungen für ganz konkrete Menschen. Zweitens liefert das weltweit anerkannte MIT ein gutes Argument für die Beschäftigung mit Strategischen Verwandten.
Natürlich hat unsere Forderung nach der Beschäftigung mit gänzlich fremden Branchen, fremden Geschäften und gar fremden Systemen eine gewisse Gefahr. Wenn Sie es nicht schaffen, diese Beschäftigung mit fremden Branchen in einem homöopatischen Maß zu halten, könnten und würden Sie sich geistig verzetteln. Es geht uns darum, dass Sie nicht immer mit der in Ihrem Geschäft üblichen Lösung aufwarten, sondern dass Sie sich einen Eindruck davon verschaffen, wie man die Dinge in anderen Bereichen und Geschäften angegangen ist. Und wenn wir es genau nehmen, gehören Ihre Strategischen Verwandten in gewisser Hinsicht doch zu Ihrem Geschäft! Um die notwendigen Vorsprünge, das Ziel jeglicher Unternehmensstrategie, zu erzielen, sollten Sie sich demnach dafür öffnen, Chancen durch die Beobachtung bislang völlig fremder, aber dennoch verwandter Geschäfte und Systeme zu erkennen.

Wer sind Ihre strategisch verwandten Systeme?

Strategisch verwandte Systeme sind mit Ihrem Unternehmen auf irgendeine Art vergleichbar. Sie haben ähnliche Zielgruppen, eine ähnliche Struktur oder erzielen durch Ihre Existenz ähnliche Wirkungen in der Umwelt. Der Gedanke wird Ihnen nicht fremd sein, dass der Bewusstseins- und Umsetzungsstand einer Chance oder eines Trends zwischen den Branchen stark differiert. Während die Individualisierung der Produkte im Top-Bekleidungsgeschäft und im Anlagenbau seit Generationen zum guten Ton gehört, ist diese Strategie für Waschmaschinenhersteller noch weitgehend fremd. Während die Baumärkte fast komplett franchisiert sind, versuchen sich die meisten Restaurants noch an der Erfindung ihres eigenen Rades. Strategische Verwandte zeigen Ihnen nicht nur neue ZukunftsChancen auf, sie zeigen Ihnen auch in aller Deutlichkeit mögliche Entwicklungslinien für die Zukunft Ihres Geschäftes. Sie finden Ihre strategischen Verwandten, indem Sie sich die in Checkliste 20 folgenden Fragen stellen und beantworten.
Wie sprechen mit Absicht von Systemen, weil wir Ihr Denken nicht gleich auf Naheliegendes wie die Unternehmen Ihrer Mitbewerber festlegen wollen. Wenn Sie sich diese Fragen als Psychotherapeut stellen, finden Sie zum Beispiel die Unternehmensberater als Strategische Verwandte. Als Existenzgründer finden Sie den Hochgebirgswanderer, weil auch er sich gut überlegen muss, dass er beim Start nicht zuviel aber auch nicht zuwenig einpackt.[43]

Checkliste 20: Die Strategischen Verwandten finden

- ☑ Befriedigung ähnlicher Bedürfnisse?
- ☑ Lösung ähnlicher Probleme?
- ☑ Bedienung ähnlicher Zielgruppen?
- ☑ Erbringung ähnlicher Leistungen?
- ☑ Ähnliches Strategiedesign?
- ☑ Erzielung ähnlicher Wirkungen?
- ☑ Ähnliche Struktur?
- ☑ Ähnliche Organisation?

Die Banken finden den Einzelhandel als strategisch verwandtes System. Im „Supermarkt" werden die Standardgeschäfte möglichst automatisiert und rationell abgewickelt und im „Fachgeschäft" werden die individuellen Probleme gelöst und Wünsche erfüllt, wie in der Bank. Auch die ubiquitäre Verbreitung der Supermärkte wird für die Bank zum Vorbild. So liefert das Strategem „Strategische Verwandtschaft" binnen Minuten fast fertige Chancen und Projektionen. Aus den Entwicklungen, Erfahrungen und Strategien verwandter Systeme und Unternehmen können offene und flexible Menschen ein riesiges Chancenpotenzial für Märkte von morgen schöpfen. Warum sollten Sie mit Ihrem schwer verdienten Geld die oftmals leichte Consultingkost bezahlen, wenn Sie sich viele neue Impulse und Ideen bei Ihren Strategischen Verwandten holen können? Wir wünschen uns Unternehmer, die ihren Denkhorizont auf diese Weise ganz bewusst erweitern.

Der Unterschied zum Benchmarking

Auf die Schnelle besehen, könnte man „Strategische Verwandtschaft" mit dem Hinweis auf das Benchmarking als alten Hut abtun. Es gibt Überschneidungen mit dem Benchmarking, etwa wenn sich der Blechbearbeiter beim Schneider die ausbeuteoptimierte Schneidstrategie abschaut. Doch gibt es auch einige wichtige Unterschiede. Durch Benchmarking können Sie Verbesserungsmöglichkeiten identifizieren und sich aktiv darum bemühen, der Beste zu werden.[44] Das ist das Ziel des Benchmarking und es bedeutet zunächst, dass es beim Benchmarking vorwiegend um das Wie und

weniger um das Was geht. Das Wie soll zeigen, wie man die Dinge richtig tut, welche beste Art und Weise es gibt, während es uns hier viel stärker darum geht, die richtigen Dinge zu tun. Wenn das Benchmarking die optimale Erfüllung der Kundenerwartungen durch einen optimierten Wertschöpfungsprozess verfolgt, dann stellt das Strategem „Strategische Verwandtschaft“ eher die Frage, welche Probleme, welcher Kunden mit welcher Strategie gelöst werden sollen. Während Benchmarking weitgehend innerhalb des bestehenden strategischen Koordinatensystems bleibt, soll „Strategische Verwandtschaft“ ganz bewusst neue Koordinatensysteme durch Verschiebung der alten bauen. Allein schon die Tatsache, dass es ein internes Benchmarking gibt, zeigt deutlich, welchen strategiewahrenden Denkrahmen das Benchmarking hat. Die Benchmarking-Experten werden hier gleich Einspruch erheben und natürlich den „ganzheitlichen“ Aspekt des Benchmarking-Konzeptes betonen. Doch wollen wir uns hier an dem orientieren, was unter der Bezeichnung Benchmarking entstanden ist und was darunter in der Praxis verstanden und umgesetzt wird.
Ursprung des Benchmarking war eine Task Force, die Xerox in den 80er Jahren nach Japan schickte, um konkrete Mess- und Vergleichswerte für die so produktive Arbeitsweise der Japaner zu ermitteln. Die Messbarkeit der Werte ist ein unschätzbarer Vorteil des Benchmarking. Doch uns geht es bei der Strategischen Verwandtschaft eher um diejenigen Aspekte und Wirkkräfte, die sich gerade nicht so schön in Dollar, Mark, Zentimeter und Gramm festlegen lassen. Und wir wollen mit „Strategische Verwandtschaft“ ermöglichen, ohne jegliche Voruntersuchung und aufwendige Systeme und Studien zu konkreten und innovativen Denkergebnissen zu kommen. Zudem basiert das Benchmarking auf der Notwendigkeit, dass das Vorbild in den Leistungsdaten konkret vergleichbar ist. Wenn sich eine Airline bei der Formel 1 umsieht, um deren Schnelligkeit in der Box zu studieren, dann muss gewährleistet sein, dass die erfassten Werte auch tatsächlich Orientierungsgrößen sein können. Oder populär gesagt, der Benchmarking-Prozess ist meist nur sinnvoll, wenn Äpfel mit Äpfeln verglichen werden. Das Denkmodell „Strategische Verwandtschaft“ ist hingegen auch sinnvoll, wenn Äpfel mit Birnen verglichen werden, denn beides sind Früchte und gehören zur Kategorie Obst. „Strategische Verwandtschaft“ soll Sie im Gegensatz zum Benchmarking ganz bewusst zu Systemen führen, die nicht ganz so naheliegend sind. Das Quer-Denken hat kein besonderes Suchsystem für „den Besten“. Es hat bezüglich der Inhalte ein kreatives, quer-denkendes Element, das unseres Erachtens dem Benchmarking in dieser Ausprägung fehlt, weswegen es in der Praxis – nicht in der Theorie (!) – die Unternehmen auch gleicher macht.

Ihnen wird es egal sein, ob das Denkmodell Benchmarking oder Strategische Verwandtschaft heißt. Wichtig ist allein, dass es Ihnen zu neuen Denkergebnissen verhilft.

Beispiele für Strategische Verwandtschaft

Bereits seit 1986 tauschen sich gut zwanzig innovative und erfolgreiche deutsche Mittelständler wie Metabo, Rothenberger, Viessmann, Duscholux, Grohe und Schauff im Rahmen der Initiative Markenhersteller und Mittelstand (IMM) unter der Leitung von Klaus Beermann über ihre Erfolgsstrategien im Marketing aus. Wie und dass gerade weit entfernte Unternehmen voneinander lernen können, zeigen die folgenden Beispiele.

Autokonzern und Sportschuhhersteller

Ronald Zarrella, einst Marketingchef von General Motors, berichtete über eines seiner Vorbilder: „Die Kinder, die heute Nike-Schuhe tragen, kaufen in 15 Jahren Autos. Deshalb können wir eine Menge lernen, wenn wir uns anschauen, wie Nike seine Produkte entwickelt, um die Bedürfnisse seiner Kunden zu befriedigen."[45]

Whisky und Haarspülung

Der Kosmetikkonzern Wella aus Darmstadt schaute sich bei der Einführung seiner Produkte in Japan etwas aus den strategisch verwandten Bars ab. In teuren japanischen Bars ist es üblich, eine Flasche guten Whisky zu kaufen und sie dort im Regal zu lassen. Die Flasche wird mit dem Namen ihres Eigentümers versehen und mehrt so dessen Ansehen. Wella schuf aus dieser Idee heraus Großgebinde ihrer Spülung, die beim Friseur als sogenannte Keep-Bottles aufbewahrt wurden. Für den Friseur stimmte die Spanne und für den Salongast der Preis. Im Ergebnis konnten die japanischen Friseure hierdurch ihre Kundenbindung wie auch den Ertrag erheblich steigern.[46]

Autohersteller und Fußballteam

Was macht ein Fußballclub, wenn er einen guten Spieler im Moment nicht in der Mannschaft braucht, weil er trotz Qualität einfach nicht ins Team passt? Er wird kurzerhand verliehen. Das haben sich japanische Autohändler zum Vorbild genommen. 1994 hat Japans zweitgrößter Autoproduzent, Nissan, hundert „überschüssige" Arbeitskräfte für sechs Monate an den

Konkurrenten Isuzu ausgeliehen. Für die betroffenen Mitarbeiter bedeutet der Austausch, dass sie nicht arbeitslos werden und der Verleiher muss zumindest zunächst keine in Japan so verpönten Entlassungen vornehmen.

Bekleidungsindustrie und Armbanduhren

Jeder kennt die ständige Verkürzung der Modezyklen aus der Bekleidungsindustrie. Dieses Phänomen war Vorbild und Vorläufer für eine ganze Reihe strategisch verwandter Branchen. Wer konnte sich früher ausmalen, dass es ein schweizer Uhrenhersteller schafft, Armbanduhren zu einem „modischen Accessoire zu machen, dass nebenbei die Zeit anzeigt“ (Nikolaus Hayek, SMH). Wir kennen Personen, die weit mehr als 100 Armbanduhren besitzen und den größten Teil davon auch wirklich in Gebrauch haben. An diesem Beispiel bekommen wir ein Gefühl dafür, wie schädlich Erfahrungswissen sein kann, denn jahrhundertelang galt es als Regel, dass eine Person eben genau *eine* Uhr hatte und allenfalls durch das Aufheben alter und besonders wertvoller Exemplare als Mehrfachbesitzer in Frage kam. Hätte man uns in den siebziger Jahren gefragt, wie groß das Marktpotenzial für Armbanduhren in Deutschland ist, dann hätten wir natürlich aus der Bevölkerungszahl und der gewöhnlichen Nutzungsdauer ein Volumen errechnet, das für Swatches und andere bunte und schräge Chronographen gar keinen Platz gelassen hätte. Sie wissen ja, die Grenzen des Denkens sind die Grenzen des Erfolges. Wir wagen die Projektion, dass wir in den nächsten Jahrzehnten weitere Swatchisierungen erleben werden. Den Trend zum Drittauto wird es aus umweltpolitischen Gesichtspunkten vielleicht nicht geben, aber bei Schreibgeräten, Kleincomputern und Geräten der Unterhaltungselektronik erleben wir nur den Beginn der Swatchisierung.

Unterhaltungselektronik und PC-Hersteller

Seit Mitte der 80er Jahre sprechen breite Kreise von dem Megatrend der Verschmelzung von Unterhaltungselektronik und Computer. Die beiden Märkte waren schon immer strategisch verwandt. Sie wachsen Schritt für Schritt zusammen, bis wir irgendwann nicht mehr zwischen Monitor und Fernseher und nicht mehr zwischen der körperlichen Stereoanlage und dem virtuellen Modell auf dem Bildschirm unterscheiden werden. Die Alltäglichkeit des Computers konnten Sie auf dem Markt für sogenannte „braune Ware“ Jahre früher beobachten.

Die Unterhaltungselektronik nahm den Trend zum massiven Preisverfall bei Personalcomputern um mehr als ein Jahrzehnt vorweg. Es erscheint unverständlich, warum gerade die damals marktstärksten PC-Anbieter auf diese Entwicklung so unzureichend vorbereitet waren.

Zeitschriften und TV-Sender

In den USA gibt es Business-Magazin für schwarze Amerikaner („Black Enterprise") und wenn Sie sich an der Supermarktkasse oder in der Bahnhofsbuchhandlung umsehen, können Sie die tiefe Fragmentierung des Zeitschriftenmarktes erahnen. Dieser Entwicklung folgt, aus technologischen Gründen etwas verzögert, der Markt der Fernsehsender. Auch hier erleben wir durch das digitale Fernsehen eine tiefe Spezialisierung der Sender, die zu einer noch kaum absehbaren Fragmentierung der Gesellschaft zu führen droht. So sind und waren die Märkte für Zeitschriften und TV-Sender Strategische Verwandte.

Vereine und Fitness-Studios und TV-Sender

Sie können ein Fitness-Studio eigentlich nur dann rentabel betreiben, wenn Sie Ihre Kunden dazu bringen, „Mitglieder" zu werden. Das heißt im Klartext, Sie müssen Ihre Kunden durch die Verpflichtung zur regelmäßigen Zahlung dazu zwingen, regelmäßig zu trainieren. Vor allem aber können Sie so Ihren Kundenkontakt intensivieren und neben dem reinen Training auch für Ihre Mitglieder „Freizeit organisieren". Das haben auch einige TV-Sender entdeckt und den RTL-Club oder den Pro-Sieben-Club ins Leben gerufen. So haben mindestens zwei Branchen die Vorteile des strategisch verwandten Vereinswesens entdeckt und genutzt.

Softwarehaus und Musikanlagenhersteller

Durch die Digitalisierung und Virtualisierung sind dem Geschäft der Softwarehäuser fast keine Branchengrenzen mehr gesetzt. Bereits Mitte der 90er Jahre konnten wir die virtuellen, nur aus Programmzeilen bestehenden Stereoanlagen bewundern, die in professionellem Design aber vollkommen ohne Körper auf den Computerbildschirmen auftauchten. Wozu brauchen wir noch mehr oder minder große Würfel, wenn die Stereoanlage bereits im Computer steckt. Noch zu Beginn der 90er Jahre hätte sich kein großer professioneller Hersteller der Unterhaltungselektronik träumen lassen, dass er Konkurrenz von kleinen Softwareklitschen bekommen würde. Über die neue Konkurrenz für Regelfirmen, Druckereien und Banken durch die Softwarehäuser haben wir bereits gesprochen. Die Branchengrenzen werden in den Grundfesten erschüttert.

Autoradios und Stadtplän

Sie kennen wahrscheinlich Blaupunkt, den Autoradiohersteller aus Hildesheim. Und Sie kennen die patentgefalteten Stadtpläne des Falk-Verlages aus Hamburg. Diese beiden Unternehmen haben auf den ersten Blick nichts miteinander zu tun und sind auch auf den zweiten Blick keine Mitbewerber. Das war so bis zur Entwicklung der CD-ROM und der elektronischen Navigationssysteme im PkW. Mittlerweile haben aber beide Unternehmen quasi jeden Feldweg in Europa digitalisiert und bieten diese Information auf CD-ROM an. Diese beiden strategisch verwandten Unternehmen kommen aus gänzlich unterschiedlichen Richtungen in das gleiche Wettbewerbsdorf gezogen. Nun liegt es beispielsweise nahe, das Autoradio mit dem Telefon zu verbinden, was wiederum ganz neue Verwandtschaften aufdeckt.

Theater und Unternehmensberatung

Ein Trainingsunternehmen aus Mannheim hat das jahrtausendealte Theater als strategisch verwandtes System entdeckt. Seitdem wird unter dem Begriff „Business Theater" die Ist-Situation des Kundenunternehmens in Form von Theaterstücken inszeniert und nicht, wie sonst üblich, in endlosen Chart-Orgien. So hat dieses Unternehmen ein Stück Zukunft erfunden und ein Stück Zukunft vorweg genommen, denn irgendwann wäre jemand anders auch auf diese Chancen gestoßen. Das ist umso glaubwürdiger, als bereits zwei Jahre nach dem Bekanntwerden der Mannheimer mehr als zwanzig andere Unternehmen Business-Theater anboten.

Kfz-Hersteller und Möbelhandel

Ein deutscher Kfz-Hersteller hat staunend festgestellt, dass er auf eine gewisse Art Konkurrent des Möbelhandels ist, denn man konkurriert beim Privathaushalt um das gleiche Geld. So war für ihn eine Untersuchung der Mittel und Wege der Absatzförderung im Möbelhandel interessant.

Kirchen und Werbeagenturen

Diese beiden „Geschäfte" haben beide mit Kommunikation und Glauben zu tun.[47] Was kann die Kirche von der Werbeagentur lernen und umgekehrt? Wie gewinnt die Werbeagentur ihre Mandanten, wie gewinnt die Werbeagentur Kunden für ihre Mandanten? Wie bindet die Kirche ihre Kunden, wie pflegt sie sie? Alles interessante Fragen für die Kirche und die Werbeagentur.

Patente und Immobilien

Im Immobiliengeschäft ist das „Sell and lease back" eine übliche Finanzierungsmethode. Man verkauft eine Immobilie aus dem Bestand und least sie dann zurück. Äußerlich verändert sich nichts, weil man die Immobilie nach wie vor nutzen kann, aber der Wert der Immobilie kann zur Finanzierung notwendiger Investitionen oder Markterschließungen eingesetzt werden. Siemens hat dieses Verfahren auf Patente angewendet. Man verkaufte einfach Patente und leaste sie, d. h. die Nutzungsrechte an diesen Patenten zurück.

Versicherung und Unternehmensberater

Diese beiden Businesses sind insofern miteinander strategisch verwandt, als dass beide ihrer Klientel eine Art „Lebensversicherung" bieten. Der begleitende Unternehmensberater, der regelmäßig für neue Impulse sorgt und immer wieder potenzielle Krisen frühzeitig abwendet ist eine Art Lebensversicherung. Er könnte sich das Modell der echten Lebensversicherung vornehmen, um eine gänzlich neue Art der Honorargestaltung einzuführen. Falls Sie Berater sind oder einen solchen engagiert haben, lohnt es sich, diesen Gedanken weiterzudenken!

Friseure helfen bei der Familienplanung

Die staatliche Familienwohlfahrt Indiens hat die Friseure als ausgezeichnete Ratgeber für die Familienplanung entdeckt. Während des Haareschneidens können die Kunden bestens von Gebrauch und Nutzen eines Kondoms überzeugt werden, um die Verbreitung von AIDS einzudämmen. Die etwa 55.000 Friseure im Bundesstaat Andhra Pradesh sind angeblich begeistert von der Idee. So ist die staatliche Wohlfahrt strategisch verwandt mit den Friseuren.

Fotogeschäfte und Hotels

Im Einzelhandel sind Einkaufskooperationen weit verbreitet. Ob bei Fotogeschäften, bei Radio- und Fernsehhändlern oder bei Sportgeschäften. Überall findet man die Strategie, die Einkaufsmacht zusammenzufassen und so bessere Konditionen und Waren zu bekommen. Für die strategisch verwandten Hotels war das etwas ganz Neues. Zumindest bis ein gewisser Wolfgang Hertrich aus Bad Kissingen durch einen Hinweis auf das Schicksal der kooperationsfreien Photogeschäfte auf die Idee kam, das zu ändern. Seine Atlas Zentraleinkauf GmbH löst für die gehobene Hotellerie das Zeitproblem bei der Beschaffung und zwar vom Besteck bis hin zum Anbau.[48]

Die Strategischen Verwandten eines Herstellers von Bauelementen

Der Bauelementelieferant sieht unter anderem folgende Systeme als strategisch verwandt an. Lassen Sie Ihrer Phantasie freien Lauf, worauf genau die Verwandtschaft gegründet ist und welche Chancen darin für unseren Bauelementehersteller stecken.

❶ Systeme, die ähnliche Bedürfnisse befriedigen
- Vögel
- Garten- und Landschaftsbauer
- Gebäudereinigung
- Kunst am Bau
- Lego
- Fischer-Technik
- Benneton

❷ Systeme, die ähnliche Zielgruppen haben
- Alle Bauhandwerke
- Baumärkte
- Fensterbauer
- Treppenbauer
- Installateure

Die Strategischen Verwandten eines Strategieberaters

Ein Strategieberater würde auf nachfolgende Strategische Verwandte stoßen können:

❶ Systeme, die ähnliche Bedürfnisse befriedigen
- Psychologische Berater
- Astrologen (bieten Orientierung, wenn man daran glaubt)
- Businessliteratur und -medien
- Popstars (Unternehmen, die sich mit großen Namen schmücken wollen)
- Der beste Freund (erzielt als „Berater“ ähnliche Wirkungen)
- Romanschriftsteller
- Filmproduktionsunternehmen

❷ Systeme, die ähnliche Zielgruppen haben
- Ärzte, die sich auf Manager spezialisiert haben
- Mind-Center („Entspannung aus der Steckdose“)
- Top-Finanzberater
- Event- und Erlebnisanbieter
- Werbeagenturen

Die Zahl und Mannigfaltigkeit der Beispiele ist unendlich. Lebensmitteleinzelhandel und Baumarkt sind offensichtlich strategisch verwandt. Musikverlag und Werft sind verwandt, da sie beide hohe Vorausinvestitionen zu amortisieren haben. Der Vortragsredner ist relativ eindeutig verwandt mit dem Schauspieler oder dem Rockmusiker und so weiter.

Anwendung des Strategems „Strategische Verwandtschaft"

Wie Sie Ihre Strategischen Verwandten finden, haben Sie bereits erfahren. Um einen guten Nutzen aus diesem Denkmodell zu ziehen, gehen Sie bitte bei der Anwendung wie folgt vor:

1. Definieren Sie das Anforderungsprofil

Schreiben Sie in Form eines Mindmaps auf, welche Anforderungen ein Strategisch Verwandter für Sie erfüllen muss.

2. Sammeln Sie die Kandidaten

Stellen Sie ebenfalls in Form eines Mindmaps alle Systeme zusammen, die Ihnen als Strategische Verwandte vorkommen.

3. Konzentrieren Sie sich

Wählen Sie die fünf oder zehn Systeme aus, deren dauerhafte Beobachtung neue Chancen verspricht.

4. Implementieren Sie die Liste Ihrer Strategischen Verwandten

Schreiben Sie die Liste der Strategischen Verwandten dorthin, wo Sie sie immer wieder zum Denken herangezogen werden können. Das kann das Unternehmenshandbuch, das Qualitätssicherungshandbuch, die Geschäftsordnung oder das Intranet sein. Wichtig ist, dass jeder in Ihrem Unternehmen zu jedem Zeitpunkt und möglichst auch an jedem Ort auf dieses Wissen zurückgreifen kann.

5. Kommunizieren Sie das Denkinstrument

Sorgen Sie durch ein Rundschreiben (Hauspost, Aktennotiz, Rundfax, Rundmail etc.) oder besser durch persönlichen Vortrag dafür, dass alle Leistungsträger Ihres Unternehmens über das Denkinstrument Strategische Verwandtschaft informiert sind und fordern Sie sie auf, in der nächsten Zeit die Strategien und Praktiken der Strategischen Verwandten zu beobachten und ihre Beobachtungen zu notieren.

6. Sammeln und analysieren Sie die Ergebnisse

Rufen Sie nach einigen Wochen die Adressaten Ihres Rundschreibens zusammen und analysieren Sie gemeinsam Ihre Erkenntnisse. Stellen Sie einen Aktionsplan auf, was Sie aus diesem neuen Wissen tatsächlich umsetzen wollen. Wenn dieser Zyklus für Sie erfolgreich war, dann wird die Motivation ausreichen, dieses Verfahren immer wieder zu durchlaufen.

7.3 Biostrategie

Denkfrage: Wie hat die Natur diese Aufgabe gelöst?

Von der ältesten Firma der Welt lernen

Die Natur bietet viele Anregungen für das Quer-Denken. In Schweden schüttet man künstliches Wolfsurin an den Straßenrand, um Elche von der Straße fernzuhalten und um sie und die Autofahrer so vor Kollisionen zu schützen. In Kuwait interessiert man sich daraufhin für dieses Verfahren, um Kamele von der Straße fernzuhalten. Zwar können Kamele keine Wölfe kennen, reagieren aber dennoch wie die Elche in Schweden. Wir können beobachten, dass alle Lebensbereiche 'natürlicher' werden. Das Gehirn ist der für die Zukunft geeignetste Computer und daher Vorbild für die zukünftigen Rechner.

Viele Strategiekonzepte haben ihren Ursprung in der Natur, so etwa die Strategie der Spezialisierung. Die Organisation unserer Unternehmen wird von Dezentralität und „Selbstähnlichkeit“ geprägt sein. Wie eng unser Gesichtsfeld für Chancen manchmal ist, können wir an der Tatsache erkennen, dass die Natur die zwangsläufige Bildung von Subsystemen um Millionen von Jahren vor der Erkenntnis der Konzernlenker in die Erfordernis kleiner Einheiten vorwegnahm. Die Fledermausflügel waren Vorbild für die Drachenflieger. Die Vögel sind in Biotopen das klassische Vorbild des militärischen Frühwarnsystems. Die gerillte Haut der Haie bietet seit Millionen von Jahren weniger Widerstand als die glatten Außenflächen unserer heutigen Flugzeuge und die Finken auf den Galápagos-Inseln fanden Jahrtausende vor den Unternehmensstrategen den Weg der Spezialisierung.

Überall diente die Natur als Vorbild und wird es in Zukunft immer häufiger tun. So wird eine Forschungsrichtung zur Erdbebenfrühwarnung sicherlich darin bestehen, die Empfindsamkeit der Tiere für Erdbebenwarnung zu analysieren bzw. nutzbar zu machen. All diese „Patente der Natur“ dürfen kaum verwundern, wo die Firma Natur doch seit gut vier bis fünf Milliarden Jahren ohne Bankrott existiert. Das Wort Bionik ist Ihnen sicher schon einmal begegnet. Es wurde erstmals 1958 von Jack E. Steele für die interdisziplinäre an der Natur orientierte Erforschung der Arbeitsweise des menschlichen Gehirns verwendet.[49] Es ist eine Kombination aus den Begriffen Biologie und Technik. Da es uns nicht so sehr um die Technik, sondern mehr um die Strategie geht, haben wir analog dazu den Begriff der Biostrategie gewählt.

Beispiele für Biostrategie

Die meist technische Natur der hier genannten Beispiele ist dadurch bedingt, dass die Bionik schon sehr viel intensiver angewendet wird als biostrategische Lernstrategien. Nichtsdestotrotz soll es uns und Ihnen vor allem um organisatorische und strategische Ideen und Chancen gehen.

Die Wachstumsstrategie der Buche

In einem dichten, dunklen Wald muss die Buche schnell wachsen, damit sie aus dem Schatten der sie umgebenden Baumkronen heraustreten kann. Das ist der Grund, warum im Wald die meisten Bäume schmal und hoch sind und nur in der Krone viele Äste und Zweige haben. Auf offenem Feld kann man beobachten, dass sich die Buche wesentlich mehr Zeit mit dem Höhenwachstum nimmt. So entwickelt sie statt dessen etwa sehr bald Seitenzweige. Freistehende Buchen haben daher auch einen kurzen, dicken Stamm und eine große, gewölbte Krone. Das ist eine klassische evolutionäre Marktstrategie, für die man in der unternehmerischen Praxis jedoch besondere Wahrnehmungsinstrumente benötigt, wie etwa eine Art Früherkennungssystem. Und tatsächlich entdecken wir bei der Buche eine Art Früherkennungssystem. Wie alle Pflanzen hat die Buche ein Sehvermögen, um leichter und gezielter einen Platz an der Sonne zu finden. Dieses innere Auge besteht aus einem so genannten eiweißgleichen Chromoprotein namens Phytochrom. Es teilt den Zellen der Pflanze mit, ob und wo Licht und Dunkelheit sind, so dass die Pflanze entsprechend reagieren kann.

Die Natur hat das Auge nur einmal erfunden

Das Facettenauge der Insekten und das Auge der Säugetiere und des Menschen haben einen gemeinsamen Ursprung. Es ist das gleiche genetische Steuerungselement, das die Entwicklungskaskade steuert. Lange Jahre und Jahrzehnte galt ein anderes Wissen, bis zwei Basler Wissenschaftler im Jahr 1995 diese Entdeckung machten. Durch genetische Manipulation konnte das eye-Gen, das besagte Steuerungselement, sogar dazu gebracht werden, auf Fühlern, am Bein oder auf den Flügeln perfekte Kopien des normalen Auges wachsen zu lassen. Hier bewährt sich wieder das Prinzip der Mehrfachnutzung, das wir Menschen in unserer Arbeit so wenig beachten, obwohl es doch große Chancen birgt.

Die Wärmepuffer der Vögel

Die YTONG-Unternehmensgruppe hat in einer Anzeigenserie im Jahr 1995 behauptet „Unsere beste Idee ist geklaut". Die Anzeige zeigte einen Vogel, der seine Federn aufgeplustert hatte und so durch die Luft in den Federn einen natürlichen Wärmepuffer herstellt. Der Körper gibt weniger Wärme ab und es ist dem Vogel insgesamt wärmer. Genau nach diesem Prinzip dämmen die bekannten YTONG-Steine[50].

Autolack und Schmetterling

Das Farbenspiel glitzernder Schmetterlingsflügel hat die Autohersteller Nissan und DaimlerChrysler zur Entwicklung von Lacken veranlasst, die ihre Farbenpracht je nach Lichteinfall ändern. Das Farbenspiel ermöglichen zahlreiche Schichten, die das Sonnenlicht in verschiedenen Winkeln und Wellenlängen reflektieren. Der Effekt basiert auf dünnen Fäden aus Polyester oder auf Flüssigkristallen.

Gehirn und Computer

Nach wie vor ist es noch nicht gelungen, einen Computer zu konstruieren, der auch nur annähernd die Leistungsmerkmale unseres Gehirnes nachbilden kann. Abgesehen von der Frage, ob das überhaupt ein erstrebenswertes Ziel wäre, bleibt die Natur das beste Modell für die Computertechnologie der Zukunft. Seit der erste echte Computer ENIAC 1946 das Licht der Welt erblickte, streben die Forscher nach einem gehirnähnlichen Computer und hatten nicht selten schon den kurz bevorstehenden Durchbruch gemeldet, nur um dann die Erwartung wieder auf die nächsten Jahrzehnte zu verschieben. Trotz allem bleibt das Gehirn für den Computer das Vorbild schlechthin.

Der Schmetterling und das IBM-Notebook

Mitte der 90er Jahre warb IBM mit einem Notebook, dessen Tastatur sich ausklappen ließ, damit man auf ihr leichter schreiben konnte. Neben dem

Notebook war ein Schmetterling abgebildet, der seine Flügel entfaltete. Dieses Beispiel zeigt, dass es nicht immer die großen technologischen Durchbrüche sein müssen, die bionisches Denken interessant machen. Es reicht häufig aus, wenn wir uns durch die Natur zu einer neuen Idee anregen lassen.

Keine wie die andere, wie bei Meissen

In einer Anzeige im Mai 1997 war die „Staatliche Porzellan-Manufaktur Meissen" damit, dass die auf ihren Tellern von Hand gemalten Feldstiefmütterchen immer Unikate sind, ganz so, wie man nie zwei gleiche Lebewesen in der Natur findet. Die Unikatisierung und Individualisierung ist ein großes Chancenfeld für alle „menschennahen" Produkte und Dienstleistungen.

Die Düse für flüssiges Kalium[51]

Im Jahre 1964 wurde die Evolutionsstrategie „erfunden" oder vielmehr entdeckt. Sie wird heute mit Hilfe des Computers dazu eingesetzt, das Design von allerhand Gegenständen zu optimieren. So wird in der Verfahrenstechnik die optimale Formgebung eines Strahldüsenmischreaktors oder in der Werkstofftechnik die optimale Keramikmischung für Isolatoren mit dieser Methode ermittelt. Prof. Dr. Ingo Rechenberg, Leiter des Instituts für Bionik und Evolutionstechik in Berlin, schildert ein überzeugendes Beispiel für die Überlegenheit der Natur. Erhitztes, flüssiges Kalium, das durch Absenken des Drucks zum Teil verdampft, sollte durch eine Düse geleitet werden. Die Düse war so konstruiert, wie wir Menschen unsere Umwelt gestalten, klar, eindeutig, geradlinig. So war die verwendete Düse auch konvergent-divergent, so wie eine einfache Sanduhr. Die Kombination aus Flüssigkeit und Dampf ließ eine Berechnung des optimalen Düsendesigns aussichtslos erscheinen. Also wurde die Düse aus 330 variablen Scheiben zusammengesetzt. Damit ließen sich mehr als 10^{60} Düsendesigns formen. Als man dem Kalium, sprich der Natur die Gestaltung der Düse überließ, stieg der Wirkungsgrad von 55% auf nahezu 80%.

Die Grafik zeigt die Ausgangsform und die evolutionsstrategisch optimierte Endform. Nach wie vor kann man nur annehmen, wozu die gebildeten Kammern gut sind. Wissen tut es selbst das Versuchs-Team nicht. Das Bild lässt uns zumindest erahnen, wie begrenzt menschliches Denken und Vorstellungsvermögen bei der Konstruktion von Systemen ist. Wenn es selbst bei diesen relativ einfachen technischen Konstruktionen so schwierig ist, wie stümperhaft stellen wir uns dann im Vergleich zur Natur beim Aufbau und Betrieb unserer Unternehmen an?

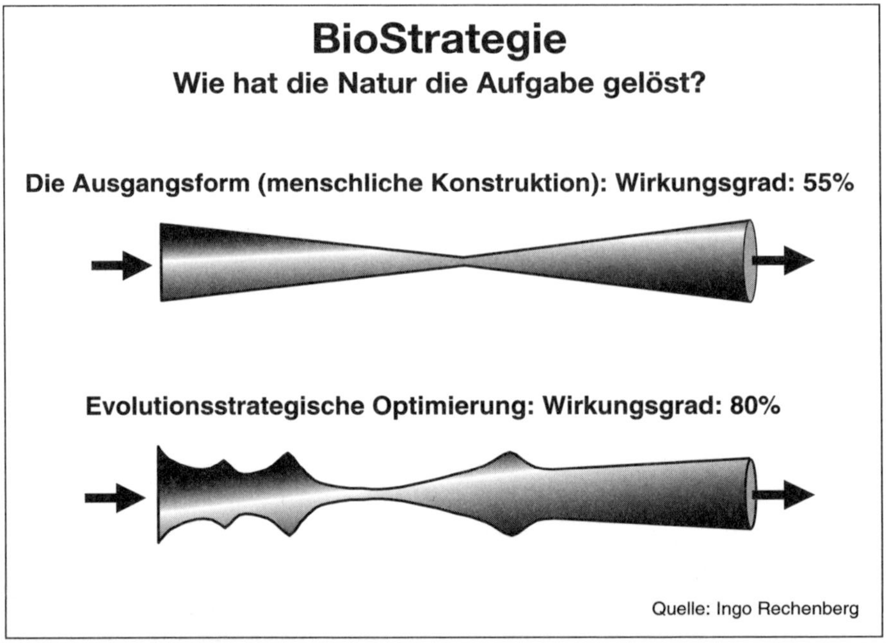

Abbildung 20; Biostrategie, Kalium-Düse[52]

Das Marketing in der Natur

Ab und zu taucht die Frage auf, ob denn ein intensives Marketing überhaupt zu vertreten sei und ob das eine „natürliche Funktion" sei. Dabei werden die verschiedensten Begründungen aufgeführt. Schaut man sich allerdings die Natur an, das muss man einsehen, dass die herrlichen Farben der Blumen, ihre Düfte und die Rufe vieler Tierarten nichts anderes darstellen als ein intensives Marketing. Selbst die ausgefeiltesten Strategien findet man in der Natur. Die Mistel lässt Ihre Samen im Darm von Tieren zu entfernteren Gegenden zur „Expansion" transportieren. Den Tieren muss sie aber einen besonderen Anreiz bieten, sonst lassen sie die nicht besonders attraktive Mistel links liegen. Also hat sich hier die Natur eine besonders interessante Lösung einfallen lassen. So wie heute kleine Unternehmen vorwiegend die nicht besetzten Nischen suchen, lässt die Mistel ihre Früchte mitten im Winter wachsen. Bei den Verbreitern der Samen, den Vögeln, herrscht zu dieser Zeit Nahrungsmangel, so dass sie sich auch mit der bescheidenen Mistelfrucht zufrieden geben. Offen bleibt natürlich, ob diese Strategie gezielt entwickelt wurde oder Zufall ist. Für den Erfolg dieser Strategie spielt diese Frage freilich keine Rolle.

Die Architektur der Natur

Seit den Ursprüngen der Architektur haben sich die Baumeister von der Natur inspirieren lassen. So soll sich etwa der Architekt Richard Buckminster Fuller von der Schalenbauweise der Kieselalgen zu seinen „Geodätischen Kuppeln“ anregen lassen haben.[53] Die Kuppel des Pantheon in Rom ist der Muschelschale nachgebaut. Sie braucht nur ein Minimum an Material im Vergleich zum überdachten Raum. Die Konstruktion des Eiffelturms lehnt sich an die dünne Bälkchenschicht im menschlichen Knochen an. Die technische Bauweise der Natur ist in unzähligen Fällen zum Vorbild für Ingenieure des Altertums und der Neuzeit geworden. Vor 400 Jahren fertigte Leonardo da Vinci detaillierte Zeichnungen der Flügel von Vögeln und Fledermäusen an. Er war einer der ersten Bioniker. Heute orientieren sich die Architekten an den Strahlentierchen, deren Skelett fast unzerbrechlich ist, obwohl es überwiegend aus Luft besteht!

Zahllose Beispiele in der Technik

- Der Reißverschluss, eine hochdotierte Erfindung, ist in den Federn der Vögel seit Jahrmillionen umgesetzt.
- Der Bombardierkäfer verwendet schon lange vor den Raketen und Raumfähren die Technik der getrennten Lagerung gefährlicher Flüssigkeiten. Er bespritzt Feinde mit einer Säure, die erst zum Zeitpunkt der Verwendung durch Vermischung aktiviert wird.
- Das thermographische Scannen der Mediziner beherrschen die Schlangen hervorragend. Sie sehen im Dunkeln durch Nerven, welche die infraroten Wärmestrahlen der Beute registrieren.
- Auch der Stachel der Stechmücke hat eine abgeschrägte Spitze. Ganz wie die Nadel in der Spritze von Onkel Doktor.
- Kanadische Forscher haben die Konstruktion der Pferdehufe zum Vorbild für neues Design von Tennisschlägern, Stoßstangen und Flugzeugtragflächen genommen.
- Biber können ohne Schaden Kohlendioxid im Blut sammeln. Man arbeitet daran, das auf den Menschen zu übertragen, um etwa auf zukünftigen Raumflügen die Sauerstofftanks kleiner halten zu können.
- Die Delphinhaut war bereits Vorbild für Badeanzüge. Könnte man ein U-Boot mit einer Delphinhaut überziehen, ließe sich der Wasserwiderstand auf bis zu ein Drittel reduzieren.

- Leuchtkäfer können fast 100 Prozent ihrer chemischen Energie in Licht umsetzen, während wir mit einer herkömmlichen Glühlampe gerade einmal fünf Prozent erreichen und mit Idioten nur 40 Prozent in Licht umsetzen können.
- Bereits Anfang des neunzehnten Jahrhunderts zeichnete ein gewisser Sir George Cayley Fallschirme, zu denen er vom Samen des Löwenzahns angeregt wurde.
- Mitte des neunzehnten Jahrhunderts erkannten Wissenschaftler die Stärke des Spinnenfadens. Er ist fünffach so stark wie Stahl, dabei aber doppelt so elastisch wie Nylon. Kugelsichere Westen und Stoßstangen sind hier nur zwei der unzähligen Nutzungsmöglichkeiten.

Anwendung des Strategems „Biostrategie"

Für die Anwendung von „Biostrategie" empfiehlt es sich, einen konkreten Denkgegenstand zu haben. Es lohnt sich in der Praxis nicht, a priori eine Liste von biologischen Systemen zu erstellen. Konzentrieren Sie Ihre Chancen- und Lösungssuche auf eine konkrete Frage, beispielsweise „wie hat die Natur die Aufgabe X gelöst?" oder „welche Handlungsalternativen gibt es in dieser Situation Y?" Schreiben Sie dann diejenigen Lebewesen oder Natursysteme auf, die Ihnen zu dieser Situation einfallen. Nehmen Sie dann einfach ein Natursystem nach dem anderen und stellen Sie nacheinander all Ihre Fragen. Für strategische Fragestellungen wird dieses Verfahren meist ausreichen. Für tiefergehende technische Fragestellungen werden sie selten um Analysen und Experimente herumkommen, die hier nicht Gegenstand der Erörterung sein können.

7.4 Weitere Strategeme für das Quer-Denken

Parallelwelt

Denkfrage: Wie würde es in einer Parallelwelt aussehen?

Wir zählen es zu den große Tragödien der Menschheit, dass wir für die wirklich wichtigen Dinge immer nur *einen* Versuch haben. Wir können nur einmal leben, wir können nur einmal das dreißigste Lebensjahr verbringen und wir können nur einmal eine neue Wartungsdienstleistung im Herbst des Jahres 2001 einführen. Niemals werden wir wissen, wie es hätte sonst laufen können und niemals werden wir wissen, ob unsere Entscheidung

nicht hätte anders ausfallen sollen. Da gab es den Unternehmer, der sich über die angeblich vergeblichen Bemühungen seines gerade gefeuerten Geschäftsführers beschwerte. Oder da gab des den Kurgast, dem die Kur nach vier Wochen nichts gebracht hatte. Woher wissen die beiden, ob es ohne diese Bemühungen nicht noch sehr viel schlimmer gekommen wäre? In solchen Fällen wäre eine Parallelwelt das Nonplusultra. Mit dem Strategem Parallelwelt können Sie Ihr Denken zumindest mit einer Prise Parallelwelterfahrung würzen. Das Strategem Parallelwelt gibt Ihnen die Möglichkeit, komplexe Zusammenhänge, wie etwa den Aufbau eines Gesundheitswesens, in einer anderen Realität zu sehen.
Sie erinnern sich an das Strategem „Große Schwester". Parallelwelt geht den gleichen Weg, nämlich in andere Länder und Kulturen, verfolgt aber ein etwas anderes Ziel. Mit Parallelwelt suchen Sie nicht nach dem zeitlichen Vorsprung, dem Entwicklungs-Time-lag. Vielmehr suchen Sie einfach nach der Andersartigkeit der Verhältnisse in diesem Land und dieser Kultur. Es geht Ihnen darum, wie man in dieser Kultur Ihr Geschäft oder Ihr Problem anders angeht. Wenn man die deutsche „Schirmherrschaft" in Österreich „Ehrenschutz"[54] nennt, dann ist das ein marginaler, für einschlägige Eventkonzepte aber entscheidender Verständnisunterschied. Dieses Beispiel macht deutlich, dass es sich bei „Parallelwelt" nicht um Länder und Kulturen handeln muss, die sehr viel weiter fortgeschritten sind. Es geht vor allem darum, dass die Kulturen einfach signifikant anders sind.

Entwicklungshilfe anders herum

Eine amerikanische Arbeitsgruppe unternahm vor einigen Jahren den Versuch, die Richtung der „Entwicklungshilfe" umzukehren. Im Rahmen einer Konferenz „Hawaii 2000" versuchte man mit Erfolg Lehren aus dem uralten und immer noch funktionierenden Gesellschaftssystem Polynesiens für eine menschlichere Zukunftsgestaltung zu ziehen.[55]

Managementprinzipien der Indianer

Die in den letzten Jahrzehnten so häufig zitierte Umkehrung der Managementpyramide, also der Chef als Diener und Dienstleister seiner Mitarbeiter, stammt ursprünglich von den Irokesen. Die umgedrehte Pyramide als sprachliches Symbol für den Führer als dem Diener des Volkes fand dann sogar Eingang in die Verfassung der USA. Was Edward de Bono mit seinem kreativitätsfördernden Sechs-Hüte-Denken propagiert, kennen die Indianer als Medizinrad, mit dem die Indianer die Welt erfassen. Sie sehen alles in kreisförmigen Prozessen und so wird eine Frage immer aus acht Perspektiven, symbolisiert durch die acht Häuptlinge und Richtungen der Windrose, erörtert.

Sprachwelten

Eine Spielart der „Parallelwelt" besteht darin, einen Sachverhalt in zwei unterschiedlichen Sprachwelten zu betrachten. Karl V. soll gesagt haben „so viele Sprachen einer kann, so viele Male ist ein Mensch", womit er auf eine quer-gedachte Art deutlich macht, das Sprachwelten auch Denkwelten sind. An anderer Stelle haben wir bereits beklagt, dass man in Deutschland das kraftvolle amerikanische venture capital mit Risikokapital übersetzt hat. Es mag wie eine Marginalie aussehen, für unser Verständnis sagt diese Übersetzung mehr über die deutsche Kultur der Jahrtausendwende als viele Bücher. Auch messen wir der Tatsache, dass Controlling im Deutschen meist als Kontrolle verstanden wird, einen Schaden durch Demotivation, Reibung und Missverständnisse in Höhe von mehreren Milliarden Mark jährlich bei. Die deutsche Bezeichnung künstliche Intelligenz hat ebenfalls erheblichen Schaden nach sich getragen, denn im Prinzip meint das englische artificial intelligence eben weniger die Intelligenz als das Wissensmanagement. Ganze Bibliotheken könnten mit dem aus sprachlichen Differenzen und Gleichheiten entstandenen Wohl und Übel gefüllt werden.

Die Grenzen meiner Sprache sind die Grenzen meiner Welt. (Ludwig Wittgenstein)

Je exotischer die Sprache ist, desto stärker wird sich meist die Sprachwelt von der unsrigen unterscheiden. Im Englischen finden wir eine Sprachwelt, die sich nur wenig vom Deutschen unterscheidet. Im Französischen wie überhaupt in den romanischen Sprachen sind wir schon einen kleinen Schritt weiter, was sich etwa am französischen passé simple oder am spanischen „indefinido" festmachen lässt, beides Tempi, die es im Deutschen so nicht gibt. Im Serbokroatischen, als beispielhaftem weiteren Schritt finden sich statt der deutschen vier Fälle insgesamt sieben mögliche Fälle und damit ein Facettenreichtum, der selbst den Lateiner mit seinen sechs Fällen im Schatten stehen lässt. Die Sprachen vermeintlich „primitiver" Völker schließlich weisen oftmals den Weg in gänzlich ungewöhnliche Strukturen und Wirklichkeitswahrnehmungen, so beispielsweise dort, wo ein Hubschrauber als „das Ding, das die Stimme raubt" bezeichnet wird.

Schweizer Bundesbahn

Das Lernen von Parallelwelten fängt schon bei den kleinen und einfachen Dingen an. Wer viel mit der Bahn unterwegs ist, hat von Zeit zu Zeit auch in Deutschland das Glück, mit einem schweizer Zug der SBB zu fahren. Woran auch immer es liegen mag, aber man wird das Gefühl nicht los, dass man sich in der Schweiz einfach mehr Gedanken um den Bahnreisenden gemacht hat, sich einfach besser hinein-gedacht hat. Nur einige Beispiele:

- Die herunterklappbaren Tische am Sitz sind wesentlich größer und haben einen Zeitschriftenhalter!
- Die Fahrhinweise über Lautsprecher sind weitaus freundlicher (in der Schweiz selbst übernimmt diese Aufgabe eine freundliche, dreisprachige Damenstimme), während die Deutsche Bahn meist einen preußisch-zackig sprechenden Zugchef bemüht, dem man die Bürde seiner Aufgabe mit jeder Silbe anmerkt.
- Die Aschenbecher sind sinnvoll plaziert und haben eine Ausdrückfläche (selbst in dem besten, was die Deutsche Bahn AG zu bieten hat, dem ICE, müssen die vielgeplagten Raucher bei jedem Ausdrücken ihrer Zigarette schwarze Fingernägel in Kauf nehmen).

Während diese Zeilen entstehen, fahren wir mit einem ebensolchen schweizer Zug das Rheintal in Richtung Mainz hinunter. Ja, genau; an der Lorelei vorbei. Der grundsätzlich positive Eindruck, der von äußeren Kleinigkeiten ausstrahlend zu einem allgemeinen „Wohlfühlen“ wird, treibt interessante Blüten. Die Sitze und Gänge erscheinen breiter (sie sind es nicht), die anonymen Mitreisenden scheinen entspannter (wer weiß das schon wirklich?) und der Mann mit dem Servicewagen ist vermeintlich sympathischer. All dies mag so sein, muss es aber nicht. Man ist einfach nur positiver eingestellt und das Unterbewusstsein tut ein übriges.

Reinkarnation

Denkfrage: Wie hat man es früher gelöst?

Er läuft und läuft und läuft, der Käfer. Im Jahr 1998 wurde ausgehend vom US-Markt eine Legende wiederbelebt, der Volkswagen Käfer. Man konnte so schön über die drolligen Stärken und Schwächen des Käfers lächeln, aber wohl niemand dachte an eine Reinkarnation des Käfers und niemand hätte den grandiosen Erfolg dieser Wiedergeburt in den USA geahnt, ein Erfolg, der sich in Europa allerdings wesentlich bescheidener ausnahm.

Als die Deutsche Bahn Anfang 1996 zusätzliche Servicedienste einrichtete, kehrte auch der Dienstmann wieder zurück, jener hilfreiche Gepäckträger am Bahnhof. Dass diesem kein großer Erfolg beschieden war, lag wohl am ehesten daran, dass man sich in Deutschland heute fast schon schämt, eine persönliche Dienstleistung in Anspruch zu nehmen. Die Cargolifter AG aus Wiesbaden geht auch zurück in die Zukunft. Sie hat den zum Werbegag verkommenen Zeppelin wieder zum Leben erweckt und transportiert damit schwere Lasten wie Produktionsanlagen mit bis zu 160 Tonnen Gewicht über 5.200 Kilometer weit und das mit einer Geschwindigkeit von bis zu 140 km/h. Die Isofloc GmbH aus Hessisch Lichtenau bei Kassel wendet ein altes Arme-Leute-Prinzip der Wärmedämmung für Häuser an. Einfaches Zeitungspapier wird zu Flocken verarbeitet. Der besondere Vorteil liegt in der leichten Verarbeitungsmöglichkeit, da dieses Dämmaterial nicht in Platten oder Rollen geliefert wird, sondern den Hohlraum in jedem Falle vollständig abdichtet. Man könnte versucht sein, auch einen Kostenvorteil zu vermuten, doch da können die Zeitungsflocken bis zu einem Drittel teurer sein. Der technische Vorteil führte die Isofloc zum Erfolg.
Reinkarnation öffnet das Denken für die Tatsache, dass nicht alles Alte heute auch wirklich überholt ist. So haben israelische Forscher vom Weizmann Institute of Science in Rehovot eine 2.000 Jahre alte Technik angewendet, um erstmals mit dem Solarofen einen keramischen Supraleiter aus Yttrium-Barium-Kupferoxid herzustellen. Auch die europäische Währungsunion ist eine Reinkarnation, nämlich der Geldbünde des 19. Jahrhunderts und die für heutige Supermärkte so innovative Heimlieferung von Lebensmitteln ist ebenfalls uralt.

Mutation

Denkfrage: Was kann ich einfach anders machen?

Die amerikanische Restaurant-Kette Hooters profiliert sich darüber, dass sie ausschließlich modellreife Bedienungen einstellt. Zehn Jahre nach der Gründung gab es bereits 300 Niederlassungen. Mit T-Shirts und Bildkatalogen, die eine Auswahl der 1.000 Hooters-Girls zeigen, erzielte Hooters nach zehn Jahren bereits ein Zehntel des Umsatzes. Doch auch die USA sind nicht frei von konservativen und auf „Gerechtigkeit“ bedachten Behörden und so wollten sie einen Männeranteil der Bedienungen von 40% vorschreiben. Nach kurzer Zeit waren 250.000 Protestbriefe dagegen eingegangen.
Ein junges Paar auf Wohnungssuche erkannte an gardinenlosen Fenstern eine wahrscheinlich leere Wohnung in einer hessischen Kleinstadt. Statt

nun, wie üblich, mit den genauso üblichen Argumenten vorzusprechen, ließen sie sich von einem talentierten Freund einige nette Zeilen dichten, in denen sie sich selbst darstellen und sich als Mieter empfehlen. Sam Walton, der Gründer von Wal-Mart soll gesagt haben „schwimme gegen den Strom, ignoriere konventionelle Weisheiten. Wenn alle das gleiche tun, gibt es eine Nische für das genaue Gegenteil".

Es kommt hier entscheidend darauf an, dass die Mutation nicht bereits frühzeitig durch Kritik ausgeschlossen wird. Das Prinzip des trial and error spricht die einzige Wahrheit, nämlich die Wahrheit des Marktes. Entweder wirkt die Mutation positiv und sie überlebt, oder sie wirkt negativ und sie wird herausselektiert. Morphologische Modelle oder die Auflistung von Beschreibungskriterien können hilfreich dabei sein, die veränderbaren Details aufzufinden. Aus einem morphologischen Kasten zur Produktion von Kriminalromanen, in dem jeweils zehn Alternativen für Titelheld, Ermordeter, Todesursache, Ort der Handlung, Mörder, Motiv, Aufklärung durch und Art des Endes gegeben werden, können sage und schreibe 80 Millionen verschiedene Storys produziert werden.[56] Das gibt Ihnen einen Eindruck davon, wie groß die Möglichkeiten zur Differenzierung und Mutation von Unternehmen, Produkten und Strategien sind. In Japan wurde ein Wohnheim auf sehr ungewöhnliche Weise gebaut, denn zunächst wurde das neunte Geschoss, dann das achte, siebte, sechste und so weiter gebaut. Möglich wurde das durch eine hydraulische Hebevorrichtung, die jedes fertig gebaute Stockwerk so anhob, dass man immer ebenerdig bauen konnte. Bei fünfzehn Stockwerken ist dann die Hebekraft erschöpft. Angeblich konnten auf diese Weise dreißig Prozent an Bauzeit und fünfzig Prozent an Arbeitskraft eingespart werden.

Die obige Denkliste nennt mehr als 111 Ansätze zur strategischen Differenzierung gegenüber Ihren Mitbewerbern. Es ist nur einer, wenn auch einer der wichtigsten Aspekte, in denen das Strategem „Mutation" und diese Checkliste (siehe Seite 220/221) Anwendung finden kann.

Differenzierung ist heute eine Frage der Phantasie. Die üblichen Differenzierungen nach Qualität, Zeit und Kosten verlieren immer mehr an Bedeutung. Versuchen Sie in dieser Checkliste Ansätze für Ihre Differenzierung zu finden. Immer wenn Sie einen Begriff lesen, lassen Sie Ihr Gehirn einfach frei assoziieren und notieren Sie Ihre Ideen. Es würde uns wundern, wenn nicht mindestens fünf der 111 Differenzierungsansätze für Sie brauchbar sind. Wohlgemerkt: Hier sind Differenzierungsansätze, nicht fertige Differenzierungen genannt! Denn Sie wissen ja, Chancen von der Stange sind wenig wert.

Checkliste 21: 111 Ansatzpunkte zur Differenzierung		
Strategiedesign	Politisches Engagement	Garantie
Kooperation	Nutzenversprechen	Risikominimierung
Marktregeländerung	Corporate Design	Zuverlässigkeit
Spezialisierung		
Diversifikation	**Technologie**	**Leistungen**
Regionale Differenzierung	Stand	Sortiment (Tiefe, Breite etc.)
Verbundauftritt	Art	Lebensphase
	Einsatzgrad	Verwendungsfreundlichkeit
Zusatzleistungen	Aktualität	Knappheit
Reparaturservice	Komplexität	Auftragsvolumen
Wartungsservice		Ausstattung
After-Sales-Service	**Kompetenzen**	Ohne Firlefanz (no frills)
Erinnern	Zukunftskompetenz	Luxuslösung
Sorgen abnehmen	Know-how	Standardisierungsgrad
Rahmenarbeiten übernehmen	Soziale Kompetenz	Design
	Methodische Kompetenz	Funktionen
Senfglas-Strategie	Innovationsstärke	Kombinationen
		Kompatibilität
Zusatznutzen	**Personen**	Einfachheit
Beratung	Besonderer Gründer	Wirkung statt Produkt
Wissen	Besonderer Schirmherr	Geheime Zutaten
Psychologische Zusatznutzen	Besondere Mitarbeiter	Lösungsprogramme
		Leistungsvariation
Mehrfachverwendung	**Wertschöpfung**	
	Automatisierung	**Zielgruppe**
Image	Handarbeit	Größe
Tradition	Kapazität	Bedürfnisse
Modernität	Organisationssystem	Situation
Freundlichkeit	Wertschöpfungstiefe	Ansprachezeitpunkt
Kulanzverhalten	Wertschöpfungsstufe	
Sponsoring	Ressourcen	**Preis**
Exklusivität	Standardisierungsgrad	Kosten
Philosophie	Effizienz	Mengen
Grundsätze	Effektivität	Gestaltung
Mainstream	Führungssystem	Finanzierungshilfen
Polarisierung	Eigentum der Betriebsmittel	Zahlungshilfen
Kulturkreis		Höhe (absolut, relativ)
Kulturelles Engagement		
Soziales Engagement	**Sicherheit**	**Qualität (materielle)**
Ökologisches Engagement	Glaubwürdigkeit	Anmutung

Checkliste 21: 111 Ansatzpunkte zur Differenzierung (Fortsetzung)		
Qualitätssiegel (eigenes) Verarbeitung **Zeit** Auftragsabwicklung Lieferfähigkeit Lieferzeitpunkt **Absatzkanal** Distributionsart Vertriebsweg Vertriebsart **Marketing** Garantie Verpackung	Keine Werbung Präsenz Events Marketinginstrumente Eigenes Schlagwort Slogan Ingredient Branding **Kundenbeziehung** Kundennähe Erreichbarkeit Bestellabwicklung Lieferung Präsenz Kommunikationskanäle Menschlichkeit	**Mitarbeiter** Anzahl Zufriedenheit Qualifikation Knappheit Aussehen Kleidung Ideologie Motivation **Und viele mehr** Finanzierung Aggressivität Kartell

Die zweite Denkliste nennt Variations- bzw. Veränderungsmöglichkeiten für Produkte, Dienstleistungen, Systeme etc. Beispiele sind die McDonalds-Restaurants auf Zügen der Deutschen Bahn (kombinieren) oder das „stille Klavier" von Yamaha (umkehren).

Checkliste 22: Variationen		
anders verwenden	umkehren	multiplizieren
mehrfach anwenden	kombinieren	hinzufügen
modifizieren	auseinandernehmen	minimieren
verdoppeln	vernetzen	neu anordnen
übertreiben	weglassen	invertieren
maximieren	anpassen	nach außen kehren
ersetzen	vergrößern	zusammenfügen

Potenzial

Denkfrage: Was haben wir, das für uns und andere wertvoll sein kann?

Potenziale sind ungenutzte Möglichkeiten. Jeder Mensch, jedes Unternehmen und im Prinzip auch jedes Ding hat Potenziale. Die Schwierigkeit besteht zunächst darin, die Potenziale zu sehen, dann die richtigen Potenziale zur weiteren Bearbeitung auszuwählen und dann darin, die ihnen innewohnenden Möglichkeiten auch wirklich zu nutzen. Zumindest für das Erkennen der Potenziale stellt das Strategem „Potenzial" eine produktive Denkhilfe dar.

Checkliste 23: Potenziale		
Know-how	Flexibilität	Rechte
Fähigkeiten	Produkte	Quellen
Motivation	Dienstleistungen	Marktposition
Beziehungen	Serviceleistungen	Systeme
Macht	Zeit	Schnelligkeit
Kapital	Vertrauen	Handicaps
Wissen	Qualitäten	Visionen
Image	Kanäle	Bekanntheit
Preise	Kapazität	Schutzrechte
Kosten	Verkehrswege	Ressourcenzugang
Personen	Etablierungsgrad	Innovationsstärke
Aktivität		

Die obige Denkliste hilft Ihnen, binnen einer halben Stunde mehr Potenziale zu erkennen, als es durch umfassende klassische Potenzialanalysen möglich ist. Wir haben diese Denkliste bei zahlreichen Unternehmen angewendet und kamen in keinem einzigen Fall auf weniger als 50 nennenswerte Potenzialfelder. Wenn Sie für Ihr Unternehmen vielleicht 50 oder 100 Potenzialfelder erkannt haben, eröffnet sich für Sie eine große Reihe völlig neuer ZukunftsChancen, die Sie dann auf den Passungsgrad zu Ihrer Strategie hin prüfen können.

Regelbrecher

Denkfrage: Welche Regel kann hier gebrochen werden?

Jörg Kachelmann, der bekannte Wetterfrosch, hat seinen Erfolg vorwiegend der Tatsache zu verdanken, dass er alte Regeln brach. Sie kennen vielleicht noch die alten, roboterartig klingenden Wettervorhersagen des öffentlich rechtlichen Fernsehens: „nachts, Schauer; Temperaturen zwischen 10 und 12 Grad im Süden und 8 bis 10 Grad im Norden und Nordosten". Kachelmann hingegen fragt seine Zuschauer, ob seine Ärmel nicht zu lang sind oder schimpft, natürlich mit Verlaub, über das Sauwetter über der

Kölner Bucht. Er spricht nicht von Kumulus, sondern von Blumenkohlwolken und er kennt keine Niederschläge, für Jörg Kachelmann „schifft" es. Wussten Sie, dass „Wetterman" Kachelmann Wettervorhersagen zum Geschäft gemacht hat und dass sein eigenes Wetterbeobachtungs-Unternehmen seine Prognosen an eine Vielzahl von Abnehmern verkauft? Es galt in diesem Geschäft die Regel, dass damit kein Geld zu verdienen war. Jörg Kachelmann belehrt uns eines Besseren. Seine Meteomedia AG im schweizerischen Gais setzte bereits im Jahr 1995 über eine Million Euro um. Marktregeln sind Regeln, wie „man" etwas macht. Eine Auflistung von Arten dieser „man"-Regeln finden Sie im Abschnitt zur Landkarte der ZukunftsChancen.

In Großbritannien ist ein Kollege von Kachelmann berühmt geworden, der auf einer in der Themse schwimmenden Landkarte von Großbritannien hin und her hüpft und dabei regelrechte Wettershows inszeniert. Kachelmann, sein Kollege und die mittlerweile zu beobachtenden Nachahmer haben sich in ihre Zielgruppe hinein-gedacht. Sie haben das natürlich nicht mechanistisch, sondern aus dem Bauch heraus gemacht. Jedenfalls haben sie erkannt, dass ein Bedürfnis nach „weathertainment" bestand.

Auf dem Markt für Industrieversicherungen wurden die Spielregeln in den letzten Jahren dramatisch geändert. Rückversicherer machen Erstversicherungen, Erstversicherer machen Rückversicherungen, Großunternehmen gründen eigene Versicherungen und von Finanzdienstleistern und sogar Anlegern aufgelegte Risikofonds sind ein nennenswerter Wettbewerbsfaktor geworden.

Aus gutem Grund träumen viele Versandhändler von Exklusivprodukten. Man sucht die Exklusivprodukte aber immer auf den ausgetretenen Pfaden, nämlich in der eingespielten Lieferantenliste und auf dem eingespielten „Wertschöpfungsweg". Nehmen wir als Beispiel den Werbeartikelmarkt. Dort können Sie immer häufiger beobachten, dass die üblichen Regeln der Produktsuche verlassen werden und somit auch Nicht-Werbeartikel zu Werbeartikeln gemacht werden. Beispiele sind etwa Bücher oder Messer aus Damaszener-Stahl.

Wenn ein Mensch sein Leben gelebt hat, so gehört Trauer und Stille zu einer der ungeschriebenen Regeln, zumindest in unserem Kulturkreis. Im Jahr 1996 startete ein Unternehmen in Hannover mit der Geschäftsidee „fröhliche Beerdigungen". Ob Grablegungen als Kostümfest, ob Techno-Party oder – das noch verbotene – Verschießen der Asche in einem Feuerwerkskörper. Natürlich gibt es auch in diesem Geschäft einen konservierenden Bundesverband des Deutschen Bestattungsgewerbes und sogar dieser hält eine Lockerung der starren Friedhofsordnung für wünschenswert.

Die Prognosefirma Marketing Systems hatte für die Eismarke Schöller-Mövenpick festgestellt, dass die Verbrauchsmengen für das Eis Magnum sehr stark von denen anderer Eissorten abweichen. Magnum isst man auch im Winter. Dass sich im Eismarketing viele Regeln verändert haben, zeigt sich auch an der Tatsache, dass Mövenpick entgegen aller früheren Gewohnheit und entgegen den alten Regeln nun regelmäßig besondere Eissorten für den Winter herausbringt.
Regeln sind im Markt gemeinsam geteilte Glaubenssätze darüber, wie der Markt funktioniert und wie man erfolgreich wird. Zur Zukunftsfähigkeit von Glaubenssätzen finden Sie im Ergänzungskapitel „Erfolgsfaktor ZukunftsKompetenz“ unter ➔**www.Micic.com** noch einige Gedanken. Wir werden auch im Rahmen der „Landkarte der ZukunftsChancen“ nochmals darauf zurückkommen. Stellen Sie immer wieder die Frage, welche Regeln im Markt bewusst oder unbewusst befolgt werden und wie Sie diese Regeln brechen können.

Reframing

Denkfrage: Wie sieht es in einem anderen Zusammenhang aus?

Reframing bedeutet, etwas in einen anderen Zusammenhang stellen. Wir kennen diesen Begriff aus dem NLP, dem Neurolinguistischen Programmieren. Wenn wir den Zusammenhang verändern, gewinnen Verhältnisse, Produkte, Tatsachen und Werte eine andere Bedeutung, denn Bedeutungen gibt es nur in Zusammenhängen. Ein Telefongerät, das im Weltall schwebt, hat für uns genauso wenig eine Bedeutung, wie die Goldmünze im tiefen Marianengraben. Es gehört zu den einfachen aber wichtigen Weisheiten, dass wir niemals auf die Dinge an sich reagieren, sondern nur darauf, in welchen Zusammenhang wir diese Dinge für uns stellen. Denken Sie beispielsweise an folgende Zusammenhänge:

- anderes Land
- andere Branche
- andere Situation
- andere Zeit
- unterschiedliche Wertschätzungen
- anderer Zeitpunkt
- andere Mittel.

An den folgenden Beispielen sehen Sie, der Rahmen macht's.

- Englischkenntnisse sind heute nichts Besonderes, vor hundert Jahren waren sie es, zumindest in Deutschland.
- Auf dem französischen Arbeitsmarkt können Sie mit Französischkenntnissen wenig Wettbewerbsvorteile erzielen, in Deutschland schon.
- Die Eintrittskarte für ein ausverkauftes Konzert der Rolling Stones kann vor der Konzerthalle mitunter ein Vielfaches des normalen Kaufpreises wert sein.
- Eine Flasche Wasser im Supermarkt hat kaum eine Bedeutung, eine Flasche Wasser in der Wüste hat schon erheblich mehr Bedeutung, und erst recht dann, wenn alle anderen Wasservorräte aufgebraucht sind.
- Die Zeitschrift im Wartezimmer des Arztes kostet viel weniger als üblich, weil sie eine Woche älter ist und über den „Lesezirkel" verkauft wird.
- Die Arbeitsstunde eines Studenten der Elektrotechnik ist einen Tag vor der Abschlussprüfung einen Bruchteil dessen wert, was der frisch diplomierte Elektroingenieur nur einen Tag später verlangen kann.
- Eine fehlerhafte Klinge aus Damaszener-Stahl ist als Ausschussstück billig zu haben, als bedruckter Werbeartikel verkauft sich das gleiche Stück für ein Mehrfaches.
- In den siebziger Jahren war der Inhaber eines Tante-Emma-Ladens ein bedauernswerter Zeitgenosse, in den späten Neunzigern kehrte das gleiche Unternehmenskonzept als Nachbarschaftsladen, Convenience-shop oder Tankstellenshop wieder.
- Was für Manche eine wertlose Coladose ist, ist für manch Anderen eine unbezahlbare Sammlerkostbarkeit.
- Marlboro war zunächst eine Zigarette für Damen und als solche mäßig erfolgreich. Erst als Marlboro das heute bekannte „männliche" Cowboy-Image verpasst bekam, begann die Erfolgsstory.[57]

Sie sehen, der Rahmen macht's.
Wenn Sie das nächste Mal die Auswirkungen eines negativen Trends untersuchen, sei es ein kommender Preisverfall oder seien es neue Mitbewerber aus anderen Branchen, dann stellen Sie sich die Frage „wie sieht es in einem anderen Zusammenhang aus?". Die Schwierigkeit, andere Zusammenhänge

zu sehen, löst sich dann leicht auf, wenn Sie sich in die Betrachtungsweisen anderer Menschen hinein-denken. Wenn Sie fragen, was der Vorteil in der vielleicht auf Ihr Geschäft zukommenden Rezession ist, dann versetzen Sie sich in die Betrachtungsweise eines Unternehmensmaklers und Sie werden die Chance sehen, dass die Unternehmenswerte aufgrund sinkender Renditen stark fallen und die Chance zur Akquisition von Konkurrenten besonders steigen. Jede Bedrohung ist eben eine Chance in Arbeitskleidung.

Wenn wir überholen wollen, müssen wir die Spur wechseln. (Hans Morawa)

Spektrum

Denkfrage: Was liegt dazwischen?

Eines der einfachsten Strategeme ist „Spektrum". In den meisten Denksituationen suchen wir – aus guten und meist auch produktiven Gründen – nach den Extremen und suchen die Entscheidung zwischen schwarz und weiß, zwischen null und eins, zwischen gut und böse und zwischen Erfolg und Misserfolg. Das Teuflische an diesem Denkweg liegt darin verborgen, dass wir so die in greifbarer Nähe unserer Denkwege liegenden Möglichkeiten nicht sehen können.

Wir sehen die Welt und die uns gestellten Aufgaben immer erst einmal rein binär, auch wenn es niemand von uns verlangt hat. Vielleicht haben Sie sich bereits mit der Frage befasst, ob Sie Ihren Betrieb am Standort Deutschland belassen, oder ob Sie die Produktion ins Ausland verlagern. Diese Frage ist binär formuliert, als ein Entweder-Oder. Wir haben erlebt, dass sich ganze Projekt-Teams wochenlang mit dieser so gestellten Frage befassten, ohne auch nur in Erwägung zu ziehen, dass es Möglichkeiten dazwischen gibt. Einfachste Zwischenwerte sind Teilverlagerungen in allen denkbaren Stufen der Produktionstiefen. Eine weitere Zwischenlösung besteht beispielsweise darin, Subunternehmen aus dem Ausland in die Produktion zu Hause einzubinden. Im Computing gibt es seit einigen Jahren ein logisches Konzept mit der Bezeichnung „fuzzy logic". Für die Nichttechniker sei erläutert, dass fuzzy logic das Ja-Nein-Prinzip des Computers um ein „Vielleicht" ergänzt. Mit dieser sehr unschuldig und unbedeutend anmutenden Veränderung kann der Computer stärker abstrahieren und widersprüchliche Befehle besser verarbeiten, was ihm ermöglicht, Untergrundbahnen ruckloser anfahren und anhalten zu lassen, die Interpretation menschlicher Spracheingabe leichter zu bewältigen und was ihn in der Gebäudetechnik bei der Temperaturregelung erfolgreicher sein lässt.

Ganz gleich, welches Problem Sie zu lösen suchen und ganz gleich, welchen Wunsch Sie realisieren wollen, sehen Sie Ihren Denkgegenstand als Spektrum auf einer Skala. Machen Sie zur Übung aus den folgenden Denkgegenständen eine Skala mit zwei Extremen und fünf Zwischenwerten.

- Angestellt oder selbstständig
- Erfolgreich oder erfolglos
- Eigenheim oder Miete
- Ein Produkt einführen oder nicht
- Eine Stelle schaffen oder keine Stelle schaffen
- Eine Maschine anschaffen oder nicht anschaffen
- Maßgeschneiderter Anzug oder Anzug von der Stange
- Im Arbeitsleben oder im Ruhestand
- Einen PkW besitzen oder nicht

Die eindimensionale Skala ist im Grunde genommen nur eine Krücke für die multidimensionale Wirklichkeit der Dinge und darin eine besondere Ausprägung des Strategems „Mutation". Sie können ein und denselben Denkgegenstand viele Male in Skalen sehen, so dass Schritt für Schritt ein Spektrum und damit ein „Denkraum" entsteht.

Wertanalyse

Denkfrage: Was passiert, wenn wir uns auf die Wirkung konzentrieren?

Gehen Sie gelegentlich in Baumärkte? Fragen Sie beim nächsten Besuch den Verkäufer in der Bohrmaschinen-Abteilung, wofür der Kunde zahlt, wenn er eine Bohrmaschine kauft? Er wird Sie – milde gesagt – verwundert anstarren und etwas stammeln, wie „na für die Bohrmaschine, natürlich!". Wenn Sie ihn dann darauf hinweisen, dass der Kunde ja eigentlich Löcher kauft und keine Bohrmaschine, werden Sie auf den Humor ihres Gegenüber angewiesen sein. Kunden kaufen keine Fahrkarte, sondern sie kaufen das „Dort-Sein". Kunden kaufen kein Haus, sondern Sicherheit, Geborgenheit, Prestige und vielleicht Erfüllung. Kunden kaufen keine Kleider, sondern gutes Aussehen und Image. Kunden kaufen keinen Dünger, sondern schön gewachsene Pflanzen. Kunden kaufen kein Shampoo, sondern saubere Haare und damit wieder gutes Aussehen und damit wieder Anerkennung und so weiter. Es ist banal, aber dennoch gerät diese Sichtweise der

Dinge, nämlich die Konzentration auf die Wirkung des Produktes und der Dienstleistung, häufig aus unserem Gesichtsfeld.
Es sind häufig die einfachen und banalen Fragen, die wir uns gelegentlich öfter stellen sollen. In welchem Geschäft sind wir eigentlich, was bewirken wir, wofür bekommen wir unser Geld?
Wer sich erstaunt gibt, warum ein Fotomodell oder ein Managementpapst 25.000 € pro Tag erhält, sollte sich vergegenwärtigen, dass mit dem Wirken dieser Menschen andere wieder Geld verdienen. Das Fotomodell lenkt mehr Aufmerksamkeit und Umsatz auf das Produkt und der Managementpapst bekommt das genannte Honorar in der Regel nur für Auftritte auf teuren Kongressen und Seminaren, die er allein schon durch seinen Namen füllen kann.
Das uns mühsam antrainierte Denken in Ursachen treibt manchmal sehr unproduktive Blüten. Manchmal heißt es, „wir müssen eine Datenbank aufbauen", wo doch in der Wirkung eigentlich nur der Kundenkontakt verbessert werden soll. Die Datenbank *kann* das Ganze unterstützen oder ermöglichen, aber es gibt weitere Wege, wie etwa Kundenveranstaltungen und persönliche Besuche, die zur gleichen Wirkung führen. Nachdem sich die FIFA, der internationale Fußballverband, überlegt hatte, was eigentlich die gewünschte Wirkung der Abseitsregelung war, kamen sie auf die verblüffend einfache Idee, dass gleiche Höhe kein Abseits sein muss. Jahrzehnte lang hatte genau diese Regel gegolten, obwohl sie keine wirkliche Rechtfertigung hatte.
Mit der allzu starken Konzentration auf Ursachen und somit auf Produkte verbauen wir uns den Blick auf die gewünschte Wirkung und damit wieder auf alternative Ursachen. Wenn wir hingegen von der Wirkung her denken, fällt es uns leichter, neue Möglichkeiten zu sehen und zu ersinnen, wie diese Wirkung erzielt werden kann. So fand die australische Regierung 1996 einen ungewöhnlichen Weg, den Waffenbestand in der Bevölkerung zu reduzieren, um eine Wiederholung des Amoklaufes vom April 1996 zu verhindern, bei dem 35 Menschen erschossen wurden. Man kaufte einfach die Waffen auf. Auch illegale Waffen konnten straflos an den Staat verkauft werden. Binnen anderthalb Jahren wurden 600.000 Waffen für umgerechnet 390 Mio. Mark zurückgekauft. In den USA wurde diese Strategie 1999 ebenfalls angewandt, als in kurzem Abstand mehrere Amokläufer ihr tödliches Werk vollbrachten.
In der ökologischen Szene taucht in den letzten Jahren immer häufiger die Forderung „nutzen statt kaufen" auf. Wenn wir nicht das Produkt, sondern dessen Wirkung wollen, dann brauchen wir auch nicht das Produkt zu kaufen, sondern nur dessen Wirkung. Bekanntlich brauchen wir keine Kuh, um

täglich ein Glas Milch trinken zu können. Leasing-, Miet- und Pachtmodelle werden unserer Erwartung nach in den nächsten Jahren stark an Bedeutung gewinnen, unter anderem deshalb, weil diese Modelle das Recycling zum ureigenen Interesse des Produzenten machen und so einen wirklichen Kreislauf unterstützen.
In der managementrelevanten Gesetzgebung gibt es seit langem die Entwicklung zur „Internalisierung externer Kosten“, was nichts anderes heißt, als dass Sie früher oder später für jede Spannung, die Ihr Unternehmen verursacht, gesetzlich haftbar gemacht werden. Vereinfacht gesagt bedeutet das, dass jede einzelne negative Wirkung des Unternehmens auf die Umwelt und das Umfeld in Zukunft in die Kostenrechnung aufgenommen werden muss. Das Früherkennungswerkzeug ist die Frage; „wo verursachen wir Spannungen?“. Machen wir also nach altbewährtem Rezept die drohende Gefahr zur Chance und fragen uns: Welche Produkte und Dienstleistungen können Sie verleasen?

8 Hinein-Denken

8.1 Mit den Augen der Zielperson sehen

Würden Sie immer nur vor-denken, wäre Ihnen das Schicksal des Hans-guck-in-die-Luft gewiss. Vor lauter Zukunft würden Sie das Naheliegende aus den Augen verlieren, nämlich Ihre Kunden als Energiequelle. Zu wirklich aussichtsreichen ZukunftsChancen kommen Sie in der Regel nur dann, wenn Sie sowohl die Augen weit geöffnet und in die Zukunft gerichtet, wie auch das Ohr am Kunden haben. Das Motiv hinter der unternehmerischen Zukunftsforschung ist die Früherkennung von ZukunftsChancen. Dafür reicht das Vor-Denken und Quer-Denken alleine nicht aus, es braucht mit dem Hinein-Denken einen weiteren Baustein. Hinein-Denken macht Sie auf wichtige ungelöste Probleme und Wünsche Ihrer Kunden aufmerksam, irgendwann von irgendwem in Zukunft entdeckt und mit einem erfolgreichen Produkt befriedigt werden. So können Sie Zukunft vorwegnehmen.

Im Hafengebiet von Amsterdam hat sich ein Bauunternehmer vor Baubeginn überlegt, für wen er baut. Das ist für Bauinitiatoren schon beachtlich. Er kam auf die Idee, Spezialwohnungen für zerstrittene Eltern zu bauen. Die eine Seite der Wohnung war der Mutter, die andere dem Vater und der

Abbildung 21; Hinein-Denken

mittlere Teil der Wohnung war dem Kind vorbehalten. Das war für die Zielgruppe eine willkommene Möglichkeit, dem Kind die Trennung und sich selbst die Gegenwart des anderen zu ersparen. Das ist Hinein-Denken praktisch gemacht.
Hinein-Denken sorgt dafür, dass wir uns immer wieder an den für uns wichtigsten Menschen orientieren und für sie wertvoll bleiben. Hinein-Denken stellt und beantwortet Fragen wie diese:

Checkliste 24: Fragen des Hinein-Denkens

- ☑ Wir verbringen einen Tag im (zukünftigen) Leben unseres Kunden, was sehen wir?
- ☑ Welche subjektiven Probleme und Wünsche werden unsere Zielpersonen zukünftig empfinden?
- ☑ Was befürchten unsere Kunden für die Zukunft?
- ☑ Welche dringenden Fragen stellen sich unsere Zielpersonen?
- ☑ Was würden unsere Kunden am liebsten tun?
- ☑ Wie sieht die Wertearchitektur unserer Zielpersonen aus?
- ☑ Wovon fühlen sich unsere Zielpersonen angezogen?
- ☑ Wovon fühlen sich unsere Zielpersonen abgestoßen?
- ☑ Wie lauten die Glaubenssätze unserer Zielpersonen?
- ☑ Was behindert die Entwicklung unserer Zielpersonen am stärksten?
- ☑ Wie können wir unsere Kunden in Zukunft begeistern?
- ☑ Was sind die wahren Kaufmotive unserer Kunden?
- ☑ Was sind die wahren Nicht-Kaufmotive unserer Nicht-Kunden?

Wir sehen es an dieser Stelle nicht als angebracht an, die Details der Motivforschung, der Kundenzufriedenheitsanalysen, der qualitativen Marktforschung und der psychologischen Hintergründe darzustellen. Ein auch nur im Ansatz hilfreicher Abriss würde den Rahmen dieses Kapitels und dieses Buches sprengen und es gibt darüber ausreichend gute Literatur. Wir konzentrieren uns hier darauf, Ihnen die grundsätzlichen Erfolgsfaktoren für das Hinein-Denken im Sinne der Früherkennung von ZukunftsChancen nahezubringen.

Warum Hinein-Denken?

Stichwort Empathie

Am fehlenden Hinein-Denken leidet die Wirtschaft und leidet die Welt. Sehen Sie sich fehlgeschlagene Produkte, Werbekampagnen und Projekte an. Immer ist die weitgehende Abwesenheit des Hinein-Denkens eine der Ursachen. Einige Beispiele:

1. Nur wenige Prozent der auf den Markt gebrachten Produkte haben einen nennenswerten Erfolg. Ein erheblicher Teil der Flops geht auf das Konto der schlichten Ignoranz des Wertesystems der Zielgruppe.
2. Viele europäische Unternehmen haben auf die Servicekultur in den USA reagiert. Manche stellen erstaunt fest, dass sich die Menschen an der Supermarktkasse fast schon gewaltsam gegen den Einpackservice wehren und dass stolze Schuhputzer fast verhungern. Vor allem die deutsche Mentalität hat offenbar ein Problem damit, bedient zu werden. Statt die tatsächlichen Probleme und Wünsche durch Beobachten, Fragen und Selbsterleben zu erkennen und zu lösen bzw. zu erfüllen, übernimmt man Serviceideen undifferenziert aus dem Ausland (siehe Abschnitt „Große Schwester").
3. Die meisten Kriege entstehen und werden geführt, weil der Eine den Anderen nicht versteht.
4. Mindestens jede dritte Ehe wird geschieden und viele davon nur deshalb, weil wir nirgendwo lernen, die Welt mit den Augen des Anderen zu sehen.
5. Nachdem der Slogan „Pepsi ist ein Lebenselixier" für eine chinesische Kampagne ins Chinesische übersetzt worden war, entdeckten die Repräsentanten des Unternehmens verblüfft, dass sie Millionen von Dollar für die Ankündigung ausgegeben hatten „Pepsi holt Ihre Ahnen aus dem Grab zurück".[58]
6. Sir Peter Ustinov, Unicef-Botschafter und Schauspieler, erzählte anlässlich eines Firmenjubiläums die Geschichte des Chevrolets in China. Der verkaufte sich dort so schlecht, weil auf Mandarin ein ähnliches Wort „nicht zu reparieren" bedeute.
7. Der Automobilkonzern General Motors sah sich vor ein Rätsel gestellt, weil sich der Verkauf seines neuen Kompaktmodells Chevrolet Nova in

Lateinamerika so schleppend anließ – bis man auf die Bedeutung von „no va“ im Spanischen stieß: „Nichts geht mehr“.

8. Der Mitsubishi Pajero, ein Auto für richtige Männer, hat sich in Spanien schlecht verkauft. Auf der Suche nach den Ursachen stieß man darauf, dass das Wort Pajero dort „Selbstbefriedigung“ bedeutet.

9. Einer unserer Klienten hat ein Wellnessprodukt unter dem Namen „Fitelio“ vorwiegend in der Schweiz verkauft und versucht, dieses Produkt auch in Schweden einzuführen, bis man bemerkte, dass Fitelio dort die Bezeichnung für die weiblichen Geschlechtsteile ist.

10. Wenn auf einem Karton nach Indien das Symbol „Vor Nässe schützen“ als Regenschirm dargestellt wird, könnten sich die Adressaten unangenehm an die Kolonialzeit erinnert fühlen, denn der Schirm war und ist dort ein Symbol für diesen geschichtlichen Abschnitt.

11. Ein US-amerikanischer Medikamentehersteller lieferte ein Schmerzmittel mit aussagekräftiger Symbolik im arabischen Raum. Erst ein Bild mit dem schmerzverzerrten Gesicht eines Leidenden und dann, nach Einname des Medikamentes, ein Symbol mit einem entspannten, schmerzfreien Gesicht. Dem von rechts nach links lesenden Araber verhieß das Medikament also Höllenqualen nach seiner Einnahme. Es sind eben häufig die Kleinigkeiten, die über Erfolg und Misserfolg entscheiden.

12. Wissenschaftler der Western Aerospace Labs Inc. führten eine Untersuchung über die Ergonomie von Bürostühlen durch. 57 NASA-Wissenschaftler unterzogen sich den Tests, mit erschreckenden Ergebnissen. Einige der Ingenieure waren nicht in der Lage, die Höhenverstellung zu finden, geschweige denn, sie zu betätigen. Sie berichteten, sie hätten solange die vorhandenen Burostühle durchprobiert, bis einer in der Höhe passte.

Fragen Sie Menschen aus, und man wird Sie für einen guten Gesprächspartner halten. Es gefällt uns, wenn sich jemand für uns interessiert und sich in unsere Situation hineindenkt. Wir sollten gelegentlich versuchen, nicht um jeden Preis interess*ant*, sondern interess*iert* und neugierig zu sein. Es geht hier nicht um die klassische Marktforschung. Es ist eine der besten Möglichkeiten, eine neue, unkonventionelle Idee abzuschießen, indem man sie mit Marktforschungsdaten konfrontiert. Da Marktforschungsdaten per

Definition innerhalb spezifischer Rahmenkoordinaten, also innerhalb einer spezifischen, strukturkonstanten Landkarte von der Wirklichkeit erhoben werden, können sie keinesfalls als Entscheidungsgrundlage für Fragen vom strukturvariablen Typ herangezogen werden. Es geht hier vornehmlich um Denkweisen, mit denen Sie ohne großen Forschungsaufwand grundlegende Motive, Wünsche und Probleme Ihrer Kunden erkennen. Wenn Sie wissen, welche Probleme und Wünsche ihren Kunden ihnen am stärksten unter den Nägeln brennen, sind Sie als Unternehmer gefordert, nach zukünftigen Lösungen Ausschau zu halten. Es ist nicht neu, aber nicht weniger wahr: Der Kunde ist die letzte Instanz. Das Stichwort heißt hier Empathie. Empathie ist Einfühlungsvermögen, also die Fähigkeit, sich in andere Menschen hineinzuversetzen. Wir müssen besser lernen, unsere Unternehmen mit den Augen der Kunden zu sehen und eine Art empathischer Intelligenz zu entwickeln. Dann werden wir erkennen, dass wir nicht vier, sondern mindestens sechs Milliarden Dimensionen haben und jede dieser Dimensionen eine neue Produktkategorie bedeuten kann.
„Mit den Augen der Zielperson sehen“ weist nicht nur auf die Feedbackfunktion hin. Es erfüllt primär die Funktion der Problem-, Bedarfs- und Bedürfnisforschung. Die Feedbackfunktion bedeutet, dass immer erst eine Handlung Ihrerseits notwendig ist, auf die Ihre Zielperson reagieren kann. Das ist jedoch nur der kleinere, unbedeutendere Teil des Hinein-Denkens, denn es geht eben primär darum, eine Vorsteuerungsfunktion zu erfüllen, die auch gänzlich ohne Ihr Zutun Informationen liefert.

Kundenorientierung, die „neue“ Kernaufgabe?

Peter F. Drucker sagte einmal „Marketing heißt, die Welt aus der Sicht des Kunden sehen!“ Er macht damit einen einfachen Zusammenhang sehr deutlich. Manchmal mutet es eigenartig an, die Schlussfolgerungen und Empfehlungen professoraler Studien zu lesen. Man hat viele Menschen gefragt, viele Standardabweichungen und Verteilungen berechnet und viel nachgedacht, nur um dann zu Erkenntnissen zu kommen, die des Professors Großmutter aus ihrem Volksmund-Nähkästchen hätte plaudern können. So verhält es sich denn auch mit dem Thema Kundenorientierung. Allenthalben fordert man von Ihnen Kundenorientierung und stellt diese Notwendigkeit als neues Ergebnis umfassender Forschung hin. An wem bitteschön sollen sich die Unternehmen denn sonst orientieren? Wir erkennen an, dass ein großer und dringender Handlungsbedarf bei der Umsetzung der Kundenorientierung besteht. Aber niemand hat jemals ernsthaft die Notwendigkeit zur Kundenorientierung in Abrede gestellt, denn es gibt keine echte Alternative zur Kundenorientierung. Zur Nicht-Kundenorientierung kann man sich nicht wohl nicht bekennen. Und dass sich Kundenpflege lohnt, wusste man bereits vor Epochen, lange bevor man korrekt empirisch ermitteln konnte, dass eine um fünf Prozent reduzierte Kundenflucht Ihren Unternehmensgewinn um 25 bis 85% steigern kann. Was sofort jeder nachmachen kann, ist keine echte ZukunftsChance. Wenn Sie im Kopf und im Herzen eines Menschen spazieren gehen und für ihn dort die Rolle eines freundschaftlichen Helfers einnehmen, kann Ihnen – dauerhaft gute Leistung vorausgesetzt – niemand mehr Ihren Platz streitig machen.

Kunden sind die Energiequelle

Kunden sind die primäre Energiequelle jedes Unternehmens. Ein ausgesprochener Allgemeinplatz, der häufig konsequent missachtet wird. Fragen Sie Ihre Mitarbeiter, wer ihr Gehalt bezahlt. Sie werden überrascht sein, wie lange es oftmals dauert, bis der Kunde als Zahlmeister erkannt wird. Die Zielgruppe ist eines von vielen Beobachtungsfeldern zur Früherkennung zukünftiger Chancen und Bedrohungen. Sie ist aber bei weitem das wichtigste. Poetisch gesagt: So wie das Schicksal der Sonne das Schicksal des Lebewesens ist, ist das Schicksal Ihrer Zielgruppe auch das Ihrige.

Zielperson statt Kunde

Wenn hier von Zielperson und nicht vom Kunden die Rede ist, dann sollen damit zwei Aspekte manifestiert werden: Erstens geht es immer um die gesamte Zielgruppe, sowohl die Kunden, wie auch die Nicht-Kunden. Es kann für Sie erheblich interessanter sein, was diejenigen Zielgruppen-Mitglieder denken und tun, die eben gerade nicht in Ihrer Kundendatei stehen. Je kleiner der Anteil Ihrer Kunden an der gesamten Zielgruppe ist, desto gefährlicher ist es, nur die eigenen Kunden im Fokus zu behalten. Bei den Nicht-Kunden sehen Sie zukünftige Veränderungen erheblich früher als bei Ihren Kunden, denn Ihre Kunden haben ja noch nichts wesentliches geändert, sonst wären sie vielleicht keine Kunden mehr.
Zweitens heißt es Zielperson und nicht Zielgruppe, weil es letztendlich nur darauf ankommt, was der Einzelne denkt, entscheidet und tut. Gerade in der Zukunft wird diese Aussage durch die Fraktionierung bzw. Fragmentierung immer wahrer. Erst nach der Analyse der individuellen Probleme und Wünsche besteht der zweite Schritt darin, diejenigen Bedarfsfelder auszuwählen, die auf rentable Art und Weise erfüllt werden können.

Bewahren Sie sich ein gesundes Misstrauen gegenüber repräsentativen Kundenbefragungen. Wenn Sie bereits Kundenbefragungen durchgeführt haben, kennen Sie vielleicht die womöglich erst nachträglich geführte Diskussion, ob die Ergebnisse denn repräsentativ sind. Der Hang zur Repräsentativität hat in vielen Lebensbereichen seinen guten Sinn, so für die Wahlprognose, für Verkehrsplanungen und für politische Entscheidungen. Bei der Suche nach ZukunftsChancen ist er eher störend und hemmend, denn der repräsentative Durchschnitt enthält per Definition wenige Hinweise auf Neues und Innovatives. Der Wunsch, repräsentative Ergebnisse zu haben, hat seinen Ursprung in der Hoffnung, eine homogene Gruppe von Menschen als Kunden zu haben, die gleich denkt, gleich handelt und vor allem gleich kauft. Schließlich fordert die Betriebswirtschaft große Stückzahlen, um Anlage- und Marketinginvestitionen zu amortisieren. Wir steuern in hoher Geschwindigkeit auf eine Wirtschaft zu, in der die individualisierte Massenproduktion gang und gäbe sein wird. Wir werden dann nicht mehr die riesigen Lose haben und auch nicht benötigen, um eine Maschine, Anlage oder Betriebsstätte auszulasten. Es wird schon ausreichen, wenn beispielsweise eine Jeans im Grundsätzlichen der nächsten ähnelt, obwohl sie exakt für einen bestimmten Träger geschneidert wird. Der Jeanshersteller Levi Strauss nahm in einem Testladen in Cincinnati in den USA bereits sehr früh am Kunden Maß, übertrug die Daten per Internet direkt in die weit entfernte Produktionsmaschine und lieferte zwei Wochen später die maßgeschneiderte Jeans. Trotz höherer Preise konnte dieser Laden seinen Umsatz um 300 Prozent steigern. Das ist die Zukunft der Massenproduktion. Kaum eine Produktionsbranche wird sich dieser Entwicklung entziehen können, ob man nun Fenster oder Fahrzeuge herstellt.

Es wird immer schwieriger, Zielgruppen im klassischen Sinne zu definieren. Die Definition „Zielgruppen sind Menschen mit gleichen Problemen[59]“ schafft hier ein klareres Bild. Wie man in der Praxis häufig beobachten kann, verleitet der klassische Zielgruppenbegriff zur Verwendung hauptsächlich äußerer Kriterien. Besser ist jedoch ein empathischer Ansatz der Zielgruppendefinition, etwa nach Lebenssituationen, Bedarfssituationen oder Werthaltungen. Wer Ihre Zielgruppe empathischer definiert und segmentiert, kann ihr in diesen Teilsegmenten höchstwahrscheinlich einen besseren Nutzen bieten. Kommen Sie dem zuvor!

Obwohl dem die nahe Verwandtschaft zur Personenfahndung entgegensteht, schlagen wir den Begriff „Zielperson“ vor. Die Zielperson ist das von der Boston Consulting Group so genannte und als Marke geschützte „Segment of One®“, das Marktsegment, das nur noch aus dem einzelnen Menschen besteht. Über Zielgruppen sollten wir allenfalls dann noch sprechen, wenn es um Situationen geht, so beispielsweise „Wartende", „werdende Eltern", „Trauernde" etc. Damit wir uns richtig verstehen; die Notwendigkeit, das Leistungsangebot des Unternehmens an den konkreten Wünschen und Problemen ganz bestimmter Menschen auszurichten, ist nicht obsolet. Sie gilt heute mehr denn je.

Der Eisberg; warum tun Menschen, was sie tun?

Fragen Sie mal Sonnenbrillenträger in einer herbstlichen Fußgängerzone, warum sie ihre Augen bedecken. Sie werden meist hören, man vertrage die Sonne nicht, auch wenn die Sonne gar nicht scheint. Sie erfahren bei solchen Fragen immer nur etwas über und aus der Spitze des Eisberges und fahren als Marktforscher gleich einer geistigen Titanic auf diesen zu. Ernest Dichter, der „Vater der Motivforschung", gibt uns einige Beispiele aus seiner Praxis. Seifen wurden, so Dichter, erst in Massen gekauft, als man künstlich Schaum dazugab. Zigaretten schmecken subjektiv gesehen nicht, wenn sie nicht qualmen, auch wenn das mit dem Geschmack gar nichts zu tun hat.[60] Wie häufig erleben wir, dass wir unseren Kunden, Klienten, Mandanten und Patienten genau das bieten, was sie in ihren Fragebogen-Antworten verlangten, nur um damit triumphale Misserfolge zu verbuchen. Auch unterschätzen wir trotz mehrerer Jahrzehnte Marketinglehre immer noch die Wirkung des Images. Und wir staunen immer wieder von neuem über den Placebo-Effekt. Diese Testergebnisse und Beobachtungen machen uns klar, dass es „wahre" Motive eigentlich nicht geben kann und dass sie, wenn man sie doch entdeckt zu haben glaubt, nicht an der Oberfläche des Bewusstseins festgemacht werden können. Test-Antworten, alltägliche Gedanken und Argumentationen und normale Gesprächsinhalte sind eben nur die kleine Spitze des sichtbaren Eisberges im Vergleich zu den Instinkten, der Psychosexualität, den vorbewussten wie unbewussten Konflikten usw. Warum tun Menschen, was sie tun? Natürlich lassen sich alle Motive irgendwie in die klassischen Kategorien Gewinn, Prestige, Sicherheit, Bequemlichkeit und Spaß einsortieren. Aber in welcher Reihenfolge und mit welcher Vernetzung diese Motive eine Rolle spielen, bleibt uns meist verschlossen. Es heißt, wenn das Bewusstsein des Menschen fünf Millimeter lang ist, dann hat das Unterbewusstsein eine Länge von elf Kilometern.[61] Wie auch immer solche Zahlen entstehen, es ist etwas Wahres daran.

Differenzierung durch Hinein-Denken in die Zukunft

Ihre Mitbewerber beschäftigen sich so wie Sie größtenteils mit der Vergangenheit und der Gegenwart Ihrer Zielgruppe. Wenn Sie statt dessen systematisch die kommenden Veränderungen Ihrer Zielgruppe analysieren, eröffnen sich Ihnen gänzlich neue Perspektiven und Chancen. Managementexperten fordern von Ihnen, schneller zu werden. Sie sollen schneller reagieren, schneller produzieren, schneller liefern, schneller abwickeln und so weiter. Doch kaum jemand erkennt dabei die Chance, sich Zeit durch Früherkennung zu verschaffen. Das bedeutet, Handlungsbedarf früher als Ihre Mitbewerber zu erkennen. Machen wir uns klar, dass auch Ihr Mitbewerber schneller werden kann. Aber er wird größte Probleme haben, wenn es Ihnen gelingt, zukünftige Chancen und Bedrohungen regelmäßig früher zu erkennen und früher als er mit Ihren Aktionen und Projekten zu beginnen, wenn es Ihnen also gelingt, sich Zeit durch Verbesserung Ihres Zukunftswissens „kaufen".

Sie können sich auf drei Zeitebenen mit Ihrer Zielgruppe befassen, mit ihrer Vergangenheit, ihrer Gegenwart und ihrer Zukunft. Mit den klassischen quantitativen Marktforschungsstrategien beschäftigen Sie sich nur scheinbar mit der Gegenwart Ihrer Zielgruppe, denn wenn sich das Kauf- und Entscheidungsverhalten in konkreten, harten Zahlen messen lässt, wird hierbei gleich einem „Hinein-Denken per Rückspiegel" lediglich die Vergangenheit abgebildet. So wertvoll und so einfach es für Sie auch wäre, Ihre Kunden und Nicht-Kunden einfach nach ihrer zukünftigen Entwicklun zu fragen, so problematisch und unzuverlässig ist dieses Ansinnen. Ihre Kunden haben erstens nicht die Aufgabe, für Sie über ihre zukünftigen Probleme und Wünsche nachzudenken und zweitens zeigt es sich immer wieder, dass die Kunden – nach Hinweisen auf die Zukunft gefragt – meist mit ihrer Phantasie geizen. Kunden kennen ihre persönliche Zukunft als Kunde bei Ihrem Unternehmen nicht und sind in der Regel auch nicht daran interessiert, sie zu kennen. Sie können sich nur in der Gegenwart in Ihre Zielgruppe hinein-denken. Wenn Sie sich dabei auf die noch nicht sichtbaren Neigungen, Abneigungen, Problem, Wünsche, Spannungen usw. konzentrieren, bewegen Sie sich gleichwohl in der Zukunft, denn das heutige Denken und Fühlen Ihrer Kunden ist deren zukünftiges Tun. Sie sind dann gefordert, über den Horizont des Kunden hinauszusehen und die für seine Probleme und Wünsche möglichen Lösungen zu finden und zu entwickeln. Franz Beckenbauer, ein Mann, der in Südamerika größere Chancen hat, von Regierungschefs empfangen zu werden als so mancher Minister, sagte einmal: „Ein erfolgreicher Fußballer darf auf dem Spielfeld nicht ständig dorthin rennen, wohin der Ball gerade fliegt. Er muss erahnen, wo der Ball

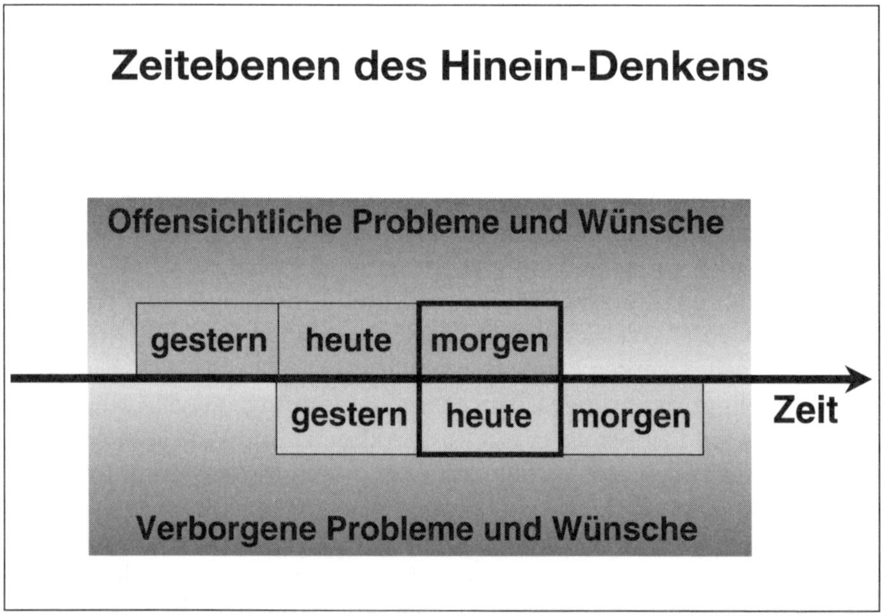

Abbildung 22; Zeitebenen des Hinein-Denkens

ankommen wird, und dann im richtigen Moment am richtigen Ort stehen." Nun kann es um die unternehmerischen Qualitäten Beckenbauers stehen wie es will, dieses Erfolgsrezept ist einfach wirksam. In gesättigten Märkten gieren Unternehmer nach Differenzierungsmöglichkeiten. Zukünftige Anforderungen, Bedürfnisse, Probleme und Wünsche der Kunden zu antizipieren ist einer der wirksamsten Wege zur Differenzierung und damit zu hohen Umsatzrenditen. Und wenn uns das Tagesgeschäft wieder einmal glauben machen will, dass wir uns auf die Gegenwart unserer Kunden konzentrieren müssen, dann sollten wir ab und zu an die Worte des letzten deutschen Kaisers denken!

Der Geist schafft über die Bewegung die Materie. Also können wir uns die Zeitebenen des Hinein-Denkens auch als zwei übereinanderlegende Flächen vorstellen. Die obere Fläche, die des Bewussten und Augenscheinlichen, hat eine Vergangenheit, eine Gegenwart und eine Zukunft. Die untere Fläche, die des Unbewussten und Verborgenen hat ebenfalls Vergangenheit, Gegenwart und Zukunft, jedoch jeweils um eine Kategorie verschoben. So ist die offensichtliche quantitativ erfassbare und analysierbare Vergangenheit des Kunden, nämlich diejenige, welche wir in Branchenreports nachlesen können, eigentlich eine Vergangenheit der Vergangenheit. Sie ist das Vorgestern, das Plusquamperfekt. Selbst von seiner Gegenwart, die er auf unsere Fragen hin beschreibt, hat er sich im Innern schon längst verabschiedet. Sie sind selbst hundertfach Kunde bei irgendwelchen Unternehmen und werden vielleicht auch regelmäßig persönlich, per Telefon oder anhand von Fragebögen nach Ihrer Meinung zu diesem oder jenem Produkt gefragt. Prüfen Sie bei den nächsten Gelegenheiten Ihre Antworten und Sie werden feststellen, dass Sie erst dann eine wirklich brauchbare Antwort liefern können, wenn Sie für sich eine Entscheidung getroffen haben. Und getroffene Entscheidungen liegen per Definition in der Vergangenheit. Jede wirtschaftliche Entscheidung unterliegt einem gewissen Reifungsprozess, dessen Untersuchung für die Früherkennung von ZukunftsChancen von entscheidender Bedeutung ist. Nicht die offensichtlichen Probleme und Wünsche der Gegenwart sind die großen Chancen, sondern die der Zukunft. Und die offensichtlichen Probleme und Wünsche der Zukunft sind die verborgenen Probleme und Wünsche der Gegenwart.

Kontinuierliche Sozialisierung

Ihr Unternehmen hat nur dann eine Existenzberechtigung, wenn es konkrete Lösungen für konkrete Probleme und Wünsche seines Umfeldes bietet. Die Erfolgs- und Lebensfähigkeit eines Unternehmens hängt folglich davon ab, wie es sich in sein Umfeld integriert, wie es sich sozialisiert. Um sich zu sozialisieren, erfassen Menschen und Unternehmen die Verhältnisse ihres Umfeldes und passen dann ihr Verhalten an die Umfeldanforderungen an. Sie fragen sich also, wie sie ihren „Schlüssel" verändern müssen, um ins „Schloss" des Umfeldes zu passen oder wie sie das „Schloss" finden, das zu ihrem Schlüssel passt. Die Integration in ein Umfeld, ob Gesellschaft, Familie, Unternehmen oder Markt, wird um so leichter, je höher der Nutzen des sich sozialisierenden Subjektes für das Umfeld ist. Sie wird um so schwieriger, je größer der damit verbundene Schaden ist, weil das Umfeld die Sozialisation verweigert. Je besser Sie sich in Ihre Kunden und sonstigen Marktpartner hinein-denken und hineinfühlen können, desto eher sind Sie in der Lage, qualifizierte Problemlösungen zu bieten. Es ist also auch hierfür hochgradige Empathie erforderlich und nicht zuletzt deshalb, weil für Ihr Unternehmen nicht nur das Erkennen der Umfeldanforderungen an sich wichtig ist, sondern vor allem der zeitliche Vorsprung vor den Konkurrenten von entscheidender Bedeutung ist.

Immer auf die Kunden hören?

Die Sache mit der Kundenzufriedenheit

Kundenbefragungen sollen dem Hinein-Denken dienen und einer der Schwerpunkte ist regelmäßig die Ermittlung der Kundenzufriedenheit. Wo liegt die optimale Kundenzufriedenheit? Wohl eher selten bei 100%, wenn mit 100%iger Kundenzufriedenheit die volle Befriedigung aller Wüsche der befragten Zielgruppe gemeint ist. Die Kundenzufriedenheit von 90% auf 100% zu steigern, ergibt in der Regel einen negativen Ertrag. Hier gilt das Gesetz vom abnehmenden Ertragszuwachs. Die letzten Prozentpunkte solcher Kundenzufriedenheit kosten einen unverhältnismäßig hohen Aufwand an Geld, Zeit und Geist, so dass unter maximaler Kundenzufriedenheit die Unternehmensergebnisse leiden. Entscheidend ist, dass die Kundenzufriedenheit wesentlich und dauerhaft über dem Vergleichswert der Mitbewerber liegt.

Wir reden hier keinesfalls einer kurzfristigen Gewinnmaximierung das Wort. Wir wollen verdeutlichen, dass die üblicherweise gestellten Fragen nach Kundenzufriedenheit meist in eine falsche Richtung zielen. Es gibt eine Vielzahl von Methoden zur Messung der Kundenzufriedenheit. Sie alle haben jedoch zur Voraussetzung, dass dem Messenden bekannt ist, welche Faktoren mit welcher Gewichtung und welcher kausalen Verkettung und zu welchem Zeitpunkt für den Kunden wichtig sind. Und das alles zusammen ist nahezu ausgeschlossen.

Die üblicherweise gestellten Fragen, wie „wie zufrieden sind Sie mit unserer Qualität?“ oder „wie beurteilen Sie unsere Liefergeschwindigkeit“ zielen überwiegend ins Blaue der Theorie, weil diese Kategorien in dieser allgemeinen Form selten zu den erwarteten Nutzenaspekten gehören. Sie müssen nicht so weit gehen, den Kundennutzen beispielsweise per „Conjoint Measurement“ detailliert zu quantifizieren. Wenn Sie die richtige Kundenzufriedenheit ermitteln wollen, sollten Sie jedoch fragen, ob und in welchem Maße Sie das abgegebene Nutzenversprechen erfüllt haben. Wenn Ihr wichtigstes Nutzenversprechen „Zeit sparen“ ist, müssen Sie fragen, ob und in welcher Qualität Sie dem Kunden wirklich Zeit gespart haben. Wenn Ihr Nutzenversprechen darin besteht, den Kunden auf prestigefördernde Art und Weise mobil zu machen – etwa mit einem noblen PkW – dann müssen Sie fragen oder noch besser beobachten, ob Ihnen das gelungen ist. Damit haben Sie echte Orientierung gewonnen und Ihr Hinein-Denken fruchtbar gemacht.

Nicht zu tief hinein-denken

Wir plädieren dafür, die theoretische Suche nach den verborgenen Problemen und Wünschen nicht zu weit zu treiben. Kunden haben kein echtes Motiv und keinen Anreiz, zuverlässige Entscheidungsgrundlagen für ihre Lieferanten zu erarbeiten. So erntet man bei allzu tiefer theoretischer Motivforschung oftmals Wellensalat, mit dem man nichts anfangen kann. Wenn wir Hinein-Denken fordern, dann plädieren wir einfach dafür, im täglichen Leben zu fragen, zu beobachten und vor allem, ab und zu mal selbst der Kunde zu sein. Echte bedarfsmotivierte Chancen müssen recht offensichtlich sein, sonst spielt der Zufall eine so große Rolle, dass es im Erfolgsfalle eigentlich wieder angebotsmotivert entstandene Chancen sind.

Machen Ihre Kunden gute Vorschläge?

Im rauhen heißen Texas gibt es eine äußerst erfolgreiche Fluggesellschaft namens Southwest-Airlines. Southwest hat ein Konzept, das sie „no frills" nennt, was soviel heißt wie „kein Firlefanz". Die 1971 gegründete Southwest ist die US-Airline mit dem besten Return on Investment seit 1973. Southwest wurde mehrfach mit höchsten Qualitätspreisen der USA ausgezeichnet. Worin besteht das Konzept? Southwest hat sich darauf spezialisiert, Geschäftsreisenden Verbindungen zwischen frequentierten Städten in Texas zu bieten und hat mittlerweile ihr Angebot auf die gesamten USA erweitert. 1992 ist Southwest nach Kalifornien gegangen und fliegt dort teilweise für 29 $ von Stadt zu Stadt, bei Buchung zwei Wochen vor Abflug. Wer drei Wochen vorher bucht, fliegt gelegentlich für 19 $, wer den gleichen Flug kurz vor Abflug bucht, zahlt 49 $. Eine Strecke wie Köln-Hamburg bietet Southwest standardmäßig für ca. 100 Dollar an, hin und zurück. Southwest kann diese sehr niedrigen Preise halten, weil man sich bewusst entschieden hat, folgenden Service *nicht* zu bieten.[62]

1. Keine Platzreservierung
2. Kein Essen
3. Kein Interline Ticketing und Baggaging (Ticket- und Gepäcktransfer zu und von anderen Airlines).

Durch diesen Verzicht braucht Southwest lediglich fünfzehn Minuten Aufenthalt im Flughafen. Würde Delta Airlines die gleiche Strategie fahren, bräuchte man dort angeblich sage und schreibe 100 Flugzeuge weniger. Ein

weiterer Baustein im Erfolgskonzept ist die konsequente Konzentration auf Maschinen des Typs Boeing 737, was die Wartung und Reparatur erheblich effizienter macht als bei einem gemischten Flugzeugpark.
Southwest Airlines befragt, wie es sich für eine ordentliche US-Airline gehört, jedes Jahr ihre Kunden, 5.000 an der Zahl. Raten Sie, was die drei häufigsten Kundenwünsche sind. Richtig, es sind:

1. Platzreservierung
2. Essen
3. Interline Ticketing und Baggaging.

Southwest ist kurioserweise genau deshalb erfolgreich, weil man nicht auf die Kunden hört. Würde Southwest ganz sklavisch auf die Kunden hören, käme am Ende eine stinknormale Airline heraus, wie es sie in den USA zuhauf gibt. Die anderen großen Airlines können Southwest nur schwer imitieren, weil deren Maschinen meist zu groß sind und weil Southwest durch die enorme Rendite einen technischen Vorsprung hat und umgekehrt. So verzichtete Southwest beispielsweise schon sehr früh auf die Ausstellung von Tickets auf Papier.
Sie kennen sicher die Reihe von Erfolgsprodukten, die es nicht gäbe, wenn man nur auf die Kunden gehört hätte, dazu gehört der Videorecorder, die Mikrowelle, das Telefon, das Mobiltelefon, der Walkman, der Nachrichtensender CNN und Tiefkühlkost. All dies sind eindrucksvolle Indizien dafür, dass es gefährlich sein kann, auf die Kunden zu hören und für die Gültigkeit der Regel: „Hören Sie auf Ihre Kunden, solange Sie gute Vorschläge machen.“

Wege des Hinein-Denkens

Beobachten, Fragen und Erleben

Hinein-Denken klingt komplizierter und schwieriger, als es im Prinzip ist. Nicht die Techniken sind dabei schwierig, sondern die innere Einstellung. Wem es gar nicht im Wesen liegt, sich auf andere einzustellen, dem wird natürlich auch die einfachste Methode schwerfallen. Der Wille bedeutet hierbei schon 80% bis 90% des Weges. Die im nächsten Abschnitt beschriebenen Strategeme des Hinein-Denkens werden Sie drei grundsätzlichen Wegen des Hinein-Denkens zuordnen können, nämlich dem Beobachten, dem Fragen und dem Erleben.

Das Beobachten unterscheidet sich vom Fragen dadurch, dass wir nicht in die Welt der Zielperson eingreifen. Man erzählt sich, dass Reinhold Würth, der Schraubenkönig, beobachtete, dass es den Handwerkern auf den Baustellen schwerfiel, das richtige Werkzeug zur Schraube zu finden. Sie hatten einfach Probleme, die gestanzten Größenangaben zu lesen. Durch diese Beobachtung wurde die Idee geboren, Schrauben und Werkzeuge durch gleiche Farben zu kennzeichnen.[63] Einfacher und bestechender geht es kaum. Sie können direkt beobachten mit all Ihren Sinnen oder indirekt mit Statistiken oder Messungen. Sobald Sie aber fragen, greifen Sie in die Welt der Zielperson ein. Durch Ihre Frage verändern Sie die Welt, die Sie eigentlich neutral und unverfälscht beobachten wollten. Das ist einer der wichtigsten von den vielen Problempunkten bei Kundenbefragungen. Für den Fall, dass es Sie interessiert, sei nebenbei auf die Verwandtschaft zur Heisenbergschen Unschärferelation in der Physik hingewiesen.

Im Nachhinein vorgebrachte, vordergründige Kauf- und Nichtkaufargumente sind in der Regel andere als die wirklich wirkenden Faktoren. Ernstzunehmende Kommunikationsexperten gehen davon aus, dass nur unglaubliche zehn Prozent menschlicher Kommunikation über Wörter vermittelt werden. Der Rest der empfangbaren Botschaften wird über Körpersprache, Mimik und andere Kanäle übertragen, wobei wir natürlich auch hier nicht sicher wissen können, was genau die 100% menschlicher Kommunikation ausmacht.

Die höchste Form des Hinein-Denkens besteht darin, für eine gewisse Zeit die Zielperson zu werden. Amerikanische Indianer gaben die Weisheit weiter, bevor man einen Menschen beurteilen kann, müsse man erst einige Meilen in seinen Mokassins gelaufen sein. Wenn Sie das Hinein-Denken üben möchten, dann suchen Sie sich Personen aus, die Ihnen nicht sonderlich sympathisch oder die Ihnen politisch, beruflich oder sonst irgendwie entgegenstehen. Beginnen Sie bei jemandem, mit dem Sie noch einigermaßen können und tasten Sie sich dann schrittweise zu den Herrschaften vor, die überhaupt nicht Ihr Fall sind. Und gehen Sie davon aus, dass auch diese Personen aus ihrer Sicht Gutes und Rechtes wollen. Achten Sie bitte grundsätzlich darauf, Ihr empathisches Wissen zum gegenseitigen Wohl einsetzen.

Phasenmodell für das Hinein-Denken

Schritt 1: Bestimmen Sie konkret die Zielgruppe oder Zielperson

Je kleiner und konkreter die Zielgruppe, desto besser die Ergebnisse Ihres Hinein-Denkens. Die höchste Konzentration wählen Sie, wenn Sie sich eine einzige Person vornehmen. Wenn Sie mehrere Zielgruppen haben, nehmen Sie zunächst eine davon. Wenn Ihre Kunden keine Gemeinsamkeiten zu haben scheinen, nehmen Sie als Zielgruppe die tatsächlichen Käufer Ihrer Leistung, ganz gleich, welche äußeren Merkmale diese haben. Denken Sie daran, dass Ihre besten Kunden gleichzeitig diejenigen sind, die mit Ihrer bisherigen Art und Weise der Leistungserstellung durchaus zufrieden sind. Das gilt zumindest so lange, wie Sie sich in einem freien Markt bewegen. Wenn Sie an die schrägen, neuen, ungewöhnlichen und zukunftsträchtigen Ideen kommen wollen, dürfen Sie nicht nur diese besten Kunden fragen. Fragen Sie zusätzlich oder statt dessen diejenigen Kunden, die Sie kürzlich verloren haben oder diejenigen, die seit neuestem erheblich weniger kaufen oder auch diejenigen, von denen Sie und Ihre Mitarbeiter sich eigentlich sogar gestört fühlen. Diese Zielpersonen werden Sie auf die Fährte hin zu neuen ZukunftsChancen führen. Hätte Edison sehr intensiv mit den Nutzern der alten Lösung über Verbesserungsmöglichkeiten gesprochen, hätte er vielleicht eine größere oder länger brennende Kerze entwickelt, mit Sicherheit aber nicht die Glühbirne.[64]

Schritt 2: Bestimmen Sie Ihre Mission und Ihr Nutzenversprechen

Wofür sind Sie bei Ihrer Zielgruppe zuständig? Was ist Ihre Mission, Ihr Auftrag und Ihre Aufgabe für diese Zielgruppe? Was ist Ihr konkretes Nutzenversprechen? Wenn Sie keine klare Selbstbeschreibung haben, wird Sie die Vielzahl der auf Sie einströmenden Impulse eher behindern. Wer weder Ziel noch Aufgabe kennt, für den ist keine ZukunftsChance die richtige.

Schritt 3: Formulieren Sie Ihre Fragen

Das Ziel des Hinein-Denkens ist die Beantwortung Ihrer Fragen. Schreiben Sie daher detailliert Ihre Fragen auf, auf die Sie sich von dieser Zielgruppe für diese Mission konkrete Antworten wüschen. Zu Beginn dieses Kapitels zum Hinein-Denken wurde eine Reihe möglicher Fragen genannt.

Schritt 4: Ermitteln Sie die Wirkkräfte

Legen Sie fest, welche Faktoren, Menschen, Systeme und Kräfte einen Einfluss auf Ihre Fragen bzw. auf die dazugehörigen Antworten haben. So machen Sie sich das Umfeld und das System bewusst und können eine gemeinsame Basis mit Ihrer Zielperson schaffen. Das Neurolinguistische Programmieren spricht hier vom „Rapport“, einer Atmosphäre des gegenseitigen Vertrauens und Respekts. Rapport soll, wie neurophysiologische Untersuchen ergeben haben, sogar so weit gehen können, dass sich bei nonverbaler Kommunikation die Gehirnwellen zweier Gesprächspartner einander angleichen, was in den EEG-Mustern sichtbar wird.[65]

Schritt 5: Wenden Sie mehrere Strategeme des Hinein-Denkens an

Wenden Sie in Abhängigkeit von der Lage des Einzelfalls eines oder mehrere der unten vorgestellten Strategeme für das Hinein-Denken an und – wir legten es mehrfach dar – scheuen Sie sich nicht davor, eigene Strategeme zu entwickeln und anzuwenden. Für Übungszwecke können Sie die Bedarfsfelder-Checkliste auf Seite im Abschnitt „Landkarte der ZukunftsChancen" anwenden.

Schritt 6: Sammeln Sie kritik- und bewertungslos die Probleme und Wünsche

Nehmen Sie alle Probleme und Wünsche, die Sie mit Ihren Sinnen erfassen können ohne jede Bewertung auf und füllen Sie sich einen „ChancenTopf".

Schritt 7: Filtern Sie den dringendsten und wichtigsten Handlungsbedarf heraus

Wählen Sie nun diejenigen Probleme und Wünsche heraus, die für Sie und Ihre Zielperson(en) den größten gemeinsamen Vorteil versprechen. Wie Sie Chancen bewerten und auswählen, lesen Sie im Abschnitt zur Chancen-Analyse.

Schritt 8: Formulieren Sie einen Aktionsplan

Und wie immer: Formulieren Sie einen Aktionsplan, in dem Sie festhalten, wer, was, wie, mit wem und mit welchem Ergebnis tut. Einige Aktionen werden beinhalten, dass zu offenen Fragen oder nicht abschließend geklärten Sachverhalten recherchiert werden muss. Eine weitere Muss-Aktion besteht darin, einen Termin für einen „follow-up" zu vereinbaren.

8.2 Strategeme für das Hinein-Denken

Die folgenden Strategeme gehören zu den eher ganz offensichtlichen und vordergründigen Möglichkeiten des Hinein-Denkens. Das tiefere Hinein-Denken in andere Menschen ist wie besprochen weniger eine Frage der Methode als eine Frage der Sensitivität und vor allem des Wollens. Sie erinnern sich, Strategeme sind Denkmodelle und Denkstrategien, mit denen Sie ohne besonderen Aufwand und ohne umfangreiche Analysen Neues Denken können. Auch an dieser Stelle möchten wir Sie darauf hinweisen, dass der eigentliche Zweck der beispielhaft dargestellten Strategeme darin besteht, Sie zur Eigenentwicklung zu animieren.

Rollentausch, mit den Augen der Zielperson sehen

Denkfrage: Was sehen wir, wenn wir einen Tag im Leben unseres Kunden verbringen?

Was haben die Unternehmen ARAL, Lufthansa, Allkauf, Hertz, McDonalds, General Motors, Federal Express, Henkel und Audi gemeinsam? Richtig, sie sind alle relativ groß, aber sie haben auch noch eine Gemeinsamkeit, nämlich den institutionalisierten Rollentausch. Während es die meisten Konzernlenker mit der alten Kriegsregel halten, der wertvolle Feldherr muss unnötige Gefahren meiden und sich von der Front fernhalten, müssen die Damen und Herren Vorstände und Geschäftsführer der genannten Unternehmen regelmäßig diejenige Arbeit tun, mit der bei ihnen das Geld verdient wird. Sie müssen BigMacs braten, Ölstände kontrollieren, Pakete ausliefern, Versicherungsscheine für Mietwagen ausfüllen und Abfälle sortieren. Von solchen Fällen abgesehen, wo Aktionen dieser Art mehr oder minder PR-Gags gleichkommen, ist „Manager in Practice“ – so der Programmname bei der Lufthansa – eines der besten Instrumente des Hinein-Denkens.

A desk is a dangerous place from which to watch the world. (John le Carré).

Ihre Kunden sind oftmals die besten und zugleich preiswertesten Unternehmensberater. So heißt das Ganze bei Audi denn auch „Kunden-Erlebnis-Programm“. Sie könnten einwenden, Führungskräfte seien zu teuer und hätten nicht die Zeit, um sich an die „Kundenfront“ zu versetzen. Doch muss man sich dann auch fragen, wie teuer Führungskräfte sind, wenn sie schwindende Betriebsergebnisse produzieren.

So sehr die Kundenorientierung zur Binsenweisheit geworden sein mag, so erschreckend ist die im Alltag zu beobachtende Kundenferne der Unternehmensführungen. Wieviele der Probleme, die ein Kunde mit Ihnen hat, kennen Sie wirklich? Der japanische Managementberater Tominaga nennt einen Wert von 4%. Auch wenn bei solchen Werten generell große Skepsis angebracht ist (woher weiß er, welche Probleme zu den 100% gehören und welche nicht und woher weiß er, dass es keine weiteren Probleme gibt?), so

schätzen wir die Größenordnung von wenigen Prozent als durchaus realistisch ein, denn es ist ja üblich, die Führungskräfte von Kundenbeschwerden fernzuhalten. Zum Teil wollen sie es auch so, denn vielen Chefs darf man so manche Dinge nicht sagen. Das mittlere Management soll laut Tominaga 14 bis 19% der Probleme und die Leute an der „Kundenfront" 75% der Kundenprobleme kennen. Das Beispiel weist auf ein Erfolgsrezept an. Selbst wenn das Topmanagement Angst vor dem Kunden hat, kann es allein schon durch den Einbezug der kundennahen Mitarbeiter einen großen Schritt in Richtung Früherkennung von ZukunftsChancen tun.
Wenn Sie Zeitaufwand und Kosten der dargelegten Aktionen scheuen, dann gibt es auch den Rollentausch light. Lesen Sie diesen Absatz und dann schließen Sie die Augen. Sie führen eine Kette von Computerläden. Sie sehen einen Ihrer Kunden bei einer seiner täglichen Verrichtungen. Sie sehen ihn im Pyjama beim Zähneputzen. Es ist Herr Dresler. Sie sehen Herrn Dresler – Frau und Kinder geküßt – aus dem Haus gehen, zur Bushaltestelle laufen und sich auf den Fensterplatz in der dritten Reihe hinter dem Busfahrer niedersetzen. Es regnet. Sie hören das Dröhnen und spüren den Geruch des Busses. Herr Dresler denkt an das bevorstehende Gespräch mit seinem Chef über die längst überfällige Gehaltserhöhung. Es kann gelegentlich schon sehr knapp werden mit so einem Monatsgehalt und kleinen Kindern. Herr Dresler steigt eine Station früher aus, weil er noch sein Notebook aus Ihrer Filiale in der Rheinstraße holen will. Er öffnet die Tür, schüttelt sich die nassen Haare aus und sieht sich um. Keiner der vier jungen Männer hinter der Theke beachtet ihn. Er geht auf den bohnenstangengleichen Blonden zu, dem er sein fünftbestes Stück in die Hand gedrückt hatte, nachdem ihn die Grafikkarte zur Verzweiflung gebracht hatte. Ja, da im Regal lag es. Ohne Begrüßung heißt es von der anderen Seite „wir ham alles geprüft, keine Ahnung, was da dran is, alles in allem macht das 125 Mark".
Das soll genügen, um den „Rollentausch light" zu vermitteln. Es geht also darum, sich in die Situation im eigentlichen Sinne hineinzu*denken*. Mit Übung und Phantasie können Sie sich im Geiste ohne weiteres in jede Situation versetzen, die Ihr Kunde im Kontakt mit Ihrem Unternehmen bzw. mit Ihren Produkten und Dienstleistungen erlebt. Schließlich ist das Ihr Geschäft. Sie können solche Phantasiereisen alleine oder in der Gruppe machen, wobei dann die Führung durch einen Mental-Trainer sinnvoll ist. Selbst mit dem nur gedachten Rollentausch können Sie sehr viel dafür tun, die Welten zwischen Eigenbild und Fremdbild Ihres Unternehmens schrumpfen zu lassen. Nebenbei bemerkt kann Rollentausch natürlich auch bedeuten, dass Ihre Zielperson mal Ihre Rolle einnimmt und Ihnen über ihre Erfahrungen berichtet.

Haben Sie schon mal darüber nachgedacht, wie sich ein älterer Mitbürger fühlt, wenn er mit Ihrem Kundendienst spricht? Das Beratungsunternehmen Meyer-Hentschel hat einen Alterssimulator entwickelt, mit dem sich Siebzehnjährige wie Siebzigjährige fühlen können. Ein Helm, ein Visier mit sichtbehindernder Folie, Schallschutzkopfhörer, Baumwollhandschuhe und bleiverstärkte Manschetten an den Arm- und Beingelenken machen das Hinein-Denken in den Senior einfach und lenken die Suche nach ZukunftsChancen in die richtig Richtung. Das Einfühlungsvermögen wird durch Realität ersetzt. Dabei stellen wir fest, wie schwer es fallen muss, Geld zu blättern oder wie problematisch es für einen Senior sein kann, seine Kundennummer wiederzufinden oder Ihr Ladenlokal zu betreten. Die hohe Beliebtheit der Zielgruppe „Senioren" hat dazu geführt, dass es seit 1994 ein European Design for Aging Network (DAN) gibt, das Erfahrungen mit Produkten für ältere Menschen austauscht.

Test, das Hinein-Denken des Praktikers

Denkfrage: Was würde unsere Zielperson tun, wenn wir es testen?

Der Volksmund setzte schon immer das Probieren über das Studieren. Größere Anzeigenkampagnen werden schon seit jeher mit so genannten „Pre-Tests" daraufhin geprüft, ob die Motive beim Verbraucher oder Gebraucher ankommen. Man mag sich zwar fragen, ob das auch wirklich mit jedem Spot gemacht wird, aber zumindest jede professionelle Agentur unterzieht ihre kreativen Filmchen einem solchen Testlauf. Testen heißt, den geplanten Zustand schon einmal vorübergehend und mit begrenztem Risiko eintreten zu lassen. Der Test ist das Hinein-Denken des Praktikers. Ohne lange und aufwendige Analysen und gänzlich ohne Mathematik werfen sie ihr Produkt ins kalte Wasser des Marktes und schauen zu, was passiert. Der Test ist eigentlich ein Fragen durch Taten. So kannte schon seit Februar 1995 jedes Kind in der belgischen Gemeinde Leuven die blaue Geldkarte mit dem gelben Punkt namens „Proton". In Leuven wurde getestet, was nach bewiesener Erfolgsaussicht in ganz Belgien eingeführt wurde, nämlich eine Geldkarte, mit der man schon 1995 fast überall auch die kleinsten Beträge bezahlen konnte. Anstelle aufwendiger und hypothetischer Marktuntersuchungen hat man einfach die Erfolgsaussichten in begrenztem Umfang getestet und so die richtige Antwort gefunden. Viele Länder haben ihre repräsentativen Testmärkte, so hat Deutschland die kleine Stadt Haßloch in der Pfalz und das US-amerikanische Pendant dazu ist Columbus in Ohio, wo die Konsumgüterproduzenten regelmäßig hinpilgern, um das landestypische Kaufverhalten von Durchschnittsbürgern zu beobachten.

Aussagekräftige Tests haben den unbestreitbaren Vorteil, dass sie deutlich zeigen, welche Handlungsalternative Ihre Zielperson im Moment und mit den für sie sichtbaren Informationen für die beste hält. Es ist ein himmelweiter Unterschied, ob Ihr Kunde Ihnen sagt, dass er kaufen *würde*, oder ob er Ihnen mit seinem Geld als Stimmzettel zeigt, dass er gekauft *hat*.
Der Test ist die älteste Entwicklungsstrategie. Auch die Natur entwickelt ihre Dinge einfach durch Versuch und Irrtum weiter. Sie probiert aus und lässt geschehen, ob etwas Erfolgreiches und Überlebensfähiges dabei herauskommt oder ob der Irrtum obsiegt. Wenn Sie aber unbedingt auch einen wirtschaftswissenschaftlichen Segen brauchen, dann bekommen Sie ihn von Peter F. Drucker, dem amerikanischen Professor österreichischer Provenienz, der als Begründer des wissenschaftlichen Managements gilt. Er sagt nämlich, dass es eigentlich nur einen sinnvollen Weg gibt, Ideen zu prüfen, nämlich sie auszuprobieren. Ein mit dem Ziel des Erfahrungsfortschritts durchgeführter Test kann gar nicht schiefgehen, denn jedes Ergebnis ist ein Erfolg.
Beim Bau geht man davon aus, dass die Baukosten bei komplexen Projekten um fünf bis zehn Prozent geringer sind, wenn vorher ein Modell angefertigt wurde. Die Nutzung der Möglichkeiten von Computersimulationen stehen zum Zeitpunkt der Erstausgabe dieses Buches vor allem im privaten Bereich noch am Anfang. In die gleiche Richtung zielt die weit verbreitete Praxis, für lediglich angedachte und gar nicht entwickelte Produkte Anzeigen zu schalten und die Resonanz zu prüfen oder die gängige Strategie der Verlage, die voraussichtliche Auflage mit Hilfe von Subskriptionspreisen abzuschätzen. So paradox das zunächst auch klingt, wir müssen dafür sorgen, dass der unvermeidliche Flop möglichst früh eintritt. Und genau das erreichen wir mit zuverlässigen Tests. Zum Glück beginnen die Wirtschaftswissenschaftler, ihren Neid auf die exakten mathematischen Wissenschaften abzulegen. Man hat nämlich lange Zeit so getan, als könne man Unternehmens- oder Produkterfolge durch exakte Vorausberechnungen herbeiführen. Überspitzt gesagt, müssen wir unsere Unternehmen und Lebensunternehmen als eine Art Dauertest mit permanenter Änderung der Versuchsanordnung begreifen.

Strategische Simulation

Denkfrage: Was tut unsere Zielperson, wenn wir die Umstände verändern?

Das beschriebene Strategem „Test“ ist eine *gebundene* Beobachtung nach der Art, etwas Fertiges einwerfen und prüfen, ob es die Anforderungen erfüllt oder nicht. Von der Warte des Hinein-Denkens ist der Test mit *ungebundener* Beobachtung aber noch wichtiger. Sie haben in diesem Falle weder eine fertige noch eine halbfertige Lösung. Sie verursachen im Umfeld des Kunden einfach eine Veränderung, deren Auswirkungen Sie beobachten. Beauftragen Sie mal einen Freund, einem kleinen Teil Ihrer Kunden als vermeintlicher Mitbewerber ein Mailing zu schicken. Inhalt des Mailings, das Ihr Freund natürlich auf seinem Briefbogen schreibt, soll die Ankündigung eines erheblich verbesserten Lieferservices seines Unternehmens sein. Je nach Reaktion erfahren Sie unverfälscht, welche Ihrer Kunden sich exakt einen solchen Service wünschen, welche von ihnen durchaus zu einem Mitbewerber wechseln würden und – wenn das Mailing entsprechend konzipiert ist – was sie dafür bezahlen würden. Oder lassen Sie Ihre Freundin eine Anzeige schalten, in der sie zur Gründung einer Interessengemeinschaft XY-Geschädigter aufruft, wobei XY das Geschäftsfeld betrifft, in dem Sie tätig sind. Sie erfahren so sehr viel über die Hintergründe, Zufriedenheiten und vor allem Unzufriedenheiten in Ihrem Geschäft. Oder bauen Sie in die nächste Lieferung an einen sehr guten Kunden einen Fehler ein, um die Reaktion des Kunden zu sehen. Oder streuen Sie das Gerücht, dass Ihr Unternehmen von einem branchenfremden Unternehmen übernommen werden soll. All das sind strategische Simulationen, also künstlich geschaffene Situationen, in denen sich Menschen anders verhalten als unter normalen bekannten Umständen. Die Möglichkeiten dieses Strategems könnten eine ganze Bibliothek füllen. Es sei der Ordnung halber darauf hingewiesen, dass Sie bitte immer im Rahmen der gesetzlichen und ethischen Normen bleiben müssen.

Wertearchitektur, Realitäten folgen Werten

Denkfrage: Welche Werte bestimmen das Verhalten unserer Zielperson?

Menschen entscheiden vor allem nach ihren Werten. Entscheiden heißt, Möglichkeiten durch Priorisierung zu bewerten und so einen Teil dieser Möglichkeiten auszuschließen. Das klingt und ist idealisiert, denn wer kennt schon seine genaue Wertearchitektur? Sie? Wir alle haben zwar ein Gefühl für unsere Werte und ihren Zusammenhang, das heißt, wir spüren, ob etwas unseren Werten entspricht oder nicht. Aber nur die wenigsten dürften sich die Mühe gemacht haben, ein wissenschaftlich einwandfreies Modell ihrer Wertearchitektur erarbeitet zu haben. Realitäten folgen Werten. Wenn in einem Staat der Wert Freiheit immer größere Bedeutung erlangt, dann wird dieser Wert irgendwann einmal seine gewünschte Realität schaffen. Wenn Sicherheit ein zunehmend wichtigerer Wohnwert wird, werden mehr sichere Wohnungen gebaut und mit Sicherheitslösungen ausgestattet.

Das Wort „Wertewandel“ führt ein wenig in die Irre, denn es wandeln sich weniger die Werte als die relativen Bedeutungen der Werte untereinander.

Die Beobachtung der Veränderungen von Werthierarchien und Wertesystemen bei Kunden und Nicht-Kunden wie auch bei anderen Partnern lässt Voraussagen über zukünftige Aktionen und Reaktionen zu. Auch zur Konkurrenzanalyse können Sie dieses Strategem heranziehen, wenn Sie die Wertehierarchie der Führung Ihres Mitbewerbers kennen.
Es scheint häufig leichter zu sein, die Wertarchitektur eines fremden Menschen zu durchschauen, als diejenige im eigenen Hirnsumpf. Obschon ein Wertesystem etwas höchst individuelles ist, versuchen Sie sich daran, das Wertesystem der Gesamtheit Ihrer Kunden bzw. Ihrer Zielgruppe zu untersuchen. Das einzige praktische Arbeitsmittel für dieses Strategem ist die Frage: Welche Werte stehen über welchen Werten? Im Idealfall ergibt es eine „Bundesliga" der Werte. Wahrscheinlicher ist aber ein Netz von Werten, in denen einige wenige die dominierende Rolle spielen, etwa Selbstbestimmung und Sicherheit. Es wird in einem Wertesystem immer konfliktträchtige Werte, harmonierende Werte und neutrale Beziehungen zwischen Werten geben.
Als Strategem für das Hinein-Denken verwenden Sie „Wertesystem" einfach mit der oben genannten Frage. Welche Werte stellt Ihre Zielperson oder Ihre Zielgruppe ganz oben an und welche anderen Werte spielen darüber hinaus eine Rolle? Ohne eine solche Werteliste können Sie im Grunde genommen gar keine richtige Zielgruppe definieren, denn nur mit solchen Menschen, die aufgrund gleicher Werte gleiche Probleme und Wünsche verspüren, haben Sie eine brauchbare Zielgruppe. Ein ganz praktischer erster Schritt bestünde etwa darin, dass Sie das in Ihrer Kundendatenbank vorgesehene aber notorisch ungenutzte Datenfeld „Interessen" mit einigen Anmerkungen zur Wertehierarchie des betreffenden Menschen füllen und diese Informationen systematisch ergänzen und sie vor allem wirklich nutzen.

Weitere Strategeme für das Hinein-Denken

Weitere Strategeme für das Hinein-Denken finden Sie unter
→ **www.Micic.com**.

8.3 Das empathische Unternehmen

Das Hinein-Denken ist keine Frage eines Workshops oder einer isolierten Aktion. Sie müssen den Willen, die Fähigkeit und die Möglichkeit zum Hinein-Denken fest in Ihre Unternehmensorganisation einbauen. Dabei werden Ihnen die nachfolgenden Gedanken nützlich sein.

Zielpersonenorientierte Organisation

Eine an den Zielpersonen ausgerichtete Unternehmensorganisation ist eine wesentliche Bedingung für ein „empathisches Unternehmen". Nehmen wir an, Sie führten eine Bank. Sie haben einige tausend Kunden und diese Kunden könnten verschiedener gar nicht sein. Ihre Kundenberatung haben Sie womöglich nach Regionen organisiert, weil das so schön deutlich und übersichtlich ist. Dass es oberflächlich sein könnte, ist Ihnen zwar eingefallen, aber man kann schließlich nicht alles haben. Da muss ein und dieselbe junge Kundenberaterin den Zahnarzt bei der Praxiserweiterung, den Studenten bei der Finanzierung einer Sitzecke und den Unternehmer bei der Tarifdefinition einer Betriebshaftpflichtversicherung beraten. Natürlich haben Sie dafür gesorgt, dass im Hintergrund Spezialisten sitzen, aber diese Spezialisten sind wiederum Fach-Spezialisten. Zielgruppen-Spezialisten scheinen sich angesichts der vielfältigen Zielgruppen nicht zu lohnen. Aber was leicht ist, kann jeder. Warum sollte es nicht schon ein Vorteil sein, wenn Ihre Kundenberaterin vier Zielgruppen anstelle der ganzen Welt betreut? Sie merken, worauf wir hinauswollen.
Es ist uns unbegreiflich, warum in vielen Unternehmen nicht auch jeder Privatkunde einen persönlichen Ansprechpartner mit Telefon- und E-Mail-Adresse kennt. Der Kunde zieht die Wertschöpfungskette Ihres Unternehmens, der Kunde ist die Energiequelle. Also sollten Sie Ihre Organisation auch so ausrichten, dass Sie Ihre Kunden wirklich kennen können.
Professor Hermann Simon berichtet von der US-Firma Emerson Electric, die ein System namens „Adopt A Customer" eingeführt hat. Jeder Mitarbeiter kann jeweils einen Kunden adoptieren und die Interessen dieses Kunden in der Organisation vertreten[66]. Sie und Ihre Mitarbeiter können sich nur dann wirkungsvoll in Ihre Zielpersonen hinein-denken, wenn Sie sie gut kennen. Was hindert Sie daran, die Funktion von Kundenmanagern bzw. Zielgruppen-Managern einzuführen und Ihr Unternehmen so ein stückweit empathischer zu machen?
Der japanische Kfz-Hersteller Nissan hat in Los Angeles ein Marktforschungsinstitut eingerichtet, um sich vor Ort über die Wünsche und das Verhalten seiner amerikanischen Kunden zu informieren. Los Angeles ist als Szene sehr fortschrittlich und fungiert als Trendsetter. Eine ähnliche Umsetzung des empathischen Unternehmens hat Toyota vorzuweisen. Toyota hat in Japan „Amlux" gegründet, einen Ausstellungsraum mit Kaufhausatmosphäre und Videovorführungen, der täglich von 700 Interessenten besucht wird, die allesamt interviewt werden. Zielgruppe sind junge Leute, deren Verhalten und Kultur immer Frühindikatoren für die Entwick-

lung und die Wünsche der Gesellschaft waren. Die Kunden dürfen sich bereits seit 1993 Ihren Traumwagen am Bildschirm konstruieren und die dabei entstehenden Daten können sogar für die Produktsteuerung verwendet werden.

Das Kundenbarometer als Früherkennungssystem

Unter →**www.Micic.com** finden Sie eine ausführliche Anleitung zum Aufbau eines unternehmensspezifischen Kundenbarometers als einem institutionalisierten Früherkennungssystem.

Szene 13; Das zweite Grundlagen-Seminar, Teil II

12. Juni: „ … und nach diesem Tag gehören wir mit Sicherheit nicht mehr zu denen, die mit den Scheuklappen spielen. Vielen Dank!“ Ellen Lichtenberg übernahm die abschließenden Worte dieses Tages, eines Tages, der jedem lange in Erinnerung bleiben sollte. Sie hatten eine neue Welt voller Denkmodelle und Praxisbeispiele durch ihre Köpfe und Herzen wandern lassen. Die fragende Neugier auf die Ergebnisse erster eigener Umsetzungen rang noch mit der Begeisterung für die neuen Geisteswerkzeuge. Frau Max, die Marketingleiterin, kündigte an, „bis zur ChancenAnalyse nächste Woche werde ich mit den Chancenstrategemen endlich das neue Marketingkonzept für die Umkehrosmose[67]-Nachrüstung fertig haben. Wenn's damit nicht klappt, klappt's nie mehr“, war sie sich sicher. (Weiter auf Seite 257).

9 Step 3: ChancenAnalyse, welche Bedrohungen und Chancen bringt die Zukunft?

Die ZukunftsAnalyse nach der im vorherigen Abschnitt beschriebenen Systematik und Methodik resultierte in unseren Projekten in etwa 100 bis 250 Annahmen zur zukünftigen Entwicklung und Veränderung des Unternehmensumfeldes. Diese Annahmen sind nun im nächsten Schritt die Grundlage für die ChancenAnalyse. Die Abschnitte „Hinein-Denken, mit den Augen der Zielperson sehen“ und „Quer-Denken, über den Tellerrand hinaussehen“ bilden das gedankliche Fundament für Ihre ChancenAnalyse.

Szene 14; Die ChancenAnalyse, Teil I

20. Juni, 09.05 Uhr: Mit einer kurzen Erläuterung der Ziele und des Wesens der ChancenAnalyse läutete Michels den zweiten Workshop-Tag ein. Die heute auf dem Programm stehende ChancenAnalyse sollte die Saat produzieren, von deren Früchten die Lichtenberg GmbH die nächsten Jahre und Jahrzehnte zehren kann. Es sollte ein Prozess in Gang gesetzt werden, in dessen Verlauf die Früherkennung von ZukunftsChancen so in das Denken und Handeln der Lichtenberg-Mannschaft eingeht, dass die Regie des Unterbewusstseins automatisch die Aufmerksamkeit darauf leitet. Es ging los mit „Ziele und Wesen der ChancenAnalyse“. (Weiter auf Seite 274).

9.1 Ziele und Wesen der ChancenAnalyse

Für gewöhnlich wachsen Chancen wie Unkraut, vollkommen ungeplant, häufig ungewollt und selten systematisch und gezielt. Sie können Ihre ZukunftsChancen aber auch mit System züchten. Das Ziel der ChancenAnalyse ist es, möglichst viele ChancenKandidaten zu sammeln und daraus die besten ZukunftsChancen herauszufinden. Chancenfindung heißt

- neue Probleme erkennen,
- neue Wünsche erkennen,
- neue Lösungen für bekannte Probleme entdecken,
- neue Anwendungen für bekannte Lösungen entdecken.

In der ChancenAnalyse werden Denkfragen wie die folgenden gestellt und kreativ beantwortet:

Checkliste 25: Die ChancenAnalyse
☑ Wo sind die $-Zeichen?
☑ Wie können wir daraus einen Markt ganz für uns alleine machen?
☑ Wie könnten andere ein Geschäft daraus machen?
☑ Wem wäre eine gute Lösung Millionen wert?
☑ Wie könnten wir hier unsere Kunden begeistern?
☑ Wie hat man die Aufgabe in verwandten Bereichen gelöst?
☑ Wie hat man die Aufgabe in anderen Ländern gelöst?
☑ Wie hat man die Aufgabe in der Science-fiction gelöst?
☑ Welche Marktregeln können wir zu unseren Gunsten ändern?
☑ Welche Technologie können wir für diese Aufgabe einsetzen?
☑ Was müssen wir auf den einzelnen Handlungsfeldern tun?
☑ Wie können wir die Gefahr zur Chance machen?
☑ Wie sieht die ideale Lösung aus?
☑ Was würden wir am liebsten tun?
☑ Wie würde die Natur die Aufgabe lösen?
☑ Was haben wir, das für diese Aufgabe wertvoll wäre?
☑ Wie heißt das dahinterstehende Bedarfsfeld?
☑ Wem können wir hier das Leben leichter machen?
☑ Was passiert, wenn nichts passiert?
☑ …

Die ChancenAnalyse ist durch die Charakteristik des Brainstormings geprägt. Das bedeutet vor allem, dass eine Bewertung der Ideen und ChancenKandidaten erst in einem separaten darauf folgenden Schritt vorgenommen wird. Die während der ChancenAnalyse notwendige Denkart ist offen, unkritisch, visionär, unkonventionell und auch unbequem.
Das Ergebnis der ChancenAnalyse ist ein voller „ChancenTopf“ zur Gestaltung der Zukunft Ihres Unternehmens. Unsere ChancenAnalysen führten

in der Praxis niemals zu weniger als 100 und selten zu mehr als 400 Chancen, wobei es zunächst nicht darauf ankommt, ob diese Chancen auch tatsächlich umsetzbar sind und ob sie zu Ihrem Unternehmen passen.

9.2 Landkarte der ZukunftsChancen

Von den Unsicherheiten der Zukunft hängt ab, wer nicht versteht, in der Gegenwart für die Zukunft zu sorgen. (Lucius A. Seneca)

Wenn Sie im StrategieRadar-Workshop sozusagen im Cockpit Ihres Unternehmens sitzen, ist eine Landkarte hilfreich, die Ihnen zeigt, welche Länder, Mächte und Kräfte eine Rolle spielen. Die Landkarte der ZukunftsChancen wird Ihnen die wesentlichen Wirkkräfte aufzeigen, aus denen ZukunftsChancen entstehen. Verschaffen wir uns zunächst einen Überblick. Wenn Sie Ihre Potenziale erkennen und bereit sowie in der Lage sind, verfügbare fremde Potenziale in Ihre Fähigkeiten einzubauen, dann können Sie die zukünftigen Bedarfsfelder unter Zuhilfenahme der Technologie und unter Nutzung neuer und alter Marktregeln erschließen und so neue ZukunftsChancen sehen oder gar schaffen. Das Ganze Wirkgefüge sehen Sie möglichst im Lichte der Zukunft und akzeptieren auch die Tatsache, dass die Zukunft zum großen Teil erfunden wird (Innovation).

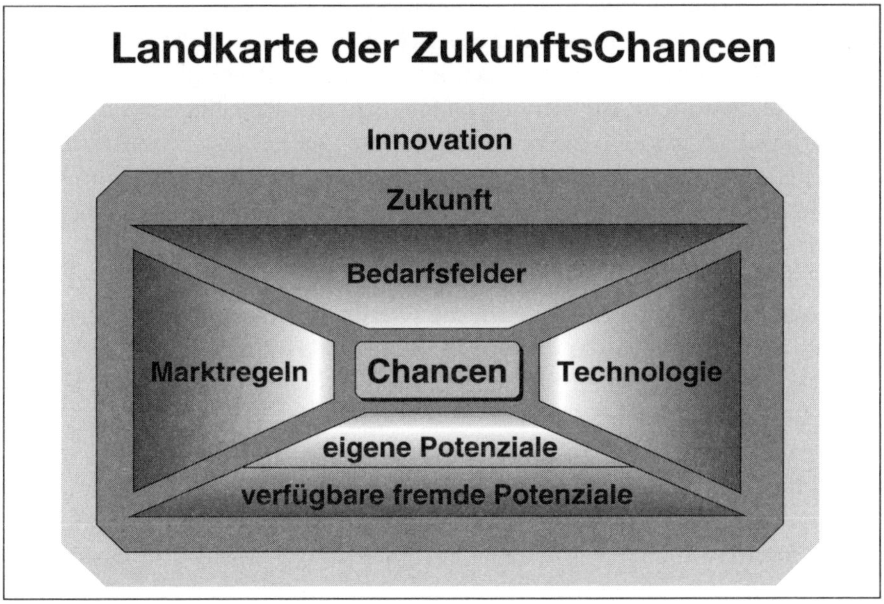

Abbildung 23; Landkarte der ZukunftsChancen

Land der Potenziale

Haben Sie je versucht, einem Freund zu einer neuen Existenz zu verhelfen? Wenn dieser Freund ein Mensch mit Fähigkeiten, mit Ressourcen und mit Wissen war, dürfte es Ihnen nicht schwergefallen sein. War dieser Freund jedoch ein unterdurchschnittlich gebildeter Mensch, am Rande seiner finanziellen Möglichkeiten oder verzweifelt, werden Sie sich erheblich mehr Mühe gegeben haben und vielleicht ist es Ihnen trotz aller Anstrengung nicht gelungen, mit ihm eine neue Einkommensquelle zu schaffen. Wo lag der Unterschied? Ihr erster Freund hatte Potenziale, er hatte Karten auf seiner Hand, mit der er ins Spiel gehen konnte. Ihr zweiter Freund hatte weniger Potenziale, aus denen Sie und er etwas machen konnten. Sie hätten also gut daran getan, mit Ihrem Freund zunächst nach den verborgenen Potenzialen zu suchen. Wir sind davon überzeugt, dass jeder Mensch und jedes Unternehmen zu jedem Zeitpunkt weitaus mehr Potenziale hat, als bekannt sind. Eine der größten und für jeden Menschen nutzbaren Zukunfts-Chancen besteht darin, die eigenen Potenziale umfassender zu erkennen und einzusetzen.

Als Potenzial bezeichnen wir hier Ressourcen und Kräfte aller Art, mit denen Sie mehr gestalten und kraftvoller handeln können als Sie es bis jetzt tun. ZukunftsChancen können Sie für Ihren Erfolg nur dann wirkungsvoll nutzen, wenn Sie über die zu ihrer Erschließung und Nutzung notwendigen Potenziale verfügen. Eine uralte Weisheit besagt, man solle bei dem bleiben, was man kann. Neben diesem notorischen Hinweis auf die heute so genannten Kernkompetenzen gibt es noch eine uralte Regel: „Erfinde das Rad nicht neu!". Das heißt für Sie, nutzen Sie nicht nur Ihre eigenen Potenziale, sondern nutzen Sie auch die verfügbaren Potenziale anderer Menschen und Unternehmen, die Potenziale Ihrer Vertriebspartner, Ihrer Lieferanten, Ihrer Dienstleister und so weiter. Was andere besser können und Ihnen anbieten, sollten Sie keinesfalls selbst machen.

Ihre Potenziale sind es, von denen Sie in der Zukunft leben können. Und wenn wir es genau nehmen, liegen die Potenziale in irgendeiner Form immer in Menschen. An der Denkliste „Potenziale" auf Seite im Abschnitt „Quer-Denken" erkennen Sie, dass die wesentlichen und entscheidenden Potenziale immaterieller Art sind.

Es gibt zahlreiche Ansätze für Potenzialanalysen. Wir wollen hier wieder den einfachen und schnellen Weg gehen. Sie haben mit der Denkliste „Land der Potenziale" ein Instrument, mit dem sich in der Form des Brainstormings mehrere hundert Potenzialbausteine finden lassen. Die auslösende Frage lautet, „was haben wir, das für uns und andere wertvoll sein kann?". Fragen Sie sich durchaus auch, welche Potenziale in eventuellen Handicaps

liegen. Der Rollstuhlfahrer hat zweifellos ein Handicap bezüglich seiner Bewegungsfreiheit, aber er hat das Potenzial, anderen Leidensgenossen kompetent bei der Lebensbewältigung zu helfen. Der bei Misslichkeiten tröstende großmütterliche Ausspruch „wer weiß, wozu es mal gut ist", hat manchmal sehr viel Wahres.
Erst im zweiten Schritt sollten Sie bewerten, inwiefern sich diese Potenzialbausteine tatsächlich auch positiv von denen der Mitbewerber unterscheiden. Die Frage lautet hier „was davon ist besser als bei unseren Mitbewerbern? Diese Reihenfolge ist wichtig. Würden Sie gleich danach fragen, wo Sie denn nun stärker oder besser sind als Ihre Mitbewerber, würden Sie sich bei Ihrer Denkarbeit selbst im Wege stehen.
Potenziale werden gelegentlich mit Chancen verwechselt. Was unterscheidet sie? Potenziale sind die Antwort auf die Frage, *womit* Sie in Zukunft etwas anfangen können, mit welchen „Karten auf der Hand" Sie ins Zukunftsspiel gehen. Chancen hingegen sind Antworten auf die Frage, *was* Sie in Zukunft mit Ihren Potenzialen anfangen können, also in welches Zukunftsspiel Sie gehen. Bedenken Sie, dass Potenziale immer mögliche und zukünftige Erfolgsfaktoren sind, die in der Gegenwart vielleicht noch nicht benötigt werden oder schlichtweg nicht vorhanden sind. Ob Sie aus Ihren Potenzialbausteinen tatsächlich existierende Wettbewerbsvorteile schaffen können, hängt einzig und allein von Ihrer Phantasie und Ihrem Entwicklungsdrang ab.

Land der Bedarfsfelder

Ihre Potenzialbausteine machen das unverwechselbare Eignungsprofil Ihres Unternehmens aus. Dieses Profil ist jedoch nur dann gewinnbringend, wenn Sie es für das Anforderungsprofil konkreter Menschen passend machen und wirklich einsetzen. Im Abschnitt „Hinein-Denken" haben wir klargestellt, dass wir Probleme und Wünsche umso besser erkennen können, je klarer wir den oder die Menschen vor Augen haben, um die es uns hier geht. Den sehr seltenen Idealfall haben wir dann, wenn wir uns mit nur einem einzigen Menschen in einer einzigen Situation befassen können. Sie können die Denkliste „Merkmale zur Definition von Zielgruppen" dazu benutzen, Ihre Zielgruppe klarer und eindeutiger zu definieren. Die in der Denkliste genannten 33 Kriterien sind insbesondere zur Definition privater Zielgruppen bzw. einzelner Personen in Unternehmen und Organisationen geeignet. Wenn Sie eine Zielgruppe mit nur zwei der 33 Merkmale beschreiben und jedes dieser Merkmale nur zehn Ausprägungen hat, können Sie mit dieser Denkliste 54.000 verschiedene Zielgruppen definieren.

Checkliste 26: Merkmale privater Zielgruppen

Geschlecht	Beruf	Mitgliedschaft
Alter	Erfahrung	Produkte
Interessen	Sozialprestige	Region
Gewohnheiten	Wertschöpfungskette	Geschmack
Nationalität	Zukunftsaussichten	Verhalten
Charakter	Ziele	Bildung
Familiäre Situation	Probleme	Modernität
Arbeitssituation	Wünsche	Beziehungen
Einkommen	Erreichbarkeit	Fähigkeiten
Branche	Handicaps	Motivation
Neigungen	Potenziale	Reaktion

Was sind Bedarfsfelder? Ganz gleich, was Sie verkaufen und ganz gleich, wie Sie es verkaufen; immer steht eine Spannung hinter der Kaufentscheidung Ihres Kunden. Er oder sie will entweder von einem Zustand weg oder zu einem Zustand hin. Er oder sie hat ein Problem (Engpass, Mangel, Abneigung etc.) oder einen Wunsch (Traum, Vision, Bedürfnis etc.). Er oder sie will einfach etwas anders haben. So einfach sind die Dinge manchmal. Er oder sie will etwas oder jemanden X machen, wobei Sie für den Platzhalter X einen beliebigen Begriff aus der Denkliste „Land der Bedarfsfelder" einsetzen können. Nutzen Sie diese Denkliste als Ideengenerator. Es kommt im ersten Schritt immer zunächst nur darauf an, in Form eines Brainstormings alles zu sammeln, was Ihnen dazu einfällt.
Wie Bedarfsfelder und damit letztendlich die Chancen bewertet werden können, zeigen wir in einem späteren Abschnitt.

Checkliste 27: Zukünftige Bedarfsfelder

Etwas oder jemanden X machen		
schneller	unschädlich	freundlicher
möglich	sauberer	universeller
preiswerter	angenehmer	gesünder
schöner	persönlicher	neuer
leichter	einzigartig	übersichtlicher
nützlicher	rentabler	bewusster
genauer	effektiver	deutlicher
kleiner	effizienter	interessanter
größer	zeitgemäßer	leistungsfähiger
sicherer	einfacher	wertvoller
weg-	mobiler	menschlicher

Land der Technologie

Intuitiv glauben und wissen wir alle, dass Technologie eine entscheidende Rolle bei der Entstehung von ZukunftsChancen spielt. Gerade die Tatsache, dass die Zukunftsbedeutung der Technologie so naheliegend und logisch ist und dass sie uns immer wieder im Zukunftskontext präsentiert wird, lässt uns die Möglichkeiten und Potenziale der Technologie häufig überschätzen. Wir sprachen bereits darüber, dass sich nahezu alle umwälzenden Technologieanwendungen sehr langsam von einem Markt in den anderen verbreitet haben. Manche Experten gehen davon aus, dass wirklich bedeutende technologische Quantensprünge über einen Zeitraum von zehn bis fünfzehn Jahren vorbereitet werden. Wenn Sie die seit einiger Zeit auch in Deutschland betriebenen Delphi-Studien ansehen, werden Sie einen Eindruck davon bekommen, was damit gemeint ist. So darf man nach der jüngsten Studie beispielsweise davon ausgehen, dass etwa um das Jahr 2014 optische Neurocomputer verfügbar sein werden oder dass es zwischen 2009 und 2021 gelingt, Krebszellen in normale Zellen umzudifferenzieren.
Wir wissen leider nicht, welche Art von Unternehmen Sie führen oder unterstützen. Wenn Ihr Unternehmen ein ausgesprochenes High-Tech-Unternehmen ist oder wenn technologische Forschung der Zweck Ihrer Organisation ist, vergessen Sie am besten diesen Absatz, denn Sie müssen sich in diesem Falle sehr wohl sehr intensiv mit den technologischen Grundlagen befassen. Für alle anderen Unternehmen sollte gelten, dass wir Technologie immer nur als Instrument zur Erfüllung unserer strategischen und operativen Aufgaben ansehen dürfen. Wenn Sie technologische Grundlagen nicht selbst gestalten können, können Sie aus Technologie auch keine echten ZukunftsChancen, sondern lediglich Notwendigkeiten ableiten. Sicher war die Einführung der Scanner-Kassen ein großer Schritt für die Einkaufsmenschheit. Doch als echte ZukunftsChance war diese Technologie niemals geeignet, denn sie stand prinzipiell und faktisch jedem im Markt zur Verfügung, der nicht gerade in äußersten Liquiditätsschwierigkeiten steckte. Was jeder hat und haben kann, ist als ZukunftsChance nicht geeignet. Wirkliche ZukunftsChancen liegen sehr selten in technischen Innovationen wie gänzlich neuen Produkten oder gar Erfindungen. Vielleicht haben Sie auch von dem einfachen Arbeiter gehört, der durch die simple Klopapier-Befeuchtungsmaschine quasi über Nacht steinreich geworden ist und fragen sich jetzt, wie das denn in das eben Gelesene passt. Wir müssen uns die Dimensionen bewusst machten. Erstens verbietet es sich, im Zusammenhang mit der Klopapier-Befeuchtungsmaschine und ähnlichen Erfindungen von „Technologie“ zu sprechen und zweitens ist das ein Fall, wie er pro Jahr vielleicht zehn Mal pro Jahr in Europa passiert. Es gibt jährlich

weitaus mehr Lottomillionäre als Erfindermillionäre in Europa und Sie wollen Ihre ZukunftsChancen sicher mit einer größeren Wahrscheinlichkeit als 1:13.900.000 (6 aus 49) finden. Technologie ist eine äußerst wichtige Wirkkraft bei der Entstehung von ZukunftsChancen, die Sie jedoch nicht überschätzen dürfen. Sie finden Ihre echten ZukunftsChancen eher in der intelligenten und auf Ihren Potenzialen fußenden Kombination vorhandener Leistungen, Regeln und dann auch Technologien zu besseren Lösungen für Bedarfsfelder konkreter Menschen.

Land der Marktregeln

Stellen Sie sich vor, Sie nehmen an einem Fußballspiel teil, bei dem der Siegermannschaft eine hohe Spielprämie winkt. Die ersten zehn Minuten lang läuft das Spiel für Ihre Mannschaft wie am Schnürchen. Sie hat man zum Kapitän gemacht. Sie spielen auf ein Tor; Ihr erster Treffer liegt förmlich in der Luft. Plötzlich ändert der gegnerische Kapitän einfach die Spielregeln und behauptet dreist, die Abseitsregel gelte nur noch für Ihr Team, nicht aber für seine Mannschaft. Erst im nächsten Spiel könne man darüber sprechen, wieder gleiche Verhältnisse herzustellen. Diesen Spinner nehmen Sie natürlich nicht ernst. Da könnte ja jeder kommen. Aber irgendwie hat es der gegnerische Kapitän geschafft, auch den Schiedsrichter davon zu überzeugen, dass das Handicap der Abseitsregelung nur noch für Ihre Mannschaft gilt. Sie verstehen die Welt nicht mehr. Auch die Zuschauer sind von der neuen Regelung begeistert, weil sie viel mehr Tore verspricht und man schließlich genau diese sehen will. Leider ist Ihre Anhängerschaft in der Minderzahl. Zu allem Überfluss haben ihre Gegner bereits schon seit Wochen die neue Strategie trainiert und die meisten der denkbaren Spielsituationen schon im Geiste und auf dem Platz durchgespielt. Selbst die Regel, dass Regeländerungen für beide gelten muss, wurde über Bord geworfen. Es kommt, wie es kommen muss. Sie verlieren mit 1:12 Toren und Ihr Gegner kassiert die Siegprämie. Sämtliche Beschwerden und Anträge auf Annullierung gehen ins Leere. Es ist wie ein Alptraum. Ihre Kontrahenten werden ob ihres Kantersieges gefeiert, wie selten eine Mannschaft zuvor, obwohl Sie doch die besseren und teureren Spieler, den besseren Manager, den höheren Etat und den potenteren Sponsor haben.

So absurd und unmöglich Ihnen diese allegorische Geschichte auch erscheinen mag, sie spielt sich in den heutigen Märkten tagtäglich und tausendfach ab. Sie und Ihre Mannschaft erkennen Sie als Ihr Unternehmen. Die gegnerische Mannschaft sind die Mitbewerber und der Schiedsrichter ist der Markt. Die Zuschauer sind natürlich die Kunden.

Wenn Sie sich Branchen wie die Bankenlandschaft ansehen, wird schnell klar, dass Spielregeln heute am laufenden Band geändert werden. Märkte werden durch ihre Regeln definiert. Sobald eine Regel erfolgreich geändert wird, ist ein neuer Markt entstanden. Jede Branche wird durch einige wenige Kernregeln definiert, nach denen das Geschäft funktioniert. Marktregeln sind also die in Ihrem Geschäft üblichen, gewachsenen und überlieferten Handlungsweisen auf dem Weg zum Erfolg. In vielen Verlagen gilt beispielsweise der eiserne Grundsatz, dass die Bücher im Frühjahr und im Herbst erscheinen. Wer hat gesagt, dass das so sein muss? Marktregeln legen fest, wie man in einem Markt bzw. einer Branche Geschäfte macht. Es sind

- Regeln, wie man führt
- Regeln, wie man verkauft
- Regeln, wie man wirbt
- Regeln, wie man liefert
- Regeln, wie man produziert
- Regeln, wie man einkauft
- Regeln, wie man organisiert
- Regeln, wie man miteinander umgeht
- Regeln, wie man mit Regeln umgeht

Neue Gesellschaftsspiele werden aus ca. zehn archetypischen Grundregeln kombiniert. Wenn man durchschnittlich nur drei Regeln für ein Spiel braucht, sind daraus immerhin 480 verschiedene Kombinationen möglich. Genauso sind auch Unternehmen und ganze Märkte nach fünf bis zehn wesentlichen Regeln aufgebaut. Wenn man sich klarmacht, wer und was im Markt mitspielt, können die Regeln relativ einfach formuliert werden. Auch Ihre Branche wird von einigen wenigen Regeln bestimmt. Die Automobilindustrie als ein für jeden nachvollziehbares Beispiel mag das verdeutlichen. Nehmen wir – ohne den Anspruch auf Vollständigkeit zu erheben – einige Regeln, die einen Teilmarkt für Luxuslimousinen bestimmen könnten.

1. Baue einen Wagen, der mindestens das Jahresgehalt eines kleinen Managers kostet
2. Halte die Modellzyklen lang, um Wertbeständigkeit und geringe Stückkosten zu erreichen
3. Sorge dafür, dass der Wagen männlich und ernst „dreinschaut"

4. Stelle sicher, dass man den Käufer und Fahrer insgeheim bewundert
5. Lasse die Verkäufer guten Kontakt zu den Fuhrparkmanagern der Konzerne und der Politik halten.

Was haben diese Regeln mit ZukunftsChancen zu tun? Worin liegen sie? Natürlich kann man sehr erfolgreich sein, wenn man das durch die Regeln definierte Spiel besonders gut spielt. Wenn Ihnen das alte Spiel jedoch langweilig ist, wenn Sie selbst originäre Spuren hinterlassen wollen, wenn Sie wirklich Neues schaffen wollen, dann liegen Ihre ZukunftsChancen darin, die bestehenden Regeln zu verändern, sie zu Missachten und sie zu brechen. Sie erinnern sich, mit jeder Regelveränderung wird ein neuer Markt geschaffen. Wer hat denn beispielsweise gesagt, dass …

- man für Mikroprozessoren nicht zur besten Filmzeit im Fernsehen werben kann (Intel)?
- man freie Seminarplätze nicht über einen Last-Minute-Service belegen kann?
- ein Luxuswagen-Hersteller keinen Kleinwagen bauen kann (A-Klasse)?
- man einen Mercedes nicht gleichzeitig besser und billiger machen kann (C-Klasse)?
- die Schwäche eines schwierigen Namens nicht zur Stärke werden kann (Daewoo)?
- ein Mensch nur eine oder zwei Armbanduhren kauft (Swatch)?
- ein Autoradiohersteller nicht mit dem Stadtplan-Verlag konkurrieren kann und umgekehrt (Blaupunkt und Falk)?
- die Wettervorhersage langweilig und sachlich sein muss und nicht zum weathertainment werden kann (Jörg Kachelmann)?
- ein Softwarehaus nicht im Geldgeschäft mitmischen kann (Microsoft)?
- ein gutes Buch keine 500 € kosten kann (Rolf Berth[68])?
- das öffentlich-rechtliche Fernsehen Werbeeinnahmen haben muss. Im Februar 1995 wurde eine intensive Diskussion darüber geführt, ob dadurch nicht eine deutliche Differenzierung gegenüber den Privatsendern erreicht werden könnte. In Großbritannien wird das bereits erfolgreich praktiziert.

Die von uns sehr geschätzte Vera F. Birkenbihl ist eine Regelbrecherin par excellence. Sie ist eine der erfolgreichsten europäischen ErfolgsberaterInnen und sie ist es zu einem guten Teil deshalb, weil sie sich nicht den konventionellen Regeln unterwirft. Wenn Sie einem Vortrag von Vera F. Birkenbihl beiwohnen, können Sie interessante Regelbrüche beobachten, die man als Erfolgsrezept geradezu gutheißen könnte:

- Sie kleidet sich in keinster Weise nach den „normalen“ Regeln für eine Trainerin
- Sie befolgt nicht die Frisurregeln des Establishments
- Sie reist nicht in der Luxuskarosse, sondern im Büromobil an
- Sie läuft beim Reden im Raum umher, was jeder Rhetoriklehrer auf der Volkshochschule verbieten würde
- Sie benutzt im Vortrag Worte, die ein Redenschreiber niemals in den Mund nehmen würde
- Sie stellt harte Bedingungen, damit sie überhaupt zu einer Veranstaltung kommt, so etwa Autobahnnähe, den Stellplatz und Stromanschluss für ihr Büromobil oder das von ihr bestimmte Technik-Team.

Die obige Auflistung der vermeintlichen Regelverletzungen mag genügen, um zu zeigen, dass Erfolg heute eher eine Frage des Regelbrechens als des Regelbefolgens ist. Gehen Sie der Einfachheit halber davon aus, dass im Prinzip jede Marktregel irgendwann von irgendwem gebrochen werden wird. Wir sind am produktiven Umgang und an der nützlichen Gestaltung von Spielregeln häufig dadurch gehindert, dass wir Regeln nicht erkennen, wenn wir sie selbst gemacht haben. Fragen Sie ihren Lebenspartner, nach welchen Regeln Sie wohl leben und Sie werden eine Aufzählung von Regeln hören, die Ihnen selbst niemals eingefallen wäre.
Stellen Sie also die Spielregeln Ihres Marktes und Ihres Wissensgebietes regelmäßig in Frage, auch wenn das durchaus sehr schwer fallen kann. Prüfen Sie, ob es sich um Muss-Regeln oder um Kann-Regeln handelt und welche Regeln bereits Logik von gestern sind. Ein einfaches Denkinstrument dafür ist die zero-base-Frage „was wäre, wenn wir alles von Neuem begännen?“. Sie erkennen vielleicht einen Widerspruch zwischen der Annahme, es gebe Erfolgsregeln und der Erfolgsregel, man solle Regeln brechen und neue schaffen! Die Antwort ist einfach: Es gibt Muss-Regeln, die befolgt werden müssen und es gibt Kann-Regeln, die man brechen kann.

Perspektive Zukunft

Die Länder auf der Landkarte der ZukunftsChancen liegen alle im Länderbund der Zukunft. Damit möchten wir manifestieren, dass es uns weniger um die gegenwärtigen und mehr um die zukünftigen Verhältnisse geht. Auch wenn heutige Bedarfsfelder ebenfalls Chancen in sich bergen können, so liegen die größeren, weil schwieriger zu erkennenden ZukunftsChancen in den zukünftigen Bedarfsfeldern. Betrachten Sie daher die Potenziale, die Bedarfsfelder, die Marktregeln und die Technologie in der Zukunftsperspektive, denn was heute gang und gäbe ist, kann morgen schon überflüssig und schädlich sein und umgekehrt.

Perspektive Innovation

Wir haben bereits klargestellt, dass ein guter Weg, Zukunft vorauszusagen darin besteht, sie zu erfinden. Daher liegen alle Länder auf der Landkarte der ZukunftsChancen nicht nur im Staatenbund der Zukunft, sondern auch auf dem Kontinent der Innovation. Jahrtausende lang galt Erfahrung als Erfolgsvoraussetzung. Es zeigt sich jedoch immer deutlicher, dass der chronologisch erste Engpass auf dem Weg zu neuen ZukunftsChancen die ausgetretenen Denkpfade von gestern sind. Insofern ist die vielbeschworene „Erfahrung“ bei der Bewältigung neuer Probleme oft hinderlich. Erfahrung kann sowohl Erfolgsfaktor wie auch Erfolgsdivisor sein. Das „anders als andere“ muss ein unabdingbarer Bestandteil Ihres ZukunftsManagements sein.

Die Formel zur Chancen-Suche ☺

Verstehen Sie die untenstehende Formel bitte mit dem Schmunzeln, mit dem wir sie erstellt haben ☺. Für den mehr mathematisch und formell interessierten Lesen haben wir den Versuch gewagt, die Zusammenhänge auf der Landkarte der ZukunftsChancen in eine „Formel für ZukunftsChancen“ zu bringen.

Die Mathematiker unter Ihnen werden gleich mit Kennerblick höhnen, die meisten Klammern seien redundant. Das sind sie in der Tat und mit Absicht, damit Sie sich besser zurechtfinden können. Wir haben bislang noch nicht die internen und externen Engpässe und Widerstände berücksichtigt, die Ihren Erfolg natürlich behindern, wenn nicht gar verhindern. Theoretisch könnte man die einzelnen Bausteine und Faktoren nach alt und neu unterscheiden, doch das wird schon über das Z ausgedrückt. Alte Technologien können sich in Zukunft nicht verändern, weil sie damit automatisch zu neuen Technologien werden.

Die Navigationsformel für ZukunftsChancen

$$ZK \times \left[Z \times \left[K \times \frac{(Pe + Pf) \times T \times R}{(E_i + E_e)} \times (B \times I \times F) \right] \right] = ZC$$

ZK	= ZukunftsKompetenz	**Ei**	= interne Engpässe
Z	= Kenntnis zukünftiger Veränderungen	**Ee**	= externe Engpässe
K	= Kreativität	**B**	= Bedarfsfelder
Pe	= eigene Potenziale	**I**	= Intensität des Bedarfes
Pf	= verfügbare fremde Potenziale	**F**	= Frequenz des Bedarfes
T	= Technologien	**ZC**	= ZukunftsChancen
R	= Regeln des Marktes		

Abbildung 24; Navigationsformel für ZukunftsChancen

Zukünftige Veränderungen finden auch ohne eigenen Antrieb statt, weshalb sie in der obigen Formel von ihm auch nicht beeinflusst werden. Wohl wird aber die Kreativität vom eigenen Antrieb beeinflusst bzw. überhaupt erst ermöglicht. B x I x F ist ein Vorgriff auf den späteren Abschnitt zur Bewertung und Auswahl von ZukunftsChancen. I ist die Intensität des hinter dem Bedarfsfeld stehenden Bedürfnisses und F ist die Frequenz, also die Häufigkeit des Bedarfes in einer Zeiteinheit. Ein neues Produkt oder eine neue Dienstleistung hat nur dann gute Erfolgsaussichten, wenn sowohl Intensität als auch Frequenz des Bedarfs groß sind. Aber dazu später mehr.

Morphologie der ZukunftsChancen

Es gibt alltägliche und nicht alltägliche Chancen. Die alltäglichen ZukunftsChancen sind für Sie „daily business“ und im engeren Sinne eher Gegenwartschancen als ZukunftsChancen. Um die nicht alltäglichen ZukunftsChancen kümmern sich die meisten Führungs-Teams recht selten und sehr unsystematisch, obschon gerade mit den schrägen und ungewöhnlichen Ansätzen die so intensiv gesuchten Differenzierungsmöglichkeiten am größten werden. Es gibt insgesamt sieben Arten der Chance.

1. **Mehr Ertrag mit vorhandenem Umsatz.** Die erste alltägliche Art der Chance ist eine Effizienz-Chance, also eine Spar-Chance, die Ihnen hilft, einen höheren Ertrag aus dem vorhandenen Umsatz zu erzielen. Alle kostensenkenden und effizienzfördernden Maßnahmen gehören hierzu, wie etwa Reengineering, Prozessoptimierungen, Wertanalysen, atmende Organisation etc. Das scheinbar immerwährende volkswirtschaftliche Problem der Arbeitslosigkeit wie auch das betriebswirtschaftliche Problem des Kranksparens zeigt uns, dass wir heute und in Zukunft nicht mehr mit den Effizienz- und Spar-Chancen allein unsere Wettbewerbsfähigkeit erhalten können. Es mag eine Notwendigkeit sein, aber keine echte ZukunftsChance.

2. **Mehr Umsatz mit vorhandenen Leistungen.** Die zweite alltägliche Art der Chance besteht darin, von einem vorhandenen Produkt in einem bedienten Markt und mit den bewährten Mitteln schlicht und einfach mehr zu verkaufen. Dazu gehören alle Marketinginstrumente, Verkaufstechniken, Image- und PR-Arbeit und so weiter.

3. **ZukunftsChancen mit neuen Leistungen.** Neue Produkte und Dienstleistungen zu entwickeln und einzuführen ist die nächste zweite Art der Gewinn-Chance. In manchen Branchen ist die Entwicklung neuer Leistungen tägliches Brot und damit weniger eine ZukunftsChance als ein grundlegender Erfolgsfaktor, während in anderen Geschäften wie etwa den Finanzdienstleistungen wirklich neue Produkte allenfalls im Jahresrhythmus am Markt auftauchen.

4. **ZukunftsChancen mit neuen Zielgruppen.** Auf Ihrer Reise durch das Land der Bedarfsfelder haben Sie erfahren, welche ungeahnten und unerschlossenen Möglichkeiten es in Zukunft und Gegenwart gibt, neue Zielgruppen zu finden und zu erfinden.

5. **ZukunftsChancen mit neuen Märkten.** Einen neuen Markt wollen wir hier als eine neue Kombination aus Zielgruppe und Leistung verstehen. Ein neuer Markt ist etwa durch digitales Geld oder durch den Smart-Car geschaffen worden.

6. **ZukunftsChancen mit neuen Strategien.** Neue Strategien zu entwikkeln und sie auch erfolgreich einzusetzen, hat sehr viel mit der Umgestaltung, der Neuinterpretation, dem Erfinden und dem Brechen von Regeln zu tun, worüber wir bereits gemeinsam nachgedacht haben. Die Antwort auf die Frage „was tun wir wie für wen?“ eröffnet ein ganzes Universum an Möglichkeiten, aus dem dann solch einfache aber wirk-

Morphologie der ZukunftsChancen

Quelle der Chancen	Sieben Arten von ZukunftsChancen						
	Neue Märkte	Neue Leistungen	Neue Fokus-gruppen	Neue Strategien	Neues Arbeiten	mehr Umsatz mit vorhandenen Leistungen	mehr Ertrag mit vorhandenem Umsatz
Vor-Denken	Internet-Banking	Programmierte Beratung	Home-Software	Karaoke per Datenautobahn	virtuelles Unternehmen	individualisierte Massen-produktion	Videofon-Coaching
Hinein-Denken	externer Pressespiegel	Kind-Simulation	Unternehmer-Reisen	Kunden als Mitinhaber	Telehaus	Wohnungen für zerstrittene Eltern	WissensDaten-bank für Mitarbeiter
Quer-Denken	Luftraum für JamesCook Hotel	Wolfsurin auf Straßen	Brot-Aufschnitt	Lotus als Denkfabrik	autopoietisches Unternehmen	Inszenierte Fachliteratur	atmende Organisation
Nicht-Denken = Nachmachen	Einkaufs-zentren in NBL	Telefon-Banking	Senioren	E-Commerce	TQM	Verkaufs-training	Reengineering

Abbildung 25; Morphologie der ZukunftsChancen

same Lösungen wie der Verkauf von Anteilen an der eigenen Werbeagentur an die Kunden entstehen. Auch ein neuer Absatzkanal gehört zu den ZukunftsChancen mit neuen Strategien, beispielsweise das Internet für den industriell organisierten Maßschneider.

7. **ZukunftsChancen mit neuem Arbeiten.** Ob Sie ein virtuelles Unternehmen aufbauen, das immer nur dann auflebt, wenn es Aufträge hat, ob Sie ein autopoietisches[69] Unternehmen aufbauen, das sich selbst steuert und führt, ob Sie die Konstruktionen Ihrer Maschinen in Indien erledigen lassen oder einfach nur Ihre privaten Überweisungen nicht mehr altertümlich auf Papier zur Bank bringen, Sie haben mit diesen Lösungen ZukunftsChancen mit neuem Arten und Möglichkeiten des Arbeitens genutzt.

Die Botschaft dieser sieben Arten der ZukunftsChancen ist eine einfache: Kümmern Sie sich nach wie vor im Tagesgeschäft um die naheliegenden Alltagschancen und Gegenwartschancend, nehmen Sie sich aber mindestens einmal im Jahr die Zeit, über die anderen Chancenarten nachzudenken. Der Weg zu diesen neuen Chancen ist das Vor-, Quer- und Hinein-

Denken und nur wenn Sie dem Nicht-Denken frönen, wenn Sie also die gleichen Seminare besuchen, die gleichen Bücher lesen, die gleichen Berater holen und die gleichen Zeitschriften abonnieren wir Ihre Mitbewerber, werden Sie genau das gleiche tun wie die Masse und werden sich daher nicht aus ihr hervorheben können.

9.3 Die StrategieRadar-Matrix

Von unerforschten Gebieten wollen wir keine Landkarte erwarten, denn Unentdecktes können wir nicht vorauskennen. So wie wir die Richtungen der Umfeldbeobachtung nur grob bestimmen, um der freien, ungerichteten Beobachtung Raum zu lassen, wollen wir auch die Richtung der Chancen-Suche nur grob festlegen. Wir wollen die sich aus den zukünftigen Veränderungen ergebenden ZukunftsChancen möglichst frei erforschen, allerdings ohne den Horizont zu weit zu fassen. Wir wollen mit der Chancen-Suche nicht nur Antworten auf gestellte Fragen finden, sondern auch neue Fragen kennenlernen. Wir wollen nicht nur Lösungen für bekannte Probleme, sondern auch neue Probleme suchen.
Diese Optimierung zwischen Effizienz und Effektivität gewährleisten Sie am besten mit einer relativ einfachen Strukturierung, wie sie in der nachfolgenden Abbildung zu sehen ist. Tragen Sie als Spaltenüberschriften die zu Beginn Ihres ZukunftsProjektes definierten Gestaltungsfelder ein. Tragen Sie dann als Zeilenüberschriften zunächst die ebenfalls bereits definierten und analysierten Beobachtungsfelder im Marktumfeld und darunter die Beobachtungsfelder im allgemeinen Umfeld ein. Die Ziffern in den Zellen bezeichnen die Nummer der Zeile und der Spalte.
Die so definierte StrategieRadar-Matrix bildet Ihre typische Denksequenz ab. Vereinfacht dargestellt besteht diese aus einer spiralartigen Abfolge von Frage und Antwort. Eine Zwischenstufe sind die eventuellen Antworthinweise. Damit lautet die Denksequenz wie folgt:

1. Frage nach Chancen in einem bestimmten Gestaltungsfeld
2. Einholung von Hinweisen
3. Findung von Antworten (ZukunftsChancen).

Die StrategieRadar-Matrix leitet Sie und Ihr Führungs-Team ganz systematisch durch alle zukunftsrelevanten Beobachtungs- und Gestaltungsfelder. Mit einiger Übung und Praxis gelingt Ihnen so innerhalb kürzester Zeit eine weitestmöglich vollständige Analyse der Umfeldentwicklungen und der

StrategieRadar-Matrix

		Gestaltungsfelder							
Beobachtungsfelder		**Strategie**	**Absatz**	**Leis-tungen**	**Mit-arbeiter**	**Prozesse**	**Vorleis-tungen**	**Finan-zierung**	**Sonstige**
Marktumfeld	Zielgruppen	1.1	1.2	1.3	1.4	1.5	1.6	1.7	1.8
	Mitbewerber	2.1	2.2	2.3	2.4	2.5	2.6	2.7	2.8
	Technologie	3.1	3.2	3.3	3.4	3.5	3.6	3.7	3.8
	Partner	4.1	4.2	4.3	4.4	4.5	4.6	4.7	4.8
	Vorleister	5.1	5.2	5.3	5.4	5.5	5.6	5.7	5.8
	Leistungen	6.1	6.2	6.3	6.4	6.5	6.6	6.7	6.8
	Vertriebswege	7.1	7.2	7.3	7.4	7.5	7.6	7.7	7.8
	Allgem. Marktumfeld	8.1	8.2	8.3	8.4	8.5	8.6	8.7	8.8
Allgemeines Umfeld	Sozio-kulturelles Umfeld	9.1	9.2	9.3	9.4	9.5	9.6	9.7	9.8
	Technologisches Umfeld	10.1	10.2	10.3	10.4	10.5	10.6	10.7	10.8
	Wirtschaftliches Umfeld	11.1	11.2	11.3	11.4	11.5	11.6	11.7	11.8
	Politisches Umfeld	12.1	12.2	12.3	12.4	12.5	12.6	12.7	12.8
	Spezielle Umfeldereiche	13.1	13.2	13.3	13.4	13.5	13.6	13.7	13.8

Abbildung 26; StrategieRadar-Matrix

sich daraus für Ihr Unternehmen ergebenden Konsequenzen und Chancen. Wenn Sie annehmen, dass im Jahr 2006 die Hälfte der Aufträge in Ihrem Markt über das Internet eingehen, stellen Sie sich die folgenden Fragen:

1. Welche Chance bringt es uns?
2. Welche Bedrohung bringt es uns?
3. Was bedeutet das für …
   - unsere Strategie?
   - unseren Absatz, unseren Vertrieb und unser Marketing?
   - unsere Produkte und Dienstleistungen?
   - unsere Mitarbeiter?
   - unsere Wertschöpfung und Produktion?
   - unsere Vorleistungen (Lieferanten und Partner)?
   - unsere Finanzen?
   - mich persönlich?

Wenn Sie im Rahmen der ZukunftsAnalyse gemeinsam mit Ihren Leistungsträgern den anwendungstechnischen Durchbruch von Wissensdatenbanken und Expertensystemen in Ihrer Branche bis zum Jahr 2004 angenommen haben, fragen Sie zu jedem Gestaltungsfeld, welche Auswirkungen, Chancen und Ideen aus dieser ZukunftsAnnahme folgen. Was heißt das für Ihren Absatz? Sie können vielleicht damit die Beratungsintensität senken. Was bedeutet diese ZukunftsAnnahme für Ihre Produkte? Sie können evtl. ein Expertensystem zur Anwendung Ihrer Produkte auf CD-ROM anbieten. Welche Folgen hat diese ZukunftsAnnahme für Ihre Mitarbeiter? Sie müssen sich der Mitarbeit entsprechender Experten versichern, oder bereits heute mit der Ausbildung eigener Mitarbeiter an Wissensdatenbanken beginnen.

Nichts ist gefährlicher als eine Idee, wenn sie unsere einzige ist. (Émile Chartier)

Die ChancenAnalyse ist durch die Charakteristik des Brainstormings geprägt. Das bedeutet vor allem, dass eine Bewertung der Chancen zunächst verboten ist, um das freien Denken nicht zu stören. Quantität hat hier zunächst Vorrang vor der Qualität. Die während der ChancenAnalyse notwendige Denkart ist offen, unkritisch, visionär, unkonventionell und unbequem.

Wenn Sie in Ihrer ZukunftsAnalyse die üblichen 100 bis 250 Annahmen erarbeitet haben, werden Sie daraus mit Hilfe der StrategieRadar-Matrix und des strategemischen Denkens mindestens 250 ZukunftsChancen generieren können. Damit ist Ihr ChancenTopf bis oben hin gefüllt, so dass im nächsten Schritt diejenigen Chancen ausgewählt werden müssen, die Sie wirklich angehen wollen.

Szene 15; Die ChancenAnalyse, Teil II

20. Juni, 09.40 Uhr: Die zu Beginn der ZukunftsAnalyse bereits einmal gesichtete StrategieRadar-Matrix kam jetzt zu ihrem großen Auftritt. Michels erläuterte: „Die StrategieRadar-Matrix stellt auf denkbar einfache Weise unsere Denklandkarte dar. Die Zeilen sind mit unseren Beobachtungsfeldern beschrieben und die Spalten mit unseren Gestaltungsfeldern. Jede ZukunftsAnnahme, die wir zu den einzelnen Beobachtungsfeldern erarbeitet haben, kann Konsequenzen für unsere Gestaltungsfelder haben.“ Anhand einiger Beispiele erläuterte er die Vorgehensweise, die den bevorstehenden Tag bestimmen sollte. Sie leuchtete offensichtlich allen sofort ein.

Es folgte eine Übung für exploratives Denken sowie eine kurze und prägnante Potenzialanalyse, mit der das Team sich seiner Potenziale bewusst wurde. (Weiter auf Seite 297)

StrategieRadar Lichtenberg								
		Gestaltungsfelder						
Beobachtungsfelder		Strategie & Marketing	Management	Mit-arbeiter	Leistungen	Vorleis-tungen	Wert-schöpfung	Finan-zierung
Geschäftsumfeld	Fokusgruppen	1.1	1.2	1.3	1.4	1.5	1.6	1.7
	Mitbewerber	2.1	2.2	2.3	2.4	2.5	2.6	2.7
	Wohnkultur	3.1	3.2	3.3	3.4	3.5	3.6	3.7
	Baukonjunktur	4.1	4.2	4.3	4.4	4.5	4.6	4.7
	Finanzierung	5.1	5.2	5.3	5.4	5.5	5.6	5.7
	Bauentscheider	6.1	6.2	6.3	6.4	6.5	6.6	6.7
	Vorleister	7.1	7.2	7.3	7.4	7.5	7.6	7.7
	Sonstige	8.1	8.2	8.3	8.4	8.5	8.6	8.7
Sozio-kulturelles Umfeld	Gesellschaft	9.1	9.2	9.3	9.4	9.5	9.6	9.7
	Arbeitswelt	10.1	10.2	10.3	10.4	10.5	10.6	10.7
	Bevölkerung	11.1	11.2	11.3	11.4	11.5	11.6	11.7
Technologisches Umfeld	Bautechnologie	12.1	12.2	12.3	12.4	12.5	12.6	12.7
	Gebäudetechnologie	13.1	13.2	13.3	13.4	13.5	13.6	13.7
	Computing	14.1	14.2	14.3	14.4	14.5	14.6	14.7
Wirtschaftliches Umfeld	EU-Volkswirtschaften	15.1	15.2	15.3	15.4	15.5	15.6	15.7
	Gesetzgebung	16.1	16.2	16.3	16.4	16.5	16.6	16.7
	Infrastruktur	17.1	17.2	17.3	17.4	17.5	17.6	17.7
	Umwelt	18.1	18.2	18.3	18.4	18.5	18.6	18.7

Abbildung 27; StrategieRadar Lichtenberg

Die Zielgruppe wurde als erstes Beobachtungsfeld bearbeitet. So wurde jede einzelne ZukunftsAnnahme mit ihren Querverbindungen daraufhin geprüft, welche Konsequenzen, Bedrohungen und Chancen daraus für die Lichtenberg GmbH erwachsen. Die ZukunftsAnnahme „die allgemeine Aufgeschlossenheit gegenüber der Computertechnik wird durch deren Omnipräsenz im Haushalt steigen“ konnte beispielsweise verbunden werden mit der Annahme „in jedem neuen und renovierten Top-Wohnhaus führt ein LAN die Regie (erste neuronale Netze im Hausmanagement)“ und der ZukunftsAnnahme „prinzipiell wird sukzessive jedes Gerät mit jedem anderen im Haus vernetzt“. Welche Chancen steckten nun in diesem Annahmenkomplex für die Lichtenberg GmbH? Michels ließ mit den Gedanken der Mitgestalter wieder das elektronische Mindmapping glänzen:

Chancen im Gestaltungsfeld Strategie

- ❑ Wir können der erste sein, der sich in Europa als moderne Mischung zwischen einem Systemhaus für Domotik und einem Bauunternehmen positioniert. Das vermittelt den Kunden Zukunftssicherheit.

- ❑ Ein Buch als populärwissenschaftliches Standardwerk über High-Tech-Wohnen schreiben lassen, um damit diese Kategorie im Markt zu belegen.
- ❑ Ein High-Tech-Haus mit allen denkbaren features mitten in Deutschland erstellen (von den einzelnen Lieferanten Sponsoren lassen), um Aufsehen zu erregen.
- ❑ Holografische Darstellung der verkauften Häuser als Erster anbieten.
- ❑ Wir müssen eine Befragung zur Akzeptanz von High-Tech-Häusern durchführen bzw. durchführen lassen, um die kritischen Erfolgsfaktoren und die Hygienefaktoren zu ermitteln.

Chancen im Gestaltungsfeld Management

- ❑ Die Abrechnung der Hausverwaltung beleglos organisieren und durch Direktverbindungen automatisieren.

Chancen im Gestaltungsfeld Mitarbeiter

- ❑ Eine eigene Expertengruppe für „domotisches Computing“ gründen.
- ❑ Wir können unseren Mitarbeitern helfen, sich eine moderne Infrastruktur im eigenen Haus zu installieren. Das ist wie ein permanentes und absolut praxisnahes Forschungslabor (Hinein-Denken).

Chancen im Gestaltungsfeld Leistungen

- ❑ Zu jedem Bauprojekt gehört die zukunftssichere Planung der Software- und Hardwareinfrastruktur.
- ❑ Die Fernwartung der Gebäudetechnik per Dauervertrag anbieten.
- ❑ Ein Seminar über High-Tech-Wohnen anbieten (Live, Video, Audio, CBT, WBT).
- ❑ Eine erste Version einer Wissensdatenbank über High-Tech-Wohnen erstellen lassen und auf einer separaten Website den Kunden exklusiv zur Verfügung stellen.
- ❑ Die elektromagnetische Verträglichkeit der vernetzten Geräte gewährleisten.
- ❑ Wir können über das Netz an jeder Stelle des Hauses als „Berater im Bildschirm“ auftauchen, wenn der Kunde will und wenn wir wollen.

Chancen im Gestaltungsfeld Vorleistungen

- ❑ Wir brauchen zuverlässige Lieferanten für Hardware, Software und Netztopologien.
- ❑ Eine strategische Kooperation mit zwei untereinander im Wettbewerb stehenden universitären Forschungsinstituten eingehen. Wir sind der Sponsor und erhalten besonderen Zugang zu den Forschungsergebnissen.

Chancen im Gestaltungsfeld Wertschöpfung

- ❑ Unsere Fertigungstiefe reduzieren, das eigentliche Bauen stärker an qualitätsgesicherte Partner delegieren, um für die Kernaufgaben freier zu werden.
- ❑ Wir brauchen ein paar typische Topologien, um schneller planen zu können.

Chancen im Gestaltungsfeld Finanzierung

- ❑ Klären, wie die Zusatzinvestitionen in Computertechnik von unseren Kunden finanziert werden können.
- ❑ Kooperationsvertrag mit einem Leasingunternehmen.

So entstanden aus drei ZukunftsAnnahmen fast 20 Chancen. Ganz systematisch und doch kreativ und mit viel Spaß und Begeisterung sprudelten die Chancen nur so aus den Mitgestaltern heraus.

- ❑ Alle interessierten Mitarbeiter an einer Lichtenberg AG beteiligen und sie zu Mitunternehmern machen.
- ❑ Eine „Gewusst-wo-Datenbank“ aufbauen (wer kann was besser als wir?), mit der wir uns besser auf unsere Stärken konzentrieren können.
- ❑ Die Lichtenberg Kernmannschaft zieht sich auf eine Rolle als „think tank“ zurück. Der erste Schritt wäre eine eigene Consulting-Tochter.
- ❑ Unser Marketing stärker nach Zielgruppen ausrichten (Zielgruppenmanager).

- ❑ Einen Fernsehsender für Top-Wohnen initiieren (über interaktives Fernsehen lassen sich in Zukunft auch die kompliziertesten Produkte verkaufen).
- ❑ Eine olfaktorische corporate identity aufbauen.
- ❑ Eine Firmenhymne komponieren lassen.
- ❑ Unsere Häuser nicht mehr verkaufen, sondern nur noch verleasen (siehe EPEA-Studie) oder wenigstens eine bedingte Wiederkaufsgarantie abgeben.
- ❑ Ein virtuelles Kundenbüro einrichten mit allen denkbaren Informationsdiensten über Kooperationsabkommen (Gebäudemanagement, Abfall, Notfälle, Fachgeschäfte, Nahrungsmittelversorgung).
- ❑ Europäische Mitbewerber franchisieren bzw. als Benchmarking-Partner einbeziehen.
- ❑ Steuerliche Problemlösung über Kooperation bieten, z. B. legale Holding in einem Steuerparadies.
- ❑ Jedes Haus bekommt eine eigene Website, unsere Kunden miteinander vernetzen.
- ❑ Als erste eine zwanzigjährige Gewährleistung anbieten.
- ❑ Notwendige Innovationen und Erfindungen ausschreiben, z. B. Beleuchtung mit Hilfe von Spiegeln.
- ❑ Schnelle Eingreiftruppe für Renovationen und Schadensfälle installieren.
- ❑ Relocation-Berater vom Baubeginn bis zum Umzug zur Verfügung stellen.
- ❑ Assistance-Service per Telefon anbieten (siehe französische Assistance-Gesellschaften).
- ❑ Eine Osteuropa-Strategie festlegen.
- ❑ Beteiligungsgesellschaft für Ventures in unserem Geschäftsfeld gründen.
- ❑ Von der Bedarfsanalyse bis hin zum Richtfest organisieren wir für den Kunden alles.

- ☐ Zwei-Marken-Strategie mit einem Angebot im tieferen Preissegment fahren.
- ☐ Innenarchitektonische Beratung anbieten.
- ☐ Die regionalen Vertragspartner informatorisch stärker einbinden, z. B. in Form eines gemeinsamen Extranets.
- ☐ Bei großen Prestigeveranstaltungen präsent sein (Golf, Polo, Kieler Woche etc.)
- ☐ Wanderausstellung mit einem Musterhaus aus leichtem Material auf einem LKW-Anhänger tourt permanent durch Europa.
- ☐ Mimikry-Produktstrategie starten, z. B. orientalische Elemente für orientalische Kunden.
- ☐ Exklusiv-Linien mit Herstellern von Möbeln und Elektrogeräten vereinbaren.
- ☐ Funktionsanalyse eines Wohnhauses durchführen (es gibt wahrscheinlich 1.000 Wohnaspekte, die wir noch nicht kennen).
- ☐ …

In den 264 Chancen, die am Ende des Tages protokolliert waren, steckte viele ver-rückte Ideen, viel Bekanntes und viele unbestreitbare Notwendigkeiten. Es gelang dem Lichtenberg-Team fast ausnahmslos, in den sich aus den zukünftigen Veränderungen ergebenden Bedrohungen Chancen zu sehen. Es war leichter als sie dachten und es machte viel Spaß. Sie hatten das bestimmte Gefühl, alles in den gemeinsamen ChancenTopf geworfen zu haben, was sie zur Zukunft der Lichtenberg GmbH an Ideen und Gedanken beitragen konnten. Es war ein gutes Gefühl. (Weiter auf Seite 279).

9.4 Beurteilung und Auswahl Ihrer ZukunftsChancen

Manche halten die Frage der Chancenbeurteilung für die wichtigste. Es ist aber weniger die Bewertung und Beurteilung als die Findung und die Nutzung wirklicher ZukunftsChancen, die in den Unternehmen zum Engpass gereicht. Man hört Unternehmer und Führungskräfte oft darüber klagen, dass doch schon so viele Ideen und Chancen entwickelt seien und man es viel

nötiger hätte, diese Ideen endlich auch einmal umzusetzen. Das mag vielfach zutreffen, doch scheint den bereits vorliegenden Ideen das entscheidende Element der Begeisterung und des offensichtlichen Nutzens zu fehlen, denn sonst wäre die Umsetzung ja schon vorangeschritten. Wir sind überzeugt davon, dass es sinnvoller ist, motivierendere und nützlichere ZukunftsChancen zu erarbeiten, als die vorhandenen Ideen um jeden Preis gegen den Widerstand der natürlichen menschlichen Trägheit durchzudrücken.
Unser Kulturkreis und die klassische Managementlehre haben unsere Fähigkeiten der kritischen Bewertung und Beurteilung von Ideen generationenlang gegenüber der Findung guter Ideen bevorzugt. Wir haben zwar das Gefühl, für die Umsetzung unserer vielen Ideen und Chancen im ganzen Leben keine Zeit zu haben, doch berücksichtigen wir dabei selten den Unterschied zwischen Quantität und Qualität. Die meisten unserer Chancen und Ideen sind es nämlich gar nicht wert umgesetzt zu werden.
Selbst ohne eine systematische Chancen-Suche haben kreative Menschen stets mehr Chancen als sie jemals in ihrem Leben umsetzen können und auch mehr als sie jemals in ihrem Leben umsetzen sollten. Robert Jungk nannte es den „Walesa-Effekt[70]“, wenn Menschen, denen man vorher allenfalls die Funktion eines Elektrikers auf einer Werft zutraute, plötzlich ins Rampenlicht treten und es bis zum Präsidenten bringen. Dieser „Walesa-Effekt“ macht deutlich, dass wirklich jeder zu jedem Zeitpunkt mehr Chancen hat als er glaubt. Mit Hilfe der hier dargestellten Methodik wird es Ihnen gelingen, einen Blick in die Tiefen des Chancenuniversums zu werfen und Ihren Chancenhorizont zu erweitern. Erst danach sehen Sie sich mit dem Problem der richtigen Beurteilung und Auswahl Ihrer ZukunftsChancen sowie der Umsetzung in die Praxis konfrontiert.
Auch wenn die technologischen Chancen bei weitem nicht die große Rolle spielen, wie ihnen allgemein im ZukunftsManagement zugeschrieben wird, so lohnt sich doch ein Blick auf das Schicksal technischer Innovationen. Horst Geschka, Professor an der Technischen Universität in Darmstadt, hat in einer Untersuchung über „kreative Leistungen in deutschen Unternehmen“ festgestellt, dass von 700 analysierten Innovationen am Ende nur vier übrigblieben, die von den Experten als „hervorragende kreative Leistung“ eingestuft wurden. Diesen vier Innovationen war gemeinsam, dass für ein komplexes Problem eine sehr einfache Lösung gefunden wurde. Bei der Neuentwicklung von Konsumprodukten geht man davon aus, dass für *ein* erfolgreiches neues Produkt im Durchschnitt elf Produkte auf den Markt gebracht und 175 Produktideen entwickelt werden müssen.[71] Lassen Sie sich daher nicht entmutigen, wenn sich in Ihrem ChancenTopf am Ende nur noch einige wenige wirkliche ZukunftsChancen befinden.

Ein universelles Bewertungsverfahren

Es sei bereits vorab klargestellt; es gibt gerade *kein* universelles Verfahren, mit dem Sie Ihre Chancen zuverlässig bewerten können. Der amorphe und unscharfe Charakter der ZukunftsChancen in Ihrem ChancenTopf und die Multidimensionalität der Entscheidungsfindungsprozesse lassen den verständlichen Wunsch nach einem zuverlässigen Universalverfahren fast schon lächerlich erscheinen. Vor dreißig Jahren versuchten die Betriebswirtschaftler noch, Chancen durch Verfahren des Operations Research zu bewerten und so einen Gutteil der eigenen Entscheidung an das mathematische Verfahren zu delegieren. Heute hat selbst die betriebswirtschaftliche Fachwelt die mangelnde Sinnhaftigkeit allzu starker Quantifizierung erkannt.

Ein vermeintlich universelles Bewertungsverfahren könnte sogar höchst gefährlich sein, denn es würde Sie ganz systematisch in die volle Vergleichbarkeit mit Ihren Mitbewerbern bringen. Wie Ihr Beurteilungsmenü aussehen wird, hängt unter vielem anderen ab…

- vom Grad der Zukunftskompetenz Ihres Führungs-Teams,
- vom strategischen Reifegrad Ihres Unternehmens
- vom Reifegrad Ihres Marktes,
- von Ihren persönlichen Werten und den Werten jedes Mitgestalters,
- von der Hierarchie und Bedeutung dieser Werte,
- von der wirtschaftlichen Situation, in der sich Ihr Unternehmen derzeit befindet,
- von der psychischen Verfassung, in dem sich Ihr Führungs-team derzeit befindet,
- von den derzeit wichtigen und/oder dringenden Problemen Ihres Unternehmens,
- von den räumlichen und atmosphärischen Umständen, in denen Ihr Workshop stattfindet,
- vom Charakter und Stil des Workshop-Leiters.

Wir hoffen, dass Sie angesichts dieser noch nicht einmal besonders weit reichenden Liste der möglichen Einflüsse mit uns darin einig sind, dass es ein universelles und zuverlässiges Chancenbewertungsverfahren nicht geben kann. Es kommt hinzu, dass Chancen und Ideen nicht einer gewissen Hinterhältigkeit entbehren. Manches Mal kommen Sie wie harmlose kleine Verbesserungen daher, bergen aber Massenmärkte in sich. So geschehen mit dem Telefon oder dem Kugelschreiber. Ein anderes Mal versprechen Sie schlicht die Revolution der uns bekannten Welt und kümmern dann jahrzehntelang vor sich hin. So geschehen mit dem Bildtelefon nach seiner ersten Ankündigung 1937.[72] Chancen manifestieren sich in Wortkombinationen, die noch nicht einmal ein einigermaßen gutes Abbild der nebulösen Vorstellung des Autors wiedergeben, geschweige denn das gleiche Verständnisbild beim Empfänger erzeugen können. Manchen Chancen fehlt nur ein entscheidender Mosaikstein, um sie zu revolutionären Chancen zu machen und manche Chancen werden dadurch revolutionär, dass man sie zurechtschneidet. Dieser amöbenhafte Charakter der Chance überzeugt uns vollends davon, dass es ein universelles Bewertungsverfahren nicht geben kann.

Wer alle Risiken ausschließen will, zerstört auch alle Chancen!

Präzise Beschreibung der Chance

Wenn Diskussionen hochkochen, wenn jeder irgendwie Recht und Unrecht hat, wenn Außenstehende nicht mehr genau die Streitpunkte erkennen können, spätestens dann haben wir es wieder mit dem Phänomen der unterschiedlichen Wirklichkeitskonstruktionen zu tun. Machen Sie den Landkartentest. Lassen Sie in der Familie oder in Ihrem Team einmal zehn Begriffe aufschreiben, welche die Anwesenden zu Stichworten wie Ziel, Spanien, Erfolg, Trend oder Kundenorientierung assoziieren. Nun müssten wir davon ausgehen, dass sich die in Landkarten manifestierten Wirklichkeitskonstruktionen der Beteiligten doch wenigstens zu einem nennenswerten Teil überschneiden. Und doch macht uns die harte Wirklichkeit einen Strich durch die Rechnung, denn spätestens bei fünf Beteiligten gibt es in der Regel keinen einzigen von allen assoziierten Begriff mehr. Bevor Sie beginnen, Ihre Chancen zu beurteilen, klären Sie mit allen Beteiligten, was genau Sie unter dieser Chance verstehen. Präzisieren Sie Ihre Chancen etwa nach den in Checkliste 28 folgenden Aspekten.

Auch wenn mit den nachfolgenden Untersuchungen manche Aspekte wiederholt auf den Tisch kommen werden, können Sie nur mit einem dieser Art sichergestellten gemeinsamen Verständnis wirklich effektiv diskutieren und beurteilen, denn auf diese Weise werden die verschiedenen Qualitäten und Erscheinungsweisen der ZukunftsChance etwas sichtbarer.

Checkliste 28: Präzisierung von Chancen

- ☑ Wer ist der Käufer bzw. Entscheider?
- ☑ Wer ist der Nutzer bzw. Nutznießer?
- ☑ Worin besteht genau die Leistung?
- ☑ Wie wird die Leistung erbracht und abgewickelt?
- ☑ Welche Ressourcen sind notwendig?
- ☑ Welche finanziellen Voraussetzungen gibt es?
- ☑ Welche finanziellen Auswirkungen gibt es?
- ☑ Was genau sind die Vorteile?
- ☑ Wie groß oder wertvoll sind diese Vorteile?
- ☑ Woraus resultieren die Vorteile?
- ☑ Was genau sind nachteilige Aspekte?
- ☑ Wie fügt sich diese Chance in die Umwelt ein (Ökologie)?
- ☑ Welche Probleme sind mit dieser Chance verbunden?
- ☑ Welche Risiken sind mit dieser Chance verbunden?
- ☑ Wie entwickelt sich der Wert der Chance auf der Zeitachse?
- ☑ Wie sehen die wichtigsten Umsetzungsschritte aus?

Beurteilungsaspekte

Die Art und die Kultur, mit der Sie mögliche Handlungsweisen (sprich ZukunftsChancen) beurteilen, kann einen wertvollen Wettbewerbs- und Differenzierungsfaktor darstellen. Wenn Sie die gleichen Kriterien ansetzen wie Ihre Mitbewerber, laufen Sie Gefahr, die gleichen Entscheidungen zu treffen und so das gleiche Marktverhalten an den Tag zu legen. Wir wollen Ihnen hier Bewertungskriterien und Beurteilungsstrategien vorschlagen, aus denen Sie sich Ihr ganz individuelles Menü zusammenstellen müssen. Die wenigsten Unternehmen haben einen eigenen Kriterienkatalog für die Beurteilung und die Entscheidung über strategische und operative Chancen. Nutzen Sie diesen Tipp und legen Sie jetzt die erste Version Ihres „Chancenfilters" fest. Der komplexeste und zugleich anschaulichste Fall einer neuen Chance ist oftmals eine neue Dienstleistung oder ein neues Produkt. Daher haben wir uns bei der Zusammenstellung des folgenden Kriterienkataloges an diesem Modellfall orientiert und nennen die Manifestation Ihrer ZukunftsChance „Lösung“, wobei „Lösung“ ein Produkt, eine Dienstleistung, eine Entscheidung, eine Verbesserung oder auch nur ein neues Denken sein kann. Das ändert nichts an der Eignung des Kriterienkataloges zur Bewertung von Chancen aller Art.

Bedarf

Vor allem Anderen müssen Sie klären, ob irgendjemand einen Bedarf an dieser Chance hat. Sie haben bereits im Abschnitt zum Hinein-Denken darüber nachgedacht, wie Sie das zukünftige Verhalten anderer Menschen früher erkennen können. Berücksichtigen Sie zusätzlich folgende Aspekte:

Intensität des Bedarfes

Wie stark brennt das mit dem Produkt gelöste Problem unter den Nägeln der potenziellen Zielgruppe und wie sehr sehnen sich die anzusprechenden Käufer nach der Erfüllung des entsprechenden Wunsches?

Frequenz des Bedarfes

Wie häufig tritt der Bedarf für diese Lösung pro Tag, Monat, Jahr oder Leben auf? Einerseits erhalten Sie über diesen Aspekt einen Hinweis auf das potenzielle oder reelle Marktvolumen für Ihre Lösung und andererseits gibt Ihnen die Frequenz des Bedarfes ein Maß für die Präsenz des Bedarfes in den Köpfen der potenziellen Nutznießer. Es gibt Bedarf, der zwar nur ein oder wenige Male im Leben auftritt, aber dennoch das gesamte Leben akut bleibt, so etwa der Tod, die Heirat, die Taufe oder der schwere Verkehrsunfall.

Anzahl der Bedarfsträger

Wieviele Menschen haben Bedarf an dieser Lösung?

Anzahl und Qualität der Bedarfssituationen

Wie „breit“ ist der Bedarf für diese Lösung? Für welche Anwendungs- bzw. Bedarfssituationen ist die Lösung geeignet? Häufig finden technologische Lösungen ihren Massenmarkt erst nach mehreren Jahren und häufig dort, wo man es anfangs gar nicht vermutet hätte. Daher ist es hilfreich, sehr früh die möglichen Anwendungssituationen zu durchdenken.

Stärke bestehender Konkurrenzlösungen

Wie wird der Bedarf bisher befriedigt? Wie stark ist die Bindung der Zielgruppe zu dieser bisherigen Lösung? Häufig stoßen hervorragende Lösungen auf mangelndes Interesse, weil die designierten Käufer ganz zufrieden mit den bisherigen Lösungen sind und den intellektuellen und physischen Aufwand des Wechsels ihrer Gewohnheiten scheuen.

Markt

In diesem Beurteilungsschritt soll der bestehende oder zukünftige Markt transparent werden. Wenn es den Markt noch gar nicht gibt, kommt natürlich nur ein Teil der Kriterien zur Anwendung.

Marktvolumen

Wie groß ist der Markt in Stück oder in Währungseinheiten? Wenn es den Markt noch nicht gibt, bestimmen wieder die zum Kriterium Bedarf genannten Fragen Ihre Antworten. Sie sollen bei diesem Aspekt ein Gefühl dafür bekommen, wie groß das potenzielle Anwendungs- oder Verkaufsvolumen, wie groß also der zu erzielende Umsatz ist.

Differenzierung

Während das Marktvolumen lediglich das Maß der Bewegung ausdrückt, soll der Grad der Differenzierung angeben, ob Sie bei der ganzen Bewegung auch einen Vorteil, sprich eine Rendite erzielen können. Sie wissen es, je stärker sich Ihre Lösung von anderen abhebt, desto größer *kann* Ihre Umsatzrendite bzw. Spanne sein. Legen Sie sich daher fest, ob und wie stark sich Ihre Lösung von den bestehenden Lösungen abhebt.

Exklusivität

Wie leicht und wie schnell können Mitbewerber Ihre Lösung kopieren? Wir haben schon dargestellt, dass Sie es nur dann mit einer wirklich großen ZukunftsChance zu tun haben, wenn sie nicht gleich ohne besonderen Aufwand kopiert werden kann.

Zeitpunkt

Wann ist der richtige Zeitpunkt, Ihre Lösung zu entwickeln bzw. einzuführen? Die Geschichte kennt unzählige Beispiele von zu frühen und zu späten Lösungen, angefangen vom zu frühen Engagement einiger deutscher Unternehmen im Bildschirmtext (Btx) bis hin zum zu späten Einstieg amerikanischer Konzerne in den Videospiele-Markt. Die vierte Dimension kann eine Lösung zu einem unendlichen Erfolg oder zu einem Musterbeispiel kläglichen Scheiterns machen. Versuchen Sie festzulegen, wann das Chancenfenster am weitesten geöffnet und damit die langfristige Ertragsaussicht am größten ist.

Einführungsaufwand

Wieviel Geld, Zeit und Geist wird es Sie kosten, Ihre Lösung einzuführen? Wie umfangreich werden die notwendigen Änderungen der Marktregeln sein? Gegen welche und wieviele Gewohnheiten werden Sie ankämpfen müssen?

Zukunftsaussichten eines Produktes

Im Abschnitt „Vor-Denken“ haben Sie gelernt, dass und wie Sie auf spielerische Weise Zukunft antizipieren können. Wenden Sie die dort dargestellten Strategeme an, um die zukünftige Entwicklung des Marktes für Ihre Lösung zu untersuchen. Denken Sie dabei beispielsweise an:

Checkliste 29: Zukunftsaussichten eines Produktes
☑ Preise
☑ Nachfragevolumen
☑ Anzahl der Nachfrager
☑ Nachfragemenge pro Nachfrager
☑ Konsumtrends
☑ Wettbewerbsgrad
☑ Anzahl der Anbieter
☑ Vergleichbarkeit der Mitbewerber
☑ Zugangsbarrieren
☑ Internationalisierung
☑ Vertriebswege
☑ Reifegrad des Marktes
☑ Technologisches Umfeld
☑ Volkswirtschaftliches Umfeld
☑ Politisches Umfeld
☑ Sozio-kulturelles Umfeld

Fähigkeit

Das beste Saatgut taugt nichts, wenn der Boden nichts hergibt. Wenn Ihrem Unternehmen die zur Nutzung der ZukunftsChancen notwendigen Fähigkeiten fehlen und sie auch nur schwierig bereitzustellen sind, sollten Sie das Konzept der ZukunftsChance an ein besser befähigtes Unternehmen verkaufen. Es stellt keine Wertung und erst recht keine Ächtung dar, wenn Ihrem Unternehmen Fähigkeiten für so manche Chance fehlen, denn gerade das Fehlen von Fähigkeiten in einem Feld ist fast schon eine Voraussetzung für hervorragende Fähigkeiten auf anderen Gebieten. Sorgen Sie mit Hilfe der folgenden Faktoren dafür, dass das Saatgut Ihrer ZukunftsChance einen passenden Boden findet, entweder in Ihrem oder in einem anderen Unternehmen.

Die Menschen sind sehr offen für neue Dinge – solange sie nur den alten gleichen. (Charles F. Kettering)

Faktor Know-how

Verfügen Sie und Ihre Mitarbeiter über das notwendige Know-how und die notwendigen Informationen oder haben Sie Zugang dazu? Wenn nicht, können Sie das Know-how für Entwicklung, Produktion, Vertrieb, Management und Markt kaufen?

Faktor Kultur

passt die Lösung zu Ihrer Unternehmenskultur? passt die Lösung zu Ihrem Image? Ist die Lösung zu innovativ oder zu klassisch? Eine klassische Handcrème-Marke hat vor einigen Jahren Shampoo auf den Markt gebracht. Die unvermeidliche Assoziation vieler Verbraucher bestand darin, sich fettige Crème in die Haare zu schmieren. Der durchaus achtenswerte Markterfolg blieb hinter den Erwartungen zurück.

Faktor Organisation

Ist Ihr Unternehmen organisatorisch in der Lage, diese Lösung zu erbringen und zu verwalten? Wie groß ist der Umfang der notwendigen Systemänderung? Wenn Sie erwarten müssen, erst Ihr gesamtes Unternehmen umzukrempeln, dürfte der Aufwand für diese Chance sehr bald zu groß werden.

Faktor Zeit

Wie schnell können Sie die Lösung erbringen? Liegt diese Zeitspanne innerhalb der maximalen „time-to-market-Spanne", gemessen am Zeitpunkt der größte Öffnung des Chancenfensters? Wenn ein anderes Unternehmen die

Lösung wesentlich schneller erbringen kann als Sie, dann delegieren Sie die langsamen Prozesse nach außen. Wenn weder Sie noch andere Ihnen zugängliche Unternehmen die Leistung innerhalb eines angemessenen Zeitraumes erstellen können, belassen Sie die Chance lieber im ChancenSpeicher.

Faktor Strategie

Liegt die Chance auf der durch Ihre Strategie bestimmten Straße für Ihre Fahrt in die Zukunft? Ist die Lösung mit Ihrer Strategie kompatibel? Sind Sie als Marktführer oder Neueinsteiger in der richtigen Position, diese Lösung anzubieten?

Faktor Ressourcen

Verfügen Sie über die notwendige Infrastruktur oder können Sie dieselbe kaufen? In welcher Höhe fallen durch die Inanspruchnahme der Ressourcen seitens der Lösung Opportunitätskosten für entgangene andere Nutzungsmöglichkeiten an?

Faktor Finanzen

passt die Chance zu Ihrer Finanzkraft? Können Sie das finanzielle Risiko tragen? Wie wirkt sich die Nutzung der Chance auf Ihre Liquidität aus?

Eigennutz

Warum sollten Sie Kraft dafür aufwenden, eine Chance zu nutzen, wenn Sie nicht genügend Eigennutz darin sehen? Was haben Sie und was hat Ihr Team davon, diese Chance zu nutzen?

Langfristige Renditeaussicht

Wie hoch wird die langfristige Rendite aus dieser Chance sein? Welchen finanziellen Nutzen ziehen Sie daraus? Allen Unkenrufen zum Trotz spielt Geld als Anreiz nach wie vor eine bedeutende Rolle.

Nutzen für die Marktposition

Auch wenn es sich nicht gleich in Euro und Cent rechnen lässt, kann die Nutzung einer neuen Chance Ihre Marktposition verbessern. Wenn Sie beispielsweise eine Chance vornehmlich mit dem Motiv nutzen wollen, Ihr Image zu verbessern – so etwa, wenn Sie sich die Marke Rolls Royce sichern – dann muss sich das auf den ersten und zweiten Controller-Blick nicht wirklich rechnen, sinnvoll sein kann es trotzdem. Welche Effekte hat die

Chance auf Ihr Image nach innen und nach außen auf die Interessengruppen Ihres Unternehmens?

Nutzen für Leistungsfähigkeit

Welchen Nutzen bedeutet diese Chance für die Schlagkraft und Leistungsfähigkeit Ihrer Mitarbeiter und damit Ihres Unternehmens? Auf welche Art und Weise macht diese Lösung das Entwickeln, das Produzieren, das Verwalten, das Führen oder das Verkaufen effektiver?

Lust

Wir sagen im Alltag bei weitem zu selten, dass unsere persönliche Lust darüber entscheidet, ob wir etwas tun oder lassen. Wenn Sie Ihr Leben und Arbeiten selbst gestalten, wird der Lustgewinn aus einer Chance viel häufiger den Ausschlag geben, als sie es sich zugeben werden. Wenn Sie stark von den Weisungen Dritter abhängen, werden Sie vielleicht nicht in jedem Falle auf Ihren persönlichen Lustgewinn abzielen können. Doch ganz gleich in welcher Situation Sie sich befinden, als Mensch streben Sie nach Spaß und Lustgewinn.

Interne Priorisierung

ZukunftsChancen klingeln nur einmal, bevor sie gleichgültig beim nächsten Unternehmen anklopfen, bis ein gut vorbereitetes Führungs-Team sie herzlich empfängt, bewirtet und ihre Erfolgspotenziale nutzt. Wenn Sie die obigen Prüfungen vorgenommen haben und Sie die ZukunftsChance bzw. ihre Nutzung für gut erachten, müssen Sie entscheiden, ob Sie diese Chance dann auch tatsächlich nutzen. Eine Chance kann hervorragend sein und trotzdem kann es für Sie sinnvoll sein, sie nicht zu nutzen. Die mathematische Unternehmensforschung würde hier davon sprechen, die ZukunftsChancen, sortiert nach der Höhe der Gewinnerwartungen, solange auf die vorhandenen Ressourcen zu verteilen, bis diese ausgebucht sind. Neben dieser kühlen Gewinnmaximierungsstrategie gibt es einige weitere Aspekte der Beurteilung.

Marktwirksamkeit

Eine neue EDV-Anlage zur schnelleren Buchung der Anwesenheitszeiten Ihrer Mitarbeiter ist sicher eine Chance. Die Marktwirksamkeit dieser Chance ist jedoch ausgesprochen gering. Ganz anders steht es allerdings mit der Chance, einen Online-Katalog einzuführen. Diese Chance hat eine sehr hohe Marktwirksamkeit. Diese beiden Beispiele können auf einer gedachten „Wirksamkeitspyramide“ abgetragen werden; ganz oben stehen die sehr marktwirksamen Chancen und ganz unten stehen Chancen, die keine Marktwirksamkeit haben. Ordnen Sie Ihre Chance individuell definierten Ebenen auf dieser gedachten Pyramide zu.

Zeitpunkt

Welche Folgen hätte ein weiteres Abwarten? In einer Zeit, in der Menschen und Unternehmen in Projekten und Aktionen ersticken, müssen wir für jede ZukunftsChance dankbar sein, die wir folgenlos verschieben können. Verwechseln Sie jedoch nicht fehlende negative Folgen mit entgangenen Erfolgen. Wenn sich durch einen Aufschub nichts wesentliches an den heutigen Verhältnissen Ihres Unternehmens ändert, ist dadurch noch lange nicht der Aufschub angebracht. Gerade die unsichtbaren potenziellen Fortschritte, die potenziellen Gewinne und die potenziellen Erfolge sind es, um die es uns im ZukunftsManagement geht.

Risiko

Wenn die Nutzung Ihrer ZukunftsChance ein echtes Risiko birgt und wenn dieses Risiko Sie die Existenz kosten kann, dann gestalten Sie die Chance um oder stellen Sie sie zurück. Werden Sie sich des Risikos bewusst und entscheiden Sie sich bewusst für oder gegen das Risiko. All die vielen Profikritiker und notorischen Pseudopraktiker, vor deren Engstirnigkeit und gelegentlicher Kleinkariertheit wir Sie bisher immer bewahren wollten, sind an genau dieser Stelle unschlagbar nützlich. Lassen Sie sich alle Risiken aufzeigen und fällen Sie dann Ihre Entscheidung.

Innovationsgrad

Es lässt sich evolutionsstrategisch nachweisen, dass viele kleine Evolutionsschritte für eine nachhaltig positive Entwicklung eines Organismus besser sind als die großen Würfe.[73] Der Unterschied der Mutation zum Original und damit die Schrittgröße der Evolution ist klein. Zu kleine Evolutionsschritte brauchen unnötig lange Entwicklungszeiten, aber zu große Evolutionsschritte treiben die Auswirkungen von Fehlversuchen in die Höhe, so dass die Erfolge langfristig überkompensiert werden. Wir sind der Ansicht, dass dieses Evolutionsgesetz auch für die Entwicklung sozialer Systeme und damit auch für Unternehmen gilt. Für die Bewertung Ihrer ZukunftsChancen bedeutet es, dass die durch sie implizierte Veränderung nicht zu groß sein darf.

Begeisterung

Was man gerne tut, macht man in der Regel auch gut. Wofür man sich begeistern kann, macht man in der Regel hervorragend. Können Sie sich für Ihre ZukunftsChance begeistern?

Beurteilungsformeln

Formeln haben bei der Früherkennung von Chancen und Bedrohungen eigentlich nichts zu suchen, es sei denn, sie stammen von Edward de Bono. Er hat den Versuch unternommen, den Wert einer Chance mit einfachen Formeln zu bestimmen.[74] Die Formeln und ihre Elemente sprechen für sich.

$$\text{Wert einer Chance} = \frac{\text{Nutzen}}{(\text{Anstrengung} \times \text{Risiko})}$$

$$\text{Risiko} = \frac{(\text{Neuheit} \times \text{WennPunkte})}{(\text{Erfahrung})}$$

$$\text{Anstrengung} = \frac{(\text{Kosten} \times \text{Trägheit})}{(\text{Mittel} \times \text{Methode})}$$

$$\text{Trägheit} = \frac{(\text{Zufriedenheit} \times \text{Opposition})}{(\text{Motivation} \times \text{Bedarf})}$$

Beurteilungsstrukturen

Mindestens so individuell wie Ihre Beurteilungskriterien muss Ihre Beurteilungssystematik sein. Wir haben die verschiedensten Beurteilungsstrukturen entwickelt, kennen gelernt und angewendet und sind dabei zu der Ansicht gekommen, dass eine sehr feine und technokratische Vorgehensweise zwar das Gefühl von Zuverlässigkeit zu vermitteln in der Lage ist, in der Regel jedoch keine wirklichen Qualitätsvorteile bietet.

Das Drei-Strich-Verfahren zur Erstbeurteilung

Das „Drei-Strich-Verfahren" ist auf den ersten Blick das gröbste, zugleich aber auch das schnellste und effektivste Verfahren. Gerade wenn es gilt, aus vielleicht 150 oder 300 Chancen die besten auszuwählen, hat sich dieses unscharfe Verfahren hervorragend bewährt.

1. Lesen Sie das Protokoll Ihrer ChancenAnalyse in einem ersten Durchgang und streichen Sie jede ZukunftsChance mit einem senkrechten Strich an, deren Umsetzung Sie für sinnvoll halten. Sinnvoll ist alles, was Ihr Unternehmen auf wirksame Art und Weise zukunftsfähiger und erfolgreicher macht. So bekommen Sie einen Überblick über die aus Ihrer ganz persönlichen Sicht wesentlichen Chancen und Sie bekommen ein Gefühl dafür, ob das alles in diesem Umfang umsetzbar ist. Alles, was Sie nicht anstreichen, kommt in den ChancenSpeicher, ist also nicht verloren.
2. Lesen Sie nun die oben dargelegten Bewertungskriterien an und formulieren Sie daraus schriftlich Ihr persönliches Kriteriengerüst.
3. Lesen Sie in einem zweiten Durchgang alle angestrichenen ZukunftsChancen und streichen Sie diejenigen mit einem zweiten Strich neben dem ersten Strich an, die Ihnen darunter besonders wichtig erscheinen, weil sie Ihrem ganz persönlichen Kriteriengerüst entsprechen. Seien Sie hier bereits sehr geizig mit Ihren Kräften in Form von Geld, Zeit und Geist.
4. Verschaffen Sie sich nochmals einen Überblick über Ihr persönliches Kriteriengerüst.
5. Streichen Sie dann in einem dritten und letzten Durchgang diejenigen ZukunftsChancen mit einem dritten Strich an, die Sie unbedingt umgesetzt sehen wollen. Es sollten nicht mehr als zehn bis zwanzig sein.
6. Wo Sie zwar keinen besonderen Handlungsbedarf, wohl aber einen VisionsBaustein für Ihr Unternehmen sehen, schreiben Sie ein „VB“ an die ZukunftsChance.

Gewichtetes Scoring

Viel systematischer als das Drei-Strich-Verfahren ist das gewichtete Scoring, das Sie in der zweiten, feineren Bewertungsstufe einsetzen können. Solche Verfahren stoßen wegen ihres zeitlichen Aufwandes und ihrer offensichtlichen Pseudogenauigkeit in der praktischen Arbeit auf wenig Akzeptanz. Doch kann das gewichtete Scoring überall dort eingesetzt werden, wo die Kultur des Führungs-Teams unscharfe und intuitive Verfahren nicht zulässt. Verwenden Sie am besten eine Tabellenkalkulationssoftware.

1. Schreiben Sie alle für Sie relevanten Beurteilungskriterien in einer ersten Spalte als Zeilenüberschriften untereinander.
2. Verteilen Sie in einer zweiten Spalte je nach Wichtigkeit 100 Punkte auf die Beurteilungskriterien.

3. Schreiben Sie die Chancen als Spaltenüberschriften in die erste Beschriftungszeile.
4. Vergeben Sie für jede Chance einen Wert zwischen 0 und 9 für die Erfüllung jedes einzelnen Kriteriums.
5. Multiplizieren Sie die Gewichtungspunkte mit den Erfüllungswerten.
6. Summieren Sie die Produkte (Gewichtung mal Erfüllungswert) pro Chance.

Mit diesem wie gesagt etwas pseudogenauen Verfahren haben Sie eine eindeutige Priorisierung Ihrer ZukunftsChancen.

Paarweiser Vergleich

Der paarweise Vergleich – mathematisch korrekt auch „Analytic Hierarchy Process“ genannt – ist zwar ein intuitives Verfahren, führt jedoch hochgradig systematisch zu guten Entscheidungen. Auch den paarweisen Vergleich sollten Sie erst in der zweiten, feineren Beurteilungsstufe einsetzen, denn er eignet sich leider nicht dafür, die besten aus 150 oder 300 Chancen herauszufinden, denn schon bei 10 Chancen und fünf Kriterien wird der Beurteilungsaufwand enorm. Zunächst werden die Beurteilungskriterien so gewichtet, dass jedes Kriterium hinsichtlich seiner Wichtigkeit mit jedem anderen Kriterium verglichen wird. Dann wird jede Chance hinsichtlich eines jeden Kriteriums mit jeder anderen Chance verglichen und die Erfüllung des Kriteriums auf einer Skala bewertet. Es gibt zwar eine „Papierversion“ für den paarweisen Vergleich, doch sollten Sie sich des Computers bedienen. Neben der Möglichkeit, die Beurteilungsstruktur in einer Tabellenkalkulation abzubilden, gibt es dafür auch spezielle Software wie den „Entscheidungsfinder“.

Praxistest

Die beste Möglichkeit, eine ZukunftsChance zu bewerten, ist das Ausprobieren im Kleinen. Den Walkman, die Post-it-Notizaufkleber oder das Fernsehen hätte es ohne trial and error nicht gegeben. Sie können unmöglich 150 Chancen in einem vertretbaren Zeitrahmen durchtesten, aber Sie können fünf oder zehn Chancen testen. Insofern ist der Praxistest allenfalls für eine dritte Beurteilungsstufe geeignet. Er sorgt aber für schnelles Feedback, eine der Grundlagen für eine erfolgreiche Unternehmensentwicklung. Wenn Sie mit Ihrer Chance scheitern müssen, dann müssen Sie dafür sorgen, dass das möglichst schnell geschieht.

Problemfelder der Chancenbeurteilung

Bei allen Bemühungen der objektivierten Beurteilung von Zukunfts-Chancen müssen wir einsehen, dass dieses Unterfangen von einer Vielzahl potenzieller Problemfelder begleitet ist. Der erste Schritt auf dem Weg, die Auswirkungen dieser Problemfelder zu minimieren, besteht darin, sich ihrer bewusst zu werden. Sobald Sie davon wissen, können und werden Sie Mittel und Wege finden, diese Probleme zu lösen oder zu lindern.

Viele kleine Vorteile ergeben keinen großen Vorteil

Viele feuchte Streichhölzer kommen nicht an ein einziges brauchbares, weil trockenes Streichholz heran.[75] Viele kleine Vorteile können davon ablenken, dass der eine große, überzeugende Vorteil einer Chance fehlt. Wenn Sie es mit mehreren Hundert Chancen und Ideen zu tun haben, wird es schwierig, die wenigen guten Perlen darin zu finden, gerade weil viele vermeintlich gute Chancen sich buchstäblich in Nichts auflösen, wenn Sie sich die vielen angeblichen Vorteile genauer ansehen.

Mangelnde sprachliche Präzision

Der Philosoph Ludwig Wittgenstein gab seine Studien auf, nachdem er für sich entschieden hatte, dass er für seine Gedanken und Gefühle niemals die passenden Worte finden werde. Zum einen haben wir für die bunte und mannigfaltige Welt unserer Sinne und unseres Gehirns viel zu wenige Worte – denken Sie an das bekannte Beispiel, nach dem die Eskimos dutzende Bezeichnungen für Schnee kennen – und zum anderen haben selbst Menschen mit dem gleichen Lebens- und Arbeitsumfeld bei ein und demselben Wort häufig gänzlich unterschiedliche Verständnisbilder. Wenige Absätze zuvor schlugen wir Ihnen einen Landkartentest vor. Führen Sie ihn durch und Sie werden erkennen, wie denkbar unvollkommen unsere Sprache für die Beschreibung der Wirklichkeit ist.

Botschaften und Sender

Es ist ein offenes Geheimnis, dass sprachlich intelligente Menschen wenig relevante Fakten und Tatsachen so darstellen können, dass ihre Zuhörer darüber ins Staunen kommen, diese Zusammenhänge nicht beachtet zu haben. Der wortgewaltige Verkäufer kann das geringe Gewicht eines Projektors so in den Vordergrund stellen, dass die gesamte Mannschaft vor lauter Begeisterung vergisst, dass es um ein Festinstallationsgerät geht, bei dem das Gewicht keine wirklich wichtige Rolle spielt. Ein genauso offenes Geheimnis liegt darin, dass zurückhaltende Personen enorm wichtige Aspekte eines Sachverhaltes häufig so darstellen, dass sie wie Lappalien aussehen. Der schüchterne Buchhalter, der sich dazu durchringt, auf die Haftungsrisiken des neuen Exportgeschäftes hinzuweisen, wird aufgrund seiner schwachen Rolle in der Gruppenrangordnung nicht wirklich gehört. Wenn der autoritär führende Unternehmenslenker die von ihm erkannte Chance für brillant hält, wird es aus sehr menschlichen Gründen enorm problematisch, die offensichtlichen Schwächen seiner Chance ausreichend deutlich darzulegen. Geben wir uns daher Mühe, die Botschaft nicht zu stark mit dem Sender zu identifizieren.

Auf die Schultern Anderer steigen

Viele Chancen erscheinen uns nur deshalb attraktiv, weil wir nicht wissen was andere wissen. Vielleicht wurde diese Chance bereits von anderen auch schon erkannt und bis kurz vor das Einführungsstadium gebracht. Vielleicht weiß die Fachwelt schon seit langem, dass es nicht funktioniert. Aber hier lauert wiederum die Gefahr der zu schnellen Vorurteile.

Vorurteile

Vielleicht ist gerade die Fachwelt viel zu sehr spezialisiert und scheuklappenbewehrt, um den Lösungspfad über den Umweg angrenzender Wissengebiete zu sehen.

Veränderungswiderstände

Die meisten Führungs-Teams sind nicht in der Lage, der Forderung Schumpeters nach der „kreativen Zerstörung“ zu entsprechen und sich selbst Konkurrenz zu machen, bevor es andere tun. Daher beharren sie gerne auf existierenden Lösungen und bringen dafür so logisch klingende Argumente wie „der Feind des Guten ist das Bessere“. Wer sich nicht verändern will, sieht auch in der motivierenden ZukunftsChance noch eine Bedrohung.

Weitere Problemfelder

An dieser Stelle ließen sich weite Passagen des Ergänzungskapitels „Erfolgsfaktor Zukunftskompetenz“ aus dem Leser-Support im Internet unter ➔**www.Micic.com** einsetzen. Vieles von dem, was Sie dort zur persönlichen zukunftsfähigen Grundhaltung und zur chancenorientierten Unternehmenskultur lesen werden, taugt auch als Problemfeld der Chancenbewertung.

Es erklärt sich aus der Natur der ZukunftsChance, dass wir niemals genügend Informationen haben werden, um jede Chance umfassend und „richtig" beurteilen zu können. Damit müssen wir uns und müssen Sie sich abfinden.

Die drei Karriereoptionen Ihrer Chancen

Nachdem Sie die Chancen in Ihrem ChancenTopf bewertet haben, kommt der Zeitpunkt, über das Schicksal jeder einzelnen Chance zu entscheiden. Grundsätzlich hat jede Chance die drei in der Grafik dargestellten Karriereoptionen.

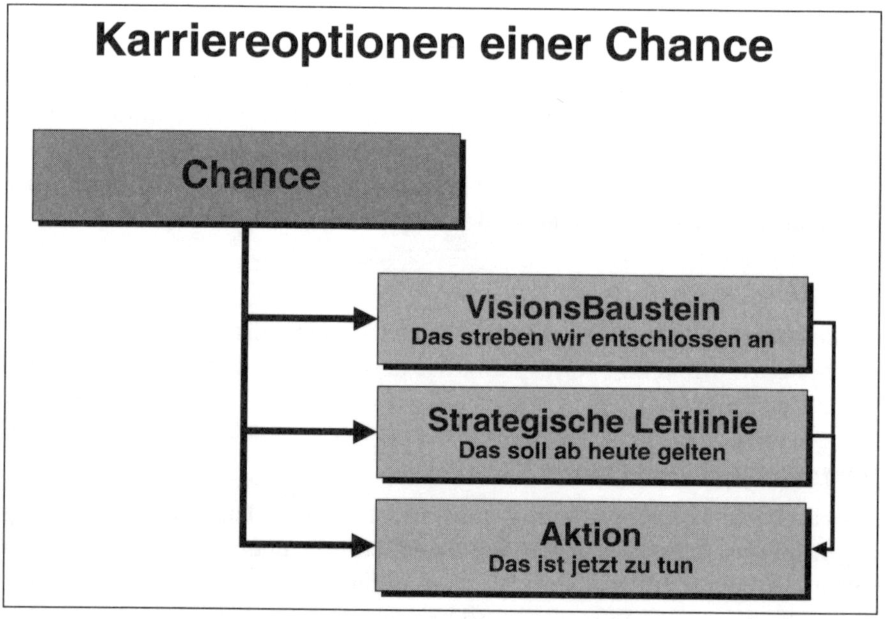

Abbildung 28; Karriereoptionen einer Chance

Chance zum VisionsBaustein

Wenn Sie bei einer großen, langfristig zu realisierenden Chance mit Ihrem Führungsteam zu der Einschätzung kommen, dass Ihre Chance auf jeden Fall umgesetzt werden soll, dann machen Sie diese Chance zum VisionsBaustein und damit zur echten ZukunftsChance. Beispielsweise ist die Chance, Produktionskapazitäten in zwei weiteren Kontinenten aufzubauen, ist eher ein VisionsBaustein als eine strategische Leitlinie oder eine kurzfristige Aktion.

Chance zur strategischen Leitlinie

Wenn eine hoch bewertete Chance nicht erst in einigen Jahren genutzt und umgesetzt sein soll, sondern im Prinzip nur als Leitlinie vereinbart werden muss, um von nun an zu gelten, dann machen Sie diese Chance zur strategischen Leitlinie. Die Chance, vor dem Aufbau eigener Kapazitäten zunächst sinnvolle Kooperationsmöglichkeiten mit Mitbewerbern zu prüfen, ist nicht erst in einigen Jahren aktuell und ist auch keine Aktion mit einem Datum, sondern diese Chance ist ganz eindeutig eine strategische Leitlinie.

Chance zur Aktion

Chancen, die Sie binnen weniger Wochen oder Monate nutzen können, müssen zu Aktionen überführt werden. Die Chance, bei jeder Korrespondenz auf die erfolgreiche Zertifizierung nach der neuen ISO 2000 hinzuweisen soll auch nicht erst in einigen Jahren genutzt oder in den Rang einer wichtigen strategischen Leitlinie gehoben werden. Es ist einfach eine Aktion, bei der Sie ein Mitglied des Teams beauftragen, bis zu einem bestimmten Datum die Einhaltung sicherzustellen.

VisionsBausteine und strategische Leitlinien zu Aktionen

Wenn Sie über die Karrieren Ihrer Chancen entschieden haben, müssen für die VisionsBausteine und für die strategischen Leitlinien ebenfalls Aktionen formuliert werden. Im obigen Beispiel der Erweiterung von Produktionskapazitäten müssen zunächst einmal ein paar Investitionsrechnungen angestellt werden. Das könnte eine der ersten Aktionen sein. Für die strategische Regel der Kooperation könnte es nötig sein, eine kurze verbindliche Anleitung für die Kooperationsprüfung ins Intranet zu stellen.

Szene 16; Die StrategieVision, Teil I

09. Juli, 09.10 Uhr: Die Klimaanlage schaffte es kaum. Die höchsten Temperaturen dieses Jahres machten ihnen zu schaffen. Alle hatten sie ordnungsgemäß Ihr bewertetes Chancenprotokoll mitgebracht, bis auf Friedrich Matrasse, der es sich nachträglich ins Hotel faxen lassen musste. Von Michels Büro hatten sie kurz nach der ChancenAnalyse ein Protokoll mit den 264 ZukunftsChancen erhalten. Ein jeder sollte für sich alleine mit dem so genannten Drei-Strich-Verfahren diejenigen Chancen bestimmen, deren Umsetzung sie bzw. er für unumgänglich hielt. Dieser dritte Workshop-Tag war der StrategieVision und dem Aktionsplan gewidmet, womit der Fokus in die Zukunft gewährleistet werden sollte.

Wieder führte Michels kurz und knapp in die Hintergründe und die Methodik ein. Lichtenberg hatte auch diesmal das entsprechende Kapitel aus Michels Buch gelesen. Er fragte sich, wie wohl die theoretische Beschreibung in der Praxis realisiert werden konnte, denn schließlich sprach mittlerweile jeder über Visionen, aber er hatte noch niemanden gesehen, der ihm eine praktische Anleitung geben konnte. (Weiter auf Seite 327).

10 Step 4: StrategieVision, wie kann und soll unser Unternehmen in fünf Jahren aussehen?

10.1 Was ist eine StrategieVision?

Das Sprechen und Schreiben über Visionen ist modern geworden. Man ist sich nun auch in der breiteren Öffentlichkeit bewusst, dass eine klare Vorstellung von der gewünschten Zukunft ungeahnte Energien in uns freisetzen kann. Wenn Sie ein hervorragendes Unternehmen erschaffen wollen, hilft Ihnen dabei ein inneres Bild, wie es dereinst aussehen soll.
Es gibt leider eine große Vielfalt an Verständnisbildern zum Begriff der Vision. Die Künstler schaffen ein Werk und abwechselnd ist das Werk die Vision oder die Vision schuf das Werk. Die Soziologen wünschen sich eine störungsfreie und respektgetragene Kommunikation unter den Menschen und erklären dies zu einer Vision. Für unsere Belange wollen wir die StrategieVision als angestrebten Zustand eines Menschen oder einer Gruppe von Menschen sehen. Wir nennen sie StrategieVision, weil sie im Unterschied zur einfachen Vision auch eine plausible Untermauerung bezüglich der angestrebten strategischen Eckwerte Ihres Unternehmens enthalten soll.

*Sobald der Geist auf ein Ziel gerichtet ist, kommt ihm vieles entgegen.
(Johann Wolfgang von Goethe)*

Es ist eine der größten Freiheiten des Menschen, seine eigene Vision zu entwickeln. Manche Menschen haben eine extrinsische, von außen kommende Vision, andere haben eine intrinsische, also von innen heraus entwickelte Vision. Die intrinsische Vision spiegelt den höchsten Grad an Selbstbestimmung wieder, während wir mit einer extrinsischen Vision auf die Schultern anderer steigen und mehr oder minder deren Vision im Original, im Gegenteil (z. B. als Feinde) oder in einer Spielart übernehmen.
Eine StrategieVision ist das konkrete Bild einer faszinierenden, erstrebten und realisierbaren Zukunft.

Es gibt vier wesentliche Gründe, eine StrategieVision zu entwickeln:

1. Um Ihrem Tun einen Sinn zu geben
2. Um Ihren zukünftigen Erfolg zu verursachen
3. Um Ihre heutigen Probleme gesamthaft zu lösen
4. Um sich besser orientieren zu können.

Die Grafik DENA 2009 zeigt ein authentisches Beispiel. DENA 2009 ist die StrategieVision eines kleinen Beratungsunternehmens, dessen Firmierung und Geschäftsfeld wir hier natürlich geändert haben. Auf einer Seite wird hier prägnant zusammengefasst, wie und warum DENA 2009 ein hervorragendes Unternehmen geworden sein wird.

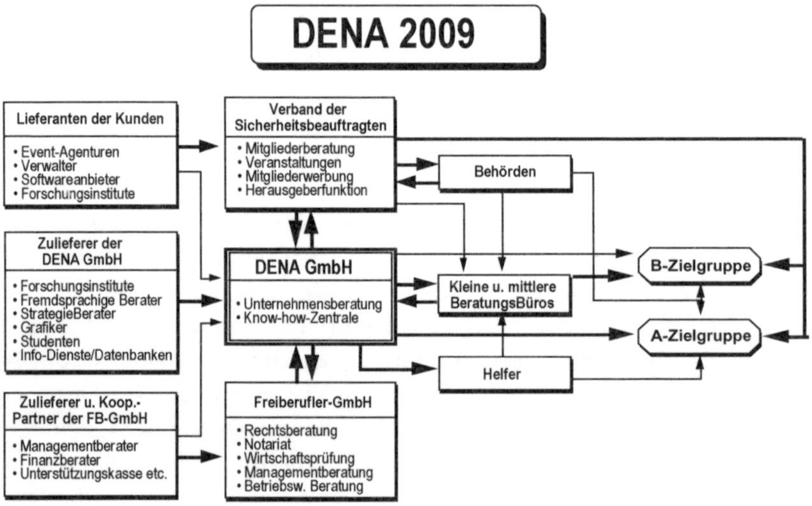

- **Grundaufgabe:** Managementberatung für Ingenieurbüros
- **Zielgruppen:** 1. Ingenieurbüros, 2. Ingenieurberater
- **Kernleistungen:** 1. Führungsberatung 2. Unternehmensberatung (Recht, Management, Betriebswirtschaft etc.) 3. Betriebswirtschaftliche Dienstleistungen 4. Know-how-Management für Ingenieurberater

Die DENA im Jahr 2009 ....

- ist der Koordinator und Initiator eines Systems, das auf die Beratung von Ingenieurbüros ausgerichtet ist.
- hat mit ihrer Wissensdatenbank ihr Wissen materialisiert und ist für ihre Mitbewerber auf diesem Gebiet uneinholbar geworden.
- wird von zwei weiteren Hauptakteuren unterstützt, einer Freiberufler-GmbH und vom selbst gegründeten Bundesverband der Sicherheitsbeauftragten e.V.
- hat ein Netzwerk von Kooperationen geflochten, aus dem sie sämtliche Angebote für Ingeneurbüros schöpft.
- wickelt die Managementberatung weitgehend über 200 mit ihr kooperierende Ingenieurberater ab. Seit einem Jahr werden alle Mandate der B-Zielgruppe direkt an regionale Ingenieurberater verwiesen.
- ist auch für die Behörden zu *dem* Ansprechpartner für die Zusammenarbeit mit Ingenieurbüros geworden.
- betreut und lizenziert Ingenieurberater, die sie dezentral einsetzt.
- erwirtschaftet einen Umsatz in Höhe von 90 Mio. Euro bei einer cash-flow-Quote von 40%. Das Wachstum seit 1999 konnte vollständig aus eigenen Mitteln finanziert werden.
- Die Freiberufler-GmbH hat in wesentlichen Teilen spezialisiertes Know-how in der Ingenieurberatung gesammelt.
- Die FB GmbH ist ein "Ärztehaus" für Ingenieurbüros. Sie berät große Büros und liefert ihr Know-how an die DENA.
- Der Bundesverband der Sicherheitsbeauftragen e.V. dient als offizielle Sammelstelle für alle Ansprechpartner in den Ingenieurbüros. Er wirkt für die DENA wie ein Kundenclub und ist offizieller Herausgeber der Fachmedien.

Abbildung 29; DENA 2009

Wir kennen nichts, was für die zukünftige Entwicklung eines Menschen und eines Unternehmens wichtiger ist, als eine klare und begeisternde Vision davon, wo es hingehen soll. Auf die Frage nach den geeigneten Wegen zur Vision gibt es eine Vielzahl von Antworten. Wir sind davon überzeugt, dass die Vision der Chance folgt, also aus der erkannten Chance entsteht. Bevor im überstrapazierten Beispiel ein John F. Kennedy 1961 die Vision formulieren konnte, bis zum Ende seines Jahrzehnts einen Menschen auf den Mond und wieder zurück zu bringen, musste die Chance erkannt sein, dass dies eine grundsätzlich mögliche und nützliche Handlungsweise ist, die auch moralisch und militärisch eine Reihe von Vorteilen mit sich bringt. Bevor Sie die Vision von der Weltmeisterschaft in Ihrem Geschäft formulieren können, haben Sie irgendwann die Chance erkannt, dass man eine solche Weltmeisterschaft erreichen könnte.

Wer den Hafen nicht kennt, in den er segeln will, für den ist kein Wind ein günstiger. (Lucius A. Seneca)

Auch Bill Gates und Paul Allen, die Gründer von Microsoft, haben mit einer Vision begonnen. Als sie auf dem Harvard Square in der Zeitschrift „Popular Electronics“ die Selbstbauanleitung für einen Computer lasen, wussten sie noch nicht, was man genau mit diesem Computer machen konnte[76], aber wenig später wussten sie, dass sie aus ihrer kleinen „Micro-Soft“ den Weltkonzern Microsoft formen würden. Empirische Studien haben gezeigt, dass herausragende Unternehmenserfolge mit einer mehr oder minder klaren Vorstellung von der Zukunft des Unternehmens begonnen haben.

Der Zeithorizont

Wenn Sie den vorgeschlagenen Schritten für Ihr ZukunftsProjekt gefolgt sind, haben Sie bereits Ihren Zukunftshorizont definiert. Der Zeithorizont einer Vision ist jedoch prinzipiell unbegrenzt. So prophezeite vor 1.200 Jahren ein buddhistischer Mönch in Tibet „wenn Eisenvögel durch die Luft fliegen, wird der Buddhismus Richtung Westen wandern und in die fernsten Länder kommen“. Der Franziskanermönch Roger Bacon hatte die Vision der zukünftigen Transport- und Verkehrstechnik, und das bereits im dreizehnten Jahrhundert.[77] So schrieb er in seinem Werk im Mittelalter verbotenen Werk „Opus Maius“ „Es werden Mechanismen hergestellt werden, um das Wasser ohne Ruder zu überqueren. Die größten Flug- und Seeschiffe werden mit nur einem Mann Besatzung mit höherer Geschwindig-keit vorangetrieben, als wenn sie voller Ruderleute wären. Wagen sind herstellbar, die von keinem Tier gezogen werden, und dennoch werden sie sich mit unvorstellbarer Wucht vorwärtsbewegen. Auch Flugvorrichtungen sind konstruierbar. Und zwar so, dass ein Mensch darin sitzt, der eine Maschine rotieren lässt, durch die künstliche Flügel nach der Weise eines fliegenden Vogels die Luft schlagen werden. Und es werden Einrichtungen geschaffen werden, um im Meer oder in Flüssen bis auf den Grund hinab und ohne Lebensgefahr umherzustreifen ...". Alle Achtung, können wir da nur sagen.

Mission und Vision

Die *Mission* ist der ewige Auftrag Ihres Unternehmens, sozusagen eine allgemeine Vorgabe dessen, was Ihr Unternehmen in seiner Umwelt bewirkt, kurz der Unternehmenszweck. Die StrategieVision hingegen ist die Zukunft, die Sie mit Ihrem Unternehmen im Rahmen Ihrer Mission erschaffen wollen. Es kann Ihre Vision sein, Ihre Mission auf eine ganz besonders hervorragende Weise erfüllen zu können. Das ist jedoch kein Grund, Mission und Vision zu verwechseln. Unsere Mission sagt aus, welches Spiel wir spielen. Unsere Vision sagt aus, was für ein Spieler wir werden wollen. Wir trennen Mission und Vision ganz bewusst. Nach unserer Erfahrung ist es effektiver, die Selbstbeschreibung und das langfristige Zielbild jeweils für sich zu erarbeiten und wahrzunehmen. Wenn Sie die Mission Ihres Unternehmens als „Versorger für hochwertige Nahrungsmittel" definieren, steckt darin nicht die Antwort auf Frage, ob Sie mit Ihrem Unternehmen eine aggressive Weltmarkteroberung oder ein wertegetragenes und wachstumsunabhängiges nachhaltiges Wirtschaften mit angemessenen Erträgen verfolgen.

Vision und StrategieVision

Mit der Bezeichnung StrategieVision soll eine deutliche Abgrenzung gegenüber unverbindlichen und allgemeinen Visionen vom hehren Dasein manifestiert werden, zumal das Wort Vision im Deutschen nach wie vor einen weichen, nicht greifbaren und häufig pathologischen Beigeschmack hat. Altbundeskanzler Helmut Schmidt wird mit dem Satz zitiert, wer Visionen habe, solle zum Arzt gehen.

Eine StrategieVision nach dem hier vorgeschlagenen Verständnis soll die zukünftige „Architektur" des Unternehmens beschreiben. Der gewünschte Unternehmenszustand soll anhand konkreter strategischer Eckpunkte beschrieben werden. Zahlen müssen darin keine herausgehobene Rolle spielen.

In den meisten Unternehmen werden irgendwie Visionen entwickelt. Meist beschränkt man sich jedoch darauf, von der Größe, Güte und Rentabilität des Unternehmens zu träumen. In Ihrer StrategieVision sollten Sie jedoch auch und vor allem darauf eingehen, *wie und warum* Ihr Unternehmen erfolgreich, schön, groß oder edel geworden sein wird. Wenn uns die Vision begeistert, haben wir nur die eine Hälfte sichergestellt. Auf dem Weg zur StrategieVision müssen wir noch sicherstellen, dass das uns Wunschbild für die Zukunft auch strategisch plausibel ist.

Die Vision einer bekannten deutschen Managementschule lautet: „Wir wollen uns von niemandem in unserer Branche im Nutzenbieten übertreffen lassen." Das ist ein hehrer und schöner Anspruch, aber keine StrategieVision im Sinne des konkreten Bildes einer faszinierenden, erstrebten und realisierbaren Zukunft. Der Ausspruch reicht bei weitem nicht aus, um die hier geforderten Wirkungen einer Vision zu erzielen. Wir brauchen in der StrategieVision ein Optimum zwischen einer sehr allgemeinen Wunschvorstellung und einer im Detail beschriebenen Zielsetzung. Während eine allgemeine Wunschvorstellung kaum die der StrategieVision zugedachten Funktionen zu erfüllen vermag, würde ein allzu detailliertes Zukunftsbild der gebotenen Flexibilität abträglich sein.

Wenn das Leben keine Vision hat, nach der man strebt, nach der man sich sehnt, die man verwirklichen möchte, dann gibt es auch kein Motiv sich anzustrengen. (Erich Fromm)

In den großen anonymen Konzernen ist es üblich, Zehnjahreshorizonte zu umreißen und diese dann z. B. Vision 2015[78] zu nennen. Die Inhalte solcher Ausarbeitungen sind dann allzuoft nüchterne Darstellungen von Geschäftsfeldern, Umsatzvolumina und Ertragszahlen. Von Leidenschaft und Faszination keine Spur. Und leider verfallen auch die Führer kleinerer und kleinster Unternehmen in den Immermehrismus und schreiben solchen Unsinn wie „das Ziel Nr. 1 ist Wachstum". Wachstum kann kein Ziel sein, weil es keinen zukünftigen Zustand, sondern einen Prozess beschreibt und für Wachstum können sich allenfalls die Gesellschafter wirklich begeistern.

StrategieVision und Ziele

Ziele sind so konkret beschrieben, ihre Maßstäbe sind so klar, die zielführenden Aktionen sind so eindeutig, dass es keine Alternative zur Zielerreichung geben darf. Wir meinen nicht die Ziele, wie sie üblicherweise in Millionen von Unternehmen formuliert werden. Ein Produkt zu verbessern ist kein Ziel, denn es ist ein Prozess. Einen Mitbewerber loszuwerden ist kein Ziel, denn es ist gegen andere gerichtet und dessen Erreichung liegt

nicht überwiegend in unserer Macht. Einen Markt zu erobern ist kein Ziel, denn es ist nicht geklärt, was erobern genau bedeutet. Vollkommene Leistungen zu erbringen ist kein Ziel, denn die Vollkommenheit ist nicht definiert und wenn es ein Maß für Vollkommenheit gibt, kann die Vollkommenheit nicht vollkommen sein. Wenn wir aber festlegen, dass wir bis zum Ende des nächsten Geschäftsjahres 2500 neue Kunden mit einem Mindestumsatz von jeweils 12.000 Euro gewonnen haben werden, dann ist das ein klares Ziel.
Die StrategieVision hingegen, so klar und faszinierend sie auch sein mag, ist das ferne Zukunftsbild, das Sie mit all Ihren Kräften und Energien *heute* verfolgen. Niemand kann jedoch sicher wissen, ob Ihre persönlichen Werte, Ihre Lebensumstände, Ihr Markt, Ihre Mitbewerber oder wer und was auch immer nicht morgen Realitäten geschaffen haben werden, die eine andere StrategieVision erfordern. Wir glauben, dass echte Ziele nur für solche Zeitspannen gesetzt werden sollten, in denen die Wahrscheinlichkeit eines inneren oder äußeren Paradigmenwechsels sehr gering ist. Und diese Zeitspanne liegt in der heutigen Zeit unseres Erachtens bei allenfalls einem bis drei Jahren. Es sind viel häufiger die inneren als die äußeren Paradigmenwechsel, die eine StrategieVision obsolet machen. Wenn die Unternehmensführung wechselt, hat die alte StrategieVision oftmals keine Anziehungskraft auf die neuen Chefs. Selbst die gleichen Chefs müssen immer häufiger ihre Glaubenssätze und ihr Erfahrungswissen über Bord werfen, so dass auch in diesem Falle die StrategieVision vom geistigen Hungertod bedroht ist.
Wir müssen frei sein, eine StrategieVision zu ändern. Wir müssen frei sein, eine StrategieVision neuen Realitäten anzupassen. Das bedeutet nicht, dass wir unsere ganze Mannschaft alle paar Monate in verschiedene Richtungen lenken. Es bedeutet lediglich, dass wir an der feinen Richtung immer wieder feilen, die grobe Richtung jedoch grundsätzlich möglichst lange konstant halten sollen.

StrategieVision und Leitbild

So wie es viele Verständnisbilder für das Wort Vision gibt, so unterschiedlich sind auch unsere Landkarten, wenn wir den Begriff Leitbild hören. Wir möchten uns mit Ihnen darauf einigen, Leitbild mit Unternehmensphilosophie und Unternehmenskultur gleichzusetzen. Wir sind uns bewusst, dass viele ihr Leitbild eher im Sinne einer Vision verstehen, vor allem im Schweizer Sprachraum. Die Inhalte der veröffentlichten Leitbilder sind jedoch meist grundsätzliche Aussagen zum Umgang untereinander, zum Umgang mit den Kunden und zum Umgang mit der Umwelt, so dass wir darin eher einen unternehmensphilosophischen Charakter sehen.

Ohne Vision leben?

Wir gehen bei unserem Denken und Handeln immer davon aus, dass Sie Ihr Unternehmen weiterentwickeln wollen, dass Sie es zu neuen Horizonten und zu neuen Ufern führen möchten. Es steht Ihnen allerdings frei, sich gegen eine Weiterreise zu entscheiden. Es steht Ihnen frei, von nun an nur noch Ihre Position zu verteidigen. Wir möchten zu den letzten gehören, die anderen Menschen wesentliche Aspekte ihres Lebens vorschreiben. Sie können sich bewusst entschließen, auf die Entwicklung einer StrategieVision zu verzichten. Das hat fraglos Vorteile. Sie brauchen nicht die Spannung zu ertragen, die sich aus der Differenz des Gewünschten und des tatsächlich Erreichten ergibt. Sie brauchen sich nicht auf Reisen zu machen, deren Verlauf Sie nicht kennen, Sie können zu Hause bleiben. Sie brauchen Hirn und Herz nicht anzustrengen. Sie sind frei vom Risiko und vom Leid einer nicht realisierten Vision. Sie können auch die Qual abwenden, eine Richtung wählen zu müssen, denn je komplexer die Verhältnisse sind, desto vielfältiger werden die Wahlmöglichkeiten und desto ambivalenter werden sie. Menschen leben weiter, wenn sie keine Vision haben. Unternehmen als Gemeinschaften von Menschen hingegen sterben jeden Tag ein kleines bisschen, wenn sie sich selbst nicht immer wieder eine herausfordernde Richtung geben. Sie können beim besten Willen nicht gänzlich ohne Ziele leben. Wenn Sie den jungen Mann „abhängen“ sehen, so verfolgt er das unausgesprochene Ziel, es sich durch Nichtstun einfach gut gehen zu lassen. Es geht also gar nicht, keine Vision zu entwickeln, denn Sie haben schon eine. Eigentlich können Sie nur dafür sorgen, dass Sie Ihre Vision so gestalten, dass der Weg zu ihr Sie glücklicher macht.

10.2 Was eine StrategieVision bewirkt

Die StrategieVision an sich ist nichts im Vergleich zu den Wirkungen, die sie in Ihnen und in Ihrem Unternehmen erzielt. Die Wirkungen, Vorteile und Nutzenmomente einer StrategieVision lassen sich in folgenden Aspekten zusammenfassen.

Langfristig mehr Gewinn

Die beiden Professoren James C. Collins und Jerry I. Porras von der Graduate School of Business an der Stanford University in Kalifornien haben sechs Jahre lang 36 Unternehmen beobachtet. Sie haben 18 Unternehmen mit Visionen in einem Langzeitvergleich 18 Unternehmen der jeweils glei-

chen Branche gegenübergestellt, die nach Ansicht der Autoren nicht visionär geführt werden. Sie wiesen eindrucksvoll nach, dass in visionären Unternehmen der Gewinn langfristig ein Vielfaches gegenüber den Unternehmen ist, die nur schnellen Gewinn suchen.
Mehrere empirische Untersuchungen zeigen eindeutig, dass Menschen und Unternehmen, die konkrete Ziele haben und verfolgen wesentlich erfolgreicher sind als solche, die nur „im Gefühl“ haben, was sie erreichen wollen. So sollen zwölf Prozent der Unternehmen schriftlich definierte Ziele haben. Diese zwölf Prozent sollen dann im Durchschnitt um 46% erfolgreicher als der Branchendurchschnitt sein.[79] Bei aller Skepsis gegen solche exakten Prozentwerte, sind wir immer wieder erstaunt, wie klein trotz des Wissens um den Nutzen von Zielen und Visionen der Teil der Unternehmen ist, die wirklich eine konkrete und ausführliche Zielplanung haben, die über banale Eckwerte für Umsatz, Rohertrag und Betriebsergebnis hinausgeht.

Leuchtturmfunktion

StrategieVisionen haben immer eine Leuchtturmfunktion. So wie es viel leichter ist, ein Geschoss von einem Ziel anziehen zu lassen als es dorthin zu lenken, ist es auch leichter, ein Unternehmen hin zu einer StrategieVision zu führen, als jeden Mitarbeiter irgendwohin zu treiben. Deswegen heißt es auch Führung und nicht Schiebung.
Jeder Mensch in Ihrem Unternehmen kann jede Entscheidung, jede Chance, jede Idee und jede Frage daraufhin prüfen, ob es ihn und das Unternehmen auf dem Weg hin zur StrategieVision fördert oder nicht.
Kreativität und Schaffenskraft können durch eine StrategieVision auf intelligente Art in die richtigen produktiven Bahnen gelenkt und auf die wirkungsvollsten Ansatzpunkte konzentriert werden. Die Natur, das älteste und erfolgreichste Unternehmen, entwickelt sich als Ganzes durch Versuch und Irrtum. Und doch hat jede einzelne Zelle auch eine StrategieVision, sie „weiß“ nämlich, welche Grundanforderungen eines lebensfähigen Systems sie miterfüllen muss.
Ohne ein klares langfristiges Zielbild können wir nicht über die richtigen mittel- und kurzfristigen Ziele entscheiden. Wir können zwar nur in der Gegenwart tun, wir müssen aber aus der Zukunft für die Gegenwart entscheiden, welche Ziele wir uns setzen. Ihre StrategieVision dient Ihnen als omnipotenter Maßstab. Ob und wo Handlungsbedarf besteht, erkennen Sie aus einem Vergleich Ihrer StrategieVision mit der gegenwärtigen Situation Ihres Unternehmens. Ihr Zukunftsbild können Sie wie eine Schablone über den Ist-Zustand legen und dann prüfen, wo Anspruch und Wirklichkeit

auseinanderklaffen. An diesen Stellen besteht Handlungsbedarf. Die metaphorische Schablone sind in der Praxis drei Spalten mit den Überschriften „Soll“, „Ist“ und „Lösung“. Nur durch den Vergleich mit einer Vision oder einer langfristigen Zielsetzung können Sie das Phänomen des Engpasses für Ihren Unternehmenserfolg nutzen. Ohne Ziel kann es keinen eindeutigen EntwicklungsEngpass geben. Ein Engpass ist immer ein Engpass auf dem Weg nach irgendwo. Wenn Sie nicht wissen, wohin Sie Ihr System hinentwickeln wollen, können Sie auch nicht feststellen, was Sie auf dieser Strecke am stärksten behindert.

Ohne ein bestimmtes Zukunftsbild können wir weder leben noch planen, noch uns in der Gegenwart orientieren. (Horst W. Opaschowski)

Strategische Unternehmensplanung ist ohne eine StrategieVision im wahrsten Sinne sinnlos. Gerade weil die Veränderungsgeschwindigkeit enorm zunimmt, konnte Gerd Gerken mit Recht das Ende der „kalten Strategien“ prophezeien. Eine notwendig ausführliche und hinreichend flexible StrategieVision ist der vernünftigste und praktischste erste Schritt einer strategischen Unternehmensplanung.

Früherkennung von Chancen und Bedrohungen

Die Leuchtturmfunktion der StrategieVision hilft uns, in der Gegenwart die richtigen Dinge zu tun. Eine StrategieVision hat allerdings auch einen vorteilhaften Effekt auf die Möglichkeiten zur Früherkennung zukünftiger Chancen und Bedrohungen. Nachdem Sie Ihre ZukunftsAnnahmen erarbeitet hatten, haben Sie sich gefragt, welche Chancen und Konsequenzen sich aus diesen Annahmen für Ihr Unternehmen ergeben. Sie waren darauf angewiesen, die Auswirkungen auf Ihr *heutiges* Unternehmen zu untersuchen, weil sie keine fundierte Vorstellung von Ihrem Unternehmen in zehn Jahren hatten. Nun aber, mit einer attraktiven StrategieVision können Sie Ihrem ZukunftsManagement eine weitere Dimension hinzufügen, denn Sie können die Auswirkungen zukünftiger Veränderungen auf Ihr *zukünftiges* Unternehmen untersuchen. Damit eröffnet sich für Sie die Möglichkeit einer noch früheren Erkennung zukünftiger Chancen und Bedrohungen.

Unternehmensstrategien bedürfen der laufenden Revision und Anpassung an eingetretene oder erwartete Veränderungen. Mit einer StrategieVision haben Sie die Chance, Veränderungen bereits einzuleiten, bevor deren Notwendigkeit allgemein am Markt und von Mitbewerbern erkannt wird. So können Sie bereits handeln, bevor die meisten anderen auch nur die Notwendigkeit ahnen.

Geist schafft Materie

Die Möwe Jonathan rief aus „man muss schon dort sein, bevor man angekommen ist.“ Eine StrategieVision zu formulieren, bedeutet, Ursache und Wirkung zu vertauschen. Wir malen uns die zukünftigen Wirkungen aus, damit wir heute die Ursachen setzen können. Unser Geist ist die Ursache jeglicher Wirkung in dieser Welt. Unser Leben ist das Resultat unseres Denkens, denn alles, was wir uns vorstellen können, das können wir auch realisieren. Manche gehen sogar so weit, dass wir auch alles realisieren, was wir uns vorstellen, sei es auch noch so angstbeladen und negativ. Der römische Kaiser Mark Aurel wusste es, die griechischen Philosophen wussten es und wahrscheinlich wissen und wussten es alle Kulturen. Wir brauchten anscheinend erst das moderne Wissen um die Hintergründe sportlicher Trainingsmethoden, um zu begreifen, was mentales Training im eigentlichen Sinne bedeutet. Wer sich lebhaft vorstellen kann, die nächste Hürde zu nehmen, die Acht-Meter-Marke zu überspringen oder Bayern München zu schlagen, dem wird es früher oder später auch gelingen. Nichts anderes als mentales Training für das gesamte Unternehmen ist für uns die Erarbeitung einer StrategieVision. Sie hat eine Art von Lokomotivwirkung. Wenn wir nicht heute die Werte bestimmen, die für unser Unternehmen Realität werden sollen, entsteht ein Wertevakuum, das die ersten besten und selten die wirklich besten Werte ansaugt und in der Folge realisiert. Eine jedem Mitarbeiter bekannte StrategieVision optimiert das gesamte Unternehmenssystem stärker als jede andere Maßnahme, die Sie mit vergleichbaren Investitionen umsetzen können. Es macht keinen Sinn, die Organisation, die Produktion, den Vertrieb, die Mitarbeiterzufriedenheit oder die Kundenzufriedenheit im Einzelnen zu verbessern, ohne zu wissen, wohin sich das Unternehmen eigentlich entwickeln soll. Am Anfang war und ist das Wort der StrategieVision.

Es ist der Geist, der sich den Körper baut.
(Friedrich Schiller)

Sie haben die Wahl, welche Ursache Sie jetzt setzen möchten. Entweder lassen Sie es zu, dass andere Ihre StrategieVision formen, oder Sie nutzen die größte aller Freiheiten.

Konzentration auf das Wesentliche

Eine StrategieVision ermöglicht mentale Fokussierung auf die 20% der Aktivitäten, die 80% der Ergebnisse bringen. Die Vision bestimmt, welche Fragen wir uns stellen und die Fragen wiederum bestimmen, was wir lernen werden und wie wir uns entwickeln werden. So hat die StrategieVision auch

eine Art Hebelwirkung beim Aufbau wie auch bei der Sanierung von Unternehmen. In einer Krisensituation an den Bilanzen zu doktern, kommt einem Arbeiten mit dem kleinsten Hebel gleich. Es ist im wahrsten Sinne notwendig. Nach den kurzfristigen finanziellen Maßnahmen muss dann aber der lange Hebel einer vom Führungs-Team gemeinsam getragenen strategischen Vision zum Ansatz kommen. Mit ihr ermöglichen Sie die Konzentration Ihrer Management-Kräfte auf die wesentlichen Ansatzpunkte.
Ein vernetztes System kann nicht allein über Maßnahmenpläne geführt werden. Wenn jeder in Ihrem Unternehmen weiß, in welche Richtung man gemeinsam fährt, wenn jeder weiß, welche Probleme und Engpässe auf dieser Fahrt auftauchen werden, wird die Aufmerksamkeit jedes Mitarbeiters auf diesen Weg gelenkt. Der Entwickler wird sich vorwiegend um solche Lösungen und Produkte bemühen, die auf diesem Weg liegen, der Buchhalter wird die Bilanzen so gestalten, wie es für Ihren Weg gut ist, der Verkäufer wird Ihre StrategieVision als Qualitätsmerkmal in seine Argumentation einbauen und seinen Kunden das Gefühl geben, dass Ihr Unternehmen in Zukunft noch bessere Leistungen erbringen wird und der Bereichsleiter wird seinen Bereich so planen und führen, dass er optimal mit der StrategieVision Ihres Führungs-Teams harmoniert. Ein Weg zur Förderung von Innovationen besteht darin, den Fokus der Innovatoren auf eine kleinere Angriffsfläche zu lenken. Mit einer StrategieVision wählen Sie eine solche kleinere Angriffsfläche und entfachen gleichzeitig Begeisterung bei denen, die Ihren Weg mitgehen wollen.

Wer ein „Warum" hat, kann fast jedes „Wie" ertragen

Der Psychiater Viktor Emil Frankl schrieb über seine KZ-Erfahrungen, „wer ein Warum hat in seinem Leben, kann fast jedes Wie ertragen". Wie macht man einem Menschen Mut? Wie verhilft man einem Suizidgefährdeten wieder zu Lebensfreude? Indem man ihnen glaubhaft aufzeigt, dass die Zukunft wirklich besser sein kann und wahrscheinlich sein wird als die Gegenwart. Eine im gesamten Unternehmen verankerte StrategieVision sorgt dafür, dass Ihre Mannschaft manche Schwierigkeiten und Misslichkeiten der Gegenwart eher in Kauf nimmt, weil sie weiß, das die Zukunft bessere Zeiten bringt. Es versteht sich von selbst, dass jeder verlogene Versuch der Vertröstung auf bessere Zeiten nach kurzer Zeit entdeckt wird und sich dann in das Gegenteil der gewünschten Wirkung umkehrt.

Wenn die utopischen Oasen austrocknen, breitet sich eine Wüste von Banalität und Ratlosigkeit aus. (Jürgen Habermas)

Integration und Komplexitätsreduktion

In einer immer komplizierteren und komplexeren Welt sehnen sich viele nach Einfachheit und Überblick. Vor wenigen Generationen konnten Menschen das Gefühl genießen, die meisten externen Faktoren im Überblick bzw. in ihrer eigenen Kontrolle zu haben. Die Gesundheit des Viehs, die Höhe der Abgaben, die Werte der Gemeinde, die bescheidenen Innovationen, fast alles war bekannt oder überschaubar. Heute haben wir mehr Möglichkeiten denn je, aber wir haben immer weniger Lebensfaktoren in unserer eigenen Kontrolle und daraus erwächst nicht selten Angst und das Gefühl der Machtlosigkeit. Die Ganzheit und die relative Einfachheit einer StrategieVision gibt uns Orientierung im betrieblichen und persönlichen Alltag. Sie verringert die Zahl der Wahlmöglichkeiten unseres Unternehmens auf ein überschaubares Maß und jeder hat die Freiheit, sich einen anderen Schwerpunkt der Wahlmöglichkeiten zu suchen oder sich selbst zu schaffen. Selbstverständlich ist die StrategieVision immer wieder zu überprüfen und weiterzuentwickeln.

Differenzierung

Viele der hier getroffenen Aussagen zur StrategieVision mögen Ihnen bereits geläufig sein. Es ist daher um so erstaunlicher, wie wenige Unternehmen trotz allen Wissens um die Segnungen einer klaren StrategieVision eine solche haben. Es ist trotz allen Wissens selten und deshalb ist es eine große Differenzierungschance. Zukünftig werden Wettbewerbe um neue Kunden und um neue Märkte immer häufiger durch die Fähigkeit zum Vor-Denken entschieden. Wer die kommenden Realitäten eines Geschäftes vor seinen Mitbewerbern sehen kann, gewinnt den nötigen Vorsprung, um Zeit als strategisches Instrument einsetzen zu können.

Energie

Die genannten Wirkungen einer StrategieVision lassen sich zusammenfassen: Eine StrategieVision gibt Energie, weil sie Lebens- und Arbeitsenergie freier fließen und konzentrierter ansetzen lässt.

10.3 Wie Sie eine StrategieVision entwickeln

Wie entwickeln Sie eine in sich schlüssige und als langfristige Ausrichtung geeignete StrategieVision? So häufig, wie man von Ihnen schon Visionen gefordert hat, so häufig wurden Sie auch enttäuscht, wenn Sie nach anwendbarer Methodik fragten. Es gehört ja auch nicht zur Routine. Einer Untersuchung der amerikanischen Professoren Hamel und Prahalad zufolge verwenden leitende Manager nicht mehr als 2,4 Prozent Ihrer für die Arbeit an der Vision[80]. Wir halten diesen Wert sogar eher für zu hoch als zu niedrig.

Wir müssen all diejenigen enttäuschen, die eine Ruckzuck-Methode zur Entwicklung einer StrategieVision innerhalb eines Tages oder gar innerhalb weniger Stunden suchen. An einem Tag kann lediglich der erste Rohentwurf einer ersten gemeinsamen StrategieVision Ihres Führungs-Teams entstehen.

Ansatzpunkte für eine StrategieVision

Evolution

Viele von uns haben eine grobe Vorstellung davon, wie unser Leben, unsere Familie, unser Unternehmen, unsere Stadt, unser Land oder unsere Welt idealerweise aussehen müsste. Viele von uns haben es gar nicht nötig, gänzlich neue Visionen zu entwickeln, viele hätten es nötiger, den Glauben an die vorhandene Vision zu stärken und endlich dafür zu sorgen, dass die Vision eine Chance bekommt, Wirklichkeit zu werden

Wir sind niemals auf ein Team gestoßen, das nicht bereits vor unserer Zusammenarbeit Vorstellungen davon hatte, wo es mit ihrem Unternehmen in Zukunft hingehen soll. Die Vorstellungen gingen meist nicht tief genug, waren nicht gemeinsam entwickelt und fanden beileibe keinen Konsens. Aber es gab zumindest diffuse Visionen, die es zu evolvieren galt. Wir haben in unserer Arbeit lernen dürfen, dass uns äußere Anstöße und Informationen zwar anregen und befruchten können, wir die persönliche StrategieVision aber nur in uns selbst entdecken können. Wir können viele VisionsKandidaten entwickeln aber wir können nur im Dialog mit unserem Selbst darüber entscheiden, welcher dieser VisionsKandidaten die größte Resonanz in uns hat. Daraus folgt, dass wir unsere Vision bereits in uns haben und es bedeutet, dass jedes Team mindestens so viele VisionsKandidaten wie Mitglieder hat. Es ist als recht wahrscheinlich, dass Ihr Weg hin zu einer StrategieVision für Sie gar nicht so weit ist, weil Sie auf bestehenden VisionsKandidaten aufbauen können.

Wünsche sind Vorgefühle der Fähigkeiten, die in uns liegen, Vorboten desjenigen, was wir zu leisten im Stande sein werden.
(Johann Wolfgang von Goethe)

Das Sandkorn finden

Wenn Sie weder eine „alte“ Vision noch VisionsKandidaten haben, brauchen Sie einen anderen Ansatzpunkt. Im Abschnitt „strategy follows chances“ haben wir den Entstehungsprozess einer StrategieVision mit der Entstehung einer Perle verglichen. Die Muschel braucht das in sie eingedrungene Staubkorn oder Sandkorn, um darum im Laufe von zehn bis fünfzig Jahren eine Perle formen zu können. Die Zuchtperlen brauchen immerhin noch fünf bis zehn Jahre und ein künstlich eingebrachtes Perlmuttstükkchen. In beiden Fällen bedarf es eines Reizes durch einen Fremdkörper, um den Prozess anzustoßen.

Wie kommen Sie zu Ihren Sandkörnern? Nicht unbedingt durch geheimnisvolle wundersame Intuitionen. Wenn Sie dieser Anleitung für Ihr persönliches StrategieRadar-Projekt gefolgt sind, haben Sie bereits mehr Sandkörner als Sie brauchen. Sie haben mit der ChancenAnalyse Ihres StrategieRadar-Projektes zwischen 150 und 300 Chancen und Ideen für Ihren Weg in die Zukunft gefunden. Dieser „ChancenTopf“ enthält alle denkbaren, weil alle mit der gesammelten Intelligenz und Intuition Ihres Teams produzierten Ansatzpunkte zur Formulierung einer attraktiven StrategieVision für Ihr Unternehmen. Es kam bisher noch nie vor, dass selbst nach intensiver Arbeit keine Ansatzpunkte gefunden wurden. Es muss nur eine Ihrer Chancen zum Sandkorn taugen, alle anderen müssen nicht mehr als Puzzlestücke im Sinne von VisionsBausteinen für Sie sein. Sie werden spüren, welche Ihrer Chancen Sie bis zu einer faszinierenden StrategieVision weiterdenken können. Eine systematische Bewertung nach Art der Chancenbewertung ist in der Regel nicht nötig.

Sie werden einwenden, eine Vision müsse doch aus der Introspektion, aus dem tiefsten Inneren kommen und nicht auf der Grundlage einer systematisch erarbeiteten Chance entstehen. Einstein hat in erstaunlicher Offenheit gesagt, er habe nie etwas mit rationalem Denken entdeckt. So dient auch Ihr StrategieRadar-Projekt dazu, sowohl das Bewusstsein und das Unterbewusstsein mit Informationen zu befruchten. Sie haben in Ihrem StrategieRadar-Projekt durch die Analyse Ihrer Annahmen zu zukünftigen Entwicklungen Chancen erkannt. Hätte ein anderer Mensch diese Annahmen wahrgenommen, hätte er andere Chancen erkannt. Unsere Botschaft ist, dass die von Ihnen und Ihrem Team erarbeiteten und gemeinsam hoch bewerteten Chancen genau das sind, was Sie im tiefsten Inneren erreichen wollen und wofür Sie sich begeistern können. Es sind Ihre Werte, die aus dem erarbeiteten Chancenuniversum die Chancen als VisionsBausteine herausfiltern. Wenn Sie zum ersten Mal auf eine Reihe aus Ihren Chancen herausgefilterter VisionsBausteine blicken, werden Sie tief im Inneren spü-

ren, dass es genau diejenigen Zukunftsoptionen sind, die am besten zu Ihnen passen und für die Sie sich am stärksten begeistern können. Vor diesem Hintergrund können Sie alle bis hierher gemachten Schritte des StrategieRadar-Workshops – von der Mission bis zum ChancenTopf – als perfekte Vorarbeiten zur Entwicklung oder Weiterentwicklung einer StrategieVision betrachten. Wenn Sie Ihre Chancen sorgfältig beurteilt haben, so ist damit gleichzeitig dafür gesorgt, dass Ihre StrategieVision zu Ihnen passt, zu Ihnen und Ihren Mitarbeitern, zu Ihrem Unternehmen, zu Ihren Ressourcen, zu Ihren Potenzialen, zu Ihren Finanzen und zu Ihrem Image.
Im Abschnitt zum Strategem Mutation fanden Sie eine Denkliste mit 111 Ansatzpunkten zur Differenzierung vom Wettbewerb. Die gleiche Denkliste können Sie heranziehen, wenn Sie wissen wollen, zu welchen Bereichen Sie in Ihrer StrategieVision Aussagen treffen können und welche Inhalte Ihre Sandkörner haben können. In der praktischen Arbeit wird es sich zeigen, dass Ihr Team mehrere verschiedene VisionsKandidaten entwickelt. Diese dienen als Attraktoren für Ihre weiteren Gedanken und Ideen, bis sich langsam aber sicher der favorisierte VisionsKandidat zeigt. Falls dies nicht – wie wir es darstellen – quasi von selbst geschieht, können Sie gerne auch die oben beschriebenen Verfahren zur Chancenbeurteilung analog auf die Beurteilung Ihrer VisionsKandidaten anwenden. So gerüstet können Sie anhand der nachfolgenden Denkfragen fast mit Leichtigkeit eine StrategieVision für Ihr Unternehmen oder auch für sich selbst entwickeln.

Alle Mitarbeiter einbinden?

Wir halten wenig davon, die gesamte Mitarbeiterschaft eines großen Unternehmens ein oder gar zwei Jahre lang an der Entwicklung einer Vision arbeiten zu lassen, wie es stellenweise gefordert wird. Solche Großprojekte haben unseres Erachtens drei schwerwiegende Nachteile:

1. Wenn die Vision von mehreren Hundert oder gar mehreren Tausend Menschen erarbeitet wird und all diesen Charakteren gerecht werden soll, kann sie kaum besonders originell oder einzigartig sein. Am Ende eines solchen Mammutprozesses steht eine basisdemokratisch formulierte Vision ohne besondere Differenzierung zu denen der Mitbewerber, die fast genauso gut durch Zufall hätte ausgewählt werden können.

2. Nur ein kleiner Bruchteil der Unternehmensführungen ist bereit, die Kosten und Mühen für derart umfangreiche Projekte zu investieren, zumal die Vision periodisch gepflegt und aktualisiert werden muss. Attraktive StrategieVisionen sind selten genug, als dass man noch größere Hürden davor aufbauen sollte.

3. Der vermeintliche Vorteil eines Visions-Großprojektes, nämlich die Identifikation aller Mitarbeiter mit der Vision, kann gar nicht eintreten, da sich nur ein Bruchteil der Mitarbeiter wirklich vollständig für die als Mehrfachkompromiss entwickelte Vision begeistern kann.

Daher sollten Sie Ihre StrategieVision im Führungs-Team entwickeln und sie dann als noch unfertigen Vorschlag allen interessierten Mitarbeitern unterbreiten. So können Sie einen Dialog beginnen, an dessen Ende unserer Erfahrung nach wiederum die Entscheidung im Führungs-Team stehen muss.

Die StrategieVision malen

Der retrograde Erfolgsbericht

Eine besonders produktive wie unterhaltsame Art, aus der Zukunft für die Gegenwart zu lernen, ist der retrograde Erfolgsbericht. Versetzen Sie sich in folgende Situation: Im Oktober 2009 ruft Sie der Chefredakteur des beliebtesten TV-Business-Magazins an und bittet Sie um Ihre Unterstützung bei einem Bericht über Ihr Unternehmen. Die Story hat zwei Teile, die getrennt voneinander gesendet werden. Die erste Sendung soll Ihr hervorragendes Unternehmen in der Gegenwart (2009) darstellen. Der zweite Teil soll Ihren vorbildlichen Erfolgsweg von der ersten Entwicklung Ihrer Vision bis hin zum Starunternehmen Ihres Geschäftsfeldes.

In Ihrer heutigen Erfolgsposition haben Sie den Freiraum, sich einen Tag auszuklinken, um auf wenigen Seiten den Input für die beiden Fernsehsendungen zu schreiben. Sie setzen sich, nehmen sich Ihren Computer und denken zurück an das Jahr, in dem Sie erstmals Ihre Vision entwikkelt hatten, mit der alles begann. Sie lehnen sich zurück und sehen die damalige Atmosphäre Ihres Tagungsraumes. Durch das halboffene Fenster riechen Sie die Frühlingsblüten, die sich auf angenehme Art mit dem Duft von Kaffee und Tee vermischen. Sie hören das Surren der Projektorlüftung und die Stimmen Ihrer Mitarbeiter, von denen die meisten auch heute noch mit großer Begeisterung dabei sind. Sie fühlen wieder die angespannte und doch kribbelnde Stimmung von vor zehn Jahren. Sie erinnern sich an den Geschmack des unübertrefflichen Lachssteaks vom Mittagessen des zweiten Workshop-Tages. Mit all Ihren Sinnen machen Sie eine Zeitreise zurück an den Geburtsort und -tag Ihrer StrategieVision. Sie nehmen sich einige Denkfragen zur Hilfe und schreiben flüssig Ihren Erfolgsbericht.

Fragen Sie sich zur StrategieVision

Der folgende Fragenkatalog leitet Sie an, in aller Ausführlichkeit darzulegen, wie Ihr Unternehmen in fünf oder zehn Jahren aussehen soll und wie Sie dieses gewünschte Zukunftsbild erreicht haben werden. Sie brauchen natürlich nicht jede Frage zu beantworten, denn es handelt sich um eine Maximalliste. Halten Sie Ihre Antworten schriftlich in knappen Sätzen fest. Legen Sie sich nicht unnötig auf Details fest, denn mit jedem Detail schränken Sie natürlich Ihre Gestaltungsmöglichkeiten auf dem Weg zu Ihrer StrategieVision ein. Seien Sie notwendig präzise und hinreichend flexibel.

Checkliste 30: Fragen zur StrategieVision

Strategie

- ☑ Wie lautet heute unsere Mission bzw. unser Auftrag in der Welt?
- ☑ Wofür ist unser Unternehmen da?
- ☑ Wie konzentrieren wir unsere Kräfte?
- ☑ In welchen Märkten sind wir tätig?
- ☑ Für welches Gebiet sind wir zuständig?
- ☑ Wie haben wir es geschafft, in unseren Märkten eine bedeutende Rolle zu spielen?
- ☑ Auf welche Weise sind wir in welchen Märkten einzigartig?
- ☑ Wodurch unterscheiden wir uns von den Mitbewerbern?
- ☑ Warum können uns unsere Mitbewerber nur schwer einholen?
- ☑ Wofür stehen wir im Markt?
- ☑ Wo haben wir in den letzten Jahren investiert?
- ☑ Wo haben wir in den letzten Jahren desinvestiert?
- ☑ Wie erkennen wir Umfeldveränderungen, Chancen und Bedrohungen möglichst früh?
- ☑ Welche externen Dynamiken haben wir genutzt?
- ☑ Wie sieht unser Beitrag zum Wohl des Ganzen bei?

Checkliste 30: Fragen zur StrategieVision (Fortsetzung)

Kunden

- ☑ Für welche Zielgruppen sind wir tätig?
- ☑ Welchen besonderen Nutzen bieten wir unseren Kunden?
- ☑ Welche zentralen Probleme lösen wir für unsere Kunden sichtbar besser als alle anderen?
- ☑ Warum haben wir eine große Anziehungskraft auf neue und bestehende Kunden?

Leistungen

- ☑ Welche Leistungen erbringen wir?
- ☑ Auf welche Teile der Wertschöpfung konzentrieren wir uns?
- ☑ Wie haben wir uns zur Ideenfabrik qualifiziert?
- ☑ Wie verdienen wir einen erheblichen Teil des cash-flows durch die Weitergabe unseres Wissens?
- ☑ Was wird an unseren Leistungen besonders gelobt?
- ☑ Welche Kernkompetenzen haben wir auf- und ausgebaut?
- ☑ Wie haben wir unsere Leistungen individualisiert?
- ☑ Nach welchen Grundsätzen erbringen wir unsere Leistungen?

Mitarbeiter

- ☑ Wie haben wir es geschafft, die besten Leistungsträger des Marktes als Mitarbeiter zu gewinnen?
- ☑ Warum sind unsere Mitarbeiter froh, in diesem Unternehmen zu arbeiten?
- ☑ Warum haben wir eine so große Anziehungskraft auf Leistungsträger?
- ☑ Wie haben wir unsere Mitarbeiter zu Mitunternehmern gemacht?

Checkliste 30: Fragen zur StrategieVision (Fortsetzung)

Kultur

☑ Nach welchen Grundsätzen gehen wir im Unternehmen miteinander um?

☑ Durch welche Werte ist unsere Unternehmenskultur geprägt?

☑ Woran kann man unsere Unternehmenskultur erkennen?

Image

☑ Warum sind wir für unsere Marktpartner und für die Öffentlichkeit ein sympathisches Unternehmen?

☑ Warum werden unsere führenden Mitarbeiter so oft zu Vorträgen eingeladen?

☑ Warum schreiben die Wirtschafts- und Fachmedien so viel und so gut über uns?

Marketing und Vertrieb

☑ Auf welche effektive Weise gewinnen und halten wir unsere Kunden?

☑ Wie setzen wir Sog-Marketing ein?

☑ Auf welche Weise ist unser Vertrieb enorm effektiv?

Management

☑ Warum ist unser Management so effektiv?

☑ Wie haben wir es geschafft, dass sich unser Unternehmen weitgehend selbst führt?

Kooperation

☑ Mit welchen Partnern kooperieren wir in welchen Bereichen?

☑ Welche unserer Leistungen kaufen wir zu welchem Anteil hinzu?

☑ Wie arbeiten wir mit unseren Vorleistern effektiv zusammen?

Checkliste 30: Fragen zur StrategieVision (Fortsetzung)

Wertschöpfung

- ☑ Wie gewährleisten wir, dass Kapazität und Auslastung immer optimiert sind?
- ☑ Warum sind wir so schnell?
- ☑ Wie setzen wir neueste Technologie effektiv ein?
- ☑ Wie haben wir die Zeit unserer Mitarbeiter vervielfacht?

Standort

- ☑ Wo ist unsere Heimat?
- ☑ Wo sind wir präsent?
- ☑ In welcher architektonischen Umgebung arbeiten wir?

Organisation

- ☑ Was macht uns enorm schlagkräftig?
- ☑ Wie sieht unsere strategische Architektur aus?
- ☑ Warum ist unsere Organisation optimal für unsere Strategie?

Finanzen

- ☑ Welchen Umsatz werden wir im laufenden Jahr erzielen?
- ☑ Welches Betriebsergebnis werden wir im laufenden Jahr erzielen?
- ☑ Wie haben wir unser Wachstum finanziert?
- ☑ Welchen Marktwert hat unser Unternehmen heute?

Gesellschafter

- ☑ Wem gehört unser Unternehmen?
- ☑ Warum sind unsere wichtigsten Interessengruppen zufrieden mit uns?

Ich

- ☑ Welche Rolle spiele ich heute in diesem Unternehmen?
- ☑ Auf Welche Art und Weise ist die Vision dieses Unternehmens auch meine Vision?

Zusammenfassung

Ihre Vorstellung vom gewünschten Zukunftsbild Ihres Unternehmens sollten Sie jedem Mitarbeiter und Kunden mit wenigen Sätzen erläutern können. Marketingprofis fordern richtigerweise, dass man den wesentlichen Nutzen seines Produktes im Fahrstuhl zwischen dem Erdgeschoss und dem dritten Stock erklären können muss. Das gleiche gilt für die StrategieVision. Die erste Fassung Ihrer StrategieVision liegt nun in Form eines Textes im Frage-und-Antwort-Stil vor. Ihre StrategieVision hat wahrscheinlich zwischen fünf und 20 Seiten. Diese Informationsmenge kann sich kein Unbeteiligter so gut behalten, dass er die wesentlichen Dinge erfasst hat und davon begeistert ist. Daher sollten Sie jetzt eine Zusammenfassung anfertigen. Ihre StrategieVision sollte in Ihren wesentlichen Zügen auf einer DIN-A4-Seite dargestellt werden können, wobei mindestens ein Drittel der Seite für das Bild Ihrer zukünftigen strategischen Architektur reserviert sein sollte, wie es im obigen Beispiel der DENA dargestellt ist. Sie haben also zwei Drittel der Seite für Text zur Verfügung. Die Hintergründe, wie und warum Sie dieses oder jenes tun und lassen werden, können in Sie Form einer ausführlichen Erläuterung als Anlage beifügen.
Der kleinste und zugleich der schwierigste Teil Ihrer StrategieVision ist die Zusammenfassung der Zusammenfassung in einem Satz, einem Slogan oder einer Schlagzeile. Geben Sie Ihrer StrategieVision einen Namen, den sich jeder Mitarbeiter behalten kann, etwa „Europas Kundenzufriedenheitsmeister in der Sachversicherung“ oder „World Wide Player in der Bedachung“.

Zeitlinie

Der zweite Teil der von Ihnen bestückten Fernsehsendung widmet sich dem Weg hin zu Ihrem Erfolg. Sie beschreibt eine Zeitlinie von der damaligen Gegenwart (heute) zum heutigen Erfolg (2009). Nach der Entwicklung der eigentlichen StrategieVision können Sie auf einer Zeitlinie die Meilensteine auf dem Weg dorthin definieren. Die Zeitlinie wird zu einem Drehbuch Ihrer Unternehmenszukunft und geht fließend in den Aktionsplan über, der in einem späteren Abschnitt beschrieben ist.

Erfolgsfaktoren einer attraktiven StrategieVision

Sie wissen jetzt, warum und wie Sie Ihre StrategieVision entwickeln und vielleicht haben Sie Ihr Wissen auch schon aktiviert und in konkrete Taten umgesetzt. In diesem Abschnitt haben Sie Gelegenheit, die Realisierungschancen Ihrer StrategieVision zu verbessern, indem Sie einige Erfolgsfaktoren beachten.

Visualisierung

Am Anfang war das Wort, das Wort des Szenarios, das Wort der Chance oder das Wort der Idee. Jedes Wort schafft ein Bild und ein Gefühl. Manche Worte mehr, manche weniger. In Ihrer StrategieVision sollten Kopf und Herz ausgewogene Rollen spielen und so sollten Sie die Umsetzung der Worte in Bilder fördern. Die maßgeblichen Generationen der nächsten Jahrzehnte haben durch die passive Television einen nicht unbeträchtlichen Teil ihrer Fähigkeit zum Sehen (Visionieren) neuer Wirklichkeiten verlernt. Gerade in diesem Umfeld bringt eine bildhafte Darstellung Ihrer Strategie-Vision die stärkste Steigerung der Erfolgschancen, denn was Sie und Ihre Mitarbeiter sich vorstellen können, das können Sie auch gemeinsam erreichen. Denken Sie dabei an folgende beispielhafte Optionen.

Beginnen Sie mit einem Bild der strategischen Architektur, wie es oben für die DENA aufgezeichnet ist. Veranstalten Sie einen Bilderwettbewerb für interne und externe Beteiligte unter dem Motto Ihrer StrategieVision. Als alleiniges Gütekriterium soll gelten, wie gut das Bild die StrategieVision des Führungs-Teams darstellt und was es im Betrachter bewegt. Unser Klient ibis acam, eines der größten Bildungsinstitute in Europa, hat beispielsweise wesentliche Gedanken seiner Unternehmensgrundsätze in einer ganzen Gemäldeserie festgehalten. Wenn ein Bilderwettbewerb für Sie nach zu viel Aufwand klingt, gehen Sie zur nächsten Hochschule und schreiben Sie Ihren Wettbewerb dort aus.

Im Jahr 1993 eröffnete in Windsor, 30 km westlich von London, der Supermarkt der (damaligen) Zukunft. Eine Ausstellung zeigte, wie der Lebensmittel-Supermarkt und das Einkaufen der Zukunft aussehen und das Einkaufen dann vonstatten gehen würde. Die von Andersen Consulting arrangierte Ausstellung „Smart Store Europe“ war mit einem Seminar gekoppelt. Sämtliche Funktionen des Einzelhandels in seinem Verhältnis zum Kunden, zum Großhandel, zu den Herstellern den Transporteuren und Lagerhaltern wurden gezeigt. Mit diesem in der Zukunft vorstellbaren Supermarkt sollte eine Vorstellung davon vermittelt werden, wie die Wirtschaft besser und mit geringeren Kosten auf die Wünsche der Verbraucher eingehen kann.

Im französischen Departement Vienne in Poitiers gibt es das 1.200 Hektar große Futuroscope. Dort hat man die Zukunft mit futuristischer Architektur und Technik inszeniert. Dazu gehören unter anderem ein Innovations-Pilot-College und ein Pavillon der Kommunikation.

In Frankreich ist man allgemein sehr viel zukunftsfreudiger als in Deutschland, wo das Futuroscope von verschiedenen Medien als fragwürdig und fast lächerlich vorgestellt wurde. Das ist ein bedauernswertes Phänomen. In Deutschland muss es immer ernst, nüchtern und trocken sein. Für visionä-

re Inszenierungen, besonders wenn sie auch unterhaltend sind, hat man hierzulande leider wenig übrig.
Auf der Messe „Automechanika“ zeigte Ford das Autohaus der Zukunft. Unter anderem diente eine Kundenbefragung dazu, ein ganzheitliches Dienstleistungskonzept mit folgenden Bestandteilen zu entwickeln:

- Begrüßung des Kunden
- Verkaufsgespräch
- Kinderspielecke
- Zubehör-Shop
- Umtauschverpflichtung
- Mobilitätsgarantie
- Recycling-Sammelstation
- Wasserrecycling
- Terminplanung für die Werkstatt
- Verkaufsraumgestaltung
- Cafeteria
- Reparaturannahme
- Telefonservice
- Verschrottungsprämie
- Spezialisierung (z. B. auf Karosserieschäden)

Seit langem setzt Ford interne Ausstellungen über Zukunftstechnik namens „Show & Tell“ gezielt zur Motivierung der Mitarbeiter ein.
Walt Disney hatte die Vision einer experimentellen Stadt der Zukunft. „If you can dream it, you can make it“ sollte das Motto dieser Stadt sein. Er starb, bevor auch nur mit dem Bau begonnen wurde. Als die Pläne Jahre später wieder auftauchten, machten die Nachfolger Disney das daraus, was sie gewohnt waren, nämlich einen heute recht kitschig anmutenden Themenpark. Nur der Name EPCOT (experimental prototype community of tomorrow) blieb von der Vision Disneys. Doch seit 1996 entstand nur wenige Kilometer von EPCOT entfernt eine von Walt Disney geplante und zum Teil auch verwaltete Stadt namens Celebration. In Celebration sollen dereinst 20.000 Menschen leben, fast alle Grundstücke waren bereits Mitte 1997 verkauft. Während Walt Disneys Entwürfe Roboter und Hologramme anstelle von Kunst am Bau vorsahen, wirbt und besticht Celebration als Stadt der Zukunft vor allem mit der harmonischen Kleinstadtidylle als gewünschter Zukunft.
Zwei Damen aus München, Gundula Englisch und Hiltrud Reiter, haben sich mit ihrer VIA-Media GmbH darauf spezialisiert, ZukunftsVisionen im Film zu inszenieren, so erstellten sie eine vierteilige Serie über „Bayern 2020“.
Der Marketing-Club Saarland erstellte 1998 einen Film zur seiner Vision vom „Saarland 2010“. EDS stellte Disney-Schüler ein, die ein Modell anfertigten, wie die Informationstechnologie die Lebens- und Arbeitswelt im kommenden Jahrtausend revolutionieren wird. Motorola veranschaulichte seine „drahtlose“ Zukunft anhand einer umfassenden Videopräsentation. The Daily Telegraph, Großbritanniens beliebteste Tageszeitung, produzierte einen Film, der die Zeitung der Zukunft zeigt. Es gibt heute unbegrenzte Möglichkeiten für preiswerte Inszenierungen von Visionen:

Checkliste 31: Inszenierungsoptionen für Visionen

- ☑ Lieder und Hymnen
- ☑ Farbbroschüren
- ☑ Collagen
- ☑ Multimedia-Show
- ☑ Website
- ☑ Computerarchitektur
- ☑ Ausstellung
- ☑ Infomarkt
- ☑ Bühnenbild
- ☑ Theaterstück
- ☑ Prosa
- ☑ Film
- ☑ Virtual Reality

Bei Walt Disney heißen die Designer der Themenparks schon seit den fünfziger Jahren „Imagineers", ein Neologismus aus imagination und engineer. Die entsprechende Abteilung, die im übrigen aus ca. 1.200 Personen besteht, heißt „Imagineering". Sie benötigen nur ein ganz kleines Bisschen dieses Imagineerings, um Ihre StrategieVision greifbar, sichtbar, hörbar, fühlbar und vielleicht auch riechbar zu machen.

Eingebaute Veränderung

Was passiert, wenn alles ganz anders kommt, wenn etwa der Bedarf für Ihre wichtigste Produktreihe einbricht oder sich gar nicht erst richtig entwickelt? Ihre StrategieVision bedarf im Gegensatz zu einer Mission der periodischen Veränderung. Während kurzfristige Ziele unumstößlich bleiben müssen, sollten Sie die längerfristigen Zielbilder in den turbulenten Verhältnissen der Gegenwart und der nächsten Zukunft variabel halten. Damit wir uns richtig verstehen, wir plädieren nicht für einen prinzipienlosen Umgang mit Ihrer StrategieVision. Wir sprechen aus der Erfahrung heraus, dass bereits zwei Jahre alte Formulierungen mitunter sehr fremd und nicht mehr zeitgemäß klingen können. Wenn Sie Ihre früheren Briefe und Texte

lesen, werden Sie das vielleicht bestätigen können. Die wichtigeren Anstöße zur Anpassung Ihrer StrategieVision kommen regelmäßig von außen. Selbst mit Ihren noch so sorgfältig ausgearbeiteten ZukunftsAnnahmen können Sie nur einen Teil des Kommenden vorhersehen. Seien es neue Gelegenheiten, die noch vor kurzer Zeit im wahrsten Sinne undenkbar waren oder seien es im Zeitverlauf zerschlagene Hoffnungen; stets müssen Sie nach der Art eines periodischen Prototypings an Ihrer StrategieVision arbeiten. Eine StrategieVision, deren Grundannahmen nicht mehr so richtig stimmen wollen, verbreitet im Unternehmen Unsicherheit bis hin zum Spott. Selten sind radikale Kehrtwenden notwendig. Meist genügen kosmetische bis detailbezogene Anpassungen, damit die StrategieVision wieder Ihre motivierende und orientierende Leuchtturmfunktion erfüllen kann.
Vielleicht wenden Sie ein, man könne ja niemals seine StrategieVision erreichen, wenn man den Leuchtturm immer wieder woanders hinstellt. Sie haben Recht. Der Sinn der StrategieVision ist nur sekundär ihre Erreichung und primär ihre bewegende Anziehungskraft. Es spricht wirklich nichts dagegen, dass Sie Ihre StrategieVision zehn Jahre lang nicht ändern und sie dann nach zehn Jahren auch erreichen. Es spricht aber einiges dagegen, sich an einer Schritt für Schritt näherrückenden Vision zu orientieren, ohne eine weiter in die Zukunft reichende Perspektive zu haben. Und es spricht einiges dagegen eine StrategieVision zu verfolgen, die niemanden wirklich begeistert, denn dann gehen wir einen selbst auferlegten unnötig dornigen Weg.
Der richtige Zeitpunkt zur Revision Ihrer StrategieVision ist die jährliche Zielplanung. Das Instrument, mit dem Sie die notwendigen Veränderungen frühzeitig erkennen können, haben Sie schon, es ist das StrategieRadar-System.
Flexibilität in der StrategieVision muss auch mit Flexibilität im Umsetzungsweg einhergehen. Seien Sie bei der Beschreibung Ihres Umsetzungsweges notwendig präzise und hinreichend flexibel. Da der Visionär selten auch der geniale Umsetzer und der Umsetzer selten der geniale Visionär ist, sollte der eine möglichst nicht die Arbeit des anderen tun. Legen Sie sich auf die Meilensteine fest, aber lassen Sie Freiheiten für die Art und Weise des Erreichens dieser Meilensteine.

Einzigartigkeit

Das Bestreben aller strategischen Arbeit besteht darin, Ihr Unternehmen dauerhaft positiv zu differenzieren, es also einzigartiger zu machen. Gerade dort, wo der Grundstein für Strategien gelegt wird, nämlich bei der StrategieVision, ist die Einzigartigkeit eine conditio sine qua non. Ist bereits unsere StrategieVision eine von vielen, brauchen wir uns nicht darüber zu wundern, dass auch unsere Strategie und damit auch unsere Resultate eines unter Millionen sein werden. Nur der Vollständigkeit halber sei nochmals darauf hingewiesen, dass dann auch die Gewinne minimal sind. Wir differenzieren uns durch konkrete Bekenntnisse und Entscheidungen für oder gegen Optionen. Wenn wir alles und überall erreichen wollen, bleiben wir immer im Mainstream. Einzigartig und originär sind wir dann, wenn wir unsere StrategieVision wirklich selbst entwickeln und entdecken und sie nicht von anderen Organisationen übernehmen. Wer als einzigartiges Individuum aus sich selbst heraus eine Vision entwickelt, dessen Vision ist auch einzigartig.

Wer vom Ziel nicht weiß,
kann den Weg nicht haben,
wird im selben Kreis all sein
Leben traben.
(Christian Morgenstern)

Die meisten unternehmerischen Visionen sind von außen erratbar. Dadurch sind diese Unternehmen einschätzbar und Ihre Strategien durchschaubar. Jeder halbwegs umsichtige Mitbewerber kann sich in einem solchen Umfeld ausrechnen, was seine Konkurrenten anstreben und wo sie langfristig hinwollen. Perfektionsstreben ist hier fehl am Platz, denn es hindert am Beginnen. Sorgen Sie dafür, dass sich Ihre StrategieVision wenigstens nennenswert von derjenigen Ihrer Mitbewerber unterscheidet.

Realismus und Utopie

Was ist besser, eine „realistische" StrategieVision, bei der alle das Gefühl haben, es „locker" schaffen zu können? Oder vielleicht doch eher die große Herausforderung, an die nur wenige zu glauben imstande sind? Auf beiden Seiten gibt es entschiedene Prediger und Verfechter, was man häufig als ein Zeichen dafür werten darf, dass das Optimum irgendwo zwischen den beiden Extremen liegt. Nach Prof. Dr. Mihaly Csikszentmihalyi entsteht das von ihm „Flow" genannte Glücksgefühl unter anderem an der Grenze zwischen bekannter Routine und Herausforderung. Man sagt, Ziele und Visionen sollten zwar in Sichtweite, aber außerhalb der Reichweite unseres Geistes liegen. Vieles spricht für dieses Bild, denn wir können es sehen, wir können es uns vorstellen, aber wir wissen noch nicht in allen Details, wie unser Weg dahin beschaffen sein wird.

Wir beobachten in der Praxis, dass sich jedes Team exakt denjenigen Grad an Innovation und Zukunftskomplexität leistet, den es vertragen kann. Je stärker der Beitragsanteil der Gegenwartsdenker, desto geringer wird die Sichtweite und je stärker der Beitragsanteil der Zukunftsdenker, desto stärker bleibt die Reichweite hinter der Sichtweite zurück. Vielen Unternehmen

rieten wir, möglichst eng an ihren angestammten Aktivitäten zu bleiben, weil wir das Potenzial für neue Meere nicht sahen. Mit anderen Teams sind wir hingegen zu gänzlich neuen Ufern aufgebrochen.
Zerbrechen Sie sich nicht den Kopf darüber, ob Sie mir Ihrer StrategieVision nun viel zu weit oder nicht weit genug gegangen sind. Wenn Sie die StrategieVision im Kreise Ihres Führungs-Teams entwickelt haben und sie von weiteren Mitarbeitern nachvollzogen werden kann, und wenn Ihre StrategieVision motivierend auf die Beteiligten wirkt, haben Sie genau das Maß an Innovation und Zukunftskomplexität, das Sie brauchen. Vertrauen Sie darauf.

Präsenz oder Futur Perfekt

Wenn Sie aus der Zukunft für die Gegenwart lernen, können Sie Ihr Unternehmen in der Zukunft sehen und den Weg zurück in die Gegenwart interpolieren, um mit voller Kraft den Weg hin zu Ihrem Zukunftsbild zu beschreiten. Um dieses Lernen aus der Zukunft zu erleichtern, sollte eine StrategieVision entweder im Futur Perfekt[81] oder im Präsenz formuliert werden. Im Futur Perfekt würde es beispielsweise lauten: „Im Jahr 2009 werden wir 140 erfolgreiche und begeisterte Lizenzpartner gewonnen haben.“ Im Präsenz würde der gleiche Tatbestand lauten: „Wir haben 140 erfolgreiche und begeisterte Lizenzpartner“. Während die Formulierung im Futur Perfekt rationaler anmutet, erzeugen Sie mit dem Präsenz bei Dritten leicht den Eindruck von Größenwahn, obschon Inhalt und Wirkung exakt gleich sind.
Beide Arten der Formulierung machen es möglich, die Gegenwart so zu sehen, als sei sie die Vergangenheit der Zukunft. Jetzt stellt sich natürlich die Frage, welche der beiden Möglichkeiten die bessere ist. Keine! Sie sollten diejenige Zeitform nehmen, die Ihnen besser gefällt und mit der Sie leichter zurechtkommen.

Im Einklang mit dem Ganzen

Seien Sie sich in Ihrer StrategieVision wie auch sonst in Ihrem Denken und Handeln Ihrer Verantwortung für das Ganze bewusst. Prüfen Sie Ihre StrategieVision daraufhin, ob sie unnötig gegen Andere oder gegen die Umwelt im weitesten Sinne gerichtet ist. Wir schreiben diese Aufforderung, auch wenn sie für die meisten Leser wirkungslos bleiben wird, entweder weil sie sich ihrer Verantwortung ohnehin bewusst sind und danach handeln oder weil es nicht für nötig halten. Der kategorische Imperativ Kants ist nur eine

Spielart der universellen sozialen Regel: Verhalte Dich stets so, wie du andere sich verhalten sehen willst. Deshalb sollte auch Ihre StrategieVision nicht zukünftige Konflikte verursachen, sondern im Einklang mit dem Ganzen sein.

Zur gemeinsamen StrategieVision werden lassen

Hat ein Mensch eine klare Vision, schreitet er schneller und glücklicher voran. Hat ein kleines Team eine klare Vision, berauscht es sich an der gemeinsam zu schaffenden Zukunft. Hat das ganze Unternehmen – alle Mitarbeiter – eine klare Vision, ist es sympathisch, leicht zu führen, rentabel und zukunftskompetent. All die vielen oben genannten Vorteile Ihrer StrategieVision kommen nur dann voll zur Geltung, wenn die Vision Köpfe und Herzen aller Leistungsträger Ihres Unternehmens erobert hat.
Peter Senge unterscheidet sieben Haltungen Ihrer Mitarbeiter zur Vision Ihres Unternehmens, angefangen vom Engagement, über die Teilnehmerschaft, die echte Einwilligung, die formelle Einwilligung, die widerstrebende Einwilligung, die Nichteinwilligung und die Apathie. Es liegt auf der Hand, dass solche Unternehmen, in denen alle Leistungsträger echtes Engagement für eine gemeinsame Vision zeigen, enorme Kosten- und Qualitätsvorteile gegenüber ihren Mitbewerbern haben. Wie erreichen Sie echtes Engagement aller Leistungsträger für die StrategieVision Ihres Unternehmens? Das Prinzip ist einfach, es muss die Vision aller Leistungsträger sein. Diejenigen, die an Ihrem ZukunftsProjekt mitgearbeitet haben, haben die gemeinsame Vision bereits internalisiert, es ist ihre Vision geworden. Sie sind es auch, die als Botschafter immer wieder über die Vision sprechen und sie ihren Kollegen anbieten. Die StrategieVision Ihrer Führungsmannschaft kann und darf nicht mehr sein als ein konkretes Angebot. Sie können und sollten Menschen nicht dazu drängen, Ihre Vision zu übernehmen. Wenn Sie das in Ihnen für Ihre Vision brennende Feuer im Anderen entfachen können, haben Sie Glück. Es ist nicht tragisch, wenn Sie es nicht schaffen. Täglich beweisen Millionen, wenn nicht Milliarden von Menschen, dass sie auch ohne eine wirkliche StrategieVision ordentliche Arbeit leisten können. Wir haben erlebt, wie Menschen sich von Unternehmen verabschiedet haben, deren Vision sie nicht mittragen konnten. Sie entschieden sich, ohne Vision zu arbeiten, sich eine andere Vision zu suchen oder im besten Falle eine eigene unternehmerische Vision zu verfolgen. Wir haben immer alle die Freiheit dazu. Gerade wenn in Ihrem Unternehmen erstmals über eine Vision bzw. StrategieVision gesprochen wird, dürfen Sie nicht dem typisch einfältigen Geradeausdenken unterliegen und gleich im ersten Schritt eine von allen Mitarbeitern gleicherma-

ßen verstandene und engagiert verfolgte StrategieVision erwarten. Wenn durch zurückhaltendes und auf Freiwilligkeit beruhendes Missionieren eine erste Version der StrategieVision in vielen entscheidenden Köpfen und Herzen in Ihrem Unternehmen eine Heimat gefunden hat, sind Sie schon weit gekommen. Wenn Sie Ihr nächstes ZukunftsProjekt starten, werden Sie die aktualisierte Version Ihrer StrategieVision bereits auf sehr viel fruchtbareren Boden säen können.

Jeder Mitgestalter Ihres ZukunftsProjektes ist seinerseits Initiator einer Workshop-Kaskade, die mit den gleichen inhaltlichen Grundlagen Schritt für Schritt alle interessierten Mitarbeiter einbezieht. Bieten Sie Ihre StrategieVision zunächst nur an, und schreiben Sie sie nicht gleich vor. Wenn Sie die Möglichkeit dazu haben, setzen Sie die Veranstaltungen zumindest teilweise außerhalb der Arbeitszeiten an und laden Sie alle Mitarbeiter ein. Nehmen Sie sämtliche Fragen und Ergebnisse auf und gleichen Sie deren Zusammenfassung mit Ihrer StrategieVision ab. Informieren Sie nach Fertigstellung Ihrer ersten StrategieVision auch diejenigen Mitarbeiter, die sich nicht an den Workshops und Diskussionen beteiligt haben. Die Möglichkeiten sind mannigfaltig, wie wir oben dargestellt haben.

Der Einbezug aller interessierten Mitarbeiter ist viel wichtiger als dieser kurze Abschnitt es vielleicht andeuten mag. Nutzen Sie die Chance, die StrategieVision Ihres Führungs-Teams zur StrategieVision des gesamten Unternehmens zu machen.

Szene 17; Die StrategieVision, Teil II

09. Juli, 14.15 Uhr: „Das ist ja heute richtig anstrengend", beschwerte sich Claudia Lebien. In 33 verschiedenen Clustern hatten sie in eingehender und nicht selten hitziger Diskussion die besonders hoch bewerteten Chancen zusammengefasst. Im Prinzip waren das 33 verschiedene VisionsKandidaten für die Zukunft der Lichtenberg GmbH, doch in der Diskussion wurde schon deutlich, dass es darin nur zwei gesamthafte Entwicklungsrichtungen gab. Die erste ließ sich unter der Überschrift „auf bewährtem Wege zur Weltmarktführerschaft" zusammenfassen. Die zweite Zukunftsoption hätte „mit menschlicher High-Tech-Kundenbegeisterung eine neue Kategorie schaffen" heißen können. Die übrigen 33 Chancencluster ließen sich alle mehr oder minder gut einer der beiden Zukunftsoptionen zuordnen.

Michels führte eine einfache, aber sehr schlüssige Entscheidungstechnik ein, bei der die beiden Alternativen unter neun gewichteten Gesichtspunkten miteinander verglichen wurden. Nach drei Stunden intensiver

Untersuchung und Diskussion war klar, dass die Zukunft der Lichtenberg GmbH nur in der neuen Kategorie liegen konnte, die es durch menschliche High-Tech-Kundenbegeisterung zu schaffen galt. Die andere Zukunftsoption war unter anderem an mangelnder Faszination des Führungs-Teams, am großen Finanzbedarf und an dem als verschärft eingeschätzten Wettbewerb gescheitert.
Es war später geworden. Gegen 19.00 Uhr war klar, dass ein weiterer Workshop-Tag notwendig sein würde, um die StrategieVision Lichtenberg 2011 zu präzisieren und den Aktionsplan zu erstellen. Trotz einer kräftezehrenden Arbeit war die entbrannte Begeisterung in den Augen des Lichtenberg-Teams zu sehen. Obschon die Einzelheiten noch nicht festgelegt waren, spürten sie, dass die Lichtenberg GmbH ein Unternehmen bleiben würde, für das sich das Arbeiten lohnt.

28. Juli, 08.30 Uhr: „Was meinst Du, werden wir heute fertig?", zwinkerte Ellen Lichtenberg ihrem sonst so ungeduldigen Gatten fragend zu. „Türlich", stieß er gespielt verständnislos hervor, „das Wesentliche ist ja klar. Wir müssen eigentlich nur noch Details der Vision und die Aktionen für die nächsten Monate festlegen." Nach und nach trafen alle Mitgestalters des ZukunftsProjektes ein. Die beiden Externen waren jetzt nicht mehr dabei. Der Duft frischen Kaffees erfüllte den Raum. Fast andächtig ließ Friedrich Matrasse seine Blicke über die an den Wänden des Konferenzraumes angebrachten Aphorismenplakate schweifen.
Simon Lichtenberg hatte wieder vorausgelesen und konnte sich so ungefähr vorstellen, was heute stattfinden sollte. Er hatte auch die Fragenliste wiedererkannt, als er sie wie alle Mitgestalter des Projektes vor wenigen Tagen von Michels Büro erhalten hatte. Er war bei seiner Vorbereitung wie immer im zeitlichen Vorteil, denn er hatte schließlich keine operativen Pflichten mehr. Nicht nur die geforderte eine Stunde, sondern einen ganzen Tag hatte er sich Zeit genommen, um sechs Seiten mit Details und Umsetzungswegen für Lichtenberg 2011 zu füllen. Niemand hatte sich wirklich schwer getan mit den Michelsschen Denkfragen und so war bereits vor der ersten Workshop-Minute der Zukunftsgeist der Lichtenberg-Mannschaft zu spüren.
Im Verlauf des Tages entstand im Dialog ein riesiges Mindmap zur Lichtenberg GmbH im Jahr 2011. In der Nachmittagspause – alle anderen vertraten sich ein wenig die Beine – betrachtete Harald Kruhse, der Verwaltungschef, das vorläufige Arbeitsergebnis. Über die vorläufige Zusammenfassung musste man seiner Meinung nach noch in aller Sorgfalt nachdenken, aber sonst war das schon sehr ordentlich.

Lichtenberg 2011

Nummer 1 im High End – High Tech – Wohnen

- ❑ Wir konzentrieren all unsere Potenziale und Kräfte darauf, private Lebens- und Arbeitswelten für die höchsten Ansprüche zu bauen und zu vervollkommnen.
- ❑ An den jährlich 10.000 Top-Bauprojekten in Europa für private Luxusdomizile haben wir einen Anteil von 30%.
- ❑ Wir haben in den letzten zehn Jahren überwiegend in Know-how und Innovation investiert.
- ❑ Wir sind vernetzt mit allen relevanten Forschungsinstitutionen zum High-Tech-Wohnen in Europa.
- ❑ Unsere Zielgruppe sind diejenigen, die in Europa ein privates Wohnhaus auf höchstem architektonischen und technischen Niveau innerhalb von maximal sechs Monaten errichten wollen.
- ❑ Wer mit uns baut, bringt uns im Laufe von zehn Jahren mindestens zwei weitere Projekte.
- ❑ Das Know-how der Lichtenberg AG ist in der weltweit umfassendsten Wissensdatenbank zum High-Tech-Wohnen für jeden Mitarbeiter und Partner zu jeder Zeit und an jedem Ort verfügbar.
- ❑ Unser Hochleistungsspektrum reicht von der Bedarfsanalyse über die Organisation des Richtfestes bis hin zur Besorgung des Hausmeisters.
- ❑ Die Hälfte unserer Mitarbeiter sind als Aktionäre direkt am Grundkapital unserer AG beteiligt.
- ❑ Wer an Bau- und Gebäudetechnologie interessiert ist, bewirbt sich entweder an den vierzehn Forschungsinstituten oder bei uns.
- ❑ Spaß an hervorragender Arbeit ist für uns Realität und deshalb sind wir ein Partner, mit dem man es gerne zu tun hat.
- ❑ Wir erhalten 90% unserer Aufträge durch Empfehlung seitens unserer Kunden oder unserer Partner.
- ❑ Für das Lichtenberg-Management gilt das Subsidiaritätsprinzip, Entscheidungs- und Handlungskompetenz decken sich.

- ❑ Unsere Wertschöpfung erzielen wir in erster Linie durch Innovation und Qualitätssicherung. Alle anderen Funktionen und Prozesse haben wir weitestmöglich an Partner delegiert.
- ❑ Wir arbeiten in allen 19 Staaten der Europäischen Union mit eigenen Mannschaften und in weiteren elf europäischen Staaten mit Repräsentanzen.
- ❑ ...

Auf der Liste las Harald Kruhse noch die Fragen zum „Ich". Er hatte schon während des gesamten Projektes in sich hineingehorcht und gefühlt, dass die High-Tech-Ausrichtung nicht in jeder Hinsicht auch sein Weg war. Doch er war dankbar, mit diesem ZukunftsProjekt eine eindeutige Entscheidungsgrundlage zu haben. Er war selbst gespannt darauf, ob er sich bedingungslos dafür oder genauso bedingungslos dagegen entscheiden sollte, die Lichtenberg-Mannschaft auf dem Weg zu dieser neuen strategischen Vision zu begleiten. Beides war zu diesem Zeitpunkt noch möglich.

28. Juli, 16.50 Uhr: „Herr Michels, ich danke Ihnen für die professionelle Arbeit und ich danke Ihnen meine Damen und meine Herren dafür, dass Sie unsere gemeinsame Zukunft in diesem Unternehmen so fundiert und so faszinierend vorbereitet haben. Ich bin stolz auf uns." Etwas pathetisch beendete Simon Lichtenberg den vierten und letzten Workshop-Tag mit diesen Worten. Das letzte Tagesdrittel verbrachten sie damit, in 28 Aktionen und Projekten zu definieren, wer, was, mit wem, bis wann und mit welchem konkreten Ergebnis in den nächsten Monaten tun würde. Solche AktionsPläne hatte man bei Lichtenberg schon unzählige Male aufgestellt, doch sollte dieser Aktionsplan durch die Wirkung des Zielbildes „Lichtenberg 2011" sowie durch die alle drei Monate stattfindenden AktionsWorkshops am Leben erhalten werden. Zu den Aktionen zählte etwa die detaillierte Ausformulierung der strategischen Vision, die Erstellung einer multimedialen Präsentation der StrategieVision, die Vorbereitung der strategischen Kooperationen mit den vier besten Forschungsinstituten oder auch die Vorstudie zu denkbaren Modellen der Mitarbeiterbeteiligung.
Die Terrasse des Tagungshotels eröffnete an diesem warmen Sommerabend einen wunderbaren Blick auf die Höhen der Schwäbischen Alb, leise begleitet vom musischen Schaffen Gustav Mahlers, wie Frau Lichtenberg erkannte. Die Lichtenbergs hatten sich mit Michels zum

Abendessen verabredet, einerseits, um einfach einen schönen Abend zu genießen und andererseits sich im Geschehen der vergangenen Wochen und im Werden der kommenden Monate und Jahre zurechtzufinden. „Im Vergleich zu anderen Unternehmen, die ähnliche ZukunftsProjekte durchgeführt haben, wie sehen Sie uns?“, wollte Ellen Lichtenberg wissen. „Das ist eine beliebte Frage. In einem strategischen Benchmarking würden Sie – in aller Offenheit – einen guten mittleren Platz einnehmen.“ schätzte Michels ein. „Das ist für den ersten Projektzyklus schon sehr gut, denn schließlich war die ZukunftsKompetenz in Ihrer Mannschaft zu Beginn unseres Projektes nicht besonders ausgeprägt, wie wir in dem einleitenden Test festgestellt haben. Jedes Team erreicht nach meiner Erfahrung exakt den Grad an Neuigkeit, den es vertragen kann. Insofern ist unser erstes gemeinsames Projekt hervorragend verlaufen. Sie müssen allerdings die ZukunftsKompetenz weiter stärken. Den ersten Schritt, ein Seminar zur ZukunftsKompetenz im nächsten Jahr, haben wir ja bereits im Aktionsplan vermerkt.“ Das abendliche Rotweingespräch glitt immer mehr in die privaten Genüsse über und fast schien es, als sei das Lichtenbergsche ZukunftsManagement abschließend behandelt. Sie schafften es gerade noch, den Termin für das von Michels so genannte „Umsetzungsgespräch“ am 21. August zu vereinbaren, bevor sie müde aber erfüllt den Abend eines wichtigen Tages beendeten. (Weiter auf Seite 342).

11 Step 5: Der strategische Aktionsplan

Grundsätzlich dürfte eine Beschreibung des Aktionsplanes an dieser Stelle nicht nötig sein, denn ein solcher gehört aus unserer Sicht zu den Selbstverständlichkeiten eines funktionierenden Unternehmens- und Selbstmanagements. Aber der Vollständigkeit halber seien hier die wichtigsten Aspekte dieses fünften Schrittes des StrategieRadar-Workshops genannt.

Was müssen wir jetzt konkret tun?

Sie haben die Zukunft gesehen und Ihre ZukunftsAnnahmen dazu erarbeitet. Sie haben Ihre ZukunftsChancen erarbeitet und daraus Visions-Bausteine entnommen. Sie haben Ihre StrategieVision formuliert und wollen Sie realisieren. Wir haben oben darüber gesprochen, was eine StrategieVision bewirken kann. Sie wirkt, auch ohne dass wir bewusst und geplant tun, denn unser persönlicher Eisberg ragt nur zu einem kleinen Teil in das Bewusstsein hinaus. Wir sind nichtsdestotrotz der festen Überzeugung, dass die großen wesentlichen Aktionen der nächsten Monate und Jahre gemeinsam in Form eines Aktionsplanes vereinbart werden sollten. Wir halten es zwar nicht für hilfreich, den gesamten Realisationsweg hin zur Ihrer StrategieVision quasi per Netzplan zu planen. Andererseits sähen wir es als gefährliche Unterlassung, sich nur auf die wundersame Selbsterfüllung der StrategieVision zu glauben. Wahrscheinlich haben auch Sie schon mit großer Begeisterung erarbeitete Visionen und Ideale im Alltag jämmerlich scheitern gesehen, was manches Mal darauf zurückzuführen war, dass es sich nicht wirklich um eine echte gemeinsame Vision handelte, häufiger aber darauf, dass der Alltag die Aufmerksamkeit auf Nebensächlichkeiten lenkte und die Vision so aus dem Bewusstsein verschwand. Es muss daher Verbindlichkeiten im Tun geben.

Auf Schienen, die man nicht gelegt hat, kann man nicht fahren.
(Stanley M. Davis)

Bevor Sie Ihre Aktionen definieren können, müssen Sie die Konsequenzen aus Ihrer StrategieVision erkennen und festhalten. Untersuchen Sie Ihre StrategieVision mit Hilfe einiger Denkfragen (siehe Checkliste S. 334). Halten Sie fest, wer, was, wie, mit wem, bis wann und mit welchem konkreten Ergebnis tut. Machen Sie diesen Aktionsplan zu *dem* strategischen Aktionsplan Ihres Unternehmens, das heißt, nehmen sie darin auch alle anderen strategisch wichtigen Maßnahmen, Aktionen und Projekte auf.

Checkliste 32: Von der Vision zur Aktion
☑ Was sind die nächsten Meilensteine?
☑ Was müssen wir auf dem Weg zu den Meilensteinen tun?
☑ Was brauchen wir, um es zu realisieren?
☑ Wovon müssen wir uns verabschieden?
☑ Woran müssen wir uns gewöhnen?
☑ Wie müssen wir die Gestaltungsfelder verändern?
☑ Welche Fähigkeiten brauchen wir?
☑ Welche Ressourcen müssen wir bereitstellen?
☑ Welchen Widerständen müssen wir begegnen?
☑ Was müssen wir wissen und können?
☑ Wen brauchen wir als Beauftragte für die Aktionen?

Den Aktionsplan am Leben erhalten

Direkt nach dem StrategieRadar-Workshop werden die beschlossenen Aktionen nach unserer Erfahrung mit sehr viel Bedacht und viel aktivem Hintergrundwissen durchgeführt. Je weiter die Zeit fortschreitet, desto stärker werden die Aktionen zu Reaktionen und das eigentliche Ziel sowie der Hintergrund einer Aktion verschwindet aus dem geistigen Fokus. Das ist der Grund, warum wir regelmäßige Revisionen und Revitalisierungen unseres Aktionsplanes brauchen. Im Extremfall muss der alte Aktionsplan weggeworfen und ein gänzlich neuer aufgestellt werden. Um den Aktionsplan und die darin vereinbarten Projekte und Aktionen „am Leben zu erhalten", sollten Sie etwa alle drei Monate einen halbtägigen AktionsWorkshop durchführen. Darin werden die Umsetzungsstände der Aktionen und Projekte besprochen, auftretende Probleme gelöst und neue Aktionen und Projekte für den Weg hin zu Ihrer StrategieVision vereinbart. Wenn nötig, werden auf die Aktionen task forces angesetzt, welche die Möglichkeit haben, die üblichen Regeln Ihrer Organisation zu brechen, um schneller und produktiver arbeiten zu können.

Freiraum für Aktionen schaffen

Sie werden sich den notwendigen zeitlichen Freiraum verschaffen müssen, um die im Verlauf Ihres Projektes vereinbarten Aktionen umsetzen zu können. Es wäre fehl am Platz, hier die Grundregeln es Zeitmanagements wiederzugeben, wo sie doch so gut und erschöpfend von Prof. Dr. Lothar J. Seiwert in seinen Büchern und Seminaren zu diesem Thema vermittelt werden (www.seiwert.de). Stellen Sie sich ein auf Ihre Persönlichkeit abgestimmtes Zeitmanagementsystem zusammen und ermöglichen Sie jedem Mitarbeiter, das gleiche zu tun.

Doch kein anderer Faktor wirkt so fördernd auf den für den Aktionsplan verfügbaren Freiraum wie Ihre Begeisterung für die Mission, die StrategieVision und die Ziele Ihres Unternehmens. Wenn Ihnen Ihre StrategieVision wirklich wichtig ist, wenn sie wirklich denn Willen haben, sie Wirklichkeit werden zu lassen und wenn Sie die innere Überzeugung haben, dass es Ihr ureigener Weg ist, werden Sie Ihre Aktionen umsetzen und Ihre StrategieVision auch erreichen. Können Sie sich für Ihre StrategieVision wirklich begeistern?

12 Die nächste Runde: ZukunftsManagement mit System

Der StrategieRadar-Workshop war als natürlicher Einstieg Ihr erster Schritt und zugleich das wichigste Element Ihres systematischen Zukunfts-Managements. Wir finden relativ viele Unternehmen mit gutem Zukunftswissen, denen meist nur noch die methodische und systemische Kompetenz fehlt, ihr Zukunftswissen auch zu echten Chancen und Erträgen weiterzuverarbeiten.

In diesem Kapitel lernen Sie die Grundzüge der neben dem StrategieRadar-Workshop noch fehlenden Module eines praktikablen ZukunftsManagement-Systems kennen. Der zyklische Charakter des ZukunftsManagement-Systems versteht sich fast von selbst.

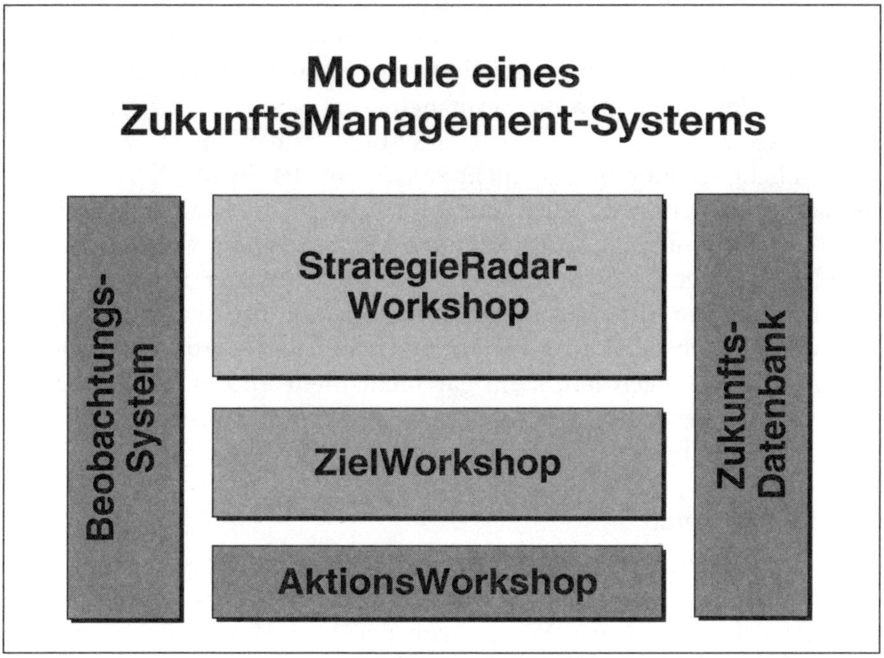

Abbildung 30; Module eines ZukunftsManagement-Systems

Das ZukunftsTeam

Machen Sie das Projekt-Team Ihres StrategieRadar-Projektes zu einer dauerhaften Einrichtung und nennen Sie es beispielsweise „ZukunftsTeam". Sie sollten nur dann eine solche neue Bezeichnung für Ihr Team einführen, wenn es nicht ohnehin deckungsgleich mit Ihrem Führungs-Team ist.

Der StrategieRadar-Workshop

Den StrategieRadar-Workshop als zentrales Element Ihres Systems sollten Sie im Zyklus von einem bis drei Jahren durchführen, um neue Umfeldveränderungen und die darin liegenden Bedrohungen und Chancen frühzeitig zu erkennen. Zwischen diesen ausführlichen Workshops finden die ZielWorkshops und AktionsWorkshops statt. Jeder Mitgestalter Ihrer ZukunftsWorkshops sollte zudem das Recht und vor allem die Pflicht haben, kurzfristig einen kurzen Workshop des ZukunftsTeams einzuberufen, wenn dringender Handlungsbedarf besteht.
Kritiker werden einwenden, dass die jährliche Analyse den Fehler der Kalenderorientierung hat, das heißt, dass die Früherkennung zukünftiger Chancen und Bedrohungen immer nur dann betrieben wird, wenn es im Kalender steht. In der Praxis scheitern mit häßlicher Regelmäßigkeit die Versuche, den Beteiligten die permanente Eingabe von Frühinformationen an ein wie auch immer geartetes System abzuverlangen. Das hat rein menschliche Gründe und ist nicht zuletzt auf den in den letzten Jahren gewachsenen Zeitdruck zurückzuführen. Die theoretische Idealanforderung der permanenten Früherkennung können Sie am ehesten dadurch erfüllen, dass Ihre Leistungsträger bzw. die Mitglieder Ihres ZukunftsTeams durch die Mitarbeit in ZukunftsProjekten für die Notwendigkeit und den Nutzen der Radar-Funktion sensibilisiert werden. Wer einmal Feuer dafür gefangen hat, kann gar nicht mehr anders, als permanent nach Trends, Veränderungen, ZukunftsChancen und VisionsKandidaten Ausschau zu halten.

Der ZielWorkshop

Nach der langfristigen Betrachtungsweise dieses Projektes ist es im nächsten Schritt notwendig, sehr konkret die Ziele für das jeweils nächste Geschäftsjahr festzulegen. Wir nennen den Workshop zur strategischen Jahresplanung „JahresWerkstatt". Die JahresWerkstatt verbindet die kurzfristigen Aktionen und die langfristige StrategieVision mit konkreten Jahreszielen. Darin werden folgende Fragen beantwortet:

Checkliste 33: Fragen zur Definition der Jahresziele

- ☑ Wo haben wir welchen Handlungsbedarf für das nächste Jahr?
- ☑ Welche Strategie-Ziele setzen wir uns für das nächste Jahr?
- ☑ Welche System-Ziele setzen wir uns für das nächste Jahr?
- ☑ Welche Ergebnis-Ziele setzen wir uns für das nächste Jahr?
- ☑ Welche Projekte und Aktionen führen wir durch?
- ☑ Wer macht was, wie, mit wem, bis wann und mit welchem Ergebnis?

Jedes Jahresziel wird so präzise wie möglich anhand einer Reihe von Denkfragen definiert:

Checkliste 34: Zielpräzisierung

Beschreibung

- ☑ Woran werden wir erkennen, dass wir das Ziel erreicht haben?
- ☑ Wie können wir dieses Ziel noch genauer beschreiben?

Nutzen

- ☑ Warum wollen wir dieses Ziel?
- ☑ Was haben wir finanziell davon, dieses Ziel zu erreichen?
- ☑ Was haben wir immateriell davon, dieses Ziel zu erreichen?

Motivation

- ☑ Was begeistert uns an diesem Ziel?
- ☑ Warum sind wir zuversichtlich, dieses Ziel erreichen zu können?

Aktionen

- ☑ Was müssen wir tun, um dieses Ziel sicher zu erreichen?
- ☑ Welche ersten Meilensteine können wir auf dem Weg zu diesem Ziel setzen?

Checkliste 34: Zielpräzisierung (Fortsetzung)
Ressourcen ☑ Was brauchen wir, um dieses Ziel zu erreichen? ☑ Was müssen wir für dieses Ziel aufgeben? ☑ Was „kostet" es uns, dieses Ziel zu erreichen?
Ökologie ☑ Welche Ziele stehen diesem Ziel entgegen? ☑ Welche Widerstände müssen wir überwinden? ☑ Welche anderen Ziele unterstützt dieses Ziel?
Zielpate ☑ Wer soll als Zielpate dieses Ziel laufend in Erinnerung halten?
Projektmanagement ☑ Brauchen wir hierfür ein Projekt? ☑ Wer ist Projekt-Leiter? ☑ Wer ist das Projekt-Team? ☑ Welches Projektbudget ist notwendig?

Persönliche Zielplanung

Menschen und Unternehmen, die sich selbst konkrete und messbare Ziele setzen, sind im Ergebnis langfristig sehr viel erfolgreicher als solche, die nur unklare Vorstellung davon haben, wohin sie sich entwickeln können. Haben Sie konkrete und schriftlich formulierte Ziele für das Jahr? Für Sie und für jeden Mitarbeiter sollte ein halber Tag jährlich zur Verfügung stehen, an dem systematisch die ganz persönlichen beruflichen Ziele für das nächste Jahr erarbeitet werden. Sie können die obige Checkliste für die Zielpräzisierung als Leitfaden verwenden.

Das Beobachtungssystem

Das Beobachtungssystem soll die laufende Versorgung mit Frühinformationen sicherstellen und damit die Richtigkeit der grundlegenden ZukunftsAnnahmen überwachen. In der Informationssammlung zu Ihrem

StrategieRadar-Projekt haben Sie die Beobachtungsfelder bestimmt, Ihren Informationsbedarf definiert, die Informationsquellen ermittelt, Zuständigkeiten verteilt und die Informationen aufbereitet. Dieser Prozess muss in ein laufendes Beobachtungssystem überführt werden, in dem jeder Mitgestalter Ihres Projektes zum Kompetenzzentrum über sein Beobachtungsfeld wird. In einem kleinen Unternehmen haben Sie vielleicht einen Mitarbeiter als Kompetenzzentrum für alle technologischen Entwicklungen. In einem internationalen Konzern haben Sie für das gleiche Beobachtungsfeld vielleicht hundert Mitarbeiter mit entsprechend feiner Spezialisierung. Der wichtigste Aspekt Ihres Beobachtungssystems ist die Verknüpfung persönlicher Verantwortung mit der Informationsmatrix aus Ihrer Projektvorbereitung. Aspekte der Speicherung und Organisation der Daten spielen für die unternehmerische Früherkennung von ZukunftsChancen bei weitem nicht die Rolle, die diesen Problemfeldern häufig eingeräumt wird. Wichtig ist einzig und allein, dass Ihre Mitarbeiter sich mit voller Begeisterung zu Kompetenzträgern für klar definierte Beobachtungsfelder erklären und dadurch mit hoher Aufmerksamkeit ihre Umgebung nach schwachen Signalen absuchen.
Zum nächsten StrategieRadar-Workshop kommen diese Kompetenzträger mit erheblich besserem Zukunftswissen, da sie durch die Erfahrung des ersten StrategieRadar-Workshops quasi ganz nebenbei gelernt haben, worauf es ankommt. Anstelle dieser natürlichen evolutionären Vorgehensweise werden viele zukunftsgerichtete Projekte mit einer viel zu feinen und viel zu ausführlichen Vorrecherche gestartet, bevor auch nur eine Projektion bearbeitet ist. Das Ergebnis ist üblicherweise die frühe Frustration der Beteiligten.

Die ZukunftsDatenbank

Jedes ZukunftsManagement-System ist mit einer enormen Informationsmenge verbunden. Mit der Intranet-Technologie steht mittlerweile die seit Jahrzehnten gesuchte einfache Plattform für unternehmensweite Wissensdatenbanken jedem zur Verfügung. Jeder Mitarbeiter, mindestens aber jeder Mitgestalter und Kompetenzträger Ihres StrategieRadar-Projektes kann darin sein Wissen allen anderen im Unternehmen zur Verfügung stellen. Eine Beschreibung der technischen Einzelheiten würde entschieden zu weit führen. Im Grundsatz besteht die ZukunftsDatenbank aus dem gesamten Intranet und insbesondere aus den eigenen Websites der einzelnen Kompetenzträger, die die Zusammenfassungen ihrer Beobachtungen dort schon aus eigenem Interesse speichern.

Wer immer fest mit beiden Füßen auf dem Boden steht, kommt keinen Schritt voran.

Mit Ihrer ZukunftsDatenbank sind eine Reihe von Vorteilen verbunden:

- Frühinformationen und Arbeitsergebnisse werden für Ihre Mitarbeiter in allen drei Dimensionen verfügbar, nämlich für jeden, an jedem Ort und zu jeder Zeit.
- Jede gemachte Erfahrung und jeder neu erlernte Zusammenhang werden für spätere Probleme und Entscheidungen besser nutzbar.
- Die Einarbeitung neuer Mitarbeiter, insbesondere von Führungskräften, wird enorm erleichtert und beschleunigt.
- Der Zeitbedarf für strategische Systemanalysen und strategische Entscheidungen wird verkürzt.
- Die Qualität strategischer Entscheidungen wird verbessert.
- Die Wirkung von Informationsfiltern, Wahrnehmungsfiltern und Informationsegoismen wird reduziert.
- Der Aufbau strategisch ähnlich gelagerter Unternehmen (Tochtergesellschaften, Lizenznehmer etc.) wird erheblich beschleunigt.
- Ihre ZukunftsDatenbank wird nach und nach zum wertvollsten Vermögensgegenstand Ihres Unternehmens, der durch regelmäßige Nutzung stets an Wert gewinnt und nicht, wie körperliche Vermögensgegenstände abgenutzt wird.

Auch mit einer Papierablage können Sie die wichtigste Funktionen einer ZukunftsDatenbank erfüllen. In der einfachsten Version legt sich jedes Mitglied des ZukunftsTeams ein Hängeregister mit Hängetaschen an und sammelt darin lose alle Informationen und Ideen. Die Gliederung und Beschriftung der Hängetaschen folgt den definierten Beobachtungsfeldern. Sollten Sie noch eine konventionelle Papierablage haben, können Sie zumindest für die erste Zeit bei der einfachen Papiermethode bleiben. Machen Sie die EDV keinesfalls zum Engpass Ihres ZukunftsManagements!

Szene 18; Die Kündigung

03. August: „Simon, du hast ganz andere Dinge geschafft, das kannst du", dachte Simon Lichtenberg. Kurz zuvor hatte er sich beim Zweifeln ertappt. Er war sich nicht sicher, ob er die Rolle des Coaches und Moderators in seinem Unternehmen übernehmen sollte, denn schließlich gab es da auch Hemmungen und potenzielle Konflikte. Stärker waren seine

Zweifel jedoch daran, ob er, der notorische Perfektionist, eine gute Arbeitsqualität hinlegen würde. Doch im motivierenden Selbstgespräch zerstreute er die Einwürfe seines ängstlichen Persönlichkeitsteils. Der nette junge Mann von Bordservice des ICE hatte gerade den Tee abgestellt, als sein Telefon klingelte. Es war Claudia Lebien. Simon Lichtenberg kannte sie zu gut, um ihre Worte nicht als einleitenden Small Talk entlarven zu können. „Claudia, was ist der eigentliche Grund Ihres Anrufes?", bestand er auf klarer Sprache. „Okay, Sie haben es gemerkt, kurz und knapp: Kruhse hat gekündigt. Er hat mir seine Gründe genannt, aber ich kann sie nicht wirklich nachvollziehen." Der Rest des Gespräches schien an Lichtenberg vorbeigeflogen zu sein, denn er konnte sich schon wenige Minuten später nicht mehr daran erinnern. Kruhse wollte also kündigen! Er war gerade mal sechzig Jahre alt geworden und arbeitete wie ein junger Gott. Warum wollte er weg? Und wohin? Die Anwesenheit der Mitreisenden hielt ihn davon ab, Kruhse sofort anzurufen. Er hatte noch eine Stunde Zeit bis zur Ankunft am neuen Stuttgarter Hauptbahnhof. Die Einsicht sollte jedoch bis zum späten Abend auf sich warten lassen, nachdem er Harald Kruhse eine halbe Stunde lang am Telefon gehabt hatte. Es war ihm nicht gelungen, Kruhse von der Meinung abzubringen, er sei zu alt, um die offensichtlich anstehenden Veränderungen in der Administration zu initiieren und umzusetzen. Er wollte mit Frau Lebiens Einverständnis die nächsten sechs Monate nutzen, um seinem fünfzehn Jahre jüngeren Stellvertreter den Weg zu ebnen. „Und dann habe ich ja meine Wirtschaftsexpertise dreißig Jahre lang genutzt, um mir ein kleines Vermögen mit Wertpapieren zu schaffen. Mit ein bisschen Geschick brauche ich nicht mehr zu arbeiten", freute sich Kruhse. Zu einer Beratertätigkeit mit zwanzig Arbeitstagen im Jahr erklärte er sich noch bereit, bevor das Gespräch zu Ende ging.

Simon Lichtenberg legte sich für den nächsten Tag, einen Sonntag, Michels Buch zurecht. Das letzte Kapitel, in dem es um den Erfolgsfaktor ZukunftsKompetenz ging, hatte er noch nicht gelesen und er wollte nicht bis zum Seminar im nächsten Jahr warten. Er würde sich das Ergänzungskapitel aus dem Internet holen. Vielleicht gab es darin etwas Interessantes zum aktuellen Geschehen. Bis zum abschließenden Gespräch mit Michels am 21. August waren es noch knapp drei Wochen. (Weiter auf Seite 345).

13 Ergänzungskapitel: Erfolgsfaktor ZukunftsKompetenz

Sie finden kaum noch ein ernstzunehmendes Strategie-Konzept, das nicht die entscheidende Bedeutung der Kernkompetenzen des Unternehmens berücksichtigt. Doch eigenartigerweise versteht man unter Kernkompetenz fast immer diese oder jene operative Fähigkeit. Das können schnelle Produktentwicklungen sein, das kann die jahrzehntelange Erfahrung in der Herstellung von Heizkesseln oder auch die Weltmeisterschaft im Vertrieb von Computerzubehör sein. All das mögen Kernkompetenzen sein und natürlich haben diese Kernkompetenzen auch immer eine Zukunftsseite. Doch gemessen an den immensen Chancen der Früherkennung entscheidender Entwicklungen vor den Mitbewerbern, haben noch viel zu wenige Unternehmen die Chance genutzt, echte ZukunftsKompetenz zu entwickeln.

Unter →**www.Micic.com** finden Sie ein ausführliches Ergänzungskapitel zum Erfolgsfaktor ZukunftsKompetenz.

Szene 19; Das Abschlussgespräch

21. August: „Natürliche Neuorientierung und Konzentration" war die lapidare Bemerkung von Michels zum Fortgang von Kruhse. Für ihn war das nur das Offensichtlichwerden einer bereits seit längerer Zeit existierenden Spannung zwischen dem von Kruhse in seinem Leben und Arbeiten verspürten Soll und dem Ist. Er war sicher, dass es für alle Beteiligten besser so war. Lichtenberg sah ein, dass eine strategische Vision einen Unterschied machen musste und wenn sie das tat, dann waren Veränderungen des Systems nur folgerichtig.
Das Abschlussgespräch diente zunächst einer kurzen Rückschau auf das Projekt. Ellen und Simon Lichtenberg, Claudia Lebien wie auch Peter Michels befanden das Projekt für gelungen. Mit dem zeitlichen Abstand von knapp drei Wochen seit dem letzten Workshop-Tag sichteten sie abschließend die Projektergebnisse. Bis auf wenige kosmetische Änderungen blieb alles wie es war. Alle internen Mitgestalter der Workshops sollten im Dezember im Rahmen einer Mitarbeiterversammlung die StrategieVision „Lichtenberg 2011" als erste Version präsentieren. Anschließend sollten fünf Mitarbeiter dafür gewonnen werden, eine Workshop-Kaskade zu starten, in deren Verlauf alle interessierten Mitarbeiter

an der Verbesserung und Präzisierung der StrategieVision mitwirken können. Danach konnte die erste Version der Mulitmediapräsentation erstellt und die Medienarbeit zum Thema „Lichtenberg 2011" gestartet werden. Bereits im Oktober sollte der erste AktionsWorkshop stattfinden, in dem die Umsetzung der Aktionen voranbringen wird. Diesen Workshop sollte schon Simon Lichtenberg leiten. „Vielen Dank für die gute und angenehme Zusammenarbeit.", bedankte sich Michels. Auch seinen drei Gesprächspartnern war Freude und Zufriedenheit über die getane und über die noch zu erledigende Arbeit anzusehen. Man wollte sich im nächsten Jahr wiedersehen. (Weiter auf Seite 347)

14 Epilog

Die Unternehmenspraxis ist die einzig zwingend akzeptable Falsifikationsinstanz für die Qualität von Managementsystemen. Wir werden die Qualität dieses Buches daran zu messen haben, wie häufig und wie erfolgreich unsere Empfehlungen umgesetzt wurden. Da wir aus unserer täglichen Praxis berichtet haben, wissen wir um die Umsetzungsmöglichkeit. Die Umsetzungsfähigkeit haben wir Ihnen mit diesem Buch vermittelt. Wenn von Ihnen noch der Umsetzungswille hinzukommt, sind wir für Ihr ZukunftsManagement sehr zuversichtlich.

So eine Arbeit wird eigentlich nie fertig, man muss sie für fertig erklären, wenn man nach Zeit und Umständen das Mögliche getan hat.
(Johann Wolfgang von Goethe)

Die Klugheit eines Menschen erkennt man bekanntlich an seinen Antworten, seine Weisheit aber erkennt man an seinen Fragen.

Nutzen Sie den Leser-Support unter ➔**www.Micic.com** für Ihr ganz persönliches ZukunftsManagement und werden Sie zum ZukunftsManager!

Szene 20; Drei Jahre später

14. Juni: Ellen Lichtenberg schaltete den Fernseher ab. Eben war eine halbstündige Dokumentation über die Lichtenberg GmbH zu Ende gegangen. Wie bei manchen Journalisten üblich, wollte man sich am Ende auch einige kritische Töne nicht verkneifen, aber „insgesamt kamen wir ganz gut weg", berichtete sie später stolz. Es gab ja auch allerhand Gutes zu berichten. Vieles von dem, was vor drei Jahren über Lichtenberg 2011 vorgedacht wurde, ist bereits realisiert oder auf dem besten Wege dahin. Manches kam ganz anders, wie etwa die kaum zustande gekommene und wenn, dann sehr schwierige Zusammenarbeit mit den Forschungsinstituten. Das Wichtigste hat sich jedoch in den Köpfen und Herzen der Mitarbeiter getan. Übereinstimmend berichten die Führungskräfte in einer Mitarbeiterbefragung, dass Führung bei der Lichtenberg AG entscheidend effektiver und durch die Sensibilisierung für ZukunftsChancen wesentlich zukunftsträchtiger geworden ist. Es ist noch ein weiter aber faszinierender und schöner Weg bis 2011.

Anmerkungen

1 Hamel, Gary; Prahalad, C.K.; „Wettlauf um die Zukunft“
2 Lutz, Christian; „Leben und Arbeiten in der Zukunft“
3 Untersuchung der Harvard-Professoren Shapiro, Benson P. und Tedlow, Richard S. gemeinsam mit dem Bostoner Unternehmensberater Adrian J. Slywotzki (Trendletter 6/95)
4 Die Untersuchung von ADL hieß „Management erfolgreicher Produkte“. Darin wurden insgesamt 150 deutsche Unternehmen untersucht (Wirtschaftswoche vom 07.01.94)
5 Das chinesische Zeichen für Krise besteht aus den beiden Komponenten „wei“ und „ji“. „Wei“ als Zeichen für Gefahr symbolisiert die Konfrontation mit einem reißenden Tiger. „Ji“ symbolisiert als Zeichen die Möglichkeit ein universelles Entwicklungspotenzial.
6 Man könnte sich hier an den Lyapunov-Exponenten aus der Chaostheorie anlehnen, siehe: Henning Balck und Rolf Kreibich „Evolutionäre Wege in die Zukunft“, Seite 78
7 Rotlichtbezirk
8 Armstrong, J. Scott; „Long Range Forecasting“; Seite 109
9 Geschka, H.; „Delphi“; in: Bruckmann, G. (Hrsg.); „Langfristige Prognosen“, Seite 33
10 Krause, Donald G.; „Die Kunst des Krieges für Führungskräfte, Sun Tzus Weisheiten – aufbereitet für die heutige Geschäftswelt“; Ueberreuter-Verlag 1995
11 Kraus, Donald G.; „Die Kunst des Krieges für Führungskräfte, Sun Tzus alte Weisheiten – aufbereitet für die heutige Geschäftswelt“; Ueberreuter-Verlag 1995
12 Invention Machine Corp.; www.invention-machine.com.
13 Wolfgang Mewes; EKS, Energo-kybernetische Strategie
14 Der MIT-Professor Frank J. Sulloway will in einer über 20 Jahre dauernden Analyse von 6566 Personen, die in den vergangenen 500 Jahren eine bedeutende Rolle in Wissenschaft und Politik gespielt haben, sogar festgestellt haben, dass der oder die Erstgeborene eher zum Führer geboren ist als Nachgeborene (Focus 44/96, Seite 233).
15 Horx, Matthias; „Das Trendbuch“
16 Kreibich, Rolf; in: „Die Zukunft der Zukunft“, Steinmüller, Karlheinz (Hrsg.); Kongress-Dokumentation, Seite 21
17 Hehenberger, Christian; „Die Zukunft fest im Griff“; Grafik auf Seite 244
18 Burmeister, Klaus; Steinmüller, Karlheinz (Hrsg.); „Streifzüge ins Übermorgen, Science Fiction und Zukunftsforschung“; Beltz Zukunftsstudien, Seite 9
19 So der Name eines 1902 erschienen Sammelbandes seiner Artikel aus den Jahren 1900 und 1901
20 von Braun, Wernher; „Die erste Fahrt zum Mond“; 1958
21 Satz im Vorspann zu den ersten beiden Generationen der Fernsehserie „Star Trek“. Deutsch: „Entschlossen dorthin zu gehen, wo noch nie ein Mensch zuvor gewesen ist.“
22 Wilhelm Heyne Verlag, München, 1996
23 Test nach dem britischen Mathematiker Alan Turing aus dem Jahr 1950, bei dem ein Mensch mit einem durch eine Wand abgetrennten Computer kommuniziert. Kann der Mensch nach der Testzeit nicht entscheiden, ob er es mit einem Menschen oder einem Computer zu tun hatte, darf man davon ausgehen, dass der Computer denkt wie ein Mensch. Allerdings hat ELIZA, das erste natürlichsprachliche Programm der KI-Forschung von Weizenbaum, es geschafft, 70% der mit ihm kommunizierenden Patienten zu überzeugen, es sei besser als der echte Psychologe (Zukunft der Zukunft, Kongressdokumentation, Seite 51).

24 Kop Thorne bewies 1985, dass die Quantenmechanik wirklich die Existenz von Anti-Schwerkräften zulässt.
25 Clute, John; „Science Fiction, Die illustrierte Enzyklopädie", Heyne Verlag, 1996
26 Die Multimediaexpertin Tonti in der Wirtschaftswoche Nr. 11 / 94.
27 AWACS, engl. Airborne Warning and Control System, Aufklärungsflugzeuge der USA
28 Bundessteuerberaterkammer 1994
29 Hahn, Dietger, „Frühwarnsysteme", Zeitschrift für Betriebswirtschaft
30 Burkan, Wayne; „Jenseits des Mainstream-Denkens"; Seite 44
31 Burkan, Wayne; „Jenseits des Mainstream-Denkens"; Seite 66
32 Gerken Gerd, 5. Visionstag, April 1996
33 Steinmüller, Karlheinz (Hrsg.); „Die Zukunft der Zukunft"; Kongress-Dokumentation, Seite 45
34 Burkan, Wayne; „Jenseits des Mainstream-Denkens" Seite 99
35 Balck, Henning; Kreibich, Rolf; „Evolutionäre Wege in die Zukunft", Seite 141
36 Schnaars, Steven P.; „Musterbeispiele für Fehlprognosen und wie man sie vermeiden kann"; Verlag Moderne Industrie, 1989.
37 Siemes, Wolfgang; „Zeit im Kommen", Seite 89
38 Wolfgang Mewes nennt diese Preisstrategie die „Kybernetische Kalkulation", EKS-Lehrgang der FAZ, Heft 32
39 WBT, web based training
40 Schnaars, Steven P.; Managing Imitation; Free Press, 1994
41 Dichter, Ernest; „Neues Denken bringt neue Märkte", Seite 26
42 Burkan, Wayne; „Jenseits des Mainstream-Denkens", Seite 43
43 Dörre, Volker
44 Leibfried, Kathleen H.J.; McNair, Carol Jean; Knaur; „Benchmarking", Seite 33
45 Kreutzmann, Reiner; „Ideen-Fakten-Zitate", Schönherr Bindesysteme
46 Beratungsbrief für Produktmanager und Marketingleiter, 06.03.95
47 de Bono, Edward; „Chancen", Seite 225
48 Friedrich, Kerstin; Strategiebrief 9/95.
49 Steele war Major in der Abteilung für Luft- und Raumfahrtmedizin der US Air Force.
50 Anzeigenserie 1995, z. B. in der Wirtschaftswoche 11/95.
51 Rechenberg, Ingo; „Evolutionsstrategie – Optimierung nach Prinzipien der biologischen Forschung"; in: „Evolutionäre Wege in die Zukunft", Seite 270 ff.
52 in Anlehnung an: Rechenberg, Ingo; „Evolutionsstrategie – Optimierung nach Prinzipien der biologischen Forschung"; in: „Evolutionäre Wege in die Zukunft", Seite 270 ff.
53 Morawa, Hans; „Mut zur Utopie", Seite 90
54 Einladung der IBZ (Internationale Bibliothek für Zukunftsfragen) zu einem Vortrag von Ernst Ulrich von Weizsäcker in der Zeitschrift „Pro Zukunft" 1/95)
55 Jungk, Robert; Müllert, Norbert R.; „Zukunftswerkstätten", Seite 181
56 Niedereichholz, Christel; Zeitschrift „Unternehmensberater", 2/98, Seite 46
57 Gershman, Michael; „Vom Flop zum Renner, Kreative Strategien des Remarketing"; Campus; 1993
58 Robbins, Anthony; „Das Power-Prinzip"
59 Mewes, Wolfgang; EKS Energo-Kybernetische-Strategie
60 Dichter, Ernest; „Neues Denken bringt neue Märkte", Seite 57; MVG-Verlag
61 Stähle, Manfred

62 Phillips, Lynn
63 Simon, Hermann; „Lessons from Germany's Midsize Giants"; Harvard Business Review, März–April 1992.
64 Burkan, Wayne; „Jenseits des Mainstream-Denkens", Seite 44
65 Sawitzki, Egon R.; „Erfolgreiche Kommunikation und Konfliktlösung", Seite 85; Jünger-Verlag, 1995
66 Simon, Hermann; Tacke, Georg; „Management-Lernen von Kunden"
67 Umkehrosmose ist ein Verfahren zur Wasserreinigung
68 Klug, Sonja; „Bücher für Ihr Image", Seite 222
69 Sich selbst steuerndes Unternehmen
70 Robert, Jungk; Müllert, Norbert R.; „Zukunftswerkstätten", Seite 151 ff.
71 Gerberich, Claus; Vortrag am 28.10.95
72 In der französischen Erfinderzeitschrift „Le Petit Inventeur" aus dem Jahr 1937
73 Rechenberg, Ingo; „Evolutionsstrategie – Optimierung nach Prinzipien der biologischen Evolution" in „Evolutionäre Wege in die Zukunft", Seite 303 f.
74 de Bono, Edward; „Chancen"
75 de Bono, Edward; „Chancen", S. 317
76 Gates, Bill; „Der Weg nach vorn", Seite 11
77 Morawa, Hans; Anleitung zum Programm Quickstorming
78 BASF und Metallgesellschaft im Jahr 1994
79 Schmidt, Josef
80 Prahalad, Gary; Hamel, C.K.; „Wettlauf um die Zukunft"; Ueberreuter-Verlag
81 Davis, Stanley, M.; „Future Perfect"; deutsch: „Vorgriff auf die Zukunft"; Haufe-Verlag

Verzeichnis Checklisten, Abbildungen und Szenen

Checklisten:

Abbildungen:

Szenen:

Stichwortverzeichnis